Verlag
Volk und Welt
Berlin

Rex Stout
Der geflügelte Revolver

Sechs Kriminalgeschichten

Aus dem Amerikanischen
von Margret Haas, Will Helm
und Astrid Stange

ISBN 3-353-00218-9

1. Auflage
Lizenzausgabe des Verlages Volk und Welt, Berlin 1987
für die Deutsche Demokratische Republik
mit Genehmigung des Scherz Verlages, Bern und München
L. N. 302, 410/128/87

Die Texte wurden folgenden Ausgaben entnommen: *Mittagsschlaf ins Jenseits* (The Squirt and the Monkey) und *Wolfe kommt auf den Hund* (Die Like a Dog) aus:
Rex Stout, Verwünschte Geschichten; Copyright © 1963 by Alfred Scherz Verlag Bern und München. *Der nächste Zeuge* (The Next Witness) aus Rex Stout, Verworrene Fäden; Copyright © 1966 by Scherz Verlag Bern und München. *Der geflügelte Revolver* (The Gun with Wings) aus Rex Stout, Heikle Gäste; Copyright © 1964 by Scherz Verlag Bern und München. *Herausforderung zum Mord* (Invitation to Murder) und *Foulspiel in der Kabine* (This Won't Kill you) aus Rex Stout, die sprechenden Bleistifte.
Printed in the German Democratic Republic
Einbandentwurf: Hannelore Teutsch
Satz, Druck und Einband: Karl-Marx-Werk Pößneck V 15/30
LSV 7334
Bestell-Nr. 648 816 0

00740

Herausforderung zum Mord

1

Dem vornehmen kleinen Herrn gefiel das gar nicht. Er war gekränkt. »Nein, Sir«, protestierte er, »Sie irren. Es ist kein gewöhnlicher Familienkrach, wie Sie es nennen. Es steht mir durchaus zu, mich um alles zu kümmern, was mit dem von meinem Vater geschaffenen Vermögen geschieht, nicht wahr?«

Er wog kaum halb soviel wie Nero Wolfe, und im roten Ledersessel drei Schritt vor Wolfes Schreibtisch wirkte er noch winziger. Wolfe, der sein überdimensionales Sitzmöbel hinter dem Tisch bequem ausfüllte, musterte den potentiellen Kunden, Mr. Herman Lewent aus New York und Paris, mit ungnädigen Blicken. Ich saß mit meinem Schreibgerät sozusagen in der neutralen Ecke, denn man schrieb Freitag, und ich war fürs Wochenende verabredet, und wenn Lewents Auftrag dringend war und wir ihn übernahmen, dann war es mit dem Wochenendvergnügen Essig.

Wolfe war unschlüssig wie meist, wenn er belästigt wurde. Er haßte die Arbeit, aber er liebte Essen und Trinken und seinen Geschäfts- und Wohnsitz im alten Backsteinhaus in der 35. Straße, einschließlich der Orchideen im Treibhaus unterm Dach; hatte stets schrecklichen Appetit auf Dollars. Die einzige Dollarquelle war sein Einkommen als Privatdetektiv, und in diesem Augenblick lag auf der Schreibtischkante ein hübsches Häufchen Banknoten mit einem Gummiband darum. Herman Lewent, der es hingelegt hatte, bezifferte den Betrag auf eintausend Dollar.

Wolfe, arbeitsunlustig und unschlüssig, brummte: »Wieso steht Ihnen das zu?«

Lewent war in jeder Hinsicht eine Miniaturausgabe. Er war dünn und klein, Hände und Füße waren winzig, und seine Züge paßten dazu: Er hatte einen zusammengekniffenen kleinen Mund, an dem kein Platz für Lippen blieb. Außerdem war er in einem Alter, in dem man ein bißchen schrumpft und Falten bekommt. Einen Wichtigtuer mochte ich ihn freilich nicht nennen. Wenn er einen mit seinen flinken grauen Augen ansah, hatte man das Gefühl, er wisse eine ganze Menge und besitze einen scharfen Verstand.

Er war Wolfe immer noch böse, aber er beherrschte sich. »Ich bin zu Ihnen gekommen«, sagte er, »weil es sich um eine delikate Angelegenheit handelt, mit der Sie und Mr. Goodwin möglicherweise fertig werden könnten. Aus diesem Grunde nehme ich Ihr Verhalten in Kauf. Mein Verlangen ist rechtmäßig, denn es war mein Vater, der das Vermögen zusammengetragen hat – im Bergbau, vornehmlich in Kupferbergwerken. Meine Mutter starb, als ich noch ein Kind war, und ich habe nie gelernt, wie man sich auf anständige Weise ernährt. Ich habe es nie gelernt, und nun bin ich zu alt dazu. Vor ein paar Monaten hatte ich drei Freundinnen, eine in Paris, eine in Toulouse und eine in Rom. Und eine von ihnen hat versucht, mich zu vergiften.«

Ich beschloß, ihm kein Wort zu glauben. Für drei Freundinnen war er einfach nicht gebaut.

Er fuhr fort: »Ich bin kein toller Hecht mehr, aber als junger Mann war ich einer. Obwohl das meinem Vater mißfiel und er sich schließlich weigerte, mich zu empfangen, ließ er mich dennoch nicht darben – im Gegenteil, er war recht großzügig. Aber als er starb – ich war damals 36, es war vor zwanzig Jahren – da hinterließ er alles meiner Schwester Beryl mit der Auflage, sie solle mich versorgen. Das tat sie auch, bis sie vor einem Jahr verschied. Ich war im Ausland, ich habe die meiste Zeit im Ausland gelebt, aber selbstverständlich flog ich zur Beisetzung herüber.«

Er zuckte die Schultern wie ein Franzose oder jedenfalls nicht wie ein Amerikaner. »Von all den Millionen, die unser Vater ihr vererbt hatte, hinterließ sie mir nichts. Ihr Mann, Theodore Huck, bekam alles, wieder mit der Auflage, mich zu versorgen. Meine Schwester wußte, was sich gehörte. Ich sprach mit Huck und meinte, es sei doch einfacher, mir einmalig eine bestimmte Summe zu überweisen – etwa eine Million oder auch nur eine halbe –, aber er lehnte das ab. Er sagte, er kenne Beryls Wünsche und fühle sich gebunden, sie genau zu befolgen. Er überwies mir die Summe, die auch sie mir in den letzten beiden Jahren hatte zukommen lassen – tausend Dollar im Monat. Leider unterließ ich, was ich hätte tun sollen.«

Er wollte eine Frage hören, und Wolfe tat ihm den Gefallen. »Was hätten Sie denn tun sollen?«

»Ich hätte ihn umbringen sollen. Da saß er im Haus meines Vaters, als dessen Besitzer, und sagte, er wolle mir jeden Monat tausend Dollar schicken, von dem Vermögen, das meinem Vater gehört hatte. Das war eine Herausforderung zum Mord. Wenn ich ihn ermordet hätte, natürlich mit der nötigen Umsicht, bekäme ich nach dem Testament meiner Schwester jährlich mehr als vierzigtausend Dollar. Ich dachte daran, aber knifflige Dinge wie der perfekte Mord sind nicht meine Stärke, und obwohl ich im Leben nicht viel gelernt habe, so ist mein Instinkt fürs Überleben doch sehr ausgeprägt.«

Er gestikulierte. »Und dieser Instinkt hat mich auch hierhergeführt. Wenn es diesem Menschen in seinem Rollstuhl einfiele, mir kein Geld mehr zu schicken, müßte ich verhungern. Ich bin unfähig, mich zu ernähren. Und deshalb flog ich nach New York, als mich in Paris die Nachricht von möglicher Gefahr erreichte. Mein großzügiger Schwager nahm mich in meinem Vaterhaus auf, und da wohne ich nun seit zwei Wochen und komme nicht weiter – und deshalb bin ich hier. Es gibt drei . . .«

Er schwieg plötzlich, richtete die flinken grauen Äuglein auf mich, dann wieder auf Wolfe, und sagte: »Dies ist vertraulich.«

Wolfe nickte. »Was in diesem Zimmer besprochen wird, ist es im allgemeinen.«

»Also gut. Ich glaube, die Warnung, die ich erhielt, war ernst zu nehmen. Mit ihm im Haus leben drei Frauen, von der Köchin und den Dienstmädchen abgesehen: Mrs. Cassie O'Shea, die Haushälterin, eine Witwe; eine Krankenschwester namens Sylvia Marcy und eine sogenannte Sekretärin, Dorothy Riff. Sie sind alle hinter ihm her, und ich glaube, eine schafft es auch – aber ich weiß nicht wer, und ich bekomme es nicht heraus. Andererseits muß ich so schnell wie möglich erfahren, welche von diesen drei Frauen meinen Schwager umgarnt hat – aus dem einfachen Grund, weil ich ihr Interesse, ihr Mitgefühl gewinnen will. Ich will mich ihres Wohlverhaltens mir gegenüber versichern. Dazu brauche ich drei Wochen, wenn es sich um Miss Marcy oder Miss Riff handelt, bei Mrs. O'Shea hingegen vier. Das ist doch kein gewöhnlicher Familienkrach, das sind völlig legale Nachforschungen. Nicht wahr? Mein Einkommen ist vom guten Willen meines Schwagers abhängig. Und wie lange wird der vorhalten, wenn ihn seine zukünftige Gattin nicht auch hat?«

Wolfe brummte: »Und wie lautet mein Auftrag, präzis formuliert?«

»Schnellstmöglich herausfinden, wer von den dreien ihn eingefangen hat.« Lewent wies mit dem Daumen auf die Banknoten. »Diese tausend Dollar gehören Ihnen, unabhängig von Erfolg oder Mißerfolg, aber sie müssen genügen, denn mehr kann ich nicht aufbringen. Es scheint Ihnen vielleicht nicht lohnend, aber da Sie das Haus nie aus beruflichen Gründen verlassen, wird der Auftrag Sie wenig Zeit und Mühe kosten. Mr. Goodwin wird die Arbeit tun, und sein Gehalt müssen Sie ohnehin zahlen. Er kann jetzt gleich mit mir fahren, das Haus meines Vaters steht in der 69. Straße.«

Wolfes Stirnfalten hatten sich in freundlichere Fältchen verwandelt. »Sie sagen, Sie hätten eine Warnung erhalten. Von wem?«

»Von Paul Thayer, das ist Hucks Neffe. Huck hat ihn bei sich aufgenommen. Er ist ein Taugenichts wie ich – er komponiert Musik, die kein Mensch hören will. Er hofft, einiges von meines Vaters Geld von Huck zu erben. Er war beunruhigt und schrieb mir.«

»Was hat ihn beunruhigt?«

»Ein paar Kleinigkeiten und etwas Wichtiges. Ein Herr von Tiffany erschien mit Schmuckköfferchen und blieb fast eine Stunde bei Huck in seinem Arbeitszimmer. Das kann nur eins bedeuten: Huck hat etwas Wertvolles für eine Frau gekauft — für eine dieser drei.«

»Wieso? Es gibt noch mehr Frauen.«

Lewent schüttelte den Kopf. »Für Huck nicht. Er kann nicht gehen, und seit meine Schwester nicht mehr lebt, hat er das Haus nur zwei- oder dreimal verlassen. Er hat nie Damenbesuch. Es ist eine von diesen dreien. Sie werden denken, Paul oder ich müßten doch merken, wer es ist, aber so einfach ist das nicht. Er ißt in seinem Schlaf- oder dem Arbeitszimmer, wir sehen ihn kaum. Paul hat versucht, die Damen auszuhorchen, ich ebenfalls, leider vergeblich.«

Lewent rutschte zur Vorderkante des Ledersessels. »Aber Sie können doch etwas herausbekommen, ohne daß die Leute es merken, nicht wahr? Ich kann Goodwin natürlich nicht ins Haus bringen, damit er sie wegen ihrer Beziehungen zu Huck ins Kreuzverhör nimmt, selbst wenn ich wollte. Es ist mein Vaterhaus, aber es gehört Huck. Wir werden eine Ausflucht benutzen müssen, besonders für die Unterredung Goodwins mit Huck. Ich habe mich entschlossen . . .«

Wolfe brachte ihn mit einem Geräusch zum Schweigen — ein explosionsartiges Geräusch, halb Knurren und halb Schnauben. Lewents graue Äuglein weiteten sich überrascht. »Was ist denn?«

Wolfe gab sich leicht angewidert. »Ich könnte mich darauf einlassen, das Liebesleben eines wohlhabenden Witwers zu erforschen, wenn ich in finanzieller Notlage wäre und es um nennenswertes Honorar ginge. Aber wie die Dinge liegen, vergeuden Sie Ihre Zeit. Und meine. Guten Tag, mein Herr.«

Das klang abschließend. Lewents verkniffener Mund arbeitete, von links nach rechts, hinauf und hinunter. »Also, in Gottes Namen. Ich fürchtete schon, daß es nicht anders geht. Es ist so: Meine Schwester starb hier in New York, im Hause meines Vaters, an einer Fleischvergiftung. Sie hatte etwas gegessen, das Ptomain enthielt. Huck telegrafierte mir nach Paris, ich flog herüber, wie gesagt. Ich hegte nie einen Verdacht, bis zweierlei passierte: Erstens versuchte Odette, meine Freundin in Toulouse, mich zu vergiften, aus Eifersucht. Das zeigte mir, daß jeder Mensch zu einem Mord fähig ist, wenn das Motiv stark genug ist. Zweitens schrieb mir Paul Thayer, eine dieser Frauen umgarne Huck. Ich fing an, nachzudenken, und ich ging in eine Bibliothek und informierte mich über Ptomain – Leichengift. Diese drei Frauen waren dabei, als meine Schwester vergiftet wurde. Ich glaube, daß eine von ihnen sie ermordet hat.«

»Beweise?«

»Keine. Ich glaube, daß sie Huck damals schon für sich gewonnen hatte oder jedenfalls ihrer Sache sicher war. Ich bin jetzt zwei Wochen hier und von meiner Ansicht überzeugt, aber was kann ich unternehmen? Ich wage nicht einmal, Fragen zu stellen. Die Polizei würde mich natürlich auslachen. Dann dachte ich an Sie, aber mehr als tausend Dollar konnte ich nicht zusammenkratzen, und das sind für Sie kleine Fische. Deshalb versuchte ich zuerst, Sie ohne Erwähnung des Wortes Mord für die Sache zu gewinnen ...«

Er gestikulierte wieder. »Ich will diese Person verscheuchen, von ihrem Vorhaben abbringen, und ich glaube, das könnte mir gelingen, wenn ich weiß, welche von den dreien es ist.«

»Wie sollen Sie das ohne Beweise schaffen?«

»Das ist meine Sache.«

Unvermittelt rollte Wolfe seinen Sessel zurück und stand auf. »Ich habe ein wichtiges Telefongespräch zu führen«, erklärte er Lewent, »und ich überlasse Mr. Goodwin alles Weitere. Da er, wie Sie sagen, die Arbeit tun soll, werde ich ohnehin nicht gebraucht, auch zur Entscheidung nicht, ob wir den Auftrag übernehmen.«

Er stampfte zur Tür und war verschwunden, aber nicht, um zu telefonieren, das wußte ich. Er wollte das Geld nicht zurückweisen, aber er wollte auch den Eindruck vermeiden, er verderbe mir wegen eines miesen Tausenders das Wochenende, und so schob er mir den Schwarzen Peter zu. Und ich saß in der Zwickmühle. Wenn ich Lewent hinauskomplimentierte, dauerte es Monate, ehe ich Wolfe gegenüber den Mund aufmachen konnte, wenn er Aufträge abwies. Und so nahm ich das Geldbündel, das der kleine Mann auf Wolfes Schreibtisch gelegt hatte, zählte es nach und sah, daß es zwanzig Fünfziger waren.

»Okay«, sagte ich. »Ich gebe Ihnen eine Quittung. Dann müssen wir besprechen, was wir Huck erzählen. Sind Sie einverstanden?«

Er war es, ich nahm Platz, und wir besprachen.

2

Lewents Vaterhaus, aus Bruchsteinen in der 69. Straße zwischen Fifth und Madison erbaut, hatte offensichtlich keinen Fassadenreiniger gesehen, seit der kleine Herman hier geboren worden war. Drinnen hingegen hatten zweifellos Veränderungen stattgefunden. Schon der Selbstbedienungslift war so modern und geräumig, daß ich folgerte, er sei installiert worden, nachdem die schlimmen Arterien den Hausherrn in seinen Rollstuhl verbannt hatten.

Obwohl Lewent darauf bestanden hatte, wir sollten das Unternehmen erst nach Theodore Hucks Siesta starten, und es daher nach 14 Uhr war, als wir von einem weiblichen Wikinger eingelassen wurden, der Herman in der Schürze hätte herumtragen können, hegte ich immer noch die Hoffnung, ich könne den Tausender bis zum Abend verdienen und doch noch mein Wochenende genießen. Nachdem die Wikingerin uns die Hüte abgenommen hatte, verlor ich deshalb keine Zeit mit der Bewunderung der luxuriösen Eingangshalle, sondern folgte Lewent in den Aufzug. Wir verließen ihn im ersten Stock und wandten uns nach rechts. Ich wunderte mich über die dicken Teppiche in einem Haus, wo der Besitzer sich ausschließlich im Rollstuhl fortbewegte.

Das Staunen wich, als wir das hohe Zimmer auf der Hausrückseite betraten und ich den Rollstuhl erblickte. Er hätte damit auf einen Campingplatz fahren und drin wohnen können, wenn das Ding ein Dach besessen hätte. Der Sitz wäre selbst für Nero Wolfe geräumig genug gewesen. Zu beiden Seiten befanden sich Fächer, Ablagebretter und Schubladen. Ein großer Blechkasten unten hinten beherbergte wohl einen Motor. Eine Leselampe war links montiert und beleuchtete die Illustrierte, in der er las.

Lewent sagte: »Hier ist Mr. Goodwin, wie ich dir schon am Telefon sagte«, drehte sich um und ging hinaus.

Theodore Huck sprach gar nichts. Er warf das Heft auf einen Tisch und drückte auf einen Knopf, worauf sich die Fußstütze hob, bis die Beine unter der großen Schottendecke waagerecht lagen. Dann betätigte er einen anderen Knopf, und die Lehne glitt zurück. Knopf Nummer 3, und die Fußstütze bewegte sich hin und her, nicht eben sanft. Er schloß die Augen. Ich ließ mich in einem Sessel nieder und besah mir sein Arbeitszimmer, dann ihn. Seine obere Hälfte war für sein Alter sehr ansehnlich, er war breitschultrig und hatte ein glattes, ebenmäßiges Gesicht. Der ehemals dunkle Schopf war stark ergraut, aber noch dicht. Ich hatte Zeit genug für meine Betrachtung, denn er ließ seine Beine gut fünf Minuten lang schaukeln. Dann drückte er die Knöpfe, was ihn geradesetzte, und zog die Schottendecke enger um die Hüften.

Er sah mich an, aber ich konnte seinen Blick nicht erwidern, weil er sich auf eine Stelle dreißig Zentimeter unter meinem Kinn konzentrierte. »Ich mache das sechzehnmal am Tag«, sagte er. »Stündlich. Es nützt ein bißchen. Vor einem Jahr konnte ich kaum stehen, und nun kann ich fünf oder sechs Schritte gehen. Ihr Name ist Goodwin?«

»Stimmt.«

»Mein Schwager sagte, Sie wollten mich sprechen.«

Ich nickte. »Das stimmt nicht ganz, aber ungefähr. Er wünschte, daß ich Sie aufsuche. Mein Name ist Archie Goodwin, und ich arbeite für Nero Wolfe, den Detektiv, und Ihr . . .«

»Oh! Dieser Goodwin sind Sie also.«

»Ja. Ihr Schwager kam heute in Mr. Wolfes Büro, um ihm einen Auftrag zu erteilen. Er sagt, seine Schwester . . .«

Rechts von uns öffnete sich eine Tür, und eine junge Dame in meinem Alter trat ein, mit Papieren in der Hand. Sie war blond, hatte graugrüne Augen, und was das Äußere betraf, war nichts an ihr auszusetzen. Auf halbem Wege zum Rollstuhl blieb sie stehen und fragte: »Möchten Sie die Briefe jetzt unterschreiben, Mr. Huck?«

»Später, Miss Riff.« Er war ein bißchen ungehalten. »Später.«

»Sie sagten ... Ich dachte, vielleicht ...«

»Es eilt wirklich nicht.«

»Wie Sie wünschen. Ich bitte um Entschuldigung, wenn ich gestört habe.«

Sie drehte sich um und schloß die Tür so sanft, daß man es überhaupt nicht hörte.

»Mr. Lewent sagt«, fuhr ich fort, »seine Schwester habe ihm versprochen, er werde im Falle ihres Todes eine beträchtliche Summe erhalten. Das war etwa ein Jahr vor ihrem Tod, und er ist überzeugt, sie hat dafür gesorgt, daß ihr Versprechen erfüllt werde.«

Huck schüttelte den Kopf. »Er war dabei, als ihr Testament verlesen wurde. Er hat es selbst gesehen.«

»Er sagt, sie habe ihm erklärt, daß sie es nicht ins Testament aufnehmen werde, weil das einem Versprechen zuwidergelaufen wäre, das sie ihrem Vater gegeben hat. Er glaubt, sie habe es jemandem für ihn übergeben – nicht Ihnen, meint er, denn Sie hätten ihre Anweisungen genau und prompt befolgt. Er vermutet, daß sie es Miss Riff oder Miss Marcy oder Mrs. O'Shea gab, und er möchte, daß Mr. Wolfe Ermittlungen anstellt. Er betont freilich, daß dies nur mit Ihrem Wissen und Einverständnis erfolgen kann, und deshalb hat er Sie gebeten, mich zu empfangen. Außerdem dachte Mr. Wolfe ...«

Eine andere Tür ging auf, und eine andere Dame beehrte uns. Sie war schätzungsweise etwas jünger als Dorothy Riff, aber genau war es bei ihrer Schwesterntracht nicht zu sagen. Sie hatte große schwarze Augen und dunkelbraunes Haar.

»Ist alles in Ordnung?« Sie sprach nicht, sie gurrte förmlich.

»Ja, danke.«

»Ihre Übung um halb drei?«

»Selbstverständlich.«

Sie verließ uns, nachdem sie mich flüchtig begutachtet hatte. Als sie draußen war, sagte ich: »Das war Sylvia Marcy?«

»Ja. Sie hatten sagen wollen, Mr. Wolfe habe gedacht ...«

»Er meinte, bevor ich mich mit den drei Damen unterhalte – Ihr Einverständnis vorausgesetzt –, seien Sie vielleicht bereit, uns Ihre Ansicht zu verschiedenen Punkten wissen zu lassen. Zum Beispiel: Halten Sie es für wahrscheinlich, daß Ihre Gattin so gehandelt hat, wie Mr. Lewent annimmt? Hat sie jemals so etwas angedeutet? Hat sie große Barbeträge abgehoben oder Wertpapiere verkauft? Am wichtigsten scheint Mr. Wolfe die Frage, welche der drei Damen Ihre Frau wohl am ehesten mit einem solchen Auftrag betraut hätte.«

Huck blickte mir immer noch nicht in die Augen. »Mein Schwager hat das mir gegenüber nie erwähnt«, sagte er zurückhaltend.

Ich nickte. »Wie er sagt, fürchtet er, Sie zu beleidigen. Aber nachdem nun ein Jahr vergangen und offenbar ist, daß Sie ihn lediglich so versorgen wollen, wie das im Letzten Willen Ihrer Gattin festgelegt wurde, meint er, man solle der Sache nachgehen – soweit das möglich ist, ohne Ihnen Ungelegenheiten oder Umstände zu machen.«

»Wie sollte mir das Umstände machen?«

»Ich weiß nicht. Sie sind ein wohlhabender Mann, und Miss Riff, Miss Marcy und Mrs. O'Shea arbeiten für Sie und wohnen in Ihrem Haus, und ich nehme an, Mr. Lewent dachte, Sie möchten vielleicht nicht, daß ich den Damen peinliche Fragen stelle.«

»Miss Riff wohnt nicht hier.«

»Aber die beiden anderen?«

»Ja.«

»Halten Sie alle drei für ehrlich und vertrauenswürdig?«

»Ja.«

»Das könnte uns weiterhelfen. Sind Sie von der Ehrenhaftigkeit der Damen so überzeugt, daß Sie keiner von ihnen zutrauen, in eine solche Angelegenheit verwickelt zu sein?«

Er wollte gerade antworten, da ging die Tür vom Flur wieder auf, und wir bekamen erneut Besuch. Diesmal war ich nicht ganz sicher. Bei Sekretärin und Krankenschwester hatte im Augenblick ihres Auftauchens keinerlei Zweifel bestanden, aber ich hatte nicht erwartet, die Haushälterin in einem bunt gemusterten Kleid zu erblicken. Es war weiß und blau in zwei Tönen. Und obwohl sie reifer als die beiden anderen war, konnte man sie keineswegs als alte Schachtel bezeichnen. Sie hatte mittelbraunes Haar und tiefblaue Augen und schwenkte die Hüften ein wenig. Sie ging wie zu bestimmtem Zweck an den Rollstuhl, bückte sich und zog die Wolldecke enger um Hucks Beine. Ich beobachtete Hucks Blick. Er galt natürlich ihr, schien aber eher gedankenverloren als erfreut.

Sie richtete sich auf. »Alles in Ordnung, Sir?«

»Ja, danke, Mrs. O'Shea.«

»Irgendein Wunsch?«

»Nein, nichts.«

Sie machte eine Vierteldrehung und musterte mich. Ihr Blick war zu kurz, um lästig zu wirken, aber verstohlen war er nun auch wieder nicht. Ich sah ihr nach und sagte mir, keine von den dreien habe gezögert, sich den Fremden einmal anzuschauen. Ich war noch keine Viertelstunde bei Huck, und schon waren sie alle mal eben vorbeigekommen.

Als sich die Tür geschlossen hatte, sagte Huck: »Sie haben mich einiges gefragt. Ich halte es für sehr unwahrscheinlich, daß meine Frau jemals ein Arrangement getroffen hat, wie Sie es erwähnten. Jedenfalls hat sie mir nie ein Wort davon gesagt. Soviel ich weiß, hat sie im Jahr vor ihrem Tod keinen ungewöhnlichen Betrag verbraucht, aber ich werde das gern noch einmal nachprüfen lassen. Ich will meinen Schwager ja nicht der Phantasterei bezichtigen, ich vermute jedoch, daß er meine Frau irgendwie grundsätzlich mißverstanden hat. Aber da er nun einmal Nero Wolfe konsultiert hat und Sie hier sind, will ich ihm den Gefallen tun, dem armen Teufel. Möchten Sie die Damen einzeln oder zusammen sprechen?«

»Zunächst einmal gemeinsam.«

»Wie lange wird das dauern? Werden Sie heute fertig?«

»Ich hoffe es. Ich habe die Absicht, aber ich weiß es nicht.«

Er fuhr mit erstaunlicher Geschwindigkeit zur Tür und öffnete sie weit. »Herman! Komm doch mal herunter!«

Heute weiß ich, was den ganzen Haushalt auf die Beine brachte: Paul Thayer, Hucks Neffe, hatte ausgeplaudert, daß ich Nero Wolfes Archie Goodwin war. Aber damals wußte ich das nicht, und deshalb staunte ich, daß sie aus allen Richtungen angelaufen kamen – Dorothy Riff aus einer Tür nebenan, Mrs. O'Shea die Treppe herauf, Lewent und Sylvia Marcy von oben.

Lewent war im Stehen genauso groß wie Huck im Sitzen. Er fragte: »Du hast gerufen, Theodore?«

Die Damen standen erwartungsvoll.

»Ja«, antwortete Huck seinem Schwager. »Mr. Goodwin hat mir die Sachlage erläutert, und ich möchte, daß du hörst, was ich Mrs. O'Shea, Miss Marcy und Miss Riff zu sagen habe.« Seine Blicke wandten sich der Weiblichkeit zu. »Ich nehme an, Sie alle haben schon von einem Privatdetektiv namens Nero Wolfe gehört. Mr. Lewent hat ihn heute vormittag aufgesucht und beauftragt, Nachforschungen anzustellen, und zu diesem Zweck ist Mr. Goodwin hierherbeordert worden. Mr. Goodwin möchte Ihnen Fragen stellen. Sie können darauf antworten, wie Sie es für richtig und vertretbar halten. Mehr habe ich nicht zu sagen. Ich möchte klarstellen, daß ich in keiner Weise einschränken will, was Mr. Goodwin fragt oder was Sie antworten, aber ich möchte auch zu verstehen geben, daß dies eine private Untersuchung auf Betreiben von Mr. Lewent ist und es demnach Ihrem Urteil unterliegt, was von Belang und zur Sache gehörig ist.«

Man hätte meinen können, er wisse genau, warum ich gekommen war – und sorge dafür, daß mir nichts gelingen werde. Nicht mit einem Wimpernzucken hatte er mir Grund für einen brauchbaren Tip gegeben, wer von den dreien ihn denn nun umgarnt hatte.

3

Der Lift brachte uns zwei Stockwerke höher. In einem Zimmer mit bequemen Polstermöbeln erwiesen sich die drei als gute Zuhörerinnen. Ich ließ mir Zeit und holte weit aus. Miss Riffs graugrüne Augen, Miss Marcys schwarze und Mrs. O'Sheas tiefblaue konzentrierten sich alle auf mich. Die Blicke wirkten anregend und ließen meine Rede munter fließen. Ich erzählte vom Versprechen, das Lewents Schwester ihm gegeben hatte — ein Jahr vor ihrem Tod — und das natürlich pure Erfindung war; von seiner Überzeugung, daß sie es gehalten hatte, und von seinem Verdacht, sie habe jemandem eine beträchtliche Summe in bar oder in Wertpapieren für ihn anvertraut. Ich fügte hinzu, er halte es für möglich, eine der drei Anwesenden sei diese Treuhänderin, und ob sie bereit seien, mir ein paar Fragen zu beantworten.

Mrs. O'Shea bemerkte, Lewent sei ein widerlicher Zwerg. Miss Marcy sagte, es sei überaus lächerlich. Miss Riff hob die Nase und fragte: »Wieso ein paar Fragen? Sie brauchen uns nur eine zu stellen: Hat Mrs. Huck jemandem von uns etwas für ihren Bruder übergeben — dann sagen wir nein, und damit hat es sich.«

»Für Sie vielleicht«, räumte ich ein. »Aber wie Mr. Huck Ihnen erklärt hat, soll ich hier Nachforschungen betreiben, und so einfach geht das nicht. Nehmen wir zum Beispiel an, ich ermittelte wegen einer schwerwiegenden Sache — wie etwa Mordverdacht. Was wäre, wenn Lewent den Verdacht hätte, jemand von Ihnen habe seine Schwester vergiftet, um Huck ehelichen zu können?«

»Das sähe ihm schon ähnlicher«, sagte Miss Marcy, und das Gurren war immer noch in ihrer Stimme.

»Ja. Aber was dann? Ich frage, ob Sie es getan haben, Sie sagen nein, und damit hat es sich? Kaum. Ich frage eine ganze Menge, nach Ihren Beziehungen zu Mr. und Mrs. Huck und untereinander, ferner nach Ihrem Tun und was Sie gesehen und gehört haben, nicht nur an ihrem Todestag, sondern in der Woche, dem Monat, dem Jahr davor. Sie können antworten oder auch nicht. Wenn Sie antworten, prüfe ich es nach. Wenn nicht, überprüfe ich Sie doppelt und dreifach.«

Ich holte Luft und schlug einen freundlicheren Ton an. »Aber lassen wir das, schließlich bin ich kein Inquisitor. Ich möchte zuerst Ihre Meinung zu einer Idee hören, die mir selber gekommen ist. Mir scheint, wenn Mrs. Huck ihrem Bruder etwas hinterlassen wollte, dann war der Treuhänder logischerweise ihr Mann. Lewent glaubt das nicht, weil er ihn für absolut ehrlich hält. Mir genügt das nicht – aber Sie, meine Damen, kennen Mr. Huck besser als ich. Was für ein Mensch ist er? Halten Sie es für möglich, daß er Mr. Lewent etwas vorenthält?«

Keine Antwort. Auch kein Austausch von Blicken. Ich ließ nicht locker. »Was meinen Sie, Mrs. O'Shea?«

Sie schüttelte den Kopf, ein Mundwinkel hob sich. »So etwas fragt man nicht.«

»Sie wissen doch, wir arbeiten für Mr. Huck«, gurrte Sylvia Marcy.

»Er ist ein sehr feiner Mensch«, erklärte Dorothy Riff. »Ein sehr, sehr feiner Mensch. Deshalb hat ja auch eine von uns Mrs. Huck vergiftet – damit sie ihn heiraten kann. Worauf sie nur wartet? Es ist doch schon ein Jahr her.«

Ich befaßte mich eine Stunde lang mit ihnen. Ich habe schon wesentlich unerfreulichere Sitzungen erlebt, aber keine unergiebigeren. Verschiedenes deutete darauf hin, daß sie einander nicht gerade liebten, anderes auch, daß sie Huck nicht ausschließlich als Lohnzahler betrachteten, aber um am Ende der Stunde für Lewent eine herauszupicken, hätte ich abzählen müssen. Ich war von mir selber enttäuscht. Ich sagte mir, es sei ein Fehler gewesen, sie gemeinsam zu vernehmen, stand auf, bedankte mich für ihre Geduld und Hilfsbereitschaft und deutete an, daß ich sie später einzeln zu sprechen wünsche. Ich fragte, wo ich wohl Lewent finden könne, und erfuhr, sein Zimmer sei im Stock unter uns, im zweiten Obergeschoß. Sylvia Marcy erbot sich, es mir zu zeigen, ging voraus und die Treppe hinunter. Sie hatte die ganze Zeit gegurrt. Es war ein angenehmes, sogar musikalisches Gurren, aber man weiß da nie, was draus wird. Wenn ich, wie Huck, dem Gegurre fortlaufend ausgesetzt gewesen wäre, dann hätte ich sie nach ein paar Tagen gefeuert – oder ich hätte den Standesbeamten bestellt.

Lewent öffnete auf mein Klopfen und bat mich in sein Zimmer. Auf den ersten vier Schritten war es nur ein korridorartiger Schlauch, wie man das oft in alten Häusern findet, wo nachträglich Bäder eingebaut wurden. Anschließend betrat ich jedoch ein geräumiges Gemach. Er bot mir einen Sessel an, aber ich lehnte ab und sagte, ich habe eine Eröffnungssitzung mit den Verdächtigen absolviert und wolle nun Paul Thayer kennenlernen, Hucks Neffen. Lewent meinte, er werde nachsehen, ob Paul im Haus sei. Er stieg zwei Treppen höher, ich folgte ihm, auch oben durch einen Flur zu einer Tür. Er klopfte an, und jemand rief »Herein«.

Das Zimmer war vergleichsweise klein, und kein Eckchen war ungenutzt. Ich erblickte ein Bett, einen Flügel, zwei kleine Sessel und ein paar Tonnen Bücher und Noten, die auf Regale, Tisch und Fußboden verteilt waren. Thayer, etwa so alt wie ich und wie ein Bulle gebaut, wollte mir beim Händeschütteln offenbar die Knöchel lädieren, aber dann ließ er es bleiben, als er Gegendruck verspürte. Ich hatte Lewent unterwegs erklärt, ich wünsche Thayer allein zu sprechen, was ihm recht gewesen war, und so verließ er uns jetzt. Thayer streckte sich aufs Bett, und ich nahm in einem Sessel Platz.

»Da habt ihr einen schönen Quatsch gemacht«, bemerkte er.

»Wirklich? Wieso?«

»Eure Idee, mit dem Märchen hier einzufallen, eine von ihnen enthalte Lewent einen Sack voll Geld vor – das ist doch der letzte Blödsinn.«

»Tut mir leid. Ich habe das als Ersatz für Lewents Märchen vorgeschlagen, wonach eine von den dreien Ihre Tante vergiftet hat.«

Er warf den Kopf zurück und gab viele Hahas von sich. Als er wieder sprechen konnte, meinte er: »Sie war nicht meine richtige Tante – oder wohl doch, nachdem Onkel Theodore sie geheiratet hatte. Sie starb unter großen Schmerzen, und das hat mich sehr mitgenommen. Ich konnte wochenlang nicht richtig essen. Aber die Idee, eine von den Mädchen habe ihr Gift gegeben — also, wissen Sie, Herman der Zwerg ist tatsächlich ein Märchenerzähler! Lieber Gott, so etwas Dummes! Trotzdem bin ich sein treuer Bundesgenosse. Er und ich sitzen in einem Boot. Können Sie sich vorstellen, wie brennend gern ich ein paar von den Lewent-Millionen hätte, auf denen Onkel Theodore jetzt sitzt?«

»So etwas kann ich mir leicht vorstellen«, sagte ich mitfühlend.

»Sagen wir mal, ich hätte fünf Millionen. Von den Zinsen allein könnte ich ein Dreißig-Mann-Orchester jede Woche eine Stunde lang in zwölf Großstädten über Rundfunksender spielen lassen — die Musik der Zukunft. Lieber Gott, und die Platten, die ich produzieren könnte! Statt hier herumzusitzen. Natürlich kann man nicht behaupten, es ginge mir schlecht. Ich esse hier, also brauche ich nicht zu hungern. Übrigens, hat Lewent Ihnen verraten, daß ich für Miss Riff schwärme?«

»Nein. Tun Sie's?«

»O ja. Leider rührt es sie ganz und gar nicht. Deshalb habe ich auch Lewent geschrieben, er solle kommen, weil ich fürchtete, sie sei hinter meinem Onkel her. Ich fürchte das noch immer, ich zittere geradezu. Und nun kommt ihr beide, baut einen solchen Mist und verderbt alles.«

Ich unterhielt mich noch eine Weile mit ihm, aber dann wurde mir klar, daß ich nur Zeit vergeudete, da er nicht mal einen ernst zu nehmenden Tip zur Antwort auf die Frage wußte, die mich bewegte. Ich ließ ihn allein und stieg gemächlich die Treppen hinab.

Im Parterre drangen Töne aus einer halboffenen Tür, und ich ging hin. Ich habe die Angewohnheit, mich leise zu bewegen.

Auf einem Bildschirm blitzten ein Mann und eine Frau sich zornig an, wobei sie heftig atmete und er irgend etwas sagte. Auf einem Sessel saß Mrs. O'Shea, kehrte mir den Rücken zu, nippte an einem Glas und guckte in die Röhre. Ich nahm in ihrer Nähe Platz und tat desgleichen. Sie wußte, daß ich da war, ließ es sich aber nicht anmerken. Runde zwanzig Minuten schauten wir zu, bis die Story zu Ende war. Als die Werbung einsetzte, ging sie hin und schaltete ab.

»Guter Empfang«, sagte ich doppeldeutig.

Sie musterte mich. »Haben Sie irgend etwas mit der Galle? Und wollten Sie mich vielleicht sprechen?«

»Ich dachte, wir sollten uns einmal ganz privat unterhalten.«

»Aber nicht jetzt. Ich habe etwa eine halbe Stunde in der Küche zu tun.«

»Dann danach. Übrigens hat Mr. Lewent mich zum Dinner eingeladen, aber nach Lage der Dinge scheint mir die Frage angebracht, ob es Ihnen recht ist.«

»Mr. Lewent ist Mr. Hucks Gast, und wenn er Sie eingeladen hat – selbstverständlich. Mr. Huck speist in seinem Zimmer.«

Ich sagte, das sei mir bekannt, und sie rauschte ab. Ich verließ das Zimmer einen Augenblick später. Ich hielt es für ratsam, Lewent mitzuteilen, daß er mich zum Dinner eingeladen hatte, und so ging ich in den zweiten Stock zu seiner Tür und klopfte an. Nichts tat sich. Ich klopfte lauter, mit demselben Mißerfolg. Wie ich da stand, glitt zehn Schritte weiter im Flur die Lifttür auf, und heraus kam der Rollstuhl gefahren. Huck sah mich an, hielt an und rief: »Sie sind noch da?«

»Jawohl, Sir. Wenn Sie nichts dagegen haben.«

»Warum sollte ich?«

Er drückte einen Knopf, und weiter ging die Fahrt, zur Tür seines Zimmers. Er öffnete sie und rollte hinein, und die Tür schloß sich wieder. Ich blickte auf die Armbanduhr, wobei ich sie mir wegen der düsteren Beleuchtung unter die Nase halten mußte; es war zwei Minuten nach fünf. Ich nahm an, Lewent mache ein Nickerchen, klopfte nochmals und gab es auf, als ich wiederum keine Antwort bekam. Ich ging zur Treppe, aus dem Haus, zur Madison Avenue und in einen Drugstore, wo ich mich in eine Telefonzelle verfügte und wählte.

Wolfe meldete sich. Ich erstattete Bericht. »Kein Fortschritt. Gar nichts, außer daß, wenn Sie krank werden, ich eine Schwester weiß, die Sie gesundgurrt. Zum Dinner komme ich nicht nach Hause. Ich rufe an, um Ihnen das zu sagen und um Sie zu konsultieren.«

»Weswegen?«

»Wegen meines Geisteszustandes. Mein Verstand muß defekt sein, sonst hätte ich mich nie auf so etwas eingelassen.«

Er brummte und legte auf. Ich wählte eine andere Nummer und erläuterte Lily Rowan, wie das mit unserem Wochenende aussah, und sie bedauerte mich ein bißchen und sagte, sie werde auf meinen nächsten Anruf warten.

Die Wikingerin ließ mich ins Haus, und ich klomm wieder Stufen empor, um nach unserem Klienten zu schauen. Ich pochte laut und vernehmlich an seine Tür, wartete fünf Sekunden, drehte den Knopf und trat ein. Ich wäre ums Haar auf ihn getreten. Er lag unmittelbar hinter der Tür, die ihn fast gestreift hätte, flach auf dem Rücken, ein Bein leicht gebeugt, das andere gestreckt. Ich schloß die Tür, kniete mich hin, knöpfte ihm die Weste auf und schob die Hand unter sein Hemd. Nichts. Sein Kopf war seltsam verdreht. Ich faßte mit den Fingerspitzen darunter, und an seinem Hinterkopf oder vielmehr dort, wo der hätte sein müssen, faßte ich weich ins Leere. Sein Schädel war eingeschlagen, aber ich fühlte keinen Riß in der Kopfhaut und auch kein Blut an meinen Fingern.

Ich stand auf und sah auf ihn hinab, die Hände in den Hosentaschen und das Kinn vorgeschoben. Dann ging ich durch den kurzen Korridor ins Zimmer und sah mich langsam und gründlich um. Danach kniete ich hinter Lewents Kopf, packte ihn an den Schultern und hob den Körper an. Es lag nichts darunter. Ich betrachtete mir den Hinterkopf, dann legte ich ihn wieder hin, stand auf, ging nach vorn, hob die Beine an und vergewisserte mich, daß auch unter ihnen nichts gelegen hatte. Ich ging zur Tür, lauschte zehn Sekunden, hörte nichts, öffnete sie, huschte hinaus und zog sie hinter mir ins Schloß. Ich ging zur Treppe, ins Parterre, und als sich niemand sehen ließ, machte ich mir die Haustür selber auf.

Im Drugstore in der Madison Avenue wechselte ich mir Kleingeld zum Telefonieren ein.

4

Als Wolfe meine Stimme vernahm, war er aus Prinzip mürrisch, weil ich ihn nie im Treibhaus stören soll, und dies geschah nun binnen zwanzig Minuten schon zum zweitenmal. Ich war ebenfalls verdrossen, aber nicht aus Prinzip.

»Warten Sie«, sagte ich. »Ich will nur um einen Gefallen bitten. Vor zwanzig Minuten meldete ich ›kein Fortschritt‹, aber das war ein Irrtum. Wir können unseren Klienten gar nicht mehr enttäuschen, denn er ist tot. Ermordet. Ich habe seine Leiche entdeckt, und ich rufe jetzt aus einem Drugstore an. Ehe ich um den Gefallen bitte, muß ich berichten — nicht alles, aber das Wichtigste.«

»Reden Sie.«

Ich kolportierte die Unterhaltungen nicht wörtlich, beschrieb jedoch die Charaktere und das Milieu, ferner die Vorgänge bis zum Augenblick, da ich Lewents Tür geöffnet hatte. Danach wurde ich ausführlicher.

»Es ergeben sich einige Fragen«, erklärte ich. »Die ersten drei Meter hinter der Tür ist nur ein Durchgang, kaum mehr als einen Meter breit. Der Tote liegt in diesem Korridor, diagonal, mit den Füßen zur Tür. Wenn man die Tür weit öffnet, reicht sie bis auf 25 Zentimeter an Lewents rechten Fuß. Der Durchgang ist mit einem Orientteppich ausgelegt. Er ist nicht festgeheftet, dennoch nicht verrutscht. Weder im Zimmer noch im Durchgang ist irgend etwas in Unordnung. Alles ist so wie bei meinem Besuch eine Stunde vorher.«

»Von Mr. Lewent abgesehen.« Wolfes Ton war trocken und voll Widerwillen.

»Ja. Der Schlag traf ihn am Hinterkopf. Der Gegenstand war so schwer und hart, daß es den Schädel regelrecht eingedrückt hat. Er muß glatt gewesen sein, denn die Haut ist nicht verletzt. Kein Blut. Ich bin kein Fachmann, aber ich würde wetten, es war nur ein einziger Schlag, und er kam von unten. Die Waffe liegt nicht im Durchgang . . .«

»Unter ihm?«

»Auch nicht, ich habe nachgesehen. Auch im Zimmer liegt nichts dergleichen offen herum. Ergeben sich da nicht einige Fragen?«

»Zweifellos. Die Polizei wird sie stellen.«

»Darauf komme ich noch. Niemand hat mich gesehen, als ich das Zimmer betrat und verließ. Ich könnte nun heimkommen oder besser noch meine Wochenendverabredung wahrnehmen, wenn eines nicht wäre — der Tausender, den Lewent gezahlt hat. Unser Klient war vielleicht keine Zierde der Menschheit, aber herzukommen und in seinem Auftrag herumzuschnüffeln, während jemand ihn erschlägt, und dann seine Leiche zu finden — also, das ist kein Meisterstück. Das gefällt mir gar nicht. Und die Bemerkungen von Cramer und Stebbins, wenn ich jetzt anrufe und sage, ein Klient von Mr. Wolfe sei ermordet worden, während ich im Haus war, und ob sie bitte den Fall übernehmen würden — die gefielen mir noch weniger. Und Ihnen auch nicht.«

»Da höre ich gar nicht hin. Gibt es eine Alternative?«

»Ja, der Gefallen, um den ich Sie bitte. Es stört mich, wenn einer glaubt, er kann einen Kunden praktisch in meiner Gegenwart umbringen. Das will ich ihm eintrichtern. Ich hatte Mrs. O'Shea bereits gesagt, daß ich zum Essen bleibe, und nun bitte ich auch Sie, mir das zu gestatten. Einer vor diesen Leuten sitzt auf heißen Kohlen und wartet, daß die Leiche entdeckt wird, und wenn ich halb so gut bin, wie ich glaube, dann werde ich sehen oder hören oder spüren, wer es ist. Jedenfalls möchte ich es versuchen. Natürlich kann ich die Leiche jederzeit entdecken, wenn es angebracht erscheint.«

Er brummte. »Sie brauchen zum Essen nicht heimzukommen.«

Ich legte auf, blieb ein Weilchen sitzen und sortierte meine Gedanken. Schließlich kehrte ich zum Haus zurück, klingelte und wurde von der Wikingerin eingelassen. Sie war schweigsam wie bisher, was wohl hieß, daß während meiner Abwesenheit kein Toter aufgefunden worden war. Als ich auf die Treppe zur Küche zuging, rief mich jemand beim Namen. Ich drehte mich um, und Dorothy Riff trat aus einer Tür.

»Ich habe Sie gesucht«, sagte sie und sah sich um. »Hier sind wir nicht ungestört. Kommen Sie da hinein.«

Sie ging voran ins Zimmer, wo ich mit Mrs. O'Shea ferngesehen hatte. Wir nahmen Platz, und sie sagte: »Ich war vier Jahre lang Mrs. Hucks Sekretärin, und als sie starb, hat Mr. Huck mich behalten. Er vertraut mir sehr. Es wäre mir lieb, wenn Sie mir etwas sagen könnten.«

»Aber gern«, versicherte ich. »Was denn?«

»Nun... Mr. Huck ist ziemlich sicher, daß sein Schwager versucht, ihn zu erpressen, und das ist auch meine Ansicht. Was meinen Sie?«

Ihre graugrünen Augen blickten mich unverwandt und gespannt an. So ganz und gar arglos konnte sie eigentlich nicht sein, eher recht gerissen. »Ich fürchte«, antwortete ich, »da müssen Sie mir erst noch ein bißchen mehr erzählen. Gewöhnlich weiß ein Mensch doch, ob er erpreßt wird oder nicht — ohne daß er seine gutaussehende Sekretärin beauftragen muß, einen schlauen Detektiv zu fragen.«

»Ich wollte, wir könnten uns ganz sachlich unterhalten«, sagte sie hoffnungsvoll. »Wenn ich nur wüßte, wie ich Sie bitten kann, mir zu helfen.«

»Nichts einfacher als das. Wobei soll ich helfen?«

»Es geht um Mr. Huck.« Ihr Blick ließ mich nicht los. »Ich sagte, er vertraut mir sehr, und das hat er auch immer getan, aber nun bin ich nicht mehr so sicher. Ihr Kommen hat ihn mißtrauisch gemacht. Er weiß, daß sein Neffe Paul mit Mr. Lewent befreundet ist, und er glaubt, Paul und ich seien befreundet; nun fürchte ich, er verdächtigt uns drei, wir wollten ihn erpressen. Er hat es nicht ausgesprochen, aber er denkt es bestimmt, und Sie wissen doch, daß es nicht wahr ist. Warum wollen Sie mir nicht genau sagen, was los ist, was Mr. H.Lewent eigentlich will? Dann könnte ich Ihnen womöglich helfen. Ich kenne Mr. Huck doch so gut. Ich weiß, wie er denkt. Was Sie auch für Mr. Lewent ermitteln sollen — sicher möchten Sie doch nicht, daß ich eine gute Stellung verliere, weil Mr. Huck mich verdächtigt. Oder möchten Sie das?«

»Auf gar keinen Fall«, erklärte ich mit Nachdruck. »Aber Sie sagen, Sie stimmen mit Huck überein, Lewent versuche, ihn zu erpressen. Da Lewent unser Klient ist, kränkt mich das, und ich meine, wir sollten das klären. Wie wär's, wenn Sie mit mir zu Lewent gehen und wir ihn fragen, was er zu sagen hat?«

»Jetzt?«

»Sofort.«

Sie zögerte einen Moment, dann stand sie auf. »Kommen Sie.«

Wir stiegen die Treppe hinauf. Als wir im ersten Stock waren, hatte ich mir zurechtgelegt, wie ich den Besuch und die Entdekkung aufschieben könne, bis ich noch ein paar andere Gesichter gesehen hatte. Aber ich brauchte keine Ausrede. Als wir im zweiten Stock anlangten, blieb sie stehen und legte den Kopf etwas zurück, um mir in die Augen blicken zu können.

»Nein«, sagte sie.

»Was — nein?«

»Es würde nichts nützen. Ich kann nicht! Ich kann mit diesem Mann nicht reden.« Sie erschauerte. »Ich kriege eine Gänsehaut! Ich möchte nicht, daß Sie ...« Sie schwieg, biß sich auf die Unterlippe, drehte sich um und ging rasch zur Tür von Hucks Zimmer. Sie klopfte an, trat aber ein, ohne eine Antwort abzuwarten.

Der Lift befand sich gerade in diesem Stockwerk, und ich stieg ein und fuhr in den Keller, wo die Küche lag. Sie war groß und sauber, und es duftete appetitlich. Eine kleine rundliche Frau mit mehrfachem Kinn, die ich noch nie gesehen hatte, saß am Tisch und putzte Pilze, und Mrs. O'Shea saß ihr gegenüber und kramte in Zetteln.

Im Näherkommen sagte ich: »Ich hätte es Ihnen schon mitteilen sollen, Mrs. O'Shea — ich bezweifle, daß Mr. Lewent zum Essen erscheint. Soweit ich ihn bei seiner Einladung an mich verstanden habe, hält er es unter den gegebenen Umständen für besser, wenn er nicht dabei ist.«

Sie befaßte sich noch einen Moment mit den Zetteln, ehe sie aufblickte. »Ist recht. Sie wollten mich sprechen?«

»Ich bin etwas aufgehalten worden.« Ich sah die Köchin an. »Hier?«

»Warum nicht?« Die tiefblauen Augen musterten mich kalt. »Ich unterhalte mich nur mit Ihnen, Mr. Goodwin, weil Mr. Huck uns darum gebeten hat.«

»Und ich unterhalte mich nur mit Ihnen, Mrs. O'Shea, weil der Mann, dessen Vater dieses Haus gebaut hat, sich betrogen glaubt und mich beauftragt hat, hier nachzuforschen. Aber das interessiert Sie wohl nicht?«

»Nein.« Sie beschäftigte sich wieder mit ihren Zetteln.

Ich beobachtete sie. Das Dumme bei ihr und auch den anderen war, daß ich sie nur mit ein paar ausgeklügelten peinlichen Fragen aus dem Gleichgewicht bringen konnte, und die besten dieser Fragen waren nicht anwendbar, solange Lewent noch als Lebender galt.

»Hören Sie«, sagte ich, »versuchen wir es einmal so. Es ist jetzt mehr als zwei Stunden her, seit wir uns zu viert unterhalten haben. Haben Sie seither mit Mr. Lewent über die Sache gesprochen? Wenn ja, wann und wo, und was wurde gesagt?«

Sie sah mich scharf von der Seite an. »Fragen Sie doch ihn.«

»Das habe ich vor, aber ich möchte ...«

Ich wurde unterbrochen. Die Tür ging auf, und herein kam Paul Thayer mit einem elektrischen Küchengerät.

»Es funktioniert wieder«, meldete er. »Nur ein Wackelkontakt am Kabel. Bitte sehr, stets zu Ihren Diensten.« Er stellte das Ding auf den Tisch.

»Ich danke Ihnen, Paul.« Mrs. O'Shea hatte die Zettel zusammengeheftet und legte sie in die Schublade. »Mr. Goodwin bleibt zum Essen, ich wäre Ihnen dankbar, wenn Sie ihn zum Cocktail mit hinaufnähmen. Harriet, vergessen Sie die Kapern nicht.«

Die rundliche kleine Frau sagte, sie wisse schon Bescheid, und Mrs. O'Shea verließ uns mit Hüftschwung — was also keine spezielle Demonstration für Huck war, sagte ich mir.

Ich wandte mich an Paul Thayer. »Lewent hat mich zum Essen eingeladen, aber er selber nimmt nicht teil. Meinen Sie, mir steht trotzdem ein Cocktail zu?«

»Aber sicher. Meine Tante hat das vor Jahren so eingeführt,

und dabei ist es geblieben. Wie kommen Sie denn voran? Haben Sie die Dame schon entdeckt?«

»Das wäre zuviel gesagt.« Ich sah ihn an. »Verraten Sie mir doch bitte etwas: Hat Lewent heute nachmittag zu Ihnen irgend etwas — hm — Nachteiliges über Miss Riff gesagt?«

Er blinzelte. »Wovon reden Sie da?«

»Ich stelle lediglich eine Frage. Hat er etwas gesagt?«

»Nein. Ich habe Lewent heute nachmittag nicht mehr gesehen, seit er Sie zu mir ins Zimmer brachte. Kommen Sie, genehmigen wir uns ein Gläschen.« Er ging voran zum Lift.

Die Auswahl an Getränken war überaus reichhaltig. Eine transportable Bar stand mitten in Hucks Zimmer, das groß und luxuriös eingerichtet war. Huck saß daneben in seinem Rollstuhl, frischrasiert und -gekämmt, in einem zitronengelben Hemd und kastanienbrauner Jacke plus ebensolcher Krawatte. Die Schottendecke war gegen eine kastanienbraune ausgewechselt worden. Huck begrüßte uns, als wir hereinkamen.

»Daiquiri wie immer, Paul? Und Sie, Mr. Goodwin?«

Da ich in der Flaschensammlung Mangans Irish erspäht hatte, bat ich darum. Huck schenkte selber ein, und Sylvia Marcy reichte mir das Glas. Sie hatte ihre Schwesterntracht mit einem hübschen Kleidchen vertauscht, von der gleichen Farbe wie Hucks Hemd, ihr Gurren hingegen hatte sie beibehalten. Mrs. O'Shea stand im Hintergrund und nippte an einem Drink auf Eis, und Dorothy Riff neben der Bar hatte ihr Glas schon halb geleert. Ich zog mich zurück, beobachtete und hörte zu. Ich habe gute Augen und Ohren, aber ich nahm keine Bewegung wahr und hörte weder Wort noch Ton, was auch nur andeutungsweise hätte folgern lassen, jemand wisse von der Leiche mit dem zertrümmerten Schädel, die keine zwanzig Meter entfernt ihrer Entdeckung harrte. Sie plauderten, füllten sich die Gläser neu und lachten über eine Geschichte, die Huck erzählte. Es war eine gut gelaunte Gesellschaft.

Am Ende sorgte Huck für noch bessere Laune. Mrs. O'Shea wollte gerade hinausgehen, da rief er sie zurück und griff in ein tiefer gelegenes Fach an seinem Rollstuhl. Er förderte drei kleine

Etuis mit dem Aufdruck Tiffany zutage und wandte sich an die drei Damen.

»Ich bin sicher, Sie alle drei wissen, welch ein elendes Leben ich als Krüppel ohne Sie führen müßte. Sie gestalten mir das Leben nicht nur erträglich, sondern sogar angenehm, wirklich angenehm, und ich habe darüber nachgedacht, wie ich Ihnen meinen Dank dafür ausdrücken kann.«

Er tippte mit dem Finger aufs oberste Etui. »Ich wollte Ihnen das am nächsten Mittwoch überreichen, an meinem Geburtstag, aber ich habe mich entschlossen, es Ihnen Mr. Goodwins wegen schon heute zu geben. Sein Auftrag hier, von meinem Schwager veranlaßt, ist ein Vorwurf gegen Sie, den ich als höchst ungerecht empfinde. Mr. Lewent ist der Bruder meiner Frau, und ich will ihm deshalb bis zur äußersten Grenze der Toleranz seinen Willen lassen. Er wurde hier geboren, und ich möchte niemals sein Recht antasten, hier zu wohnen und zu sterben, aber ich möchte Sie wissen lassen, daß ich Ihnen allen völlig vertraue, und um dies zu unterstreichen, übergebe ich Ihnen in Mr. Goodwins Gegenwart ein kleines Geschenk. Mrs. O'Shea?«

Er streckte eine Hand mit Etui aus, und die Haushälterin ging hin und nahm es in Empfang.

»Miss Riff?«

Sie nahm ihr Etui.

»Miss Marcy?«

Auch sie bekam ihr Präsent.

Als die drei ihre Ausbeute betrachteten, gab es Rufe des Entzückens. Sylvia Marcy ließ ein langes Gurren ertönen, das mir Tränen in die Augen getrieben hätte, wenn ich sie nicht so dringend zum Hinschauen gebraucht hätte.

Ohne zu neugierig zu wirken, sah ich so viel, daß es sich bei den Geschenken um Armbanduhren handelte, offenbar gleiche, und wenn die roten Steine burmesische Rubine waren, dann war Sylvias Gurren nicht übertrieben.

Nachdem sich die Aufregung gelegt hatte, schob Miss Marcy die Bar beiseite, und Mrs. O'Shea fragte, ob sie ihm die Suppe servieren solle.

»Ach, wissen Sie«, meinte Huck, »das tue ich heute einmal selbst. Gehen Sie nur mit den anderen essen.« Er klappte ein Regalbrett an seinem Rollstuhl um, so daß es als Tisch diente, und nahm ein Serviertuch von der Stange am elektrischen Warmhaltegerät, mit dem seine Speisen aus der Küche herauftransportiert wurden.

Es entstand allgemeine Bewegung in Richtung Tür, und ich gesellte mich dazu. Im Flur bildeten Thayer und ich die Nachhut; er murmelte: »Der verdammte alte Kerl hat ja einen Kalifenkomplex. Also alle drei!«

Auf dem Weg zur Treppe kamen wir ganz dicht an Lewents Zimmertür vorüber. Soweit ich sehen konnte, blickte niemand auch nur flüchtig hin.

5

Um zehn Minuten vor acht war das Essen für uns fünf beinahe vorüber; ich sagte, ich mache mir nichts aus Kaffee, was gar nicht stimmte, entschuldigte mich mit einer Ausrede, ging in den zweiten Stock, öffnete die Tür zu Lewents Zimmer und trat ein.

Ich hatte mich entschlossen, den Toten zu entdecken. Beim Dinner waren sie alle guter Dinge gewesen, bis auf Thayer, der aus unerfindlichem Grund mürrisch wirkte. Andererseits war klar, daß sie mich nur ertrugen, weil Huck gesagt hatte, man müsse seinem Schwager den Willen lassen. Niemand sagte oder tat etwas, das mir den geringsten Schluß erlaubt hätte; als das Dessert serviert wurde und ich sie nochmals betrachtete – den muffigen Thayer, die kühle und eitle Mrs. O'Shea, die über ihre neue Armbanduhr stolz grinsende Dorothy Riff und Sylvia Marcy, die mich anlächelte –, da hatte ich das sichere Gefühl, es sei angebracht, ihnen allen zu einem langen Gespräch mit Polizisten zu verhelfen, besonders mit einem tüchtigen Beamten der Mordkommission. Außerdem mußte ich mir eingestehen, daß mich mein grandioser Einfall, einen Mord aufzuklären, ohne ihn zu enthüllen, kein Stück vorangebracht hatte.

Und nun, im Durchgang hinter der geschlossenen Tür allein mit dem Toten, ballte ich die Fäuste und biß die Zähne zusammen. Jemand in diesem Haus hatte die Frechheit ohnegleichen besessen, einen Klienten von Nero Wolfe zu ermorden, während ich unterm selben Dach herumging. Er wirkte jämmerlich, wie er so dalag — noch winziger als zu Lebzeiten. Ich brannte darauf, den Mörder überführt zu sehen, je schneller, desto lieber; aber nicht eine Schar städtischer Beamter sollte es tun, während ich in einer Ecke von Lieutenant Rowcliff durch die Mangel gedreht wurde.

Ich lauschte eine Minute an der Tür, öffnete sie, schloß sie hinter mir, blieb stehen. Von Mann oder Frau war nichts zu sehen, zu hören oder zu riechen. Ich ging zur Treppe und stieg leise hinab, was auf den teppichbelegten Stufen keine Kunst war. Unten wartete ich wieder. Stimmen klangen von oben herab, wo wir gegessen hatten, also waren sie noch bei Tisch. Ich schritt durch den Flur zu Hucks Arbeitszimmer.

Drinnen war es dunkel, aber ich schloß erst die Tür, ehe ich nach dem Lichtschalter tastete. Dann ging ich zu Hucks Schreibtisch, was im Grunde zwei Schreibtische waren, mit einer Lücke für den Rollstuhl dazwischen. Wenn er hineinfuhr, hatte er sie zu beiden Seiten. Links standen drei Telefone, ein Hausapparat und zwei mit verschiedenen Amtsnummern. Eine von ihnen stand im Telefonbuch, und nach diesem Apparat griff ich. Ihn wollte ich benutzen — gleichgültig, wieviel Nebenanschlüsse es im Haus gab. Ich brauchte zwei Requisiten und sah mich um. Eins lag auf dem Tisch, genau das, was ich benötigte: ein Briefbeschwerer, eine schwere Kugel aus grünem Marmor mit einer glatt geschliffenen Fläche zum Hinlegen.

Zum zweiten Zweck gab es Hunderte von Büchern. Ich nahm eins, das knapp drei Zentimeter dick war, legte es auf den rechten Schreibtisch, hob ab, wählte und nahm den Briefbeschwerer in die rechte Hand.

Fritz meldete sich, und ich sagte ihm, es tue mir leid, Wolfe beim Essen zu stören, falls er noch nicht fertig sei, aber ich müsse ihn etwas fragen. Nach einer kurzen Pause erklang seine gereizte Stimme.

»Ja, Archie?«

Ich sprach rasch und drängend. »Ich bin in Hucks Arbeitszimmer, und vielleicht hört jemand mit, aber das kann ich nicht ändern. Wenn ich die Polizei anrufe, kommen wir in Teufels Küche, weil ... Nein, das zu erklären dauert zu lange. Sie selber weigern sich ja beharrlich, das Haus aus geschäftlichen Gründen zu verlassen, okay, aber wie wär's mit Saul? Ich brauche ihn. Wenn Sie Saul erreichen könnten ...«

Ich unterbrach mich selber, indem ich den Briefbeschwerer auf das Buch hieb und einen kurzen scharfen Schrei ausstieß, wie ein Mensch ihn von sich gibt, wenn er einen auf den Schädel kriegt, und dazu ließ ich den Hörer auf den Tisch knallen. Außerdem ließ ich mich zu Boden fallen, was hoffentlich per Telefon zu hören war, aber nicht für Huck über und das Quartett unter mir. Dann stand ich wieder auf und betrachtete den Hörer auf dem Tisch. Eine Frage blieb noch offen. Eigentlich hätte mein Angreifer den Hörer wohl auflegen müssen, aber ich wollte vermeiden, daß Wolfe die Nummer anwählte und im ganzen Haus die Nebenanschlüsse klingelten. Also ließ ich ihn liegen.

Jetzt kam es auf den rechten Zeitpunkt an. Wolfe mochte mehrmals versuchen, die Nummer doch noch zu erreichen, und wenn es nicht gelang, schulterzuckend aufgeben. Aber ich bezweifelte das. Er konnte andererseits die Polizei herschicken, um mir den Puls fühlen zu lassen, aber das würde er niemals tun, jedenfalls nicht, nachdem er mir gestattet hatte, die Mordmeldung aufzuschieben. Nein, er würde herkommen, was natürlich der Sinn der ganzen Sache war, und ich wollte an der Haustür stehen, um ihn zu empfangen, allerdings auch das Arbeitszimmer nicht sofort verlassen. Zwei Minuten dauerte es wohl, bis er aus dem Haus und unterwegs war, aber ich gab ihm zehn. Ich legte den Briefbeschwerer wieder an seinen Platz, stellte das Buch ins Regal und verbrachte den Rest der Zeit mit der Betrachtung meiner Uhr. Am Ende der zehnten Minute legte ich den Hörer auf, verließ das Zimmer und ging hinunter zur Haustür.

Dort traf ich Dorothy Riff mit Hut und beim Mantelanziehen. Wenn ich dreißig Sekunden später gekommen wäre, hätte ein

Mitglied des Ensembles gefehlt. Sie warf mir einen Blick zu, sprach aber kein Wort. Ich fragte sie höflich: »Sie wollen uns doch nicht verlassen?«

»Ja.« Sie war brüsk. »Ich gehe nach Hause. Etwas dagegen?«

»Ja.« Jetzt war auch ich kurz angebunden.

»Oh? Tatsächlich?«

Ich nickte. »Ich habe erkannt, daß Sie alle für mich zu fein sind. Ich bin der Typ, der anderen Finger in die Augen stößt, und das ist hier fehl am Platze. Ich habe Mr. Wolfe angerufen, um ihm das zu sagen; er gibt mir recht und kommt her. Er wird ganz besonders mit Ihnen sprechen wollen, da Sie es ja waren, der seinen Klienten einen Erpresser genannt hat — wie wär's also, wenn Sie ein bißchen warten würden?«

Sie machte den Mund auf, schloß ihn wieder, wandte sich dann zur Treppe und eilte hinauf. In diesem Augenblick tauchte Paul Thayer aus einer Tür rechts auf, gefolgt von Mrs. O'Shea und Sylvia Marcy. Sie kamen aus dem Zimmer, in dem der Fernseher stand, und Thayer erkundigte sich: »Was ist denn los? Wo will Miss Riff hin?«

Ich erklärte, daß ich ihr von Wolfes Kommen erzählt hatte; sie wolle das wohl Huck berichten. Die Nachricht beeindruckte Mrs. O'Shea nicht sichtlich. Sylvia hingegen gurrte beifällig, und Thayer wich ein paar Schritte zurück, ließ das Kinn sinken und zog die Brauen zusammen.

Ein Summer ertönte, ich ging hin und öffnete die Haustür; Wolfe trat ein.

Er bedachte mich mit einem Röntgenblick, widmete den anderen eine kurze Musterung, wandte sich dann wieder mir zu und murmelte: »Nun?«

»Miss Marcy«, sagte ich. »Mrs. O'Shea. Mr. Thayer. Dies ist Mr. Wolfe.«

Er neigte den Kopf um etwa einen Zentimeter. »Guten Abend.« Dann wieder zu mir, lauter und deutlicher: »Nun?«

»Es gibt hier einen Aufzug«, erklärte ich ihm, »was vieles vereinfacht. Wir steigen alle ein. Sie und ich steigen im ersten Stock aus und gehen ins Arbeitszimmer, und ich erläutere die Lage.

Die anderen Herrschaften begeben sich in Mr. Hucks Zimmer im zweiten Stock und teilen ihm mit, daß wir in Kürze nachfolgen, wenn Ihnen das so recht ist. Andernfalls können Sie mich mit einer Nachricht hinaufschicken. Ganz einfach. Ihr Mantel und Hut, bitte?«

Er gab mir beides. Ich deponierte es auf einem Stuhl und ging zum Lift, die anderen folgten. Ich hörte, wie Sylvia ihm etwas zugurrte, konnte es aber nicht verstehen. Ein Stockwerk höher stiegen Wolfe und ich aus, und ich ging voraus durch den Flur zum Arbeitszimmer, öffnete die Tür und trat beiseite. Als ich die Tür hinter uns geschlossen hatte, starrte er mich an.

»Nun?« grollte er.

»Jawohl, Sir. Darf ich demonstrieren?«

Ich stellte mich zwischen die Schreibtische. »Mit diesem Apparat habe ich telefoniert.« Ich berührte ihn. »Hier habe ich ein Buch hingelegt.« Ich klopfte auf die Stelle. »Nachdem ich die Nummer gewählt hatte, nahm ich das in die rechte Hand.« Ich ergriff den Briefbeschwerer. »Im geeigneten Moment habe ich ihn auf das Buch gehauen, aufgestöhnt, den Hörer auf den Tisch und mich zu Boden fallen lassen.«

Das war das eine Mal von dreien oder vieren, bei denen ich ihn sprachlos erlebt habe. Er schaute nicht mal wütend drein. Er sah sich um, erblickte keinen geeigneten Sessel, ging zur Couch an der Wand, setzte sich und stützte sich mit beiden Handflächen ab.

»Ich habe auf Salat, Käse und Kaffee verzichtet«, sagte er, »und bin sofort losgefahren.«

»Jawohl, Sir. Ich weiß das zu würdigen. Ich kann . . .«

»Halten Sie den Mund. Sie betrachten meinen Grundsatz, das Haus nie aus geschäftlichen Gründen zu verlassen, als eine Marotte. Aber er ist weder exzentrisch noch ein Luxus, er ist lediglich eine Notwendigkeit für eine erträgliche Existenz. Ohne diesen Grundsatz ist ein Privatdetektiv jedes Nachbarn Narr, und in New York gibt es viele Millionen davon. Sind Sie nur dickköpfig, weil Sie mich nicht verstehen wollen?«

»Nein. Aber ich kann . . .«

»Seien Sie still.« Er hatte sich so weit entspannt, daß er die Lippen zusammenpressen und wütend dreinschauen konnte. Er schüttelte den Kopf. »Nein. Reden Sie.«

Ich schob einen Sessel hin, setzte mich vor Wolfe hin – ich weiß, daß er ungern zu anderen aufblickt – und sprach ganz leise. »Ich bin einigermaßen sicher, daß keine Abhörvorrichtung im Zimmer ist«, sagte ich, »und daß sich hier keiner versteckt hat. Trotzdem brauchen wir nicht zu schreien. Ich möchte Ihnen berichten, was sich in den letzten drei Stunden ereignet hat. Es wird sieben Minuten dauern.«

»Da ich schon mal hier bin«, brummte er, »reden Sie.«

Ich brauchte ein bißchen länger, aber nicht viel. Seine Miene blieb die ganze Zeit schmerzlich und verdrossen, aber ich sah ihm an den Augen an, wie interessiert er zuhörte. Nachdem ich die Ereignisse geschildert hatte, kam ich auf meine Gedankengänge zu sprechen.

»Als ich vom Essen aufstand und hinaufging«, erklärte ich, »war ich entschlossen, einen Blick auf den Toten zu werfen und dann die Polizei anzurufen. Aber wie ich da auf ihn hinabschaute, wurde mir klar, daß ich zuvor Sie anrufen mußte, um Ihnen von meinem Vorgehen zu berichten, und das wollte ich nicht von hier aus tun. Ich brauchte Anweisungen. Wenn die Polizei kam und erfuhr, womit Lewent uns beauftragt hatte, und wenn die anderen hier im Hause aussagten, was ich als Lewents Auftrag ausgegeben hatte, dann steckte ich wieder mal mitten in einer von diesen teuflischen Verwicklungen. Ich mußte Sie bitten, das zu bedenken und zu entscheiden, aber ich wollte das Haus zum Telefonieren nicht verlassen.«

Er brummte, aber nicht gerade mitfühlend.

»Anweisungen, Entscheidungen, bah«, sagte er. »Die Polizei, und insbesondere Mr. Cramer, weiß genau, daß Sie mich nur wegen eines Mordfalles hierherlocken würden. Folglich muß ich mich mit diesen Leuten hier über Mord unterhalten. Gibt es in Mr. Hucks Zimmer einen anständigen Sessel?«

»Ja, einer könnte es vielleicht tun.«

Er stand auf. »Also gut. Gehen wir.«

6

Nachdem ich Wolfe Huck und Dorothy Riff vorgestellt und der Hausherr nicht gerade überschwenglich zugestimmt hatte, daß Wolfe mit ihnen über die Angelegenheiten seines Klienten Herman Lewent sprach, vertrieb ich Paul Thayer mit sanfter Gewalt aus dem größten Sessel. Wolfe nahm Platz und blickte in die Runde, und die Runde musterte ihn, und mir war gar nicht wohl zumute, obwohl ich die Verantwortung ja nun ihm aufgebürdet hatte. Er hatte gesagt, er wolle sich mit ihnen über Mord unterhalten, und bei seinem Ärger über meine List, mit der ich ihn zu einer Taxifahrt veranlaßt hatte, traute ich ihm zu, es so zu drehen, daß ich der Polizei nicht weniger, sondern eher mehr zu erklären hatte.

Huck ergriff das Wort. »Ich habe Mr. Goodwin erklärt, daß ich sein Eindringen mit Rücksicht auf meinen Schwager ertragen habe.« Sein Ton war nicht sehr ehrerbietig. »Aber nun platzen auch Sie hier herein – offen gestanden, Mr. Wolfe, meine Geduld hat Grenzen.«

Wolfe nickte. »Ich kann es Ihnen nachfühlen. Ich erwidere Ihre Offenheit und gestehe, daß alles Mr. Goodwins Fehler ist. Er hat seinen Auftrag hier derart verpfuscht, daß ich gezwungen war, mich selber einzuschalten. Als er mich vor vier Stunden zweimal anrief, vermutete ich schon, er sei von einer Dame hier im Haus dermaßen angetan, daß seine Denkfähigkeit darunter litt. Bei ihm kommt das vor. Als er später wieder anrief, erwies sich meine Befürchtung als begründet, und ich war sogar in der Lage, die Verführerin zu identifizieren.«

Unverwandt blickte er Mrs. O'Shea an, danach Miss Riff, dann Miss Marcy, aber sie erwiderten seinen Blick nicht, weil sie alle mich anstarrten. Mir war das gleichgültig – Hauptsache, er sagte sich, nun seien wir quitt.

Er fuhr fort: »Es gab ganz einfach keine Alternative, und so bin ich gekommen, den Fall zu übernehmen. Selbstredend werde ich nicht bei der kindischen List bleiben, die Mr. Lewent und Mr. Goodwin sich ausgedacht haben. Die beiden hätten wissen müssen, daß ihr angebliches Anliegen – eine große Summe, die Mr. Lewents Schwester ihm per Treuhänder heimlich vermacht habe – von keinem hier ernst genommen wurde.« Er sah Huck an. »Sie, mein Herr, haben sogar angenommen, es handle sich um eine getarnte Erpressung, nicht wahr?«

»Das hielt ich für möglich.« Huck als Millionär hatte keine Furcht vor einer Klage wegen übler Nachrede. »Sie nannten es eine List?«

»Ja.« Wolfe winkte ab. »Lassen wir das. Ich bin stets für offene Karten, und deshalb sage ich Ihnen unverblümt, daß ich hergekommen bin, um über Mord zu reden.«

Es gab Geräusche und Reaktionen, aber niemand explodierte. Paul Thayers Kopf ruckte hoch.

»Mord?« Huck schien seinen Ohren nicht zu trauen. »Sagten Sie Mord?«

»Ja, mein Herr, das sagte ich.« Wolfe war etwas behindert. In seinem Büro konnte er leicht alle Gesichter im Blickfeld behalten, aber hier bildeten sie fast einen Halbkreis, mit Huck in der Mitte, und Wolfe mußte daher ständig Kopf und Augen bewegen. »Ich beziehe mich damit auf Mr. Lewents ursprüngliche Erklärung, als er mich heute früh aufsuchte und beauftragte. Er schlug vor, Mr. Goodwin solle hierherkommen und Ihnen mitteilen, er – Lewent – verdächtige eine dieser drei Damen des Mordes an seiner Schwester, des Giftmordes, und daß er mich engagiert habe, zu ermitteln. Ich schlage nun vor ...«

Diesmal konnte man die Geräusche Explosionen nennen, besonders von seiten Mrs. O'Sheas. Sie sprang aus ihrem Sessel hoch und wollte zur Tür, aber ich vertrat ihr den Weg. Bleich forderte sie mich auf: »Gehen Sie weg! Diese dreckige kleine Ratte!«

Ich hielt die Stellung. Wolfe sagte: »Falls sie zu Mr. Lewent möchten, Madam, überlegen Sie es sich noch einmal. Er kam zu mir und gab mir Geld, weil ihm der Mut fehlte, die Sache selber in die Hand zu nehmen. Sie können ihn hierherschleifen, Sie können auch zu dritt schreien und kratzen, aber was hilft das?

Ich bin willens, eine Lösung zu finden, aber nicht bei einem solchen Höllenlärm.«

Sie drehte sich um und trat einen Schritt zurück.

»Sie alle sollten sich im klaren sein«, erklärte Wolfe, »wie die Lage ist. Vielleicht denken Sie, Mr. Lewents Verdacht sei ungeheuerlich, er sei geistig nicht normal — aber damit werden Sie ihn nicht los. Wenn er dabei bleibt und die Sache publik macht, kann es für Sie alle äußerst unangenehm werden. Wenn Sie ihn verklagen, muß er schweigen, aber der Morast bleibt aufgerührt und stinkt weiter. Aus der Tatsache, daß er mich mit den Ermittlungen betraut hat, folgere ich, daß er meinen Scharfsinn, meine Urteilsfähigkeit und meine Integrität sehr hoch einschätzt. Wenn ich überzeugt bin, daß seine Verdächtigungen ungerechtfertigt und grundlos sind, dann kann ich ihn bestimmt dazu bringen, daß er sie fallenläßt; und es ist möglich, daß Sie mich hier und jetzt überzeugen. Wollen Sie es versuchen?«

Paul Thayer warf den Kopf zurück und erging sich wieder in Gelächter. Es klang nicht so gut wie bei meinem Besuch in seinem Zimmer. Alle sahen ihn an, nicht eben beifällig, und als er schwieg, richteten sich die Blicke auf Theodore Huck. Der musterte Wolfe nachdenklich.

»Ich überlege gerade«, sagte er, »ob es wohl nützt, wenn ich mit meinem Schwager spreche.«

»Nein, überhaupt nicht«, sagte Sylvia Marcy so nachdrücklich, daß alle sie überrascht anblickten. Sogleich verfiel sie wieder in ihr Gurren. »Ich will damit nur sagen«, erläuterte sie, »daß er verrückt ist. Er ist tatsächlich nicht normal.«

Huck sah Dorothy Riff an. »Und was meinen Sie?«

Sie zögerte nicht. Die graugrünen Augen waren auf der Hut und entschlossen. »Ich möchte gern erfahren, was nötig ist, um Mr. Wolfe zu überzeugen.« Sie sah ihn an.

»Das kommt darauf an«, antwortete Wolfe. »Wenn beispielsweise die Herkunft des Giftes, an dem Mrs. Huck starb, einwandfrei erwiesen ist und wenn niemand von Ihnen in irgendeiner Weise damit in Zusammenhang zu bringen war, dann wären wir der Überzeugung schon ein gutes Stück näher. Laut Mr. Lewent war es eine Fleischvergiftung, und Sie alle waren zu dieser Zeit im Hause. Ist das richtig?«

»Ja.«

»Lieber Himmel«, protestierte Paul Thayer, »das ist doch nicht Ihr Ernst! Sie wollen uns doch nicht deswegen befragen?«

»Gerade Sie werde ich fragen, Mr. Thayer, da Sie von Mr. Lewent nicht verdächtigt werden. Wo ist Mrs. Huck gestorben? Hier?«

»Meine Tante starb in diesem Haus, in ihrem Bett«, antwortete Thayer, nachdem er Huck fragend angeblickt und ein Nicken als Antwort erhalten hatte. »Etwa vor einem Jahr.«

»Waren Sie hier?«

»Ja.«

»Erzählen Sie mir davon. Ich stelle dann Zwischenfragen, wenn es erforderlich wird.«

»Meinetwegen.« Thayer räusperte sich. »Mein Onkel hatte Geburtstag, und hier im Zimmer fand eine kleine Feier statt. Wir alle tranken und schwatzten, und dann wurde ein kaltes Büfett serviert. Es gab viel Wein – meine Tante trank gern Wein, Onkel Theodore übrigens auch –, schließlich Champagner, und ein paar von uns waren ziemlich lustig; ich auch. Ich verließ die Party, ehe sie zu Ende war, und ging in mein Zimmer. Und wollen Sie mir nun bitte verraten, warum eine dieser Damen meine Tante vergiftet haben soll? Aus welchem Grund?«

»Laut Mr. Lewent, weil sie ein intimes Verhältnis mit Ihrem Onkel unterhielt und ihn heiraten wollte. Das kann ...«

»Sie wagen es!« zürnte Mrs. O'Shea. Sie saß wieder in ihrem Sessel.

»Nein, Madam. Ich suche lediglich herauszufinden, ob es einen Grund gibt, etwas zu wagen. Fahren Sie bitte fort, Mr. Thayer.«

Thayer zuckte die Schultern. »Ich spielte erst auf meinem Flügel, später ging ich zu Bett. Am Morgen erzählte man mir, meine Tante sei gestorben, und wie es mir geschildert wurde, war es ein schrecklicher Tod.«

»Wer hat es Ihnen geschildert?«

»Miss Marcy, teilweise auch Mrs. O'Shea.«

Wolfes Blick wanderte. »Sie haben es also mitangesehen, Miss Marcy?«

»Ja, das habe ich.« Sie gurrte nicht mehr. »Und zu behaupten, jemand von uns habe sie vergiftet — das ist einfach furchtbar.«

»Da haben Sie recht. Was haben Sie gesehen?«

»Ich schlief im Stockwerk über uns, Mrs. Huck ebenfalls. Sie kam und weckte mich, weil sie starke Schmerzen hatte und ihren Mann nicht stören wollte. Ich brachte sie wieder ins Bett, rief einen Arzt — es war nach Mitternacht — und weckte Mrs. O'Shea. Wir sagten auch Mr. Huck Bescheid. Er konnte nicht zu ihr ins Zimmer, weil die Tür für seinen Rollstuhl zu schmal war. Sie starb gegen acht Uhr früh.«

Wolfe wandte sich an Huck. »Es hat natürlich eine Untersuchung gegeben — bei einem Todesfall unter diesen Umständen.«

»Selbstverständlich.« Huck war kurz angebunden.

»Fand eine Obduktion statt?«

»Ja. Es handelte sich um eine Fleischvergiftung.«

»Wurde festgestellt, worin sich das Gift befunden hatte?«

»Diese Analyse war nicht möglich.« Ein Zittern durchlief Hucks Züge. »Vor dem eigentlichen Essen gab es eine ganze Reihe von Hors d'oeuvres, und darunter befanden sich auch eingemachte Artischocken, die meine Frau sehr gern aß. Niemand außer ihr hat davon gegessen, und offenbar hat sie alle verzehrt, denn hinterher waren keine mehr da. Da sonst niemand erkrankte, wurde angenommen, das Ptomain habe sich in der Füllung der Artischocken befunden.«

Wolfe brummte: »Ich bin kein Giftexperte, aber ich habe mich heute nachmittag ein bißchen informiert. Ist Ihnen bekannt, mit welcher Genauigkeit die Möglichkeit eines Vorhandenseins eines echten Alkaloids ausgeschlossen wurde?«

»Ich weiß nicht, was Sie meinen.«

»Ist Ptomain denn kein Alkaloid?« fragte Dorothy Riff.

»Doch«, gab Wolfe zu, »ein Verwesungsgift. Jedenfalls muß ein schriftliches Untersuchungsergebnis vorliegen. Sie waren in der Nacht, als Mrs. Huck starb, hier im Haus, Miss Riff?«

»Ich war zur Party hier und ging etwa um elf Uhr abends.«

»Wußten Sie, daß Mrs. Huck gern gefüllte Artischocken aß?«

»Das wußten wir alle.«

»Und wieso ist Ihnen bekannt, daß Ptomain ein Alkaloid ist?«

Sie errötete leicht. »Als Mrs. Huck starb, habe ich es nachgeschlagen.«

»Weshalb? Gab es etwas an ihrem Tod oder an den Artischokken, das Ihren Verdacht erregte?«

»Nein! Natürlich nicht!«

Wolfes Kopf drehte sich nach links und rechts. »Hat sonst jemand den Verdacht gehegt, Mrs. Hucks Tod sei kein Unglücksfall gewesen?«

Die Antwort war rundum negativ, aber er bohrte weiter. »Hat jemand irgendwann das Gefühl gehabt, die Möglichkeit eines Verbrechens sei nicht gründlich genug untersucht worden?«

Einstimmiges Nein. Mrs. O'Shea giftete: »Wieso sollten wir dieses Gefühl haben, wenn wir keinerlei Verdacht hegten?«

Wolfe nickte. »Ja, warum wohl?« Er lehnte sich zurück, räusperte sich und gab sich wie ein Richter. »Ich bin natürlich vom Nichtvorhandensein jeglichen Mißtrauens beeindruckt. Drei Frauen wie Sie – jung, tüchtig, mit klarem Blick für Möglichkeiten und Gelegenheiten, unausweichlich in gewissem Sinne auch Konkurrentinnen –, Sie sind der ideale Nährboden für einen Verdacht, wenn er erst einmal aufgetaucht ist. Aber offenbar ist bei niemandem ein Verdacht entstanden. Das ist mehr als nur ein Zeichen, das ist nahezu schlüssig, aber man kann von mir nicht erwarten, daß ich so schnell zu gleichem Schluß komme. Es wäre auch unbillig, von Ihnen zu verlangen, daß Sie mich völlig überzeugen; das Gesetz selber setzt übrigens die Unschuld voraus, solange die Schuld nicht bewiesen ist; und mithin bleibt uns allein die Frage, was es ihnen wohl wert ist, sich meiner Dienste, meiner Begabung und Energie zu versichern, damit ich Mr. Lewent überzeuge, sein Verdacht sei unbegründet. Sagen wir – hunderttausend Dollar?«

Wieder herrschte Einstimmigkeit, diesmal in Form von Entsetzen. Miss Riff fand am schnellsten die Sprache wieder: »Ich habe ja gleich gesagt, es ist Erpressung!«

Wolfe hob die Hände. »Bitte! Es ist mir gleichgültig, wie Sie es nennen. Erpressung oder Räuberei, aber es wäre kindisch von Ihnen, anzunehmen, ich erwiese Ihnen einen solchen Dienst nur aus Menschenfreundlichkeit. Die Summe, die ich genannt habe, ist gewiß nicht übertrieben. Ich bin auch kulant, was die Bedingungen angeht; ich verlange nichts Schriftliches, es genügt mir, wenn Mr. Huck hier vor aller Ohren erklärt, daß er die Zahlung des Gesamtbetrags innerhalb eines Monats garantiert. Auf einer Bedingung muß ich freilich bestehen: Von unserer Übereinkunft darf Mr. Lewent nie etwas erfahren. Die Garantie verlange ich von Mr. Huck, weil ich weiß, daß er Millionär ist — über die finanziellen Verhältnisse der anderen hier ist mir nichts bekannt.«

Sie blickten Huck an, wollten wissen, wie sie sich verhalten sollten. Huck hatte den Kopf zur Seite geneigt und musterte Wolfe stirnrunzelnd, als zweifle er daran, richtig gehört zu haben. Dann fragte er: »Was bringt Sie zu der Überzeugung, Sie könnten mit meinem Schwager fertig werden?«

»Hauptsächlich mein Selbstbewußtsein. Ich übernehme die Aufgabe, Sie garantieren Zahlung, ich garantiere Erledigung. Sie garantieren mir hunderttausend Dollar innerhalb eines Monats, und ich garantiere, daß Mr. Lewent niemand der hier Anwesenden irgendeines Vergehens bezichtigen wird. Tut er es dennoch, habe ich den erhaltenen Betrag zurückzuerstatten.«

»Ist Ihre Garantie zeitlich begrenzt?«

»Nein.«

»Dann akzeptiere ich sie. Ich garantiere Ihnen Zahlung von hunderttausend Dollar vor Ablauf eines Monats. Genügt Ihnen das?«

»Selbstverständlich. Nun zu meiner Bedingung. Wir sind uns einig, daß Mr. Lewent nie ein Wort von dieser Abmachung erfährt. Sie verpflichten sich, ihm niemals direkt oder andeutungsweise einen Wink zu geben. Zum Zeichen Ihres Einverständnisses bitte ich, die Hand zu heben.«

Mrs. O'Sheas Hand hob sich zuerst, dann Miss Marcys, dann Miss Riffs. Wolfe fragte: »Mr. Huck?«

»Ich hielt das für überflüssig. Selbstredend verpflichte ich mich.«

»Mr. Thayer?«

Paul Thayer, dem alle Blicke galten, schien sich gar nicht wohl zu fühlen. Er sah seinen Onkel an. »Ach was, von mir aus«, sagte er und hob beide Hände, so hoch es ging.

»Das wäre also erledigt.« Wolfe verzog das Gesicht. »Nun muß ich an die Arbeit gehen und brauche dazu Ihre Hilfe. Zunächst spreche ich mit Mr. Lewent allein, aber es ist möglich, daß ich ihn anschließend zu einer gemeinsamen Unterredung hierherbringe. Bleiben Sie bitte noch — es wird nicht lange dauern, denke ich.« Er stand auf. »Archie, Sie sagten, Mr. Lewent sei in seinem Zimmer in diesem Stockwerk?«

Es war nicht ganz einfach, zu antworten und zur Tür zu gehen, weil ich gleichzeitig alle ihre Gesichter sehen wollte. Aber ich mußte wohl oder übel aufstehen, denn Wolfe wiederholte meinen Namen. Ich ging um ihn herum und öffnete ihm die Tür. Ich führte ihn zu Lewents Zimmer, öffnete auch dessen Tür, trat ein, schaltete Licht an und stieg über Lewents Beine, um Wolfe Platz zum Hereinkommen zu machen. Er schloß die Tür hinter sich und blickte auf seinen Klienten hinab.

»Heben Sie ihn an, »heben Sie ihn an, damit ich seinen Hinterkopf sehen kann.«

»Wissen Sie«, sagte er, als ich den Toten auf sein Zeichen wieder hingelegt hatte, »es heißt, man soll eine Leiche nicht ohne Aufsicht lassen, besonders wenn Anzeichen einer Gewalttat vorliegen. Ich bleibe hier. Sie gehen und sagen ihnen, was wir entdeckt haben. Sie sollen alle in Mr. Hucks Zimmer bleiben. Dann rufen Sie die Polizei an.«

7

Es war zwanzig Minuten vor zehn gewesen, als Wolfe und ich die Versammlung in Hucks Zimmer verlassen hatten. Jetzt war es Viertel nach zwölf, und wiederum fand in Hucks Zimmer eine Versammlung statt — allerdings mit einigen Neuankömmlingen.

In der Zwischenzeit hatten zwei Dutzend speziell ausgebildete

Beamte, einschließlich eines Vizepolizeichefs und zweier Staatsanwälte, eine Galavorstellung in dem Haus gegeben, das Herman Lewents Vater gebaut hatte und in dem Herman nun gestorben war. Ich sah freilich wenig von der Vorstellung, weil ich während der meisten Zeit im selben Zimmer saß, Antworten erteilte oder frühere Antworten erläuterte. Bei einigen Punkten hätte ich gern Rücksprache mit Wolfe gehalten, aber das wurde mir verwehrt. Wir durften zusammen nicht kommen, und so sah ich ihn erst eine Viertelstunde nach Mitternacht wieder, nachdem Sergeant Purley Stebbins mich in Hucks Zimmer eskortiert hatte.

Die alte Besetzung war nicht mehr ganz taufrisch. Huck selber in seinem Rollstuhl wirkte derart mitgenommen, daß ich mich wunderte, wieso die Behörde nicht mehr Rücksicht auf einen Mann in seinem Zustand nahm. Es schien, als habe Paul Thayer einiges Temperament offenbart, das Behandlung erfordert hatte, denn sein Schlips war verrutscht und sein Haar zerzaust, und neben seinem Ellbogen stand ein Beamter. Insgesamt hatten es die drei Damen besser als die Herren überstanden, aber munter oder keck war keine mehr. Mrs. O'Shea hielt sich steif aufrecht, die kalten blauen Augen auf Inspektor Cramer gerichtet, der neben Wolfe saß. Sie würdigte Purley und mich beim Eintreten keines Blickes. Und tatsächlich – Miss Riff und Miss Marcy hielten Händchen! Sie saßen nebeneinander auf der Couch, wo auch Staatsanwalt Mandelbaum und Polizeichef Boyle Platz genommen hatten.

Wolfe hatte sich in den größten Sessel gesetzt, auch ohne meinen Beistand. Und er wirkte keineswegs erschöpft. Ich kannte diesen Ausdruck in seinem Gesicht. Er hatte etwas vor.

Er fuhr mich an: »Archie!«

»Jawohl, Sir?«

»Setzen Sie sich. Ich habe Mr. Cramer erklärt, daß ich nach Hause möchte, und zur Beschleunigung seiner Entscheidung habe ich ihm einige Bemerkungen zu diesem Fall angeboten, wobei ich auf Ihrer Anwesenheit bestand. Sie haben natürlich alle Fragen beantwortet und alle Auskünfte gegeben?«

»Jawohl, Sir.«

»Das habe ich ebenfalls. Rücken Sie Ihren Sessel, er behindert mich sonst am Blick auf Mr. Thayer. So ist es besser. Mr. Cramer, ich hätte das schon viel früher erledigen können, eigentlich sofort nach Ihrer Ankunft, aber da waren Sie nicht bereit, mich anzuhören. Außerdem bestand die Möglichkeit, daß Ihre Leute etwas entdeckten, was meine Annahmen in Frage stellen oder sogar widerlegen konnte. Ich weiß nicht, was sie ermittelt haben, und deswegen muß ich ein paar Fragen stellen.«

Inspektor Cramers rundes Gesicht war alles andere als freundlich. Er schnaubte: »Sie haben nicht gesagt, Sie wollten Fragen stellen, Sie sagten, Sie hätten Bemerkungen zu machen. Praktisch haben Sie zu wissen behauptet, wer Lewent ermordet hat.«

»Das tue ich noch, es sei denn, Sie wissen es besser. Aber um das klarzustellen, muß ich fragen. Können Sie irgend jemandem etwas beweisen?«

»Nein.«

»Haben Sie eine Waffe gefunden?«

»Nein.«

»Haben Sie etwas ermittelt, das der Annahme widerspräche, Lewent sei anderswo erschlagen und die Leiche sei danach in sein Zimmer transportiert worden?«

»Nein.«

»Haben Sie einen Hinweis, der auf irgendeinen anderen Platz im Haus als Tatort schließen läßt?«

»Nein.«

»Sehen Sie jemanden der Anwesenden aus irgendeinem Grund, sei er faktisch oder spekulativ, von jedem Verdacht befreit?«

»Nein.«

Boyle schaltete sich ein. »Wie lange wollen Sie das noch so weitergehen lassen, Inspektor?«

»Sie hätten es verhindern können, ehe es begann«, sagte Wolfe trocken. »Also, nun eine Bemerkung: Es ist nahezu unglaublich, daß Lewent dort getötet wurde, wo man ihn fand. Er ist an diesem Schlag auf der Stelle gestorben, und sicher wurde der Schlag nicht in diesem schmalen Durchgang geführt, insbesondere weil sich Lewent im Moment des Zuschlagens aufwärts bewegte. Ohne Anzeichen eines Kampfes, sogar ohne daß der Teppich auch nur ein Stückchen verrutschte, kann ich nicht glauben, daß ein derartiger Schlag . . .«

»Schon gut«, grollte Cramer. »Wir glauben's auch nicht.«

»Sie nehmen also an, er wurde an anderer Stelle ermordet?«

»Ja.«

»Aber Sie wissen nicht, wo?«

»Nein.«

Mandelbaum explodierte. »Was denken Sie eigentlich, was das ist, Wolfe – ein Quiz?«

Wolfe ignorierte ihn. »Meine zweite Anmerkung: Wenn er anderswo erschlagen wurde, warum wurde die Leiche vom Tatort weggebracht? Weil der Täter nicht wollte, daß sie dort gefunden wurde. Wie wurde sie transportiert? Das ist der springende Punkt. Für hinauf oder hinab gibt es den Lift, aber zum und vom Aufzug, wie da? Wurde der Tote geschleift? Das hätte Spuren hinterlassen, und nach denen haben Sie natürlich gesucht. Haben Sie welche entdeckt?«

»Nein.«

»Dann wurde er nicht geschleift. Getragen? Von wem? Keine der Damen wäre dazu fähig. Lewent war klein, aber er wog mehr als einen Zentner. Von Mr. Huck? Es ist erwiesen, daß seine Beine ihn selbst ohne Last nur ein paar Schritte weit tragen. Dann Mr. Thayer? Er bleibt allein übrig, aber warum er? Auch diese Frage muß ich Ihnen stellen, Mr. Cramer. Warum hat Mr. Thayer Mr. Lewent umgebracht?«

»Ich weiß nicht.«

»Haben Sie wenigstens eine passable Theorie?«

»Im Augenblick noch nicht.«

»Ich habe auch keine. Aber es gibt einen weiteren Grund, ihn auszuschließen, jedenfalls vorläufig; er ist nicht verrückt. Nur ein Verrückter würde die Leiche eines Mannes, den er soeben ermordet hat, bei Tag in diesen Fluren hin und her tragen, wo die Wahrscheinlichkeit, gesehen zu werden, überaus groß ist. Nein, ich glaube, wir können verneinen, daß die Leiche geschleift oder getragen wurde. Bleibt nur . . .«

»Lieber Himmel!«

Das war ich. Es rutschte mir heraus. Es passiert nicht oft, daß ich Wolfe unterbreche, wenn er Dampf aufgemacht hat und rollt, aber diesmal traf mich die Erkenntnis so schlagartig, daß mir nicht einmal bewußt wurde, was ich ausrief. Blicke richteten sich auf mich; Wolfe wandte den Kopf und fragte: »Was haben Sie, Archie?«

Ich schüttelte den Kopf. »Ich sag's später.«

»Nein, die Zeit dazu ist jetzt. Was wollten Sie sagen?«

»Nicht viel; mir wurde nur plötzlich klar, daß ich selber mitangesehen habe, wie der Mörder den Toten transportierte. Ich habe ihn geradewegs angeschaut, und wir haben ein paar Worte gewechselt. Ich gebe nicht gern an, aber habe ich nicht recht?«

»Ja, das glaube ich allerdings . . .«

»Komisch, daß Ihnen das ausgerechnet jetzt einfällt«, fuhr Sergeant Stebbins mich an.

»Ich schlage vor«, bedeutete ihm Wolfe, »daß Sie sich neben Mr. Huck stellen. Er kann in und an seinem Stuhl alles mögliche versteckt haben, besonders unter dieser Wolldecke, und ich . . .«

»Einen Moment mal, Wolfe.« Mandelbaum war aufgestanden und trat den Vormarsch an. »Wenn Sie Beweise gegen irgend jemanden haben, einschließlich Mr. Huck, dann möchten wir sie sehen oder hören.«

»Dieser Mann da«, sagte Huck mit nicht sehr fester Stimme, »hat versucht, mich um hunderttausend Dollar zu erpressen!«

»Und zwar erfolgreich«, erläuterte Wolfe. »Ich bin auch durchaus der Ansicht, daß ich kassieren könnte, obwohl . . .«

Er schwieg überrascht. Purley Stebbins, der Wolfe schon lange kannte, hatte sich sachte neben Hucks Stuhl gestellt, an seinen rechten Ellbogen, und urplötzlich war Hucks Kopf herumgefahren, und voller Wut herrschte er Stebbins an: »Weg da, Sie!« Er geiferte derart, daß Mandelbaum Wolfe vergaß und Huck anstarrte. Purley, der schon viele Anschnauzer hingenommen hatte, rührte es überhaupt nicht.

»Ich habe Anmerkungen geben wollen, keine Beweise«, erinnerte Wolfe. »Hier ist eine, was Stelle und Art der Wunde an Mr. Lewents Hinterkopf betrifft, sowie die Schlagrichtung. Nehmen wir an, ich bin Mr. Huck. Ich sitze hier in meinem Rollstuhl, in meinem Arbeitszimmer. Es ist kurz vor 17 Uhr, und mein Schwager, Mr. Lewent, ist bei mir. Ich habe beschlossen, daß er sterben muß, weil ich glaube, daß er für mich eine tödliche Gefahr darstellt. Er hat Nero Wolfe beauftragt, einen Detektiv, der seine Zeit und sein Können nicht mit Lächerlichkeiten vergeudet, wie es die Ausrede ist, mit der er in meinem Haus Ermittlungen aufgenommen hat. Ich weiß nicht nur, daß meine Frau ihrem Bruder niemals heimlich Geld hinterlassen hätte, ich weiß auch, daß er dies selber weiß. Außerdem hat Wolfes Assistent Goodwin in Gesprächen mit meiner Haushälterin, meiner Sekretärin und der Krankenschwester die Möglichkeit angedeutet, eine von ihnen könne meine Frau vergiftet haben. Eine der Damen hat es mir erzählt. Diese Einzelheiten können Sie bei Vernehmungen beweisen.«

»Haben wir schon«, gab Cramer zu. »Es war Miss Riff.«

»Gut. Ich bin also überzeugt, daß mein Schwager hinsichtlich des Todes seiner Schwester Verdacht geschöpft hat, wodurch mein Leben bedroht ist. Um diese Anmerkung zu erhärten, wollen wir diese Bedrohung einmal in der Tatsache sehen, es könne bewiesen werden, daß ich seine Schwester – meine Frau – vergiftet habe, indem ich Gift in die Artischockenfüllung mischte. Das Motiv war, ihr Millionenvermögen zu erben. Übrigens – ich glaube nicht, daß Mr. Huck beweisen kann, Mr. Lewent sei zwischen vier und fünf Uhr *nicht* in sein Arbeitszimmer gekommen.«

»Nein. Gegen halb fünf hat er ihn von Miss Riff rufen lassen. Er sagt, Lewent sei zehn Minuten bei ihm gewesen und dann wieder gegangen.«

»War Miss Riff anwesend?«

»Nein. Sie verließ das Haus, um etwas zu erledigen.«

Wolfe nickte. »Gut. Um zu Ihnen, Mr. Cramer, und den anderen Herren fair zu sein, möchte ich sagen, daß ich Ihnen gegenüber einen bemerkenswerten Vorteil genieße. Sie haben noch nicht gesehen, wie Mr. Huck mit seinem Stuhl herumfährt, nicht wahr?«

Sie verneinten.

»Ich ebenfalls nicht, aber Mr. Goodwin hat mir den Vorgang ausführlich beschrieben, und ich war sehr beeindruckt. Diese Schilderung hat mich auf die richtige Idee gebracht. Im Augenblick sieht Mr. Huck nicht so aus, als wolle er Ihnen sein Fahrzeug vorführen, aber das können Sie ja später erledigen. Kehren wir zurück: Ich bin jetzt Mr. Huck, hier im Rollstuhl im Arbeitszimmer, kurz vor 17 Uhr.« Wolfe zog ein Taschentuch heraus und ballte es zu einem Knäuel. »Das ist ein Briefbeschwerer, eine schwere Kugel aus grünem Marmor mit einer glattgeschliffenen Standfläche. Sie befindet sich freilich noch nicht in meiner Hand, aber sie liegt parat, auf einem Brett an meinem Stuhl, auf einigen Papieren. Archie, Sie sind Mr. Lewent. Treten Sie bitte vor mich. Ein bißchen näher, so. Nun hebe ich den Briefbeschwerer mit einer Hand an, und mit der Linken ergreife ich ein Blatt Papier, um es Ihnen zu zeigen, aber es fällt mir aus den Fingern zu Boden. Natürlich bücken Sie sich, um es mir aufzuheben — das geschieht automatisch, da ich doch ein Krüppel bin —, und sobald Sie das tun, schlage ich mit dem Briefbeschwerer zu.«

Ich bückte mich, und er tippte mir ins Genick.

»Der Himmel bewahre uns«, murmelte Mrs. O'Shea, und sonst war nichts zu hören. Wolfe fuhr fort: »Weil ich sitze und er sich gebückt hat, trifft der Schlag den Hinterkopf. Jetzt muß ich so rasch handeln, wie mein Zustand es irgend erlaubt. Zwanzig Sekunden genügen, mich zu vergewissern, daß ein zweiter Schlag nicht erforderlich ist. Lewent ist tot. Von den Hüften aufwärts bin ich gesund und stark, und in weiteren zwanzig Sekunden habe ich ihn aufgehoben, mir über die Knie gelegt und mit der großen Decke zugedeckt, die ich immer bei mir habe. Ich drücke einen Knopf, und los geht die Fahrt. Ich muß ihn in einem anderen Stockwerk deponieren. Das ist natürlich ein Risiko, aber ich muß es eingehen.«

»Beweise, verdammt noch mal«, brummte Mandelbaum.

»Aber freilich«, sagte Wolfe. »Fangen Sie an, indem Sie nachprüfen, ob der Briefbeschwerer zu dem Loch im Hinterkopf paßt; untersuchen Sie die Schottendecke, die zur Tarnung benutzt wurde – Sie dürften Haare von Lewent darin finden. Sie haben selber ermittelt, daß der Mord nicht in Mr. Lewents Zimmer begangen wurde – ich fordere Sie auf, zu erklären, wie die Leiche anders transportiert wurde, wenn nicht mit Mr. Hucks Rollstuhl. Ich gebe zu, es war ein Jammer, daß es schon dämmerte und im Flur so düster war, als Mr. Goodwin an Lewents Zimmertür stand und Mr. Huck in seinem Stuhl aus dem Lift fahren sah. Mr. Goodwin hat gute Augen, und bei besserer Beleuchtung hätte er wahrscheinlich bemerkt, daß die Ausbuchtung unter der Decke größer war, als sie eigentlich sein durfte. Seine Gegenwart zwang Mr. Huck natürlich, sich vorübergehend mit seiner Ladung in sein Zimmer zu begeben, aber Mr. Goodwin verließ das Haus unmittelbar danach, um mich anzurufen, und Mr. Huck vollendete den Transport. Das muß der schwerste Teil für ihn gewesen sein, da die Tür von Lewents Zimmer zu schmal für seinen Rollstuhl war.«

Wolfe blickte Mandelbaum an. »Aber ich habe noch mehr Beweise vorzubringen. Offen gesagt, genügen sie mir persönlich. Sie haben uns alle ausführlich verhört und wissen, was in diesem Zimmer gesprochen wurde, ehe man die Leiche entdeckte. Sie wissen, daß ich in Gegenwart von fünf Zeugen Mr. Huck um hunderttausend Dollar erpreßt habe – wofür? Für mein Versprechen, Mr. Lewent werde ihn nicht mehr mit irgendwelchen Vorwürfen und Anklagen belästigen? Es ist nicht anzunehmen, daß Mr. Huck ein so großer Esel ist, sich auf einen solchen Handel einzulassen – wenn er Lewent noch am Leben glaubte. Lewent hätte sicher davon erfahren – durch Mr. Thayer auf jeden Fall –, und dann hätte er, von mir verraten und betrogen, seine Anstrengungen und Anklagen nur verdoppelt statt eingestellt.«

Wolfe schüttelte den Kopf. »Nein. Fraglos wußte Huck zu diesem Zeitpunkt, daß Lewent tot war. Diese Gewißheit ging mir in dem Moment auf, als ich den Toten sah. Und nicht nur das: Indem er auf meinen unverschämten Vorschlag einging, gestand

Huck seine Schuld. Er dachte, ich erpresse ihn, und im Augenblick jedenfalls meinte er, darauf eingehen zu müssen. Ich hatte vor Zeugen mit ihm verhandelt, und er mußte mich erst einmal unter vier Augen sprechen, um herauszufinden, wieviel ich wußte und wie man mit mir fertig werden konnte. Aber trotz seines Schuldbewußtseins hätte er mich verhöhnt und verlacht, als ich meine Forderung stellte, hätte er seinen Schwager rufen lassen und mich vor ihm bloßgestellt — wenn ihm das möglich gewesen wäre. Statt dessen ... Nun, Sie wissen, was er getan hat. Und nun sehen Sie sich ihn an.«

Die meisten blickten Huck an, aber drei taten es nicht. Die drei waren Mandelbaum, Boyle und Cramer. Es enthüllte ihren Charakter, wie sie ungnädig und ärgerlich nicht den entlarvten Mörder betrachteten, sondern den Mann, der ihn entlarvt hatte. Nicht, daß man es ihnen sehr verübeln konnte. Sie mußten Huck festnehmen, das war klar, aber sie waren keineswegs schon für Anklage und Prozeß gerüstet, und Huck hatte Geld genug, um sich die zehn besten Anwälte der Stadt zu leisten.

Cramer erhob sich, warf einen Blick nach rechts, ob Sergeant Stebbins auch noch auf Posten stand, und dann pflanzte er sich vor Wolfe auf.

»Ja, sehen Sie sich ihn an«, grollte er. »Und sehen Sie sich selber an! Sie und Ihre hilfreichen Anmerkungen! Der Handel, den Sie ihm vorgeschlagen haben ... Sie sagen, er hätte ein großer Esel sein müssen, sich darauf einzulassen, wenn Lewent noch gelebt hätte. Okay, aber wie war das bei Ihnen? Genausowenig hätten Sie den Handel vorgeschlagen, wenn Lewent noch lebendig gewesen wäre. Der Himmel weiß, was ich Sie alles nennen könnte — aber einen Esel gewiß nicht. Dieser Trick, mit dem Goodwin Sie hergelotst hat — versuchen Sie mir bloß nicht einzureden, er hätte das getan oder Sie wären gekommen, wenn ihr nicht beide gewußt hättet, daß Lewent ermordet worden war! *Dazu* möchte ich gern eine Anmerkung hören!«

»Pfui«, sagte Wolfe sanft. »Meinen Sie nicht, Sie hätten jetzt genug um die Ohren, ohne ...«

Er schwieg, um eine Vorstellung anzuschauen, und sie enthüllte jetzt speziell weibliche Charaktere. Mrs. O'Shea war aufgestanden und ging langsam, wie im Trance, auf ihren Arbeitgeber zu. Tränen strömten ihr aus den Augen und über die Wangen und tropften auf die Arme, die sie über der Brust verschränkt hatte. Drei Schritte vor ihm blieb sie stehen.

»Das ist ein Wink des Schicksals«, sagte sie so leise, daß man sie kaum verstand. »Die Angst in meinem Herzen – o Gott, so lange hat sie mich gepeinigt! Du hast mich belogen, und in meinem Inneren habe ich es die ganze Zeit gespürt! Sie hat gemerkt, was zwischen uns war – sie hat es gemerkt und es dir ins Gesicht gesagt, und du hast sie umgebracht. Ich danke meinem Schöpfer, daß ... Oh, ich danke dir ...«

Inspektor Cramer nahm ihren Arm und stützte sie. Auch eine andere weibliche Seele reagierte. Sylvia Marcy stand von der Couch auf, ging zur Gruppe um den Rollstuhl und legte Theodore Huck etwas in den Schoß. Erst als sie wieder beiseite getreten war und zur Tür ging, sah ich, worum es sich handelte – eine Armbanduhr, ringsum mit roten Steinen besetzt.

Über das Schicksal der beiden anderen Geschenke kann ich nichts berichten. Monate sind vergangen, und gerade vorige Woche hat ein Schwurgericht Theodore Huck des zweifachen Mordes für schuldig befunden, aber soviel ich weiß, besitzen Mrs. O'Shea und Miss Riff ihre Uhren noch immer.

Mittagsschlaf ins Jenseits

Ich war mit zwei Dingen zu gleicher Zeit beschäftigt. Mit meinen Händen holte ich mein Schulterhalfter und meine Marley 32 aus dem Schreibtisch, und mit meiner Zunge hielt ich Nero Wolfe einen Vortrag über Finanzwirtschaft.

»Das meiste, was Sie von ihm bekommen können«, errechnete ich, »sind fünfhundert Dollar. Ziehen Sie davon zwanzig Prozent für Spesen und nochmals zwanzig Prozent für allgemeine Unkosten ab, so bleiben nur noch dreihundert Dollar. Fünfundachtzig Prozent Einkommen reduzieren diese Summe auf fünfundvierzig Dollar, und das ist alles, was Sie für die Abnutzung Ihres Gehirns und meiner Beine erhalten. Von dem Risiko ganz zu schweigen. Davon könnte man nicht einmal —«

»Was für ein Risiko?« murmelte er, um mir zu beweisen, daß er zugehört hatte, obgleich er sich natürlich nur dem Kreuzworträtsel in der *London Times* widmete.

»Die ganzen Verwicklungen«, äußerte ich unheilvoll. »Sie hörten doch seine Erklärung. Mit einem Revolver herumzuspielen ist gefährlich.« Ich verrenkte mich, um die Schnalle des Halfters zu schließen, dann griff ich nach einer Jacke. »Da Sie als Detektiv im Telefonbuch geführt sind und da ich als Ihr Assistent ein Gehalt beziehe, habe ich nichts dagegen, für Klienten Detektivarbeit zu leisten. Aber dieser Bursche will selbst die Arbeit tun und dazu nur unseren Revolver als Requisit benutzen.«

Ich rückte meinen Schlips zurecht, ohne dabei in den großen Spiegel an der Wand zu sehen, weil Wolfe sich sonst über meine Eitelkeit lustig gemacht hätte. »Wir könnten ihm den Revolver ebensogut mit einem Boten zuschicken.«

»Pfui«, brummte Wolfe. »Dies ist eine hochoffizielle Angelegenheit. Sie sind nur schlechter Laune, weil Sie Dazzle Dan nicht mögen. Wäre es Donald Duck, würden Sie sich alle Beine ausreißen.« — »Unsinn. Ich sehe mir das nur ab und zu an, um mich zu bilden. Auch Ihnen könnte das nicht schaden.« Ich ging in den Flur, schloß die Haustür hinter mir, lief die Vordertreppe hinunter und schlug den Weg zum Taxistand in der Zehnten Avenue ein. Ein kalter böiger Wind kam vom Hudson her, und ich schritt energisch aus, um mich warm zu halten. Es stimmte, daß ich mir aus Dazzle Dan nichts machte, dem Helden eines Comic-Streifens, der in zweitausend verschiedenen Zeitungen — oder waren es zweihunderttausend? — im ganzen Land erschien. Auch aus seinem Schöpfer, Harry Koven, machte ich mir nichts, der uns in unserem Büro am Samstag abend, vor vierzig Stunden also, aufsuchte. Er hatte die ganze Zeit mit seinen zackigen gelben Zähnen an seiner Oberlippe geknabbert. Außerdem machte ich mir auch gar nichts aus seinem Auftrag, so wie er ihn darlegte. Nicht daß ich mir auf Wolfes Ruhm und Ansehen etwas einbildete — ein Bursche, dem der Revolver gestohlen wurde, hat das gleiche Recht, einen Detektiv zu beauftragen, wie eine des Mordes verdächtigte Herzogin —, aber wie Harry Koven sagte, wollte er selbst Detektiv spielen, so daß der einzige Unterschied zwischen mir und einem Laufburschen darin bestand, daß ich zu meinem Botengang ein Taxi statt der Bahn benutzte.

Auf jeden Fall hatte Wolfe den Auftrag angenommen. Ich zog einen Notizzettel aus meiner Tasche und besah ihn mir.

Marcelle Koven, Ehefrau
Adrian Getz, Freund oder Anhängsel, vielleicht beides
Patricia Lowell, Geschäftsführerin
Pete Jordan, Künstler, zeichnet Dazzle Dan
Byram Hildebrand, Künstler, zeichnet ebenfalls D. D.

Einer dieser fünf sollte nach Angaben von Harry Koven dessen Revolver, eine Marley 32, gestohlen haben, und er wollte den Täter aufspüren. Er tat so, als ginge es ihm weniger um den Gegenstand als ums Prinzip, doch wenn ein Rasierapparat oder ein Paar Manschettenknöpfe gefehlt hätten, hätte er dieses Lippenanknabbern, von den andern Zeichen der Unruhe ganz zu schweigen, bestimmt unterlassen. Er hatte zweimal ausdrücklich betont, daß er keinen der fünf im Verdacht habe, mit dem Revolver ein paar Schießübungen zu machen, und das zweitemal sagte er das so nachdrücklich, daß Wolfe grunzte und ich meine Brauen hob. Da eine Marley 32 keineswegs eine Sammlerrarität ist, war es weiter kein Wunder, daß sich eine in unserem Arsenal befand und wir deshalb in der Lage waren, Koven mit dem Requisit, das er für seine Darbietung benötigte, auszurüsten. Was nun die Darbietung selbst betraf, so war es das klügste, erst einmal abzuwarten. Doch es lag mir nicht, in Fällen, die mir unsympathisch waren, besondere Klugheit an den Tag zu legen.

Ich verließ das Taxi vor dem Haus in der 76. Straße, östlich der Lexington Avenue. Die Vorderfront dieses Hauses war im Laufe der letzten Jahre modernisiert worden, im Gegensatz zu Wolfes altem Sandsteinhaus in der 35. Straße, das noch immer den gleichen Giebel aufweisen konnte, mit dem es einst erbaut wurde. Ehe ich die vier Stufen zur Haustür hinaufstieg, warf ich noch einen Blick auf die rosa Fensterläden und auf die Immergrünkübel, die den Eingang flankierten. Ein Hausmädchen mit triefender Nase ließ mich ein. Sie hatte den Lippenstift so dick aufgetragen, wie Wolfe seinen Camembert aufs Brot streicht. Ich sagte ihr, daß ich eine Verabredung mit Mr. Koven hätte, worauf sie erwiderte, daß Mr. Koven noch nicht zu sprechen sei. Damit dachte sie ihre Pflicht und Schuldigkeit getan zu haben. Ich sagte: »In unserem Haus, das nur von Männern geführt wird, geht es besser zu. Wenn Fritz oder ich jemanden, der eine Verabredung hat, einlassen, nehmen wir ihm Hut und Mantel ab.«

»Wie ist Ihr Name?« fragte sie in einem Ton, der ihren Zweifel, ob ich so etwas wie einen Namen überhaupt besaß, kundtat.

Eine laute Männerstimme ließ sich von irgendwoher hören: »Ist das der Mann von Funari?« Eine Frauenstimme klang von oben: »Cora, ist das mein Kleid?«

»Nein, es ist Archie Goodwin, der um zwölf Uhr von Mr. Koven erwartet wird«, schrie ich. »Es ist jetzt zwei Minuten nach zwölf.« Man rührte sich. Die weibliche Stimme, etwas gedämpfter, bat mich, heraufzukommen. Das Hausmädchen machte sich mit beleidigter Miene davon. Ich legte meinen Mantel auf einen Stuhl und meinen Hut obenauf. Ein Mann trat aus der Tür am Ende der Halle und näherte sich. »Noch mehr Lärm. Verdammt lauter Ort. Hier geht's entlang!« Er stieg mir voran die Treppe hinauf. »Wenn Sie eine Verabredung mit Sir Harry haben, müssen Sie immer eine Stunde draufschlagen.«

Er lotste mich durch eine große Diele, von der hohe Bogendurchgänge rechts und links zu den Zimmern führten, und schob mich durch eine dieser feudalen Türen zur Linken. Es gibt wenig Räume, die ich nicht mit einem Blick erfassen kann, aber dieser gehört dazu. Zwei große Fernsehapparate, ein Affe in einem Käfig in der Ecke, Sessel in allen Farben und Größen, ein Meer von Teppichen und Brücken, ein Kaminfeuer, das eine höllische Temperatur verbreitete – ich gab es auf und richtete meinen Blick auf die Bewohnerin. Das war nicht nur einfacher, sondern auch angenehmer. Sie war kleiner, als ich es gewöhnlich gern habe, aber sonst nicht übel. Besonders hübsch waren ihre sanft geschwungenen Brauen über ernsten grauen Augen und vorstehenden Backenknochen. Sie mußte Salamanderblut in sich haben, um so kühl und frisch in diesem Backofen auszusehen.

»Liebster Pete«, sagte sie zu meinem Begleiter. »Sie sollten aufhören, meinen Mann Sir Harry zu nennen.«

Ich mußte diese Worte als gelungenen Zeitraffer anerkennen. Denn mit diesem einen Satz belehrte sie mich, daß sie Marcelle Koven und daß der junge Mann Pete Jordan sei, und erteilte gleichzeitig diesem Pete eine Rüge.

Pete Jordan trat heftig auf sie zu, als wolle er sie entweder schlagen oder umarmen. Aber kurz vor ihr hielt er an. »Sie verstehen das nicht«, wies er sie in seinem angriffslustigen Bariton zurück. »Das gehört zu meinem Plan. Es ist für mich die einzig mögliche Art, zu zeigen, daß ich keine Laus bin. Nur eine Laus würde hier bleiben und Monat für Monat diesen Kitsch produzieren. Sehen Sie mich nur an, so sehe ich aus, weil ich gerne esse. Ich habe nicht die Willenskraft, damit aufzuhören und einmal ein wenig zu hungern. Deshalb nenne ich ihn Sir Harry, um Sie zu ärgern, und ich strenge meinen Geist an, um einen Namen zu finden, der ihn erbosen wird. Und dann werde ich mir einen Weg ausdenken, um Getz zu verbittern. Dann werde ich hier rausgeworfen und kann mit meiner Hungerkur beginnen und ein richtiger Künstler werden. Das ist mein Plan.« Er wandte sich um und sah mich durchdringend an. »Ich werde ihn besser verfolgen können, weil ich ihn in Gegenwart eines Zeugen dargelegt habe. Sie sind der Zeuge. Mein Name ist Jordan, Pete Jordan.«

Er hätte besser auf diesen Adlerblick verzichtet, denn er paßte ganz und gar nicht zu ihm. Er war kaum größer als Mrs. Koven und hatte schmale Schultern und breite Hüften.

»Sie haben mich bereits genug geärgert«, erklärte sie ihm mit angenehm leiser, doch nicht etwa zaghafter Stimme. »Sie benehmen sich wie ein Rüpel, dabei sind Sie viel zu alt dafür. Warum wollen Sie nicht erwachsen werden?«

Er wirbelte herum und funkelte sie an. »Ich betrachte Sie als eine Matrone!«

Das war dumm, denn beide waren jünger als ich, und sie konnte kaum mehr als drei oder vier Jahre älter sein als er.

»Verzeihung«, mischte ich mich ein, »aber ich bin nicht Zeuge im Hauptberuf. Ich bin zu Mr. Koven bestellt. Soll ich ihn suchen?« Ein Quieken ertönte hinter mir.

»Guten Morgen, Mrs. Koven. Bin ich zu früh?«

Ich drehte mich nach dem Besitzer dieser Puppenstimme um. Er hätte mit Pete Jordan tauschen sollen, denn er hatte die Statur für einen tiefen Bariton, mit seinem gutgeformten Kopf und seinem dichten Schopf grauer, fast weißer Haare. Alles an ihm war eindrucksvoll und gebieterisch, aber das Quieken machte alles zunichte.

»Ich hörte, wie Mr. Goodwin und Pete heraufkamen, und ich dachte ...«

Mrs. Koven und Pete unterhielten sich ungeniert weiter, und als sich auch noch der Affe schnatternd einmischte, konnte man überhaupt nichts mehr auseinanderhalten. Ich spürte, wie mir der Schweiß auf die Stirn trat, denn ich hatte Jacke und Weste in dieser Hölle an, während Pete und der Neuankömmling in Hemdsärmeln waren. Ich konnte jedoch ihrem Beispiel nicht folgen, ohne mein Schulterhalfter zu enthüllen. Sie fuhren, einschließlich des Affen, mit ihrem Geschnatter fort und ignorierten mich völlig. Doch erfuhr ich immerhin, daß der Quieker nicht, wie ich vermutet hatte, Adrian Getz, sondern Byram Hildebrand war, Petes Mitarbeiter in der Tretmühle der Dazzle-Dan-Produktion.

Alles war ungezwungen und anheimelnd, aber ich begann zu dampfen und ging kurz entschlossen ein Fenster öffnen. Die andern kümmerten sich nicht darum, und ich war froh über die frische Luft, rieb mir den Schweiß von der Stirn und aus dem Nakken, und als ich mich umwandte, stellte ich fest, daß wir Gesellschaft bekommen hatten. Durch die Flügeltür trat eine rosenwangige Gestalt in einem Nerzmantel und einem schief aufgesetzten kessen Hütchen. Niemand außer mir schien von ihrer Gegenwart Notiz zu nehmen. Sie ging zum Kamin, ließ den Mantel in einen Sessel gleiten und enthüllte dabei ein raffiniert geschnittenes Kleid. Dann sagte sie lässig: »Rookaloo wird in spätestens einer Stunde tot sein.«

Daraufhin schwieg plötzlich alles entsetzt, bis auf den Affen. Mrs. Kovens Augen irrten durch den Raum, und als sie das offenstehende Fenster entdeckte, fragte sie: »Wer hat das getan?«

»Ich«, gestand ich mannhaft.

Byram Hildebrand schritt, wie ein General vor seinen Truppen, zum Fenster und zog es zu. Der Affe hörte auf zu schnattern und hustete. »Hören Sie nur«, sagte Pete Jordan. Sein Bariton wurde direkt freundlich. »Er hat bereits eine Lungenentzündung. Das ist eine Idee. Damit mache ich Getz schrecklich wütend!«

Die drei gingen an den Käfig und betrachteten Rookaloo eingehend, ohne sich weiter um die Dame zu kümmern, die durch ihr rechtzeitiges Kommen sein Lebensretter geworden war. Sie fragte mich freundlich: »Sie sind Archie Goodwin? Ich heiße Pat Lowell.« Dabei reichte sie mir ihre Hand. Sie hatte Talent zum Händedruck und vervollkommnete ihn noch durch einen offenen Blick aus ihren klaren braunen Augen. »Ich wollte Sie heute morgen schon anrufen, um Sie zu warnen, daß Mr. Koven nie pünktlich seine Verabredungen einhält. Aber da er diese selbst getroffen hatte, wollte ich mich nicht einmischen.«

»Erfinden Sie nie mehr einen Grund, mich nicht anzurufen.«

»Nein.« Sie sah auf ihre Armbanduhr. »Sie sind sowieso zu früh da. Er hat die Besprechung auf halb eins angesetzt.«

»Ich sollte um zwölf hier sein.«

»Oh!« Sie musterte mich, nicht unfreundlich, doch bildete sie sich bestimmt ihr Urteil über mich. »Wollte er denn erst einmal mit Ihnen sprechen?«

Ich zuckte die Schultern. »Das nehme ich an.«

Sie nickte stirnrunzelnd. »Das ist neu für mich. Ich bin nun seit drei Jahren seine Vertreterin und Managerin, führe seine ganzen Geschäfte, alles, von Hustentropfen bis zu Ideen für Dazzle Dan, und dies ist das erste Mal, daß er eine Konferenz einberuft, ohne vorher mit mir darüber gesprochen zu haben. Und noch dazu, wo es um keinen Geringern als Nero Wolfe geht. Ich nehme an, es handelt sich um eine Verbindung von Nero Wolfe und Dazzle Dan, da wir D. D. jetzt als Detektiv auftreten lassen wollen?«

Ich setze hier ein Fragezeichen, obgleich ihr Tonfall es mir überließ, hierin eine Frage oder nur eine Feststellung zu sehen. Ich hatte von diesem Plan noch nichts gehört, und das Vergnügen, demnächst Wolfe von einer Verbindung zwischen ihm und Dazzle Dan zu berichten, mußte auf meinem Gesicht stehen. Ich versuchte es zu unterdrücken.

»Wir warten besser«, meinte ich diplomatisch, »bis Mr. Koven uns darüber aufklärt. Soweit ich weiß, bin ich nur als technischer Berater hergekommen und vertrete Mr. Wolfe, da er sein Haus selten verläßt. Sie werden natürlich die geschäftliche Seite erledigen, und wahrscheinlich müssen wir beide dann viele gemeinsame Besprechungen –«

Ich hielt inne, denn sie hörte mir nicht mehr zu. Ihre Augen, die plötzlich völlig verändert waren, richteten sich über meine rechte Schulter hinweg auf die Tür. Ich wandte mich um und sah, daß Harry Koven auf uns zukam. Sein schwarzer Haarschopf war ungekämmt, und er war nicht rasiert. Er trug einen roten Seidenmorgenrock, mit gelben Dazzle-Dan-Figuren bestickt. Ein Männchen in einem dunkelbraunen Anzug begleitete ihn.

»Guten Morgen, meine lieben Dazzle-Kinder«, polterte Koven jovial. »Es ist kalt hier«, sagte der kleine Bursche mit sanfter, besorgter Stimme. Auf geheimnisvolle Weise schien diese sanfte kleine Stimme mehr zu tönen als das Poltern von Koven. Sicher war es die sanfte kleine Stimme, die die Begrüßungsworte der Dazzle-Kinder im Keime erstickte, aber es konnte auch die Kombination der beiden sein, des großen und des kleinen Mannes, die so plötzlich die Atmosphäre im Raum veränderte. Vorher waren alle, wenn auch vielleicht etwas überspannt, unbeschwert und fröhlich gewesen. Jetzt herrschte betretenes Schweigen. Also ergriff ich das Wort.

»Ich habe ein Fenster geöffnet.«

»Guter Gott«, sagte der Kleine mit mildem Vorwurf und trat an den Affenkäfig. Mrs. Koven und Pete Jordan standen ihm im Weg und drückten sich hastig zur Seite, als fürchteten sie, von ihm überrannt zu werden, obgleich er bei seiner Größe nicht einmal ein Heimchen hätte zertreten können. Er war nicht nur sehr klein und alt, sondern auch leicht verkrüppelt und hinkte.

Koven polterte mich an: »So, Sie sind also hier! Kümmern Sie sich nicht um den Wicht und seinen verdammten Affen! Er ist in ihn vernarrt. Ich nenne dieses Zimmer hier die Sauna.« Er stieß ein Lachen hervor. »Wie steht's, Wicht? Alles in Ordnung?«

»Ich denke, Harry. Ich hoffe es.« Die sanfte kleine Stimme erfüllte wieder den ganzen Raum.

»Ich hoffe es ebenfalls, oder der Himmel stehe Goodwin bei.« Koven wandte sich an Hildebrand. »Ist Sieben-Achtundzwanzig schon fertig, By?«

»Nein«, quiekte Hildebrand. »Ich habe Furnari angerufen, und er will es gleich schicken.«

»Wieder zu spät. Wir müssen eventuell austauschen. Wenn es kommt, sehen Sie Rahmen drei noch einmal durch, wo Dan sagt: ›Nicht heute nacht, Liebling‹, und ändern Sie es in ›Nicht heute früh, Liebling‹ um. Verstanden?«

»Aber wir haben doch —«

»Ich weiß, aber ändern Sie es so. Wir werden Sieben-Neunundzwanzig dazu passend ändern. Haben Sie Sieben-Dreiunddreißig schon fertig?«

»Nein. Es ist nur –«

»Was haben Sie dann hier oben zu suchen?«

»Nun, Mr. Goodwin kam, und Sie hatten uns alle für halb eins bestellt –«

»Ich sage Ihnen Bescheid, wenn ich soweit bin – kurz nach dem Essen. Zeigen Sie mir dann die neue Fassung von Sieben-Achtundzwanzig.« Koven sah sich gebieterisch um. »Wie geht es euch sonst? Gut? Bis später also. Kommen Sie, Goodwin, tut mir leid, daß ich Sie warten ließ.«

Ich folgte ihm aus dem Zimmer, durch die Diele und die Treppe hinauf in die nächste Etage. Dort gab es nur einen schmalen Korridor, von dem vier Türen abgingen. Koven öffnete die letzte Tür links, und wir traten ein.

Das Zimmer war auf alle Fälle eine Erleichterung, es war kühler, beherbergte keinen Affen, und die Einrichtung ließ einem mehr Bewegungsfreiheit. Das Prunkstück war ein riesiger, alter, verschrammter Schreibtisch am Fenster. Nachdem Koven mir Platz angeboten hatte, setzte er sich hinter den Schreibtisch und nahm von einigen Schüsseln, die auf einem Tablett vor ihm standen, die Deckel ab. »Frühstück«, bemerkte er. »Sie haben bereits gefrühstückt.« Es war keine Frage, aber ich sagte: »Ja«, um freundlich zu sein. Nach dem Anblick zu urteilen, den das Tablett bot, hatte er alle Freundlichkeit der Welt nötig. Es gab ein einsames weichgekochtes Ei, eine wellige, dünne Toastscheibe, drei unterernährte Pflaumen in einem Teelöffel Saft, etwas Mineralwasser und ein Glas. Ein herzzerreißender Anblick. Koven machte sich an die Pflaumen. Dann goß er Wasser in das Glas, nahm einen Schluck und fragte: »Haben Sie ihn mitgebracht?«

»Den Revolver? Gewiß.«

»Lassen Sie mich sehen.«

»Es ist derselbe, den wir Ihnen in unserem Büro bereits zeigten.« Ich setzte mich näher zu ihm. »Ich will mit Ihnen noch einmal alles durchsprechen, ehe wir beginnen. Ist dies der Schreibtisch, in dem Sie Ihren Revolver aufbewahrten?«

Er nickte und biß in den Toast. »Hier, in dieser linken Schublade, ganz hinten.«

»Geladen?«

»Das habe ich Ihnen bereits gesagt.«

»Ja. Sie haben ihn also vor zwei Jahren in Montana gekauft, brachten ihn heim und kümmerten sich nie um einen Waffenschein, sondern legten ihn nur in dieses Fach. Sie haben ihn vor einer Woche oder vor zehn Tagen zum letztenmal gesehen, und vorigen Freitag entdeckten Sie, daß er verschwunden war. Aus zwei Gründen wollen Sie die Polizei nicht rufen. Erstens, weil Sie keinen Waffenschein haben, und zweitens, weil Sie eine dieser fünf Personen im Verdacht haben, der Dieb zu sein –«

»Ich sagte nur, daß es sein *könnte.«*

»So drückten Sie es nicht aus. Aber das ist auch egal. Sie gaben uns die fünf Namen. Übrigens, war das Adrian Getz, den Sie den Wicht nannten?«

»Ja.«

»Dann sind also alle fünf da, und wir können anfangen. Soweit ich weiß, soll ich meinen Revolver hier in das Fach legen, in dem Ihrer vorher war. Sie rufen dann die andern zu der Besprechung, die in meiner Anwesenheit stattfinden soll. Sie wollten sich etwas ausdenken, um mein Hiersein zu erklären. Was ist es?«

Er kaute an einem Bissen Toast mit etwas Ei. Wolfe wäre mit dieser Mahlzeit innerhalb von fünf Sekunden fertig geworden oder hätte, was wahrscheinlicher wäre, das Tablett aus dem Fenster geworfen.

»Ich könnte sagen, daß ich eine neue Serie mit Dazzle Dan als Leiter eines Detektivbüros plane und deshalb Mr. Wolfe mit der technischen Beratung betraut habe. Er hat Sie als seinen Vertreter zu dieser Besprechung geschickt. Wir können ein bißchen darüber reden, und dann frage ich Sie, wie ein Detektiv gewöhnlich einen Raum durchsucht, damit wir einen realistischen Eindruck für die Bildserie gewinnen. Sie sollten nicht gerade beim Schreibtisch anfangen; beginnen Sie am besten mit dem Bücherregal. Wenn Sie dann an den Schreibtisch kommen, schiebe ich meinen Stuhl zurück, um Ihnen Platz zu machen, dadurch habe ich die andern dann direkt vor mir. Wenn Sie die Schublade aufziehen und den Revolver herausnehmen und alle ihn sehen —«

»Ich dachte, Sie wollten das tun.«

»Ja, das hatte ich vor, aber so ist es günstiger, so kann ich ihre Gesichter besser beobachten, wenn die Waffe zum Vorschein kommt. Derjenige, der meinen Revolver gestohlen hat — falls es einer von ihnen war —, wird seine Überraschung nicht verbergen können, wenn Sie plötzlich die gleiche Waffe aus dem Fach nehmen. Machen wir es also so.«

Ich gebe zu, daß mir dieser Plan mehr zusagte als der, den er vorher in Wolfes Büro vorgetragen hatte. Auf diesem Weg konnte er vielleicht erreichen, was er wollte. Ich dachte darüber nach, während er die Flasche leerte. Toast und Ei waren bereits vertilgt. »Hört sich gut an«, pflichtete ich ihm bei. »Es gibt nur einen Haken. Sie erwarten einen überraschten Ausdruck bei *einer* Person, was aber, wenn jetzt *fünf* Personen erstaunt blicken, nämlich, wenn keiner wußte, daß Sie überhaupt einen Revolver in Ihrem Schreibtisch haben?«

»Aber das wissen alle.«

»Alle?«

»Natürlich. Ich dachte, daß ich Ihnen das schon gesagt hatte. Hier in diesem Haus weiß jeder alles. Sie meinten auch, ich sollte ihn weggeben, und jetzt wünschte ich, ich hätte es getan. Sie verstehen, Goodwin, ich möchte jetzt nur wissen, wo sich dieses verdammte Ding befindet, und es an mich nehmen! Danach werde ich allein mit der Sache fertig. Das habe ich Wolfe bereits erklärt.« — »Ich weiß.« Ich stand auf, trat an seine linke Seite und zog die Schublade auf.

»Hier hinein?«

»Ja.«

»In das hintere Fach?«

»Ja.«

Ich zog die Marley aus meinem Halfter, entlud sie und schob die Patronen in meine Westentasche. Dann legte ich die Waffe in das Fach und verschloß es. »Okay«, sagte ich, nachdem ich zu meinem Stuhl zurückgekehrt war, »holen Sie die andern. Wir können es jetzt einfach improvisieren, ohne noch eine Generalprobe abzuhalten.«

Aber er blieb ruhig sitzen. Er öffnete für einen Augenblick die Lade und warf einen Blick auf den Revolver, berührte ihn jedoch nicht. Dann schob er das Tablett fort, lehnte sich zurück und begann wieder seine Oberlippe mit seinen gezackten, gelben Zähnen zu bearbeiten. »Ich muß meine Nerven etwas vorbereiten«, sagte er, auf mein Verständnis rechnend. »Ich bin immer erst am Spätnachmittag richtig in Form.«

Ich grunzte: »Zum Teufel, Sie haben mich für zwölf Uhr herbestellt und wollten die Versammlung um halb eins einberufen.«

»Ich weiß.« Er biß sich immer auf der Lippe herum. »Aber ich muß mich erst anziehen.« Plötzlich überschlug sich seine Stimme, und er protestierte: »Hetzen Sie mich nicht, verstanden?«

Mir reichte es, aber ich hatte bereits genug Zeit und außerdem einen Dollar für das Taxi investiert, deshalb blieb ich ruhig.

»Mir ist bekannt, daß Künstler ihre Stimmungen haben, aber ich will Ihnen erklären, wie Mr. Wolfe seine Rechnungen aufsetzt. Er nimmt erst einmal ein Grundhonorar, je nach Art der Arbeit, und wenn es mich mehr Zeit kostet, als er für gerechtfertigt hält, rechnet er hundert Dollar pro Stunde Aufschlag. Wenn Sie mich hier bis zum Spätnachmittag festhalten, wird das für Sie ein teurer Spaß. Ich könnte jetzt gehen und später wiederkommen.«

Davon wollte er nichts wissen. Er meinte, daß meine Gegenwart im Haus ihm dabei helfen würde, sich in Stimmung zu bringen, und es würde auch nur noch ungefähr eine Stunde dauern. Er marschierte zur Tür, öffnete sie, drehte sich aber noch einmal nach mir um und fragte: »Wissen Sie überhaupt, was ich in einer Stunde verdiene? Über tausend Dollar! Mehr als tausend Dollar in der Stunde! Ich werde mich jetzt anziehen.«

Er schloß die Tür hinter sich.

Meine Armbanduhr zeigte siebzehn Minuten nach eins, und

mein Magen bestätigte es. Nachdem ich ungefähr zehn Minuten ins Leere gestarrt hatte, griff ich zum Telefonhörer und schilderte Wolfe am anderen Ende der Leitung die Lage. Er riet mir, irgendwo essen zu gehen, und ich sagte ja, doch nachdem ich aufgelegt hatte, setzte ich mich wieder in den Sessel. Wenn ich essen ging, würde Koven genauso gut auch in meiner Abwesenheit seine Stimmung aufbessern, aber in dem Moment meiner Rückkehr würde er sie vielleicht wieder verlieren, und die Stimmungsmache müßte von vorne beginnen. Ich erklärte meinem Magen den Stand der Dinge. Er versuchte einen schwachen Protest, aber schließlich war ich der Boss. Es war zweiundvierzig Minuten nach eins auf meiner Armbanduhr, als die Tür geöffnet wurde und Mrs. Koven eintrat. Sie sagte, daß ihr Mann ihr erzählt habe, ich würde noch bleiben. Das bestätigte ich. Daraufhin meinte sie, daß ich etwas zu essen haben müßte. Ich fand, daß das keine schlechte Idee wäre. »Wollen Sie nicht herunterkommen«, lud sie mich ein, »und ein paar belegte Brote mit uns essen? Wir kochen nicht, aber wir haben Sandwiches.«

»Ich möchte nicht unhöflich erscheinen«, entgegnete ich, »aber essen Sie in dem Zimmer mit dem Affen?«

»O nein.« Sie blieb ernst. »Wäre das nicht schrecklich? Nein, wir essen unten im Arbeitszimmer.« Sie berührte meinen Arm. »Kommen Sie.«

Ich folgte ihr die Treppe hinunter.

Die andern vier Verdächtigen saßen um einen einfachen Holztisch in einem großen Raum im Parterre. Das Zimmer bot einen sagenhaften Anblick – Zeichentische unter Neonlampen, Regale, vollgestopft mit Papierrollen, Kanistern und Büchsen in allen Größen und verschiedenen Arbeitsgeräten, verstreut umherstehende Stühle, offene Wandschränke mit Büchern und Mappen, und Tische mit noch mehr Papierstapeln. Es war nicht nur ein Durcheinander für das Auge, sondern auch für das Ohr, denn zwei Radios brüllten sich an. Marcelle Koven und ich setzten uns an den Eßtisch, und mir wurde augenblicklich besser. Es gab Körbe mit französischem Weißbrot und Pumpernickel, Schinkenscheiben auf Papptellern, geräucherten Truthahn, Stör, heißes Corned beef, einen Klumpen Butter, Senf und andere Gewürze, Milchflaschen, eine Kanne dampfenden Kaffee und eine Pfunddose Kaviar. Als ich Pete Jordan zusah, wie er sich eine Ladung Kaviar auf eine Brotscheibe häufte, wußte ich, warum eine Hungerkur über seine Willenskraft ging.

»Bedienen Sie sich«, schrie Pat Lowell mir ins Ohr.

Ich griff mit einer Hand nach dem Brot, mit der anderen nach dem Corned beef und schrie zurück: »Warum stellt niemand die Radios leiser oder ganz ab?«

Sie nahm einen Schluck Kaffee aus dem Pappbecher und schüttelte den Kopf. »Ein Apparat gehört By Hildebrand, der andere Pete Jordan. Sie hören beide verschiedene Programme bei der Arbeit, deshalb müssen sie diese Lautstärke aufdrehen.«

Es war ein Höllengetöse, aber das Corned beef schmeckte wunderbar, und das Brot war ein Genuß. Auch an Truthahn und Stör gab es nichts auszusetzen. Da das Radioduell ein Tischgespräch verhinderte, gebrauchte ich zur Abwechslung einmal meine Augen, die schließlich beeindruckt bei Adrian Getz verweilten, den Koven den Wicht nannte. Er brach sich ein Rechteck vom Brot ab, legte darauf ein Rechteck Stör, garnierte das Ganze mit einigen Häufchen Kaviar und schob es sich in den Mund. Dann nahm er drei Schluck Kaffee und begann von vorne. Damit war er schon beschäftigt, als Mrs. Koven und ich eintraten, und damit war er noch immer beschäftigt, als ich gesättigt und zufrieden nach der zweiten Papierserviette griff. Schließlich war er jedoch fertig. Er stand auf, ging an ein Waschbecken an der Wand und hielt seine Finger unter den Hahn. Während er sie mit einem Taschentuch abtrocknete, ging er zu einem der Radios, schaltete es aus und drehte dann auch das andere ab. Als er wieder zu uns an den Tisch trat, meinte er entschuldigend:

»Ich weiß, das war unhöflich.« Keiner widersprach ihm. »Ich wollte nur Mr. Goodwin fragen, ehe ich hinaufgehe, um meinen Mittagsschlaf zu halten.« Seine Augen hefteten sich auf mich. »Als Sie das Fenster öffneten, wußten Sie da, daß plötzlicher kalter Luftzug für gewisse tropische Affenarten sehr gefährlich ist?«

Sein Ton war eher mild und nachdenklich, aber irgend etwas an ihm – ich wußte nicht, was – reizte mich, so daß ich fröhlich erwiderte: »Natürlich. Ich wollte es einmal ausprobieren.«

»Das war sehr unvorsichtig«, sagte er ohne Vorwurf, machte kehrt und trottete aus dem Zimmer.

Ein gespanntes Schweigen fiel über den Raum. Pat Lowell griff nach der Kaffeekanne, um uns einzuschenken.

»Goodwin, der Himmel stehe Ihnen bei«, murmelte Pete Jordan.

»Warum? Beißt er?«

»Fragen Sie nicht, warum, aber seien Sie vorsichtig.« Er zerknüllte seine Papierserviette. »Wollen Sie einen Künstler bei seiner Arbeit sehen? Kommen Sie!« Er stellte sein Radio wieder an und setzte sich an seinen Zeichentisch.

»Ich werde aufräumen«, erbot sich Pat Lowell.

Auch By Hildebrand, der die ganze Zeit über nicht einen Quieker geäußert hatte, setzte sich an seinen Zeichentisch, nachdem er ebenfalls sein Radio eingeschaltet hatte.

Mrs. Koven ließ uns allein. Aus Langeweile half ich Pat den Tisch abdecken, obgleich ich mich lieber unterhalten hätte, um meine neuen Bekanntschaften zu vertiefen. Doch die beiden Radios erlaubten nichts dergleichen. Dann ging auch Pat, und ich schlenderte zu den Zeichentischen und beobachtete die Künstler. Bis jetzt hatte noch nichts meine Meinung über Dazzle Dan ändern können, aber ich mußte der Art, wie sie ihn zum Leben erweckten, meine Bewunderung zollen. Sie stellten im Nu aus rohen Skizzen, die mir eine wie die andere schienen, das fertige Bild in drei Farben her. Die einzige Unterbrechung für eine ganze Weile war, daß Hildebrand aufsprang und sein Radio lauter stellte und Pete Jordan nach einer Minute das gleiche bei seinem Apparat tat. Ich vertiefte mich in die Aufgabe, zwei Sendungen zu gleicher Zeit in mich aufzunehmen, doch nach kurzer Zeit begann mein Gehirn zu kreisen, und ich verließ den Raum. Eine Tür im vorderen Teil der Eingangshalle stand offen. Ich trat ins

Zimmer und fand Pat Lowell an einem Schreibtisch, vor sich einen Stapel Papiere. Sie blickte auf und nickte, fuhr aber in ihrer Arbeit fort.

»Hören Sie einmal eine Minute zu«, sagte ich. »Wir sind hier auf einer einsamen Insel, und seit Monaten halten Sie mich auf Armlänge von sich entfernt. In Lumpen und Asche, wie Sie sind, bar aller Schönheitsmittel, bin ich dennoch auf sie aufmerksam geworden –«

»Ich habe zu arbeiten«, unterbrach sie mich nachdrücklich. »Gehen Sie und spielen Sie mit einer Kokosnuß.«

»Das werden Sie noch bedauern«, stieß ich wild hervor, ging hinaus in die Halle und sah durch das Glas der Haustür in die Welt dort draußen. Die Aussicht war nichts Besonderes, und das Radiogetöse klang mir immer noch in den Ohren. Ich stieg die Treppe hinauf zur Diele. Als ich durch die offene Tür in das Zimmer links blickte, entdeckte ich nur den Affen in seinem Käfig. Ich trat in den gegenüberliegenden Raum, aber der war nur mit Möbeln vollgestopft und wies kein Anzeichen von Leben auf. Als ich die zweite Treppe hinaufging, schien es mir, als ob die Radios lauter statt leiser wurden, je höher ich kam. Auf der letzten Stufe begriff ich, daß hinter einer der verschlossenen Türen hier oben ebenfalls ein Radio spielte. Ich tat einen Blick in das Zimmer, in dem ich mich vorher mit Koven unterhalten hatte. Er war nicht dort. Ich versuchte eine andere Tür und stieß auf eine Wäschekammer. Ich klopfte an eine dritte Tür, erhielt keine Antwort und trat ein. Es war ein geräumiges Schlafzimmer, sehr elegant eingerichtet, mit einem großen französischen Bett. Ein Radio auf einem der Nachttische spielte eine schmalzige Oper, und auf der Couch lag Mrs. Koven in festem Schlaf. Sie sah sanfter und nicht so ernst aus, mit ihren leicht geöffneten Lippen. Ihre Hände lagen entspannt auf dem Kissen. Ich wollte unbedingt Mr. Koven finden und machte ein paar Schritte, um unter dem Bett nachzusehen, als ein zufälliger Blick durch eine offenstehende Tür ihn mir im Nebenzimmer zeigte. Da es mir nach unserer kurzen Bekanntschaft nicht ganz angebracht schien, aus dem Schlafzimmer seiner Frau zu kommen, kehrte ich in den Flur zurück und klopfte an die nächste Tür. Als niemand antwortete, drückte ich die Klinke und trat ein.

Das Radio hatte mein Klopfen übertönt. Koven stand am Fenster und kehrte mir den Rücken zu. Ich ließ die Tür ins Schloß fallen. Er wirbelte herum und stieß etwas hervor, das ich wegen des Radios nicht verstehen konnte. Ich machte die Tür zum Schlafzimmer zu, das half etwas.

»Bitte?« fragte er, als ob er nicht wüßte, wer ich sei und was ich wollte. Er hatte sich gekämmt und rasiert, trug einen guten braunen Maßanzug, ein cremefarbenes Hemd und einen roten Schlips. »Es ist beinahe vier Uhr«, sagte ich. »Ich werde bald gehen und meinen Revolver mitnehmen.«

Er nahm die Hände aus den Taschen und ließ sich in einen Sessel fallen. Nach der Einrichtung zu urteilen, war dies sein eigenes Wohnzimmer.

»Ich stand am Fenster und dachte nach«, sagte er.

»Ist etwas dabei herausgekommen?«

Er seufzte und streckte seine Beine von sich. »Ruhm und Geld«, erklärte er, »ist nicht alles, was der Mensch zum Glücklichsein braucht.«

Ich setzte mich. Man mußte entweder auf ihn eingehen oder es ganz aufgeben.

»Was würden Sie sonst noch vorschlagen?« fragte ich diskussionswütig.

Er nahm sich alle Mühe, es mir auseinanderzusetzen. Er redete, doch ich will das nicht wörtlich wiederholen, da sein Vortrag weder interessant noch originell war und schon gar keine Hinweise auf das rätselhafte Verschwinden seines Revolvers enthielt. Ich grunzte von Zeit zu Zeit aus Höflichkeit, hörte ihm eine Weile zu und wurde dann ein wenig durch die Schnulzen-Oper abgelenkt, die gedämpft durch die Tür klang. Schließlich kam er natürlich auch auf seine Frau zu sprechen, erklärte mir kurz, daß dies seine dritte Ehe sei und daß sie erst seit zwei Jahren verheiratet seien. Zu meiner Überraschung machte er sie nicht schlecht, im Gegenteil, er fand sie wundervoll. Sein Standpunkt war jedoch der, daß ein Mann, der Geld und Ruhm und noch dazu eine liebenswerte Frau sein eigen nennt, doch noch nicht alles zum Glücklichsein besitzt. Dann gab es eine Unterbrechung. Es wurde an die Tür geklopft, und Byram Hildebrand erschien, um die Änderung seines dritten Rahmens von Sieben-Achtundzwanzig vorzuzeigen. Sie sprachen zuerst darüber, dann begutachtete Koven die Korrektur, und Hildebrand ging. Ich hoffte, daß die Unterbrechung Koven von seinem Thema abgelenkt habe, aber nein, er setzte dort wieder an, wo er aufgehört hatte.

Ich kann eine Menge vertragen, wenn ich einen Fall bearbeite — selbst ein Kindergartenproblem wie dies —, doch endlich, nach dem zwanzigsten Blick auf meine Uhr, riß mir der Geduldsfaden. »Sehen Sie«, sagte ich, »das hat mir einen völlig neuen Ausblick auf das Leben gegeben, und das weiß ich zu würdigen, aber jetzt ist es Viertel nach vier, und bald wird es dunkel. Das würde ich bestimmt jetzt Spätnachmittag nennen. Sollen wir nun nicht mit unserer Arbeit beginnen?«

Er preßte die Lippen zusammen und sah mich stirnrunzelnd an. Dann fing er wieder an, an seinen Lippen herumzubeißen; plötzlich stand er jedoch auf, ging an einen Schrank und holte eine Flasche.

»Wollen Sie auch einen Drink?« fragte er und stellte zwei Gläser auf den Tisch. »Eigentlich trinke ich nie etwas vor fünf Uhr, aber heute ist eine Ausnahme. Mögen Sie Bourbon? Sagen Sie halt.« Ich hätte ihn umbringen können. Er hatte von Anfang an gewußt, daß er sich Mut antrinken müßte, doch mich mußte er bereits zu Mittag herbestellen! Mit Recht hätte ich jetzt eine Szene vom Stapel lassen können, doch ich schwieg. Ich hob mein Glas, prostete ihm zu, um ihn aufzumuntern, und nahm einen großen Schluck. Er nippte nur, schlug seine Augen zur Decke auf und leerte dann sein Glas in einem Zug. Er nahm die Flasche und füllte es wieder. »Warum gehen wir nicht mit den Erfrischungen ins Arbeitszimmer und bringen es hinter uns?« schlug ich vor.

»Hetzen Sie mich nicht«, sagte er düster und holte tief Luft. Dann grinste er mir plötzlich zu, hob sein Glas, leerte es, griff wieder nach der Flasche, doch dann änderte er seine Absicht.

»Kommen Sie«, sagte er und ging mit Flasche und Gläsern zur Tür. Ich lief an ihm vorbei, um ihm zu öffnen, und folgte ihm dann den Korridor entlang in sein Arbeitszimmer. Er setzte sich hinter seinen Schreibtisch, goß sich sein Glas voll und stellte die Flasche hin. Ich trat ebenfalls an den Schreibtisch, aber nicht, um mich zu setzen. Obwohl ich vorsichtshalber die Munition aus meinem Revolver genommen hatte, konnte ein Blick auf die Waffe nichts schaden. Ich zog die Schublade auf und stellte erleichtert fest, daß der Revolver noch dort lag.

»Ich hole jetzt die andern«, erbot ich mich.

»Ich sagte, hetzen Sie mich nicht«, protestierte Koven, aber nicht mehr so grimmig. Zwei weitere Gläser würden es schaffen, dachte ich und wollte mich setzen. Aber ich hielt inne. Irgend etwas stimmte nicht, und plötzlich wußte ich, was es war: Ich hatte den Revolver mit der Mündung nach rechts gelegt, und jetzt lag er nicht mehr so. Ich ging wieder an den Schreibtisch, nahm die Waffe heraus und betrachtete sie.

Es war eine Marley 32, aber nicht die meinige.

Ich sah Koven scharf an. In meiner linken Hand hielt ich den Revolver, und meine Rechte war zur Faust geballt. Hätte ich in dieser ersten Sekunde zugeschlagen – und wütend, wie ich war, fehlte nicht viel dazu –, hätten sicher einige Knochen geknirscht.

»Was ist los?« fragte er harmlos.

Ich stand drohend neben ihm und durchbohrte ihn mit meinen Blicken. Es ist unmöglich, entschied ich dann, daß er so gut schauspielern kann. Keiner kann das.

Ich richtete mich auf. »Ihr Revolver hat sich wieder gefunden.«

Er glotzte mich an. »Was?«

Ich stellte fest, daß das Magazin leer war, und hielt ihm die Waffe hin. »Sehen Sie.«

Er nahm sie. »Das ist doch die gleiche Waffe – oder nicht?«

»Natürlich nicht. Mein Revolver war blank und sauber. Gehört dieser Ihnen?«

»Ich weiß nicht, es sieht so aus. Aber wie um alles in der Welt –«

Ich nahm ihm die Waffe wieder aus der Hand. »Was wissen Sie nicht?« Ich war so fuchsteufelswild, daß ich beinahe stotterte. »Jemand nahm meine Waffe fort und legte Ihre hinein. Sie selbst könnten es gewesen sein. Stimmt das?«

»Nein. Ich? Wie sollte ich es gewesen sein, wenn ich nicht einmal weiß, wo mein Revolver ist?« stieß er entrüstet hervor.

»Das sagen Sie. Ich sollte Sie zusammenschlagen! Mich hier den ganzen verdammten Tag aufzuhalten, und nun dies! Wenn Sie überhaupt jemals ein offenes Wort sprechen – jetzt ist die Zeit dafür. Haben Sie meinen Revolver angefaßt?«

»Nein. Aber Sie –«

»Wissen Sie, wer es getan hat?«

»Nein. Aber Sie –«

»Halten Sie den Mund!« Ich nahm den Telefonhörer auf und wählte. Zu dieser Stunde würde Wolfe seine Nachmittagsschicht bei seinen Orchideen auf dem Dach haben, wo man ihn nicht stören durfte, es sei denn in einem dringlichen Fall. Dies war einer. Als Fritz an den Apparat kam, bat ich ihn, umzustellen, und nach einem Augenblick fragte Wolfe verdrießlich:

»Ja, Archie?«

»Tut mir leid, Sie zu stören. Ich bin bei Koven. Ich hatte mittags meinen Revolver in seinen Schreibtisch gelegt, und wir warteten alle auf seinen Auftritt, aber er hat ihn bis jetzt hinausgezögert. Er hat keine Courage mehr und mußte erst durch Alkohol ermuntert werden. Ich sah mich inzwischen im Haus um. Jetzt eben kamen wir wieder an seinen Schreibtisch, und ich zog die Schublade auf, um einmal nach meiner Waffe zu sehen. Jemand hat meinen Revolver gegen den von Koven umgetauscht, Sie wissen, den, der verschwunden war. Er ist wieder an seinem Platz, aber dafür ist meiner fort.«

»Sie hätten ihn nicht dort liegenlassen sollen.«

»Okay, schimpfen Sie nur, aber ich brauche jetzt Verhaltensmaßregeln. Es gibt drei Möglichkeiten: Ich kann die Polizei holen oder die ganze Gesellschaft zu Ihnen bringen, oder ich kann es selbst anpacken. Was soll geschehen?«

»Verwünscht! Natürlich nicht die Polizei. Die würden sich ins Fäustchen lachen. Und warum sie hierherbringen? Der Revolver ist dort, nicht hier.«

»Dann soll ich es also erledigen?«

»Sicher. Aber mit der nötigen Diskretion. Ein schöner Streich!« Er kicherte. »Ich möchte Ihr Gesicht jetzt sehen. Versuchen Sie, zum Abendessen zurück zu sein.« Damit legte er auf.

»Mein Gott, rufen Sie nicht die Polizei«, stöhnte Koven.

»Ich habe auch nicht die Absicht«, unterrichtete ich ihn grimmig und ließ seinen Revolver in mein Schulterhalfter gleiten. »Nicht, wenn es nicht unbedingt erforderlich ist, und das hängt zum Teil von Ihnen ab. Sie bleiben hier, und ich werde die andern holen. Ihre Frau schläft im Schlafzimmer. Wenn ich wiederkomme und entdecke, daß Sie mit ihr geschwatzt haben, schlage ich Sie entweder nieder, oder ich rufe die Polizei an, vielleicht auch beides. Bleiben Sie also hier.«

»Dies ist mein Haus, Goodwin, und ich –«

»Mein Gott, merken Sie es nicht, wenn ein Rasender vor Ihnen steht?« Ich tippte mir auf die Brust. »Hier steht einer! Wenn ich so aufgebracht bin wie jetzt, wäre es für *Sie* das Sicherste, die Polizei zu rufen. Ich will meinen Revolver wiederhaben!«

Als ich zur Tür ging, griff er schon wieder nach der Flasche. Unten hatte ich mich so weit in der Gewalt, um den andern ohne ein Zeichen von Dringlichkeit mitzuteilen, daß Koven sie jetzt zu der Konferenz erwarte. Ich fand Pat Lowell immer noch hinter ihrem Schreibtisch im Vorderzimmer und stieß auf Hildebrand und Jordan an ihren Zeichentischen unten im Arbeitsraum. Ich verkniff mir sogar eine Antwort, als Pat Lowell mich fragte, ob ich mich mit der Kokosnuß amüsiert hätte. Als Hildebrand und Jordan aufstanden und ihre Radios abstellten, beobachtete ich sie scharf. Irgend jemand hier hatte sich meinen Revolver eingesteckt.

Ich fragte, wo ich Adrian Getz finden könnte, während wir im Gänsemarsch die Treppe hinaufgingen. »Er wird in seinem Zimmer ganz oben sein«, erwiderte Pat Lowell. Wir waren in der

Diele im ersten Stock angelangt und hörten von oben das Radio. »Gewöhnlich hält er seinen Mittagsschlaf in dem Zimmer hier bei Rookaloo«, sagte Pat und zeigte auf das Zimmer links. »Doch dafür ist es schon zu spät.« Ich dachte, daß ich trotzdem einmal nachsehen könnte.

Ein frischer Luftzug wehte mir durch die offene Tür entgegen, und im Zimmer war es eiskalt. Ein Fenster stand weit offen! Ich schloß es und wandte mich dem Affen zu. Er kauerte in einer Ecke seines Käfigs und stieß wütende Laute hervor. Er hielt etwas mit seinen Fingern umklammert und drückte es gegen die Brust. Das Licht war gedämpft, aber ich habe gute Augen und erkannte in dem Etwas meine Marley. Ich wollte das Licht anknipsen und mußte dabei an der Couch, die dem Kamin gegenüberstand, vorbei. Plötzlich hielt ich inne und erstarrte zu Eis. Auf der Couch lag Adrian Getz, der Wicht. Doch er hielt kein Mittagsschläfchen.

Ich beugte mich über ihn und sah, daß hinter seinem rechten Ohr ein Loch war, an dem Blut klebte. Ich fühlte nach seinem Herzen und wußte nach acht Sekunden, daß es mit seinem Mittagsschläfchen für immer vorbei war. Dann richtete ich mich auf und rief: »Kommen Sie alle drei, und drehen Sie das Licht an.«

Sie erschienen in der Tür, und einer von ihnen knipste rechts den Schalter für die Deckenbeleuchtung an. Die hohe Rückenlehne der Couch verbarg Getz ihren Blicken, und sie kamen arglos näher.

»Es ist kalt hier«, meinte Pat Lowell. »Haben Sie schon wieder das Fenster –« Sie entdeckte Getz und brach erschrocken ab. Die anderen starrten ebenfalls auf die Gestalt auf der Couch.

»Rühren Sie ihn nicht an«, warnte ich. »Er ist tot. Jenseits aller Hilfe. Rühren Sie nichts hier im Zimmer an. Sie bleiben alle zusammen hier in diesem Raum, während ich –«

»Allmächtiger!« keuchte Pete Jordan, Hildebrand quiekte, und Pat Lowell streckte eine Hand aus, um sich an der Rückwand der Couch zu stützen. Sie fragte etwas, doch ich hörte nicht zu. Ich stand am Käfig, kehrte den andern den Rücken zu und fixierte den Affen, der meine Marley umklammert hielt. Ich biß die Zähne zusammen, streckte meine Finger durch die Stäbe und entriß dem Tier seine Beute. Dann wirbelte ich herum: »Bleiben Sie hier zusammen, verstanden! Ich gehe telefonieren.«

Ohne mich um ihren Widerspruch zu kümmern, verließ ich das Zimmer und stieg langsam, Stufe für Stufe, die Treppe hinauf. Meine gesunde Wut von vorhin war verraucht; ich war jetzt fast steif vor Zorn und brauchte einige Sekunden, um mich zu beherrschen. Harry Koven saß immer noch an seinem Schreibtisch und starrte in das leere Fach. Bei meinem Eintritt sah er auf, schoß mir eine Frage entgegen, erhielt aber keine Antwort. Ich ging ans Telefon und stellte eine Nummer ein. Als Wolfe sich am andern Ende meldete und etwas von erneuter Störung murmelte, unterbrach ich ihn kurz:

»Tut mir leid, aber ich möchte Bericht erstatten, daß ich meine Waffe gefunden habe. Sie befand sich im Käfig, wo der Affe –«

»Welcher Affe?«

»Er heißt Rookaloo. Aber unterbrechen Sie mich nicht. Er hielt meine Marley gegen seine Brust gedrückt, weil ihm kalt war, und die Waffe war warm, weil sie kürzlich abgeschossen wurde. Auf der Couch lag ein Mann, Adrian Getz, mit einem Loch im Kopf. Jetzt steht nicht mehr zur Debatte, ob ich die Polizei rufe oder nicht, ich wollte Ihnen nur die Lage klarmachen, ehe ich es tue. Ich gehe jede Wette ein, daß Getz mit meinem Revolver erschossen wurde, ich will nicht ... Einen Moment!«

Ich ließ den Hörer fallen und sprang. Koven war zur Tür geflüchtet. Ich packte ihn, ehe er sie erreichte. Ich hob ihn an Arm und Kinn hoch und holte mit Gefühl aus. Er prallte gegen die Wand und fiel zu Boden. »Ich wiederhole das gern«, sagte ich zu ihm und griff wieder nach dem Telefonhörer.

»Entschuldigen Sie, aber Koven wollte Schwierigkeiten machen. Ich werde also nicht zum Abendbrot zu Hause sein.«

»Der Mann ist tot?«

»Ja, Sir.«

»Haben Sie schon irgend etwas Befriedigendes für die Polizei?«

»Sicher. Meine Bitte um Entschuldigung dafür, daß ich meine Waffe einem Mörder zu Gefallen hierherbrachte. Das ist alles.«

»Wir haben die heutige Post noch nicht erledigt.«

»Ich weiß. Es ist eine Schande. Ich komme so bald wie möglich.«

»Gut.«

Ich legte auf und sah mich nach Koven um. Er war aufgestanden, doch schien ihm nichts an einem Dacapo zu liegen. Dann wählte ich die Nummer RE-7-5260.

Ich führe nicht genau Buch darüber, aber ich kann wohl sagen, daß ich der Polizei im Laufe der Jahre nicht mehr als ein Dutzend Lügen aufgebunden habe, vielleicht noch nicht einmal so viel. Es lohnt sich selten. Anderseits kann ich mich auch an keinen Mordfall, bei dem Wolfe und ich beteiligt waren, erinnern, wo ich der Polizei meine ganzen Karten offen auf den Tisch gelegt hätte. Heute tat ich es. Bei dem Mord an Adrian Getz hatte ich auch nicht den kleinsten Gedanken, den ich der Polizei nicht mitteilte. Es war ein voller Erfolg. Sie nannten mich einen Lügner.

Nicht sofort, natürlich. Zuerst würdigte Inspektor Cramer sogar meine Mitarbeit, da er wußte, daß kein Mann in seiner ganzen Abteilung mich, was sehen, hören, erinnern und berichten betraf, in den Schatten stellen konnte. Man gab großzügig zu, daß ich korrekt gehandelt hatte, als ich nach dem Auffinden der Leiche die ganze Schar im Zimmer zurückhielt und die Kovens daran hinderte, einen Familienrat zu bilden, bis die Gesetzeshüter erschienen. Von dem Augenblick an stand natürlich jeder, mich eingeschlossen, unter Aufsicht. Um halb sieben Uhr, als der wissenschaftliche Stab noch immer den Raum, in dem der Mord geschah, besetzt hielt, Polizisten im ganzen Haus herumstreiften, die verschiedenen Bewohner in verschiedenen Zimmern von Männern der Mordabteilung verhört wurden und ich selbst einen offenen und ausführlichen Bericht getippt und unterschrieben hatte, war ich vertrauensselig genug, zu hoffen, bald zu Hause zu sein.

Ich saß im Vorderzimmer an Pat Lowells Schreibtisch, wo ich ihre Schreibmaschine benutzt hatte. Sergeant Purley Stebbins saß mir gegenüber und las meine Erklärung durch. Dann hob er den Kopf und sah mich freundlich an. Ein freundlicher Blick von Purley Stebbins läßt mir das Blut in den Adern gefrieren, aber natürlich kann Purley nichts für den Schnitt seines grobknochigen Gesichts mit den buschigen, finsteren Augenbrauen.

»Ich denke, Sie haben alles drin«, sagte er, »wie Sie es erzählt haben.«

»Ich schlage vor«, meinte ich bescheiden, »daß Sie, wenn dieser Fall beendet ist, eine Abschrift davon an die Polizeischule schicken, als Musterbeispiel eines Berichts.«

»Ja.« Er erhob sich. »Sie können gut schreiben.«

Ich stand gleichfalls auf und sagte beiläufig: »Kann ich jetzt gehen?«

Die Tür wurde geöffnet, und Inspektor Cramer trat ein. Mir gefiel der Blick nicht, den er mir zuwarf, und da ich ihn in jeder Laune kannte, war mir auch die Haltung seiner breiten Schultern, seine zusammengebissenen Kiefer und das Glitzern seiner Augen alles andere als sympathisch.

»Hier ist Goodwins Erklärung«, sagte Purley. »Sie ist in Ordnung.«

»Wie er es erzählt hat?«

»Ja.«

»Bringen Sie ihn in die Stadt, und halten Sie ihn dort fest.«

Das traf mich wie ein Schlag. »*Mich* festhalten?« fragte ich. Es klang fast wie das Quieken von Hildebrand.

»Jawohl, Sir.« Purley konnte nichts erschüttern. »Auf Ihren Befehl hin?«

»Nein, sagen Sie, wegen Übertretung des Waffengesetzes. Er hat keinen Waffenschein für den Revolver, den wir bei ihm fanden.«

»Haha«, machte ich. »Haha und haha! Da kriegen Sie einen Sonderapplaus. Ein prima Witz! Haha!«

»Sie gehen mit, Goodwin. Ich werde Sie später verhören.«

Wie gesagt, ich kannte ihn gut. Es war sein Ernst.

»Dies«, sagte ich, »ist mir einfach unbegreiflich. Ich habe Ihnen erklärt, wo, wie und warum ich an diesen Revolver gekommen bin.«

Ich wies auf den Bericht in Purleys Hand. »Lesen Sie es. Ich habe alles, Punkt für Punkt, niedergeschrieben.«

»Sie hatten die Waffe in Ihrem Schulterhalfter und konnten keinen Waffenschein dafür vorweisen.«

»Unsinn. Aber nur zu. Sie haben schon seit Jahren darauf gewartet, Nero Wolfe etwas anhängen zu können — und für Sie bin ich ein Teil von ihm. Jetzt glauben Sie, eine gute Gelegenheit zu haben. Natürlich ist es zwecklos, auf diese Art. Ich wüßte etwas Besseres, zum Beispiel Widerstand gegen die Staatsgewalt und Körperverletzung. Es soll mir ein Vergnügen sein — geben Sie acht!« Ich wippte vor und schwang einen linken Haken, schnell und gefährlich, dann ließ ich die Faust fallen und kippte auf meine Hacken zurück. Es verursachte zwar keine Panik, aber ich hatte die Genugtuung zu sehen, wie Cramer einen eiligen Schritt zurück und Stebbins einen vor tat. Sie stießen zusammen.

»Da«, sagte ich. »Wenn Sie es beide beeiden, wird mich das für mindestens zwei Jahre unschädlich machen. Ich werfe Ihnen die Schreibmaschine gleich zu, wenn Sie versprechen, sie aufzufangen.«

»Lassen Sie die Späße«, knurrte Purley.

»Sie haben in bezug auf den Revolver gelogen«, fuhr mich Cramer an. »Wenn Sie nicht wollen, daß man Sie einsperrt, damit Sie darüber nachdenken können, sagen Sie mir jetzt, weshalb Sie herkamen und was geschah.«

»Das habe ich Ihnen bereits gesagt.«

»Eine Kette von Lügen. Ich will weder Ihnen noch Wolfe etwas anhängen, aber ich will wissen, was geschah.«

»Um Himmels willen.« Ich verdrehte die Augen. »Also gut, Purley, wo ist meine Begleitung?«

Cramer ging zur Tür und rief hinaus:

»Holen Sie Mr. Koven!«

Harry Koven trat an der Seite eines Detektivs ein. Er sah so aus, als ob er sich noch weiter als vorher von der menschlichen Glückseligkeit entfernt fühlte.

»Setzen Sie sich«, sagte Cramer.

Ich durfte wieder hinter Pat Lowells Schreibtisch Platz nehmen. Purley und der Detektiv verzogen sich in den Hintergrund. Cramer ließ sich mir gegenüber nieder und wandte sich sofort an Koven, der links neben ihm saß.

»Ich bat Sie, Mr. Koven, Ihre Geschichte in Mr. Goodwins Gegenwart zu wiederholen, und Sie willigten ein.«

Koven nickte. »Das stimmt«, krächzte er heiser.

»Wir brauchen nicht in jede Einzelheit zu gehen. Beantworten Sie mir nur kurz einige Fragen. Als Sie Nero Wolfe am vergangenen Samstag aufsuchten, welches Anliegen hatten Sie da?«

»Ich erklärte ihm, daß wir eine Serie mit Dazzle Dan als Leiter eines Detektivbüros herausbringen wollten.« Seine Heiserkeit behinderte ihn, und er räusperte sich explosiv. »Ich bat um technische Beratung und eine eventuelle Zusammenarbeit, wenn wir uns einigen könnten . . .«

Auf dem Schreibtisch lag ein Notizblock. Ich griff danach, nahm einen Bleistift und begann mitzustenografieren. Cramer lehnte sich vor, streckte einen Arm aus, schnappte den Block und schleuderte ihn fort. Ich fühlte, wie mir das Blut zu Kopf stieg, was in Gegenwart eines Inspektors, eines Sergeanten und eines Detektivs nicht gerade angebracht war.

»Wir brauchen Ihre volle Aufmerksamkeit«, schnauzte Cramer. Dann wandte er sich wieder an Koven.

»Erwähnten Sie Wolfe gegenüber etwas von einem Revolver, der Ihnen aus Ihrem Schreibtisch abhanden gekommen war?«

»Wieso denn? Ich habe ihn nie vermißt. Ich sagte nur, daß ich eine Waffe in meinem Schreibtisch aufbewahrte, für die ich keinen Waffenschein habe, daß ich sie aber nie trage. Ich fragte ihn auch, ob ein Risiko dabei wäre und ob es viel Umstände machte, sich einen Waffenschein zu besorgen. Ich nannte ihm auch die Marke, eine Marley 32, und —«

»Fassen Sie sich kurz. Wie kamen Sie mit Wolfe überein?«

»Er wollte mir Goodwin am Montag zu einer Besprechung schicken.«

»Worüber sollte verhandelt werden?«

»Über die technischen Probleme bei Dazzle Dans Detektivarbeit und über eine eventuelle Zusammenarbeit.«

»Und Goodwin kam?«

»Ja, heute gegen Mittag.« Kovens Heiserkeit störte seinen Vortrag immer noch, und er räusperte sich erneut. Ich starrte ihn unentwegt an, aber er reagierte nicht. Natürlich, er sprach ja auch zu Cramer. »Die Besprechung sollte um halb eins stattfinden, aber ich wollte vorher mit Goodwin allein reden und bat ihn zu warten. Ich muß mir alle Neuerungen mit Dazzle Dan sehr überlegen. Es liegt mir auch nicht, etwas zu überstürzen. Es war nach vier Uhr, als er –«

»Äußerten Sie Goodwin gegenüber, daß Ihre Waffe verschwunden sei?«

»Natürlich nicht. Es kann sein, daß wir den Revolver erwähnten, weil ich ja keinen Waffenschein dafür habe – nein, warten Sie, wir sprachen tatsächlich darüber! Ich zog ja die Lade auf und zeigte Goodwin den Revolver. Sonst sprachen wir nur davon –«

»Nahmen Sie oder Goodwin die Waffe aus dem Fach?«

»Nein, bestimmt nicht.«

»Legte er seinen Revolver in das Fach?«

»Nein.«

Ich mischte mich ein: »Als ich meinen Revolver aus dem Schulterhalfter nahm und Ihnen zeigte –«

»Kein Wort weiter! Sie haben nur zuzuhören«, zischte mir Cramer zu. Dann wandte er sich wieder an Koven: »Haben Sie später noch einmal mit Goodwin gesprochen?«

Koven nickte. »Ja, gegen halb vier kam er in mein Zimmer – mein Wohnzimmer. Wir unterhielten uns dort bis nach vier Uhr, gingen in mein Büro, und dann –«

»Hat Goodwin in Ihrem Büro die Schreibtischschublade geöffnet, den Revolver herausgenommen und entdeckt, daß es ein anderer war?«

»Aber bestimmt nicht!«

»Was tat er sonst?«

»Nichts. Wir unterhielten uns nur, und dann ging er, um die andern zu der Besprechung zu holen. Nach einer Weile kam er allein zurück, nahm, ohne etwas zu sagen, meinen Revolver aus dem Fach und steckte ihn ein. Dann telefonierte er mit Nero Wolfe. Als ich hörte, wie er Wolfe sagte, daß Adrian Getz erschossen worden sei und unten tot auf der Couch läge, wollte ich mich um ihn kümmern und lief zur Tür, doch Goodwin sprang mich von hinten an und schlug mich nieder. Als ich zu mir kam, sprach er immer noch mit Wolfe, ich weiß nicht mehr, was er sagte, und danach rief er die Polizei an. Er wollte nicht –«

»Genug«, sagte Cramer knapp. »Noch ein Punkt. Haben Sie Grund zu der Annahme, daß Goodwin Adrian Getz ermorden wollte?«

»Nein. Ich sagte Ihnen doch –«

»Wie erklären Sie sich dann, daß Adrian Getz mit Goodwins Waffe erschossen wurde? Können Sie wiederholen, was Sie mir vorhin sagten?«

»Nun –« Koven zögerte. Dann räusperte er sich zum zwanzigsten Male. »Ich erzählte Ihnen von dem Affen. Goodwin öffnete ein Fenster, und das kann bei dieser empfindlichen Art bereits den Tod bedeuten. Getz hing sehr an dem Tier. Er zeigte es nicht, wie sehr ihn das aufregte, denn Getz war still und zurückhaltend. Ich weiß, daß Goodwin sich gerne einen Spaß mit den Leuten macht. Natürlich habe ich keine Ahnung, was geschehen ist, aber falls Goodwin später nochmals ins Zimmer kam, Getz dort vorfand und wieder ein Fenster öffnete – wer weiß! Wenn man Getz herausforderte, war er zu allem fähig. Er konnte zwar Goodwin nichts anhaben, aber vielleicht hat Goodwin aus Scherz dabei seine Waffe gezogen, Getz wollte sie ihm entwinden, und der Schuß löste sich im Handgemenge. Das wäre doch kein Mord, oder?«

»Nein«, sagte Cramer, »nur ein bedauerlicher Unfall. Das wäre alles für jetzt, Mr. Koven. Führen Sie ihn hinaus, Sol, und bringen Sie uns Hildebrand.«

Als Koven aufstand und der Detektiv vortrat, griff ich nach

dem Telefonhörer auf Pat Lowells Schreibtisch. Sofort lag Cramers Hand grob auf meinem Arm.

»Die Leitungen hier sind überlastet«, erklärte er. »In der Stadt können Sie später telefonieren. Wollen Sie noch Hildebrand hören, ehe Sie Stellung zu diesem Fall nehmen?«

»Ich bin verrückt danach, Hildebrand zu hören«, versicherte ich ihm. »Er wird zweifellos erklären, daß ich die Waffe in den Affenkäfig stieß, um den Affen zu belasten. Warten wir also auf Hildebrand.«

Es dauerte nicht lange. Die Mordabteilung ist immer flink in solchen Dingen. Byram Hildebrand, von Sol begleitet, blickte mich lange an, ehe er auf dem Stuhl, den vorher Koven innegehabt hatte, Platz nahm. Mit seinen dichten weißen Haaren und seiner aufrechten Haltung machte er immer noch eine gute Figur, doch seine Gliedmaßen verrieten seine Nervosität. Als er sich setzte, wußte er nicht, wohin mit seinen Händen und Füßen.

»Nur eine Minute«, sagte Cramer. »Ich möchte mich nur wegen Sonntag morgen vergewissern. Gestern also. Sie arbeiteten hier?« Hildebrand nickte, und da kam auch sein Quieken. »Ich hatte noch einige Verbesserungen vorzunehmen. Ich arbeite oft auch sonntags.«

»Sie waren im Arbeitsraum?«

»Ja. Mr. Getz ebenfalls. Er machte mir einige Vorschläge, die nicht meinen Beifall fanden, also ging ich nach oben, um Mr. Kovens Meinung zu hören, aber ich traf Mrs. Koven in der Diele —«

»Sie meinen den großen Vorraum in der ersten Etage?«

»Ja. Sie sagte, daß Mr. Koven noch nicht aufgestanden sei, aber Miss Lowell warte schon in seinem Büro. Miss Lowell hat ein ausgezeichnetes Urteil, und ich wollte sie fragen. Sie verwarf Mr. Getz' Vorschlag auch, und wir sprachen noch über dieses und jenes, auch über die Waffe, die Mr. Koven in seiner Schreibtischlade aufbewahrte. Ich zog die Lade auf, nur um die Waffe anzusehen, und schloß sie dann wieder. Bald danach ging ich nach unten zurück.«

»Befand sich die Waffe in der Lade?«

»Ja.«

»Haben Sie sie berührt?«

»Nein. Miss Lowell auch nicht.«

»Aber Sie erkannten, daß es Mr. Kovens Revolver war?«

»Das kann ich nicht so genau sagen. Ich hatte ihn nie in die Hand genommen und gründlich betrachtet. Diese Waffe sah jedenfalls genauso aus, wie ich sie in Erinnerung hatte. Ich war der Ansicht, daß die ganze Aufregung über Mr. Kovens Revolver ziemlich kindisch war, doch jetzt hat sich das Gegenteil herausgestellt. Nach dem, was heute geschah –«

»Ja«, schnitt ihm Cramer das Wort ab. »Aufregung über eine geladene Waffe ist nie kindisch. Sonntag morgen also, in Miss Lowells Gegenwart, öffneten Sie die Schublade und sahen die Waffe, die Sie für Kovens Revolver hielten. Stimmt das?«

»Genau«, nickte Hildebrand.

»Okay, das ist alles.« Cramer gab Sol einen Wink. »Bringen Sie ihn zu Rowcliff.«

Ich holte tief Luft. Purley beäugte mich scharf. Cramer wandte den Kopf, um festzustellen, ob die Tür geschlossen war und heftete dann seinen Blick ebenfalls auf mich.

»Nun sind Sie an der Reihe«, grunzte er.

Ich schüttelte den Kopf. »Ich habe meine Stimme verloren«, flüsterte ich gebrochen.

»Sie sind nicht die Spur komisch, Goodwin. Sie sind nie so komisch, wie Sie meinen, aber heute schon gar nicht. Ich gebe Ihnen fünf Minuten, um über diese Verwicklungen nachzudenken, denn als Sie Wolfe anriefen, *ehe* Sie uns benachrichtigten, konnten Sie sich nicht schon über alle Einzelheiten im klaren gewesen sein. Wir haben Sie in Gewahrsam. Ich werde Sie später im Präsidium treffen, und auf meinem Weg dorthin werde ich bei Wolfe vorbeischauen. In dieser Sache wird er sich wohl wieder wie eine Auster verschließen. Sie haben wir auf jeden Fall wegen unberechtigten Waffenbesitzes sicher. Möchten Sie es sich noch fünf Minuten überlegen?«

»Nein, Sir«, sagte ich ruhig, aber nachdrücklich. »Ich möchte fünf Tage, und ich rate Ihnen, sich eine ganze Woche dafür zu nehmen. Verwickelt ist überhaupt kein Ausdruck für diesen Fall. Ehe Sie mich in die Stadt bringen, möchte ich Sie nur daran erinnern, daß ich Kovens Waffe freiwillig aus meinem Halfter nahm und sie freiwillig übergab — daß Sie also nicht ›bei mir gefunden wurde‹, wie Sie es ausdrückten. Außerdem lieferte ich auch sechs hübsch saubere Patronen ab, die ich in meiner Westentasche trug, nachdem ich sie vorher aus meiner eigenen Waffe entfernt hatte. Ich hoffe, daß keiner Ihrer Helden damit unvorsichtig umgeht und sie unter die Patronen, die später in meiner Waffe gefunden wurden, mischt. Das wäre ein Fehler. Das ist nämlich ein wichtiger Punkt: Wenn ich die Patronen aus meiner Waffe nahm, um einige aus Kovens Revolver hineinzuschieben — wann tat ich das und warum? Das ist bereits Material zum Grübeln für einen ganzen Tag. Und falls ich das tat, so wäre Kovens freundlicher Versuch, es als Totschlag hinzustellen, hinfällig, denn dann hätte ich den Mord geplant gehabt. Warum also mit dem Waffengesetz herumspielen? Machen Sie Mord daraus, und niemand wird für mich bürgen. Jetzt habe ich genug gesagt.«

Damit preßte ich meine Lippen zusammen.

Cramer starrte mich an. »Sie werden wohl Ihre Lizenz verlieren«, meinte er.

Ich grinste ihm zu.

»Sie verdammter Maulesel«, wetterte Purley.

Ich schloß auch ihn in mein Grinsen ein.

»Schicken Sie ihn in die Stadt«, stieß Cramer hervor und machte auf dem Absatz kehrt.

Selbst wenn ein Mann auf frischer Tat bei einem schweren Verbrechen angetroffen wird, wie es mir geschah, gehört noch ein gut Teil Bürokratie dazu, ihn hinter Gitter zu bringen. In meinem Fall war es nicht nur Bürokratie, die mich daran hinderte, mich mir selbst zu widmen. Zuerst führte ich ein langes Gespräch mit dem stellvertretenden Bezirksstaatsanwalt, einem sanften, verbindlichen Mann, der sogar seine belegten Brote mit mir teilte. Zum Schluß, kurz nach neun Uhr, waren wir beide nur wenig verwirrter als zu Beginn unserer Unterhaltung. Er ließ mich in einen Raum mit einem braunhaarigen, warzenübersäten Individuum in Uniform, dem ich zur Beseitigung seiner Schönheitsfehler verschiedene Mittel empfahl.

Ich wartete auf den versprochenen Besuch von Inspektor Cramer. Natürlich war ich wuterfüllt, aber das ärgerlichste für mich war, daß ich das Gespräch zwischen Wolfe und Cramer verpaßte. Jede Unterhaltung, die die beiden je geführt hatten, war des Zuhörens wert gewesen. Doch diese würde alles in den Schatten stellen. Wenn Wolfe erfuhr, daß nicht nur sein Klient eine Lüge nach der andern erzählte – was schlimm genug war –, sondern auch sein Assistent inhaftiert worden war und somit die Tagespost unerledigt blieb, würde er die Wände hochgehen.

Als sich die Tür endlich öffnete und ein Besucher eintrat, war es nicht Cramer, sondern Sergeant Rowcliff, dessen Ermordung ich nicht erst zu planen brauchte, wenn sich eine Gelegenheit dazu ergeben sollte, denn der Plan ist schon fix und fertig in meinem Kopf. Ich bezweifle, daß ein Mörder so unmenschlich und bösartig sein kann, daß er verdient hätte, von Rowcliff gefangen zu werden.

Er drehte sich einen Stuhl um, setzte sich mir gegenüber und sagte mit öliger Befriedigung: »Endlich haben wir Sie.«

Damit war der Ton für das Interview angestimmt.

Ich würde gerne über die zwei Stunden Sitzung mit Rowcliff in allen Einzelheiten berichten, doch es würde sich wie Prahlerei anhören, und deshalb verzichte ich lieber darauf. Rowcliffs größtes Handicap war es, daß er rettungslos zu stottern anfing, wenn er sich erregte. Ich kannte ihn genug, um zu wissen, wann es soweit war, und dann begann ich vor ihm zu stottern. Seine Fäuste zuckten, doch er beherrschte sich, denn er möchte so gerne Karriere machen und ist nie ganz sicher, ob nicht Wolfe mit einem Bevollmächtigten oder dem Bürgermeister oder sogar mit dem Präsidenten selbst unter einer Decke steckt.

Cramer zeigte sich nicht, und das gab meiner Stimmung die letzte Reife. Ich wußte, daß er Wolfe aufgesucht hatte, denn als man mich endlich gegen acht Uhr mit Wolfe hatte telefonieren lassen und ich ihm alles erzählen wollte, schnitt er mir das Wort ab mit einer Stimme so kalt wie eine Eskimonase:

»Ich weiß, wo Sie sind und wie Sie dahin kamen. Mr. Cramer ist hier. Ich habe Mr. Parker bereits angerufen, aber es ist zu spät, um heute noch etwas zu unternehmen. Haben Sie etwas zu essen bekommen?«

»Nein, Sir. Ich fürchte mich vor Gift und bin deshalb in Hungerstreik getreten.«

»Sie sollten etwas essen. Mr. Cramer ist schlimmer als ein Dummkopf, er ist wahnsinnig. Ich bemühe mich, ihn zu überreden, daß er Sie sofort entläßt.«

Damit hatte er aufgelegt.

Als Rowcliff kurz nach elf Uhr die Sitzung beendete und ich in meine Zelle geführt wurde, hatte Cramer noch immer nichts von sich hören lassen. Der Raum war in keiner Weise bemerkenswert, immerhin ziemlich sauber, roch natürlich furchtbar nach Desinfektionsmitteln, lag aber insofern günstig, als die nächste Lampe im Gang sechs Schritte entfernt war und mich nicht belästigen konnte. Außerdem war es eine Einzelzelle, was ich zu würdigen wußte. Endlich allein, zog ich mich aus, hängte meinen Anzug über einen Stuhl, drapierte das Fußende der Bettstelle mit meinem Hemd und legte mich nieder, um über die verschiedenen Komplikationen dieses Falls nachzudenken. Doch mein Gehirn und meine Nerven hatten andere Pläne, und nach zwanzig Sekunden schlief ich fest.

Am nächsten Morgen war allerhand zu tun: Eine Kontrolle, ein Gang in den Waschraum und dann das Frühstück. Danach fand ich jedoch Ruhe und Zeit zum Nachdenken, und zwar mehr als mir lieb war. Meine Uhr ging nach. Gegen Mittag hätte ich sogar einen Besuch von Rowcliff begrüßt. Ich malte mir aus, daß jemand das Papier, auf dem ich registriert war, verloren hatte und sie alle zu beschäftigt waren, um noch an mich zu denken. Das Mittagessen, das ich nicht beschreiben will, unterbrach die Eintönigkeit, doch dann war ich wieder allein mit meiner nachgehenden Armbanduhr. Zum zehnten Mal machte ich den Versuch, aus den Einzelheiten dieses Falles ein Mosaik zusammenzustellen, und zum zehnten Mal verschwamm mir das Bild in einem heillosen Durcheinander vor den Augen.

Bei mir war es neun Minuten nach eins, als meine Tür geöffnet wurde und der Wärter, ein gedrungener, kleiner Bursche mit nur einem halben rechten Ohr, mir einen Wink gab. Ich folgte ihm bereitwillig zu einem Fahrstuhl, dann einen Flur entlang in ein Büro. Dort war ich hocherfreut, als ich die große, schlaksige Gestalt und das schmale, bleiche Gesicht von Henry George Parker sah, dem einzigen Rechtsanwalt, den Wolfe, wenn es nach ihm ginge, bei Gericht zulassen würde. Er schüttelte mir die Hand und meinte, in einer Minute werde er mich von hier freibekommen haben.

»Nur keine Eile«, entgegnete ich steif. »Ich bin ja nicht so wichtig.« Er lachte dröhnend und zog mich mit sich fort. Alle Formalitäten waren bereits erledigt, bis auf eine, die meine Gegenwart erforderte. Er schaffte es wirklich in einer Minute.

Als wir im Taxi saßen, erklärte er mir, warum man mich bis gegen Mittag hatte schmoren lassen. Ich wurde nicht nur wegen Übertretung des Waffengesetzes festgehalten, sondern auch wegen meiner Wichtigkeit als Hauptzeuge. Der Richter wollte mich nur gegen eine Kaution von fünfzigtausend Dollar freilassen. Es war Parker gelungen, ihn auf zwanzigtausend Dollar herunterzuhandeln, und dann mußte er noch mit Wolfe darüber Rücksprache halten, ehe er die Sache abschließen konnte. Ich durfte den Gerichtsbezirk nicht verlassen. Als das Taxi die 34. Straße kreuzte, schaute ich westwärts über den Fluß. Ich hatte mir eigentlich nie viel aus New Jersey gemacht, aber jetzt fand ich den Gedanken, einfach durch den Tunnel zu fahren, doch sehr verlockend.

Ich führte Parker den Treppenaufgang des alten Sandsteinhauses in der 35. Straße hinauf, stellte fest, daß die Vorlegekette eingehängt war, und klingelte nach Fritz. Er ließ uns ein, und wir legten Hüte und Mäntel ab.

»Alles in Ordnung, Archie?« fragte er.

»Nein«, erwiderte ich offen. »Riechen Sie nichts?«

Als wir den Flur entlanggingen, erschien Wolfe aus dem Speisezimmer. Er blieb stehen und betrachtete mich. Ich erwiderte seinen Blick mit erhobenem Kinn.

»Ich werde mich erst einmal duschen«, sagte ich, »während Sie Ihre Mahlzeit beenden.«

»Das ist bereits geschehen«, brummte er. »Haben Sie schon gegessen?«

»Genug, um mich auf den Beinen zu halten.«

»Dann wollen wir anfangen.« Er marschierte in sein Büro und machte es sich in seinem übergroßen Sessel hinter seinem Schreibtisch bequem. Parker setzte sich auf den roten Ledersessel. Ich lehnte mich an meinen Schreibtisch und begann zu erzählen.

»Es ist nützlich«, sagte ich, nicht aggressiv, aber nachdrücklich, »wenn wir uns von Anfang an darüber klar sind, daß, als ich das Zimmer verließ, der Revolver in der —«

»Mund halten«, schnappte Wolfe.

»Wenn das so ist, frage ich mich nur, warum Sie mich nicht im Gefängnis gelassen haben. Ich kann ja zurückgehen und —«

»Setzen Sie sich.«

Ich tat, wie mir geheißen. Er fuhr fort.

»Ich bin sicher, daß Sie nicht die geringste Unvorsichtigkeit begangen haben. Und wenn auch — mit solch kleinlichen Erwägungen können wir uns nicht aufhalten.« Er nahm einen Bogen Papier vom Schreibtisch. »Dies ist ein Brief, der gestern von einer Mrs. E. R. Baumgarten kam. Sie bittet mich, ihren Neffen einmal unter die Lupe zu nehmen, der in ihrem Geschäft angestellt ist. Ich möchte den Brief jetzt beantworten. Ihren Notizblock, bitte.« Er äußerte dies in seinem endgültigen Ton, der jede Frage und jeden Einwand im Keime erstickte. Ich griff nach Block und Bleistift.

»Sehr geehrte Mrs. Baumgarten.« Er hatte den Brief anscheinend bereits in seinem Kopf formuliert. »Vielen Dank für Ihr Schreiben vom 13. des Monats, in dem Sie mich baten, eine Untersuchung für Sie durchzuführen. Absatz. Es tut mir leid, daß ich Ihnen nicht zu Diensten stehen kann. Ich bin gezwungen, Ihren Auftrag abzulehnen, da mir ein Beamter der New Yorker

Polizei mitteilte, daß meine Lizenz als Detektiv vorläufig aufgehoben sei. Mit vorzüglicher Hochachtung ...«

Parker sprudelte irgend etwas hervor, wurde jedoch ignoriert. Ich verzog keine Miene, bedauerte aber erneut, dem Gespräch zwischen Wolfe und Cramer nicht beigewohnt zu haben.

»Tippen Sie das sofort«, sagte Wolfe, »und schicken Sie Fritz damit zur Post. Sollten weitere Aufträge oder Anfragen per Telefon kommen, lehnen Sie alles ab, und führen Sie Protokoll über jede Absage.«

»Mit dem gleichen Grund, den Sie in diesem Brief anführten?«

»Ja.«

Ich zog mir die Schreibmaschine heran, legte Briefbogen und Durchschlagpapier ein und schlug auf die Tasten. Ich mußte mich konzentrieren. Parker stellte viele Fragen, und Wolfe gab einige Grunzlaute von sich. Ich beendete den Brief, legte ihn Wolfe zur Unterschrift vor, ging in die Küche und beauftragte Fritz, ihn sofort zur Post zu bringen und dann zurückzukommen.

»Jetzt will ich alles hören«, erklärte mir Wolfe, als ich wieder ins Büro trat.

Für gewöhnlich, wenn ich Wolfe einen genauen Bericht über ein Ereignis ablegen muß, ganz egal, wie verwickelt und langwierig dies auch sein mochte, macht mir das dank meines harten Trainings weiter keine Schwierigkeiten. Doch diesmal fiel mir der Anfang schwer, da ich jedes Wort und jede Bewegung wiedergeben sollte. Aber als ich den Punkt erreicht hatte, wie ich bei Koven das Fenster geöffnet hatte, kam Schwung in meine Erzählung. Wie immer nahm Wolfe alles zur Kenntnis, ohne mich zu unterbrechen. Es dauerte anderthalb Stunden, und dann kamen die Fragen, aber nicht viele. Ich stufe meine Berichte danach ein, wie viele Fragen Wolfe anschließend stellt, und demnach mußte dieser Bericht einer meiner besten sein. Wolfe lehnte sich zurück und schloß die Augen.

»Jeder von ihnen konnte es gewesen sein, aber sicher war es Koven«, meinte Parker. »Warum sollte er sonst so lügen, obwohl er weiß, daß Sie und Goodwin ihm widersprechen würden? Das heißt«, setzte er augenzwinkernd hinzu, »falls es wirklich Lügen sind. Sie pflegen Ihrem Rechtsbeistand immer nur so viel von der Wahrheit zu sagen, wie er Ihrer Meinung nach wissen darf.«

»Pfui.« Wolfe machte die Augen auf. »Das Ganze ist außerordentlich verwickelt, Archie. Haben Sie schon etwas sortiert und geprüft?«

»Ich habe damit angefangen, doch es wurde schlimmer statt besser.«

»Ja. Ich fürchte, Sie müssen es aufschreiben. Bis elf Uhr morgen früh?«

»Ich denke schon. Aber zuerst brauche ich ein Bad. Außerdem, wozu? Was sollen wir damit anfangen, ohne unsere Lizenz? Ich denke, sie wurde einstweilen aufgehoben?«

Er überging meinen Einwand. »Was zum Teufel ist das für ein Gestank?« fragte er.

»Desinfektionsmittel. Für die Bluthunde, falls man ausbricht.« Ich stand auf. »Ich werde jetzt baden.«

»Nein.« Er warf einen Blick auf die Wanduhr, die ein Viertel vor vier anzeigte, noch fünfzehn Minuten bis zu seinem Besuch bei den Orchideen auf dem Dach. »Erst müssen Sie noch etwas erledigen. Ich glaube, es ist die *Gazette*, die die Dazzel-Dan-Bildserien bringt?«

»Ja, Sir.«

»Täglich, auch sonntags?«

»Ja, Sir.«

»Ich möchte alle Ausgaben der letzten drei Jahre haben. Können Sie mir die besorgen?«

»Ich kann es versuchen.«

»Bitte.«

»Jetzt?«

»Ja. Einen Augenblick — nur nicht so stürmisch! Sie sollen auch meine Anweisungen für Parker anhören. Aber erst noch etwas für Sie: Schicken Sie an Mr. Koven eine Rechnung über fünfhundert Dollar für die Wiederauffindung seiner Waffe. Noch heute.«

»Noch weitere Nebenkosten, unter diesen Umständen?«

»Nein. Glatte fünfhundert Dollar.« Wolfe wandte sich dem Anwalt zu. »Mr. Parker, wie lange dauert es, eine Schadenersatzklage einzureichen und dem Verklagten eine Vorladung zu schikken?«

»Das kommt darauf an«, meinte Parker in anwaltsmäßiger Unbestimmtheit. »Wenn man es beschleunigt, keine unvorhergesehenen Hindernisse eintreten und der Beklagte zu erreichen ist, kann es eine Sache von Stunden sein.«

»Bis morgen mittag?«

»Ja, gut möglich.«

»Dann bitte ich Sie, das in die Wege zu leiten. Mr. Koven hat mir durch Verleumdung meinen Broterwerb genommen. Ich verlange von ihm, mir als Entschädigung eine Summe von einer Million Dollar zu zahlen.«

»Hm-hm-hm«, machte Parker und runzelte die Stirn.

Ich sagte zu Wolfe: »Ich muß Sie um Entschuldigung bitten. Ich dachte, Sie hätten Cramer auf den Fuß getreten, weil Sie Ihre Beherrschung verloren hatten. Dabei hatten Sie dies von vornherein geplant. Ich will verdammt sein!«

Wolfe knurrte nur.

»In einer solchen Sache«, erklärte Parker, »ist es üblich, erst mal eine schriftliche Aufforderung durch den Anwalt zu schikken. Das sieht besser aus.«

»Es ist mir völlig egal, wie es aussieht. Ich will, daß Sie das sofort in die Wege leiten.«

»Na gut.« Einer von Wolfes Gründen, daß er auf Parker schwor, war dessen schnelle Auffassungsgabe. »Aber meinen Sie nicht, daß die Summe ein bißchen hoch gegriffen ist? Eine ganze Million?«

»Sie ist nicht zu hoch gegriffen. Mit bescheidenen Erwartungen beträgt mein Jahreseinkommen hunderttausend Dollar, das wäre in zehn Jahren eine Million. Wenn man einmal seine Lizenz auf diese Art verliert, ist es schwer, sie zurückzubekommen.«

»Also gut, eine Million. Ich brauche nun alle Angaben, um eine Klage aufzusetzen.«

»Die haben Sie. Sie hörten eben, wie Archie sie aufzählte. Brauchen Sie noch mehr?«

»Nein, ich komme schon zurecht.« Parker erhob sich. »Noch eins. Es wird ein Problem werden, das Schriftstück zuzustellen. Die Polizei schnüffelt noch herum, und außerdem bezweifle ich, daß Fremde morgen in das Haus eingelassen werden.«

»Archie wird Ihnen Saul Panzer schicken. Saul kommt überall hinein und erledigt alles.« Wolfe hob einen Finger. »Ich möchte Mr. Koven hier in diesem Zimmer sehen. Fünfmal habe ich heute morgen versucht, ihn anzurufen, ohne Erfolg. Wenn ihn das nicht herbringt, fällt mir noch etwas anderes ein.«

»Er wird es an seinen Anwalt weiterreichen.«

»Dann kommt der Anwalt, und wenn er kein Dummkopf ist, brauche ich eine halbe Stunde, um ihn dazu zu bewegen, seinen Klienten herbeizuschaffen. Nun?«

Parker machte auf dem Absatz kehrt und verschwand schnurstracks. Ich schrieb auf der Schreibmaschine eine Rechnung über fünfhundert Dollar aus, und das kam mir wie eine Papierverschwendung vor nach der Summe, die eben erwähnt wurde.

An jenem Dienstag gegen Mitternacht bot unser Büro einen unbeschreiblichen Anblick. Es hatte schon oft ein wirres Durcheinander gesehen, besonders damals, als Cynthia Brown eines Tages darin erwürgt wurde und mit herausgestreckter Zunge auf dem Fußboden lag. Jetzt war es jedoch etwas anderes. Dazzle Dan, in Schwarz-Weiß und farbig, breitete sich bei uns aus. Wegen unseres Personalmangels — ich selbst hatte den Bericht zu schreiben — wurden Fritz und Theodor zu der Aufgabe, die Dazzle-Dan-Serien aus der Zeitung zu schneiden, herangezogen. Die Streifen wurden der Reihe nach aufgeklebt, bereit für Wolfes Studium. Ich hatte Lon Cohen von der *Gazette* mit Wolfes Erlaubnis bestochen, uns die Dazzle-Dan-Serien von drei Jahren zu überlassen, indem ich ihm als Gegenleistung einen Exklusivbericht versprach. Natürlich wollte er Näheres wissen.

»Da gibt's nicht viel«, sagte ich ihm am Telefon, »nur, daß

Nero Wolfe nicht mehr als Detektiv arbeitet, weil Inspektor Cramer ihm die Lizenz entzogen hat.«

»Das ist ein Witz«, meinte Lon.

»Kein Witz. Die Wahrheit.«

»Wirklich?«

»Wir bieten es zur Veröffentlichung an. Exklusiv.«

»Im Zusammenhang mit dem Getz-Mord?«

»Ja. Nur ein kurzer Absatz, denn Einzelheiten sind noch nicht erhältlich, selbst für Sie nicht. Ich bin auf Kaution freigelassen.«

»Das weiß ich. Ein starkes Stück. Wir werden unser Archiv durchsehen und Ihnen die Zeitungen so bald wie möglich zuschicken.« Er hängte auf, ohne auf weitere Einzelheiten zu drängen. Das bedeutete natürlich, daß er Dazzle Dan per Nachnahme senden würde, nämlich mit einem Reporter. Als der Reporter kurz nach sechs, gerade als Wolfe von den Gewächshäusern kam, eintraf, war es nicht irgendein mit Notizblock bewaffneter Jüngling, sondern Lon Cohen in eigener Person. Er ging ins Büro, stellte einen großen, schweren Karton auf den Boden, zog seinen Mantel aus und legte ihn über den Karton, um zu zeigen, daß Dazzle Dan sein Eigentum blieb, bis wir dafür bezahlt hatten. Dann sagte er: »Jetzt also her damit. Was Wolfe sagte und was Cramer sagte. Dann ein Foto von Wolfe, wie er Dazzle Dan studiert –«

Ich bot ihm höflich einen Stuhl an und gab ihm alles, was wir bereit waren herauszurücken. Natürlich war es, wie immer, nicht genug. Ich ließ ihn noch ein Dutzend Fragen stellen, beantwortete davon zwei oder drei und machte ihm dann klar, daß dies für den Augenblick alles sei und mich Arbeit erwarte. Er gab zu, daß es ein reelles Geschäft sei, steckte seinen Notizblock in die Tasche, erhob sich und griff nach seinem Mantel.

»Wenn Sie noch etwas Zeit hätten, Mr. Cohen«, murmelte Wolfe, der mir das Interview überlassen hatte. Lon glitt aus seinem Mantel und nahm wieder Platz.

»Mir bleiben noch neunzehn Jahre, Mr. Wolfe, ehe ich mich zur Ruhe setze.«

»Ich werde Sie nicht so lange aufhalten«, seufzte Wolfe. »Ich bin kein Detektiv mehr, also bin ich neugierig. Die Funktion eines Zeitungsmannes ist es, Neugierde zu befriedigen. Wer tötete Mr. Getz?«

Lon hob die Brauen. »Archie Goodwin. Es war seine Waffe.«

»Unsinn. Ich meine es ernst. Ich bin von den üblichen Informationsquellen abgeschnitten, durch die Dämlichkeit von Mr. Cramer, deshalb —«

»Darf ich das ebenfalls drucken lassen?«

»Nein. Nichts hiervon. Dies ist eine Privatunterhaltung. Ich möchte wissen, was Ihre Kollegen davon halten. Wer tötete Mr. Getz? Miss Lowell? Wenn ja, warum?«

Lon nagte an seiner Unterlippe. »Sie meinen, wir unterhalten uns nur so?«

»Ja.«

»Daraus könnte vielleicht ein Gespräch werden, das gedruckt werden kann?«

»Vielleicht.«

»Nun, was Miss Lowell betrifft, so wissen wir einiges von ihr. Getz soll erfahren haben, daß sie mit den Gewinnanteilen der Dazzle-Dan-Produktion mogelt, und wollte ihr kündigen.«

»Irgendwelche Namen und Daten?«

»Nichts, was zu erwähnen wäre. Noch nicht.«

»Beweismaterial?«

»Nicht, daß ich wüßte.«

Wolfe grunzte. »Mr. Hildebrand. Wenn ja, warum?«

»Das ist einfacher und betrüblicher. Er hat es Freunden erzählt. Er ist schon seit acht Jahren bei Koven, und ihm wurde letzte Woche zum Ende des Monats gekündigt. Daran gab er Getz die Schuld. Er bekommt vielleicht keine andere Stellung mehr.«

Wolfe nickte. »Mr. Jordan?«

Lon zögerte. »Das paßt mir gar nicht so. Man sagt, daß Jordan einige moderne Bilder gemalt hat und sich zweimal bemühte, sie in einer Galerie ausstellen zu lassen. Beide Male hat ihm Getz das verdorben. Hier sind Namen und Daten verfügbar, aber ob

Getz von Natur ein Biest war oder Jordan nur nicht entbehren wollte –«

»Ich ziehe meine eigenen Schlüsse, vielen Dank. Die Bilder könnten Getz nicht gefallen haben. Mr. Koven?«

Lon zuckte die Schultern. »Nun, es besteht kein Zweifel, daß Getz ihn übers Ohr gehauen hat. Getz beherrschte den ganzen Laden, dafür gibt es genug Beweise, und niemand weiß, wieso. Die Frage ist also: Womit hielt er Koven in Schach? Es mußte etwas Wirksames sein, aber was? Sie sagten, dies sei eine Privatunterhaltung?«

»Ja.«

»Hier ist etwas, das wir erst heute nachmittag erfahren haben. Es muß überprüft werden, ehe es gedruckt wird. Das Haus in der 76. Straße ist auf Getz' Namen eingetragen.«

»Wirklich?« Wolfe schloß für eine Weile die Augen, ehe er fragte: »Und Mrs. Koven?«

Lon zuckte wiederum die Schultern. »Mann und Frau sind eins, nicht wahr?«

»Ja. Mann und Frau ergeben zusammen einen großen Dummkopf.«

Lons Kinn hob sich. »Das möchte ich veröffentlichen. Wie wär's?«

»Das wurde bereits vor mehr als dreihundert Jahren veröffentlicht. Es stammt von Ben Jonson.« Wolfe seufzte. »Verwünscht, was soll ich mit diesen Bruchstücken anfangen?« Er zeigte auf das Paket. »Sie wollen den Karton sicher zurückhaben?«

Lon bejahte das. Außerdem sagte er, daß er die Privatunterhaltung gern fortführen würde, im Interesse der Gerechtigkeit und der öffentlichen Meinung, doch anscheinend hatte Wolfe alle für den Augenblick benötigten Bruchstücke beisammen. Nachdem ich Lon zur Tür geleitet hatte, ging ich in mein Zimmer, um mich für eine Stunde ganz mir selbst zu widmen. Ich hatte gerade meine Dusche beendet und griff nach einem frischen Hemd, als Saul Panzer wegen der Botschaft, die ich ihm hinterlassen hatte, anrief. Ich erklärte ihm seinen Auftrag in allen Einzelheiten und bat ihn, morgen in Parkers Büro Bericht zu erstatten.

Nach dem Abendbrot ging es also im Büro an die Arbeit. Fritz und Theodor schlugen eine *Gazette* nach der andern auf, suchten die richtige Seite und schnitten die Bildstreifen aus. Ich klapperte auf meiner Schreibmaschine, drei Seiten pro Stunde. Wolfe saß an seinem Schreibtisch und konzentrierte sich auf eine gründliche und methodische Durchsicht von drei Jahren Dazzle-Dan-Abenteuern. Es war nach Mitternacht, als er seinen Sessel zurückschob, aufstand, sich reckte, seine Augen rieb und uns erklärte: »Feierabend. Dieser Sumpf von Albernheit schlägt mir auf den Magen. Gute Nacht.«

Am Mittwoch morgen überschlug er sich. Normalerweise fing der Tag bei ihm so an: Frühstück auf seinem Zimmer mit der Zeitung um acht Uhr, dann Rasieren und Ankleiden, dann von neun bis elf Uhr seine Vormittagsschicht oben in den Gewächshäusern. Nie betrat er sein Büro vor elf Uhr, und das Detektivgeschäft durfte nie seine Orchideenzucht beeinträchtigen. Doch an jenem Mittwoch mogelte er. Während ich mit Fritz in der Küche saß und Pfannkuchen, Würstchen, Honig und eine Menge Kaffee genoß, dabei die Morgenzeitungen studierte und auch in der *Gazette* einen Absatz über Wolfes erzwungenen Rücktritt las, schlich sich Wolfe in sein Büro und machte sich mit einem Stapel Dazzle Dan davon. Wie ich das herausbekam? Vor dem Frühstück hatte ich im Büro noch ein wenig aufgeräumt, und ich bin ans Beobachten gewöhnt. Als ich nach dem Frühstück ins Büro zurückkehrte und einen Blick in die Runde warf, ehe ich mich an die Schreibmaschine setzte, entdeckte ich, daß von einem Stoß Dazzle-Dan-Ausschnitten die Hälfte fehlte. Noch nie, solange ich Wolfe kannte, hatte ihm die Arbeit derartig auf den Nägeln gebrannt. Ich muß sagen, sein Eifer schien mir durchaus angebracht. Ich verzichtete deshalb auch auf einen Ausflug auf das Dach, um ihn nicht bei seiner Lektüre zu überraschen, und nahm mir sogar die Mühe, nicht im Büro zu sein, als er um elf Uhr herunterkam, damit er die Möglichkeit habe, Dazzle Dan unbemerkt wieder an seinen Platz zu legen. Nach dem Frühstück mußte ich erst einmal einige Anordnungen ausführen, die Wolfe mir noch am vorhergehenden Abend erteilt hatte. Um fünfunddreißig Minuten nach neun hatte ich den maßgebenden Mann bei der Levay Tonbandgesellschaft am Apparat. Es dauerte aber einige Zeit, ehe ich das Versprechen bekam, daß man sofort jemanden schikken werde. Kurz nach zehn Uhr erschienen zwei Männer mit einer Kiste und Werkzeugtaschen. In weniger als einer Stunde hatten sie es geschafft. Es war eine saubere und adrette Arbeit. Ein Experte hätte lange in unserem Büro suchen müssen, um irgend etwas Verdächtiges zu entdecken, und der Draht, der hinter dem Schrank in unsere Küche lief, erweckte, selbst wenn man ihn sah, kein Mißtrauen.

Das Telefon läutete fast ununterbrochen, meist Reporter, die mit Wolfe sprechen wollten oder zumindest mit mir, und schließlich bat ich Fritz, die Anrufe zu beantworten und allen eine Absage zu erteilen. Dann kam ein Anruf für mich von dem Büro des Staatsanwalts. Sie hatten den Mut, mich hinzubestellen, da sie mich etwas fragen wollten. Ich erklärte, daß ich Bewerbungen schreiben müsse und keine Zeit hätte. Eine halbe Stunde später kam ein Anruf von Sergeant Purley Stebbins. Er war sehr verstimmt über Wolfe, weil er die Neuigkeit über den Entzug seiner Lizenz hatte veröffentlichen lassen, wo doch noch nichts offiziell sei, und gab mir zu bedenken, wohin es mich wohl brächte, wenn ich mich weigerte, dem Staatsanwalt bei dem Mordfall behilflich zu sein. Schließlich hätte ich ja die Leiche entdeckt, und er ließe mir die Wahl, entweder sofort zu kommen oder mich durch einen Polizeiwagen abholen zu lassen. Ich ließ ihn ausreden.

»Hören Sie zu«, sagte ich endlich. »Mir ist nicht bekannt, daß man Mr. Wolfe auch noch unter Vormundschaft gestellt hat. Wenn Mr. Wolfe bekanntgeben möchte, daß er nicht mehr berufstätig ist, in der Hoffnung, daß ihm jemand eine Stelle als Portier anbietet, ist das seine Sache. Was meine Mithilfe bei dem Mordfall betrifft, so ist das Unsinn. Sie haben mir bereits zwei Sachen angehängt, und auf Rat meines Anwalts und meines Arztes muß ich zu Hause bleiben, Aspirin nehmen und mit Pflaumensaft und Gin gurgeln. Wenn Sie hierherkommen, werden Sie nur mit einem Haussuchungsbefehl eingelassen. Haben Sie einen andern Befehl, etwa wegen Tierquälerei, weil ich das Fenster geöffnet hatte, können Sie entweder warten, bis ich herauskomme, oder die Tür einschlagen. Jetzt lege ich auf.«

»Einen Augenblick, verdammt!«

»Auf Wiedersehen!«

Ich legte auf, saß dreißig Sekunden still, um mich zu beruhigen, und nahm dann meine Arbeit an der Schreibmaschine wieder auf. Die nächste Unterbrechung kam von Wolfe, kurz vor Mittag. Er setzte sich an seinen Schreibtisch und zerpflückte Dazzle Dan. Plötzlich nannte er meinen Namen. Ich drehte mich um.

»Ja, Sir.«

»Sehen Sie sich dies hier an.«

Er schob mir einen Streifen aus der *Gazette* zu, und ich besah ihn mir. Es war eine halbe Seite aus der Sonntagsausgabe, farbig, und vor vier Monaten veröffentlicht. Im ersten Bild sauste Dazzle Dan auf einem Fahrrad eine Landstraße entlang, an einem Schild vorbei, auf dem stand:

Pfirsiche direkt vom Baum!
Aggie Ghool und Haggie Krool.

Bild 2: D. D. hatte sein Fahrrad gegen einen Pfirsichbaum voll rotgelber Früchte gelehnt. Zwei weibliche Wesen standen neben ihm, wahrscheinlich Aggie Ghool und Haggie Krool. Eine war alt und krumm, in grobes Leinen gekleidet — soweit ich das erkennen konnte —, die andere war jung, mit rosigen Wangen, und trug einen Nerzmantel. In einer Blase, die aus D. D.s Mund kam, stand: »Geben Sie mir ein Dutzend!« Bild 3: Die Junge reichte D. D. die Pfirsiche und streckt ihre Hand aus. Bild 4: Die Alte gibt D. D. das Wechselgeld zurück. Bild 5: Die Alte gibt der Jungen eine Münze und sagt: »Hier sind deine zehn Prozent, Haggie«, und die Junge erwidert: »Vielen Dank, Aggie.« Bild 6: »Warum teilen Sie nicht gleichmäßig?« und Aggie sagt: »Weil es mein Baum ist.« Bild 7: D. D. sitzt wieder auf seinem Fahrrad — doch ich hatte jetzt genug und sah fragend Wolfe an.

»Soll ich dazu einen Kommentar geben?«

»Ja, bitte.«

»Ich passe. Wenn es Reklame für die Nationale Industrie-Liga sein soll, so wäre das der falsche Weg. Wenn Sie den Nerzmantel meinen, so ist der von Pat Lowell wahrscheinlich gar nicht bezahlt.«

Er grunzte. »Es gab bereits zwei ähnliche Episoden, jedes Jahr eine, mit den gleichen Personen.«

»Dann ist es vielleicht doch Reklame.«

»Ist das alles?«

»Für den Moment ja. Ich bin kein Elektronengehirn, sondern eine Stenotypistin. Ich muß mit diesem Bericht fertig werden.«

Ich warf ihm das Kunstwerk zu und machte mich wieder an meine Arbeit. Um achtundzwanzig Minuten nach zwölf überreichte ich ihm meinen Bericht zur Lektüre, und er ließ D. D. fallen. Ich ging in die Küche, um Fritz zu sagen, daß ich mich wieder um das Telefon kümmern werde. Als ich ins Büro zurückkam, läutete es bereits. Ich nahm den Hörer ab. Für gewöhnlich meldete ich mich: »Hier Büro Nero Wolfe, Archie Goodwin am Apparat«, da jedoch unsere Lizenz aufgehoben war, wäre es wohl illegal gewesen, ein Büro zu unterhalten, und darum sagte ich: »Wohnung Nero Wolfe, Archie Goodwin am Apparat.«

»Mein Bericht, Archie«, erklang Saul Panzers heisere Stimme. »Hatte überhaupt keine Schwierigkeiten. Koven ist schon versorgt, er hat das Schreiben vor fünf Minuten in die Hand bekommen.«

»Im Haus?«

»Ja. Ich werde Parker anrufen —«

»Wie sind Sie reingekommen?«

»Oh, sehr einfach. Der Bursche, von dem Sie mir erzählten, der das Zeug von Furnari abliefert, war schlecht bei Kasse, und ich habe ihn mit zehn Dollar bestochen. Als ich drin war, hielt ich mich an Ihre Skizze, und es war ein Kinderspiel.«

»Für Sie, ja. Zufriedenstellend, würde Wolfe sagen, und das ist bei ihm schon höchstes Lob. Vielversprechendes Talent, ist mein Urteil. Sie rufen Parker gleich an?«

»Ja. Ich muß dort ein Papier unterschreiben.«

»Okay. Bis später!«

Ich legte auf und erstattete Wolfe Bericht. Er sagte »Ah« und wandte sich wieder meinem Schriftstück zu.

Nach dem Mittagessen gab es noch etwas Wichtiges zu tun. Es betraf Wolfe und mich, die Rekonstruktion unseres Gesprächs mit Koven am Samstagabend sowie die Einrichtung, die von der Levay Tonbandgesellschaft in unserem Büro angebracht worden war. Wir brauchten fast eine Stunde, ehe Wolfe zufrieden war. Danach schleppte sich alles träge dahin. Die Telefonanrufe hörten auf. Wolfe hatte den Bericht zu Ende gelesen, legte ihn in eine Schublade, lehnte sich zurück und schloß die Augen. Mir war nach einem Gespräch zumute, doch ich sah, wie Wolfes Lippen sich vorwölbten und wieder einkniffen, und wußte, daß sein Gehirn auf Hochtouren lief. Ich ging an den Aktenschrank, um eine seiner Pflanzenkeimtabellen zu holen, und machte mich daran, die Eintragungen zu vervollständigen. Gott sei Dank brauchte er keine Lizenz zum Orchideenzüchten, aber natürlich würde die Frage bald akut werden, wie wir die Rechnungen bezahlen sollten. Um vier Uhr verschwand Wolfe auf dem Dach zu den Gewächshäusern, und ich machte meine Eintragungen weiter. Während der nächsten zwei Stunden läutete ein paarmal das Telefon. Es war aber weder Koven noch sein Anwalt, noch Parker.

Zwei Minuten nach sechs, während ich mir ausmalte, wie Koven sich wahrscheinlich erst Mut antrinken mußte, geschahen plötzlich zwei Dinge gleichzeitig: Wolfes Fahrstuhl kam im Flur mit einem quietschenden Ruck zum Stehen, und die Türglocke schellte. Ich ging in den Flur, drehte die Außenbeleuchtung an und spähte durch den Spion. Es war wirklich ein Nerzmantel, doch der Hut kam mir fremd vor. Ich wartete, bis Wolfe das Feld geräumt hatte und im Büro verschwand. Dann schob ich mich dichter an das Glas heran und sah jetzt deutlich ihr Gesicht. Sie war allein. Ich eilte Wolfe nach und verkündete: »Miss Patricia Lowell.«

Er verzog sein Gesicht. Selten heißt er einen Mann in seinen Räumen willkommen, eine Frau fast nie. »Führen Sie sie herein«, murmelte er verdrießlich.

Ich ging nach vorn, schob die Kette zurück und öffnete die Tür. »Das ist eine Überraschung nach meinem Herzen«, begrüßte ich sie munter. Sie trat ein, und ich verschloß die Tür hinter ihr.

»Konnten Sie keine Kokosnuß finden?«

»Ich möchte Nero Wolfe sprechen«, sagte sie mit entschlossener Stimme, die nicht zu ihren rosigen Wangen passen wollte.

»Bitte! Hier entlang.« Ich geleitete sie ins Büro. Ab und zu steht Wolfe auf, wenn eine Dame das Zimmer betritt, aber diesmal blieb er nicht nur auf seinem Sessel sitzen, sondern auch auf seinem Mund. Er neigte seinen Kopf um sechs Millimeter, als ich ihren Namen nannte, erwiderte jedoch nichts. Ich bot ihr Platz an, half ihr aus dem Mantel und setzte mich an meinen Schreibtisch.

»Sie sind also Nero Wolfe?« begann sie. »Ich bin fast krank vor Angst.«

»Sie sehen nicht so aus«, grollte Wolfe.

»Hoffentlich nicht. Ich verstehe mich zu beherrschen.« Sie zog einen Handschuh aus. »Mr. Koven schickt mich her.«

Keine Antwort. Wir betrachteten sie. Sie sah von einem zum andern und rief dann aufgebracht: »Mein Gott, sagen Sie nie etwas?«

»Nur bei Gelegenheit.« Wolfe lehnte sich zurück. »Geben Sie mir eine. Sagen Sie etwas.«

Sie preßte die Lippen zusammen. Sie saß aufrecht in dem roten Sessel, ohne sich anzulehnen. »Mr. Koven schickt mich wegen der lächerlichen Entschädigungsklage, die Sie ihm zugestellt haben. Er beabsichtigt, eine Gegenklage wegen Rufschädigung durch Ihren Beauftragten, Archie Goodwin, einzureichen. Natürlich bestreitet er jede Grundlage für Ihre Klage.« Sie hielt inne. Wolfe ließ ihren Blick nicht los, sagte aber nichts. »Das ist also die augenblickliche Lage«, endete sie feindselig.

»Vielen Dank, daß Sie sich herbemüht haben, um mir das zu sagen«, murmelte Wolfe. »Wollen Sie Miss Lowell bitte hinausbegleiten, Archie.«

Ich stand auf. Sie sah mich an, als ob ich sie tödlich beleidigt hätte, und blickte dann zu Wolfe. »Ich glaube nicht, daß Ihre

Haltung sehr vernünftig ist. Sie und Mr. Koven sollten sich über diese Sache gütlich einigen. Warum nicht die Klagen beiderseits aufheben?«

»Weil«, sagte Wolfe trocken, »meine Ansprüche gerechtfertigt sind und seine nicht. Wären Sie mit dem Gerichtswesen vertraut, Miss Lowell, würden Sie wissen, daß Ihr Vorgehen unkorrekt, zumindest ungewöhnlich ist. Sie sollten mit meinem Anwalt verhandeln, nicht mit mir.«

»Ich bin kein Rechtsanwalt, Mr. Wolfe, ich bin Mr. Kovens Geschäftsführerin. Er meinte, daß die Anwälte alles noch mehr verwirren, und ich stimme ihm bei. Er ist der Ansicht, daß Sie sich auf privatem Weg einigen sollten. Wäre das nicht möglich?«

»Ich weiß nicht. Wir können es versuchen. Dort ist ein Telefon, rufen Sie ihn an, damit er herkommt.«

Sie schüttelte den Kopf. »Er ist nicht — er ist zu aufgeregt. Sie können besser mit mir verhandeln, und wenn wir zu einer Einigung gelangen, wird er mit allem einverstanden sein, das kann ich versichern. Warum befassen wir uns nicht einmal näher mit den beiden Klagen?«

»Ich bezweifle, daß uns das weiterbringt. Es gibt in beiden Klagen einen gemeinsamen Faktor, und zwar die Frage: Wer tötete Adrian Getz und warum? Wenn es Mr. Goodwin war, ist Mr. Kovens Klage begründet, und ich gebe freiwillig nach. War es nicht Mr. Goodwin, bleibe ich fest. Um mit Ihnen verhandeln zu können, müßte ich einige direkte Fragen über diesen Punkt an Sie richten. doch ich glaube nicht, daß Sie wagen, sie zu beantworten.«

»Zur Not kann ich ja schweigen. Was für Fragen?«

»Nun —« Wolfe schürzte die Lippen, »zum Beispiel, wie geht es dem Affen?«

»Diese Antwort kann ich riskieren. Er ist krank, liegt im Tierspital, und die Ärzte glauben nicht, daß er durchkommt.«

»Alles wegen des offenen Fensters?«

»Ja. Diese Rasse ist sehr empfindlich.«

Wolfe nickte. »Dort auf dem Tisch neben dem Globus liegt ein Stapel Zeitungsausschnitte, und zwar die Dazzel-Dan-Seiten der letzten drei Jahre. Ich habe alles studiert. Im letzten August und September spielte ein Affe eine führende Rolle. Er wurde von zwei verschiedenen Leuten gezeichnet oder zumindest zwei verschiedenen Einstellungen. In den ersten siebzehn Bildfolgen wurde er boshaft und tückisch dargestellt, meiner Ansicht nach von jemandem, der Affen verabscheut. Danach wurde er sympathisch und humorvoll gezeichnet. Der Wechsel war abrupt und bemerkenswert. Warum? Hatte Mr. Koven das angeordnet?«

Pat Lowell runzelte die Stirn. Ihre Lippen öffneten sich und preßten sich dann wieder zusammen.

»Sie haben die Wahl«, sagte Wolfe kühl. »Die Wahrheit, eine Lüge, eine Ausflucht oder Antwortverweigerung. Die letzten beiden Möglichkeiten würden meine Neugierde reizen, und irgendwie würde ich sie schon befriedigen. Meinetwegen können Sie auch lügen, ich bin ein Experte für Lügen und Lügner.«

»Es gibt nichts zu lügen. Ich dachte nur nach. Mr. Getz war mit der Art, in der der Affe gezeichnet wurde, nicht zufrieden, und Mr. Koven beauftragte daraufhin Mr. Jordan mit der Arbeit anstelle von Mr. Hildebrand.«

»Mag Mr. Jordan Affen?«

»Er liebt Tiere ganz allgemein, er meinte, der Affe sähe wie Napoleon aus.«

»Mr. Hildebrand hat keine Sympathien für Affen?«

»Nicht für diesen jedenfalls. Rookaloo spürte das natürlich und biß ihn auch einmal. Aber ist das nicht ein wenig albern, Mr. Wolfe? Wollen Sie so weitermachen?«

»Wenn Sie nicht aufbrechen, ja. Ich untersuche Mr. Kovens Gegenklage, und zwar auf diese Art und Weise. Bei jeder Frage haben Sie, wie bereits erwähnt, vier Möglichkeiten und noch eine fünfte dazu, nämlich aufzustehen und zu gehen. Wie war Ihre eigene Einstellung dem Affen gegenüber?«

»Ich fand ihn schrecklich lästig, aber er hatte auch seine Vorzüge, als Ablenkung. Es war meine Schuld, daß er dort lebte, denn ich hatte ihn Mr. Getz geschenkt.«

»Wirklich? Warum?«

»Ein Freund, der vor ungefähr einem Jahr aus Südamerika zurückkam, hatte ihn mir mitgebracht, und da ich ihn nicht versorgen konnte, schenkte ich ihn Mr. Getz.«

»Mr. Getz lebte in Kovens Haus?«

»Ja.«

»Dann haben Sie ihn in Wirklichkeit Mrs. Koven an den Hals geladen. Wußte sie das zu würdigen?«

»Sie hat nie etwas darüber gesagt. Ich entschuldigte mich bei ihr, und sie war sehr freundlich.«

»Konnte Mr. Koven den Affen leiden?«

»Er neckte ihn gern, aber nicht, um den Affen zu ärgern, sondern Mr. Getz.«

Wolfe lehnte sich zurück und verschränkte die Hände hinter dem Kopf. »Wissen Sie, Miss Lowell, ich glaube nicht, daß diese Dazzle-Dan-Episoden hoffnungslos geistlos sind. Es spricht ein unterdrückt sarkastischer Ton, eine reichhaltige Phantasie und Erfindungsgabe aus diesen Bilderfolgen. Montag abend, während Mr. Goodwin im Gefängnis saß, rief ich einige Leute an, die bekannt dafür sind, allerhand zu wissen. Dabei erfuhr ich von der allgemeinen Annahme, daß die Idee für Dazzle Dan ursprünglich von Mr. Getz stammte, daß er sie dann Koven überlassen hat, aber dennoch die unerschöpfliche Quelle der Inspiration für die Geschichte und Bilder blieb. Mr. Koven säße also jetzt in einer Sackgasse. Was halten Sie davon?«

Pat Lowell hatte sich steif aufgerichtet. »Klatsch«, meinte sie verächtlich. »Billiger Klatsch.«

»Sie müssen es wissen.« Wolfe schien erleichtert. »Hätte man Beweise für diese Annahme, wäre ich, zugegeben, selbst in einer argen Klemme. Um meine Klage gegen Mr. Koven zu stützen und um die seinige zu entkräften, muß ich beweisen, daß Mr. Goodwin Mr. Getz nicht umgebracht hat, weder durch einen unglücklichen Zufall noch sonstwie. Wenn er es nicht tat, wer tat es dann? Einer von Ihnen fünf. Aber jeder von Ihnen hatte ein direktes, persönliches Interesse an dem fortlaufenden Erfolg von Dazzle Dan, da Sie sich in den Gewinn teilten, und wenn Mr. Getz für diesen Erfolg verantwortlich gewesen wäre, warum ihn dann töten?« Wolfe kicherte. »Sie sehen also, daß ich gar nicht so dumm bin. Wir haben uns erst ein Viertelstündchen damit beschäftigt, und schon haben Sie mir gewaltig geholfen. Noch vier oder fünf Stunden, und wir werden weiter sein.«

Er beugte sich vor und drückte einen Knopf an der Schreibtischecke, und nach einer Minute erschien Fritz.

»Wir haben einen Gast zum Abendbrot, Fritz.«

»Ja, Sir.« Fritz verschwand.

»Vier oder fünf Stunden?« fragte Pat Lowell.

»Mindestens. Mit einer Pause fürs Essen, denn ich verbanne Geschäfte von meinem Tisch. Zweieinhalb Stunden für Sie, zweieinhalb Stunden für mich. Diese Angelegenheit ist äußerst verwickelt, und wenn Sie hierherkamen, um eine Einigung zu erzielen, müssen wir erst den Knoten lösen. Wo waren wir also stehengeblieben?«

Sie sah ihn an. »Bei Getz. Ich will nicht sagen, daß er nichts mit Dazzle Dans Erfolg zu tun hatte. Das habe ich schließlich ebenfalls. Ich sage auch nicht, daß er kein Verlust wäre. Jeder wußte, daß er Mr. Kovens ältester und vertrautester Freund war. Wir hatten alle den Eindruck, daß sich Mr. Koven völlig auf ihn verließ —«

Wolfe unterbrach sie. »Bitte, Miss Lowell, verderben Sie es mir nicht. Geben Sie mir nicht erst einen Anhaltspunkt, um ihn mir dann Stück für Stück wieder zu entziehen. Als nächstes werden Sie mir noch erzählen, daß Koven Mr. Getz aus eitel Zuneigung mit ›Wicht‹ titulierte, wie ein Mann seinen treuesten Freund einen Bastard nennt. Ich persönlich sehe hinter solchen Kosenamen den Minderwertigkeitskomplex eines Mannes, der zutiefst verbittert ist und sich auf diese Weise Luft machen will. Wollen Sie mir vielleicht auch noch weismachen, daß Sie alle, ohne Ausnahme, Mr. Getz über alle Maßen gern hatten und ihm innig dankbar waren? Vergessen Sie nicht, daß Mr. Goodwin Stunden in diesem Haus in Ihrer Gesellschaft zugebracht und mir genau Bericht erstattet hat. Und Montag abend hatte ich mit Inspektor Cramer eine Unterredung und erfuhr von dem zerrissenen Kissen auf dem Boden, das den Lärm des Schusses dämpfen sollte, und von der Unfähigkeit aller Beteiligten, ihren Mangel an

Gelegenheit zu beweisen. Aber wenn Sie darauf bestehen, Kovens Abhängigkeit von Mr. Getz zu bagatellisieren, so lassen Sie mich trotzdem darüber eine Frage stellen. Nehmen wir einmal an, daß diese Abhängigkeit von Getz Koven stark belastete und daß er plante, etwas dagegen zu unternehmen. Dazu mußte er irgend jemand ins Vertrauen ziehen, um Rat und Hilfe zu bekommen. An wen hätte er sich damit gewandt? Wir müssen natürlich an erste Stelle seine Frau setzen, von Amts wegen und um Brauch und Sitte aufrechtzuerhalten – aber Sie werden mir wohl nichts über die ehelichen Geheimnisse Ihres Arbeitgebers sagen. Nun, an wen von Ihnen dreien hätte er sich gewandt – an Mr. Jordan, Mr. Hildebrand oder an Sie?«

»An keinen von uns.«

»Aber wenn es wirklich dringend war?«

Nicht mit einer so persönlichen Angelegenheit. Das hätte er nie getan. Keiner von uns ist ihm in privater Hinsicht je nähergekommen.«

»Sicher hätte er sich Ihnen als seiner Geschäftsführerin anvertraut.«

»In geschäftlichen Dingen ja. Nicht in persönlichen Angelegenheiten, bis auf Kleinigkeiten.«

»Warum nahm man sich allgemein den Revolver in seinem Schreibtisch so zu Herzen?«

»Wir haben uns das nicht wirklich zu Herzen genommen – ich wenigstens nicht. Mir gefiel es nur nicht, daß sich eine geladene Waffe so offen im Haus befand. Außerdem wußte ich, daß Mr. Koven keinen Waffenschein dafür hatte.«

Wolfe behandelte das Thema Revolver noch für die nächsten zehn Minuten – wie oft sie ihn gesehen, ob sie ihn je angefaßt hatte und so weiter, mit besonderm Nachdruck auf Sonntag morgen, als sie und Hildebrand die Lade aufgezogen und die Waffe betrachtet hatten. In diesem Punkt stimmte ihr Bericht genau mit dem Hildebrands, wie er ihn Cramer gegeben hatte, überein. Schließlich wurde sie jedoch störrisch und meinte, daß wir auf diese Weise nicht weiterkämen und daß sie auch nicht zum Essen bleiben wolle.

Wolfe nickte zustimmend. »Sie haben recht«, sagte er. »Wir, Sie und ich, sind so weit wie möglich gegangen. Wir brauchen jetzt die Gesellschaft. Sie sollten Mr. Koven anrufen und ihm das mitteilen. Sagen Sie ihm, daß ich ihn, Mrs. Koven, Mr. Jordan und Mr. Hildebrand gegen halb neun hier erwarte.«

Sie starrte ihn an. »Soll das ein Witz sein?«

Er überhörte das. »Ich weiß nicht«, sagte er, »ob Sie das richtig anpacken können, sonst lassen Sie mich lieber mit ihm reden. Die Berechtigung meiner Klage oder seiner Klage hängt hauptsächlich davon ab, wer Mr. Getz ermordet hat. Ich kenne den Täter jetzt. Ich muß es der Polizei mitteilen, aber zuerst möchte ich mich mit Koven über meine Klage auseinandersetzen. Sagen Sie ihm das. Berichten Sie ihm, daß ich, falls ich die Polizei benachrichtige, ehe er mit mir spricht, ohne Schwierigkeiten mit meiner Klage durchkommen werde.«

»Das ist ein gemeiner Bluff!«

»Sagen Sie ihm das.«

»Das werde ich auch tun.«

Sie stand auf und hängte sich den Mantel über. Ihre Augen funkelten Wolfe an. »Ich bin doch nicht verrückt.« Sie ging zur Tür.

»Rufen Sie Inspektor Cramer an, Archie«, fauchte Wolfe. »Die Polizei wird vor Ihnen im Haus sein«, rief er hinter Pat Lowell her. Ich hob den Hörer ab und wählte. Sie war draußen im Flur, doch ich hörte weder Schritte noch die Haustür zuschlagen.

»Hallo«, sagte ich zu der Telefonistin ziemlich laut. »Ist dort Mordabteilung Manhattan-West? Bitte, Inspektor Cramer, hier spricht –«

Eine Hand schoß an mir vorbei, ein Finger preßte die Gabel nieder, und ein Nerzmantel glitt zu Boden.

»Sie Teufel«, sagte sie eisig, aber ihre Hand zitterte. Ich legte den Hörer auf.

»Suchen Sie Mr. Kovens Nummer heraus, Archie«, schnurrte Wolfe.

Zwanzig Minuten vor neun. Wolfes Augen glitten von links nach rechts über die Gesichter der vor uns versammelten Gesellschaft. Er war in gräßlicher Laune. Er haßte es, gleich nach dem Essen zu arbeiten, und aus der Art, wie er sein Kinn einzog und wie seine Wangenmuskeln zuckten, konnte ich ablesen, daß es eine harte Arbeit werden würde. Ob er sie nun mit oder ohne Bluff hierhergelockt hatte – ich nahm an, es war Bluff –, jetzt bedurfte es anderer Methoden, um die Beute aufzustöbern, der er auf den Fersen war.

Pat Lowell hatte nicht mit uns zu Abend gegessen. Nicht nur, daß sie uns nicht ins Eßzimmer begleiten wollte, sie ließ auch das Tablett, das Fritz ihr ins Büro brachte, unberührt. So etwas ging Wolfe gegen den Strich und veranlaßte ihn bestimmt zu einigen beißenden Bemerkungen, die ich jedoch nicht hören konnte, da ich mit Fritz in der Küche die Tonbandanlage überprüfte. Das war der einzige Teil in Wolfes Programm, der mir völlig klar war. Ich hantierte mit Fritz noch in der Küche, als die Türglocke läutete, und dann fand ich die Gesellschaft vollzählig vor unserer Haustür versammelt. Sie wurden besser empfangen als ich bei ihnen, auch sogleich mit Sitzgelegenheiten versorgt.

Wolfe beäugte sie der Reihe nach, Harry Koven in dem roten Ledersessel, dann seine Frau, dann Pat Lowell und nach einer Lücke Peter Jordan und By Hildebrand, beide in meiner Nähe. Ich wußte nicht, welchen Eindruck Wolfe bei diesem Anblick gewann, aber mir schien, als stünde er gegen eine vereinigte Front.

»Diesmal«, stieß Koven hervor, »können Sie keine Lüge mit Goodwin zusammenbrauen, es sind Zeugen da.«

Er war in Stimmung. Ich schätzte ihn auf sechs Drinks, aber es konnten auch mehr gewesen sein.

»Auf diese Art und Weise kommen wir nicht weiter, Mr. Koven«, warnte Wolfe ihn. »Wir sind alle in die Sache verwickelt und müssen sehen, wie wir uns befreien. Sie möchten nicht eine Million an mich zahlen. Ich möchte meine Lizenz nicht verlieren. Die Polizei möchte der langen Liste von ungeklärten Mordfällen nicht noch einen weiteren hinzufügen. Alles dreht sich also um den Tod von Mr. Getz, und ich schlage deshalb vor, darauf ausführlich einzugehen. Wenn wir damit —«

»Sie sagten Miss Lowell, daß Sie den Mörder kennen. Wenn ja, warum haben Sie es noch nicht der Polizei mitgeteilt? Damit wäre das doch erledigt.«

Wolfes Augen wurden schmal. »Das meinen Sie doch nicht im Ernst, Mr. Koven.«

»Verdammt noch mal, natürlich!«

»Dann verstehen wir uns falsch. Ich hörte Ihr Telefongespräch mit Miss Lowell und gewann den Eindruck, daß meine Drohung, die Polizei zu benachrichtigen, Sie überhaupt erst hierhergeführt hat. Jetzt scheint es —«

»Ich kam nicht wegen einer Drohung her, sondern wegen dieser erpresserischen Klage. Nehmen Sie sie zurück, und ich gehe.«

»Dann kommt es Ihnen also nicht darauf an, wer es zuerst erfährt — Sie oder die Polizei. Aber mir kommt es darauf an, denn wenn ich die Polizei davon unterrichte, möchte ich in der Lage sein —« Die Türglocke schellte.

Wenn wir Besuch bekommen, öffnet Fritz gewöhnlich die Tür, aber jetzt hatte er strenge Weisung, seinen Posten in der Küche nicht zu verlassen; deshalb ging ich an die Tür. Ich drehte die Frontbeleuchtung an und sah durch die Glasscheibe. Ein Blick genügte. Ich kehrte ins Büro zurück und wartete so lange, bis Wolfe auf mich aufmerksam wurde.

»Der Mann wegen des Stuhls«, sagte ich.

Er runzelte die Stirn. »Sagen Sie ihm, ich hätte —« Er hielt inne, und sein Gesicht glättete sich. »Nein, ich will ihn empfangen. Entschuldigen Sie mich bitte.« Er schob seinen Sessel zurück, stand auf und zwängte sich hinter Koven vorbei. Ich folgte ihm in den Flur und schloß hinter mir die Tür. Nach einem Blick durch den Spion öffnete er die Haustür, soweit es die Sicherheitskette zuließ.

»Nun, Sir?« fragte er durch den Spalt.

Inspektor Cramers Stimme war weit von jeder Freundlichkeit entfernt. »Ich will eingelassen werden.«

»Wozu?«

»Patricia Lowell kam um sechs Uhr und ist immer noch bei Ihnen. Die andern vier erschienen hier vor fünfzehn Minuten. Ich empfahl Ihnen Montag abend, die Finger davonzulassen, da Ihre Lizenz einstweilen aufgehoben ist, und trotzdem ist Ihr Büro jetzt wieder voll. Ich komme rein.«

»Ich habe keine Klienten in meinem Büro, denn meine Arbeit für Mr. Koven ist, wie Sie wissen, beendet, und ich habe ihm die Rechnung geschickt. Wir besprechen hier jetzt nur eine Schadenersatzklage, die ich gegen Mr. Koven angestrengt habe. Dafür brauche ich keine Lizenz. Jetzt schließe ich die Tür.«

Er versuchte es, doch Cramer hatte seinen Fuß dazwischengestellt.

»Bei Gott, jetzt reicht es aber!« brüllte er. »Sie sind erledigt!«

»Ich dachte, das wäre schon geschehen.«

»Ich kann Sie nicht verstehen, der Wind –«

»Es ist abscheulich, durch eine Türritze zu sprechen. Gehen Sie auf den Bürgersteig, und ich komme hinaus. Haben Sie das verstanden?«

»Ja.«

»Also gut. Auf dem Bürgersteig.«

Wolfe nahm seinen Mantel von dem großen alten Nußbaumgarderobenständer. Ich half ihm hinein und reichte ihm seinen Hut, dann schlüpfte ich in meinen eigenen Mantel und schaute durch den Spion, ob unser Treppenaufgang leer war. Eine massige Gestalt stand am Fuß der Stufen. Ich folgte Wolfe über die Schwelle und zog die Tür hinter mir zu.

Ein Windstoß packte uns und peitschte uns Graupeln ins Gesicht. Als wir die Stufen hinuntergingen, wollte ich Wolfes Ellenbogen stützen – ich dachte daran, was aus mir werden sollte, wenn er hinfiele und sich das Genick bräche –, ließ es dann aber doch sein. Er langte heil unten an und kehrte dem Wind den Rücken zu, so daß Cramer ihn im Gesicht hatte. »Ich kämpfe nicht gern gegen einen Schneesturm an«, posaunte er. »Machen wir es kurz. Sie wollen nicht, daß diese Leute mit mir sprechen, aber Sie können nichts daran ändern. Sie haben einen Schnitzer gemacht, und Sie wissen das auch, als Sie Mr. Goodwin auf eine Schwindelbeschuldigung hin festhielten. Sie tobten sich bei mir aus und gingen auch hier zu weit. Jetzt fürchten Sie, daß ich Mr. Kovens Lügen enthüllen, einen Mörder dingfest machen und ihn dem Staatsanwalt ins Haus liefern werde. Deshalb —«

»Ich fürchte überhaupt nichts.« Cramer blinzelte, um seine Augen gegen den schneidenden Wind zu schützen. »Ich verlange von Ihnen, daß Sie die Finger davon lassen, und das werden Sie verdammt auch tun! Ihre Klage gegen Koven ist ein Betrugsmanöver!«

»Nein. Aber bleiben wir bei der Sache. Ich bin kein Freiluftmensch und fühlte mich hier draußen nicht wohl. Ich möchte ins Haus zurück. Sie können unter einer Bedingung mitkommen. Die fünf Besucher sitzen in meinem Büro. In der Wand befindet sich ein Loch, durch ein Bild verdeckt. Wenn Sie sich in den Abstellwinkel am Ende des Korridors stellen — Sie können auch einen Stuhl haben — und den Schieber zurückschieben, können Sie uns im Büro sehen und hören. Bedingung ist, Sie müssen leise ... Verwünscht!«

Der Wind hatte seinen Hut gepackt. Ich raste hinterher, verfehlte ihn jedoch — und fort war er. Das gute Stück hatte ihm erst vierzehn Jahre lang gedient.

»Die Bedingung«, wiederholte Wolfe, »ist also, daß Sie leise eintreten, Ihren Posten in dem Abstellwinkel beziehen und mir eine halbe Stunde Zeit lassen. Danach können Sie sich zu uns gesellen, wenn Sie wollen. Ich warne Sie aber davor, allzu ungestüm zu sein. Bis an einen bestimmten Punkt würde Ihre Anwesenheit meinen Stand nur erschweren, wenn nicht unmöglich machen, und ich bezweifle, daß Sie wissen, wann dieser Punkt erreicht ist. Ich bin einem Mörder auf der Spur, die Chance steht eins zu fünf, aber ich bin sicher, ihn zu fassen —«

»Sagten Sie nicht vorhin, daß Sie eine Schadenersatzsache besprechen wollten?«

»Das stimmt auch, aber ich bekomme entweder den Mörder oder den Schaden. Wollen Sie noch einmal von vorn anfangen?«

»Nein.«

»Sie haben sich abgekühlt, was bei diesem Sturm kein Wunder ist. Gleich wehen mir noch die Haare davon. Ich gehe jetzt ins Haus. Wenn Sie mitkommen wollen, dann nur unter den genannten Bedingungen. Sind Sie einverstanden?«

»Ja.«

Wolfe erklomm die sieben Stufen. Ich eilte an ihm vorbei, um die Haustür aufzuschließen. Als wir drin waren, hängte ich die Kette vor die Tür. Wir legten unsere Mäntel ab, und Wolfe führte Cramer im Flur um die Ecke in den Abstellwinkel. Ich holte einen Hocker aus der Küche, aber Cramer schüttelte den Kopf. Wolfe rückte den Schieber zur Seite und nickte Cramer zu. Cramer schaute durch die Luke und nickte zurück. Dann verließen wir ihn. An der Tür zum Büro murmelte Wolfe etwas von seinen durchgewehten Haaren, und ich überließ ihm meinen Taschenkamm.

Bei unserem Eintritt hefteten sich fünf mißtrauische Augenpaare auf uns, als ob man uns im Verdacht hätte, in der Zwischenzeit im Keller eine Bombe gelegt zu haben. Wolfe ließ sich hinter seinem Schreibtisch nieder und atmete tief. Dann ließ er seine Augen über die Versammlung schweifen.

»Es tut mir leid«, erklärte er höflich. »Aber diese Unterbrechung war nicht zu vermeiden. Fangen wir also damit an, daß Sie –«, er blickte zu Mr. Koven, »der Polizei gegenüber die Vermutung äußerten, Getz sei von Mr. Goodwin versehentlich in einem Handgemenge erschossen worden. Das ist absurd. Getz wurde mit einer Patrone erschossen, die aus Ihrem eigenen Revolver genommen und in den von Goodwin eingelegt wurde. Goodwin konnte das nicht selbst getan haben, denn als er Ihre Waffe zum erstenmal sah, war Getz bereits tot. Deshalb –«

»Das stimmt nicht«, mischte sich Koven ein. »Er hätte sie schon vorher entdecken können, als er in mein Büro kam. Er konnte später wiedergekommen sein und die Patronen an sich genommen haben.«

Wolfe starrte ihn verblüfft an. »Wagen Sie wirklich, mir ins Gesicht hinein die phantastische Lüge, die Sie der Polizei erzählt haben, zu wiederholen? Dieses Geschwätz?«

»Da haben Sie verdammt recht, ich wage es!«

»Pfui!« Wolfe war angewidert. »Ich hatte gehofft, daß wir hier gemeinsam dem wahren Sachverhalt näherkommen würden. Es wäre besser gewesen, wenn ich Ihren Vorschlag befolgt und meine Angaben der Polizei unterbreitet hätte –«

»Ich habe keinen solchen Vorschlag gemacht!«

»Vor einer Viertelstunde, Mr. Koven, hier in diesem Zimmer.«

»Nein.«

Wolfe verzog das Gesicht. »Ich begreife«, sagte er ruhig. »Es ist unmöglich, mit einem Mann wie Sie auf festen Boden zu kommen. Archie, holen Sie bitte das Tonband aus der Küche.«

Ich ging ungern. Dieser Zug war für meinen Geschmack übereilt. Selbst wenn man berücksichtigte, daß Wolfe durch Cramers Ankunft aus dem Konzept geraten war, so konnte ich ihn zu seiner Darbietung heute keineswegs beglückwünschen, und gerade in dieser Situation hätte er sein Bestes leisten müssen. Ich trat in die Küche, ohne Cramer in seinem Winkel zu beachten, und bat Fritz, das Tonbandgerät anzuhalten. Das Band surrte zurück auf die Spule, die ich dann in eine Schachtel steckte und ins Büro brachte.

»Wir warten schon«, empfing mich Wolfe mürrisch. Seine Nervosität färbte auf mich ab. Auf meinem Schreibtisch lag ein Stapel ähnlicher Schachteln, die ich mit einer ungeschickten Bewegung umstieß, als ich die neue aus der Küche obenauf legen wollte. Mir war das peinlich, denn alle Augen waren auf mich gerichtet. Ich setzte mein hochmütigstes Gesicht auf, als ich hinauszog, um den Abspielapparat zu holen. Ich brauchte Platz auf meinem Schreibtisch und mußte die umgestürzten Schachteln zur Seite räumen. Nachdem der Apparat angeschlossen war, legte ich das Tonband ein.

»Ich bin soweit«, sagte ich zu Wolfe.

»Los.«

Ich drückte auf den Knopf. Es gab ein paar Knackgeräusche, und dann kam Wolfes Stimme. »Das ist es ja nicht, Mr. Koven. Ich bezweifle nur, daß es sich für Sie lohnt, mich zu beauftragen, eine gestohlene Waffe wiederzufinden oder den Dieb ausfindig zu machen, wenn Sie mein Minimumhonorar in Betracht ziehen. Ich denke ...«

»Nein!« bellte Wolfe.

Aufgeregt und erhitzt stellte ich den Apparat ab. »Entschuldigen Sie, das war das falsche Band.«

»Muß ich mich selbst darum kümmern?« fragte Wolfe sarkastisch. Ich murmelte etwas und ließ das Band zurückrollen. Dann nahm ich die Spule heraus, wühlte in den Schachteln, holte eine andere Spule heraus, legte sie ein und drückte den Knopf. Jetzt erklang Kovens Stimme, laut und deutlich.

»Diesmal können Sie keine Lüge mit Goodwin zusammenbrauen, es sind Zeugen da.«

Dann Wolfe: »Auf diese Art und Weise kommen wir nicht weiter, Mr. Koven. Wir sind alle in die Sache verwickelt und müssen sehen, wie wir uns befreien. Sie möchten nicht eine Million an mich zahlen. Ich möchte meine Lizenz nicht verlieren. Die Polizei möchte der langen Liste von ungeklärten Mordfällen nicht noch einen weiteren hinzufügen. Alles dreht sich also um den Tod von Mr. Getz, und ich schlage deshalb vor, darauf ausführlich einzugehen. Wenn wir damit —«

Koven: »Sie sagten Miss Lowell, daß Sie den Mörder kennen. Wenn ja, warum haben Sie es noch nicht der Polizei mitgeteilt? Damit wäre das doch erledigt.«

Wolfe: »Das meinen Sie doch nicht im Ernst, Mr. Koven.«

Koven: »Verdammt noch mal, natürlich!«

Wolfe: »Dann verstehen wir uns falsch. Ich hörte Ihr Telefongespräch mit Miss Lowell und gewann den Eindruck, daß meine Drohung, die Polizei zu benachrichtigen, Sie überhaupt erst hierhergeführt hat. Jetzt ...«

»Genug«, rief Wolfe, und ich stellte den Apparat ab. »Das würde ich als Vorschlag bezeichnen, meine Kenntnisse der Polizei mitzuteilen; Sie nicht?« Wolfe musterte Koven, doch er erhielt keine Antwort. »Und Sie, Miss Lowell?«

Sie schüttelte den Kopf. »Ich verstehe nicht viel von Vorschlägen.«

»Wir wollen uns nicht über den Sinn eines Wortes streiten.

Mr. Koven, zufällig hörten Sie durch Goodwins Ungeschicklichkeit den Anfang eines andern Tonbands, und Sie wundern sich vielleicht, warum ich es noch nicht der Polizei übergab, um Ihre Angaben zu widerlegen. Montag abend, als Inspektor Cramer zu mir kam, betrachtete ich Sie noch als meinen Klienten, und ich wollte Sie nicht in Verlegenheit bringen, ehe ich Ihre persönliche Stellungnahme gehört hatte. Bevor Mr. Cramer ging, wurde er so ausfällig, daß ich mich weigerte, ihm noch irgend etwas zu sagen. Jetzt sind Sie nicht mehr mein Klient. Wir besprechen diese Sache offen oder überhaupt nicht. Ich habe nicht die Absicht, von Ihnen eine Erklärung, daß Sie die Polizei angelogen haben, zu verlangen, aber ich bestehe darauf, daß wir auf der Grundlage dessen fortfahren, was wir beide als die Wahrheit kennen. Damit –«

»Einen Moment«, warf Pat Lowell ein. »Die Waffe war am Sonntag morgen in dem Fach, ich habe sie gesehen.«

»Das weiß ich. Es ist einer der Knoten in der allgemeinen Verstrickung, und wir werden uns noch damit beschäftigen. Aber erst einmal der Mord an Adrian Getz. Was wissen wir über den Mörder? Eine ganze Menge.

Erstens: Er nahm Kovens Waffe aus dem Schreibtischfach, irgendwann vor letztem Freitag, und versteckte sie. Die Waffe wurde in das Fach zurückgelegt, nachdem man die von Goodwin herausgenommen hatte, kurz bevor Getz getötet wurde, und die Patronen von Kovens Revolver wurden in Goodwins Waffe gesteckt.

Zweitens: Getz' Existenz war für den Mörder so widerwärtig, daß er sie nicht ertragen konnte.

Drittens: Er kannte den Zweck von Kovens Besuch hier am Samstag abend, und er kannte die Einzelheiten des zwischen Koven und Goodwin vereinbarten Plans. Nur mit –«

»Ich kenne diese Einzelheiten bis jetzt noch nicht«, quiekte Hildebrand.

»Ich ebenfalls nicht«, erklärte Pete Jordan.

»Der Unschuldige kann es sich leisten, unwissend zu sein«, dozierte Wolfe. »Genießen Sie Ihre Unwissenheit. Denn nur mit Kenntnis dieser Einzelheiten konnte der Mörder seinen ausgetüftelten Plan durchführen.

Viertens sind seine Gedankengänge zwar raffiniert, aber fehlerhaft. Sein vorsätzlicher und offensichtlicher Plan, Goodwin als den Mörder hinzustellen, war in einer Hinsicht genial, in anderer jedoch ganz dumm. In Kovens Büro zu gehen, die Waffen auszutauschen, die Patrone von Kovens Waffe in die Goodwins zu stecken, den schlafenden Getz zu erschießen und dabei das Kissen als Schalldämpfer zu benutzen – all das war gut und schön, ausgezeichnet geplant und tollkühn ausgeführt. Aber was dann? Damit die Waffe sofort am Tatort gefunden wurde – eine völlig überflüssige Vorsichtsmaßregel –, steckte der Mörder sie in den Affenkäfig. Das war anscheinend improvisiert und völlig blödsinnig. Mr. Goodwin konnte unmöglich ein solch phantasieloser Trottel sein. Fünftens haßte der Mörder den Affen zutiefst und bitter, entweder seiner selbst wegen oder wegen seiner Verbindung zu Getz. Nachdem er Getz erschossen hatte und den Raum so schnell wie möglich hätte verlassen müssen, öffnete er noch das Fenster. Das enthüllt eine eigenartige, beispiellose Bosheit. Ich gestehe, daß sie wirkungsvoll war, denn Miss Lowell berichtet mir, daß der Affe im Sterben liegt.

Sechstens: Der Mörder legte Kovens Waffe am Sonntag morgen in die Lade, und nachdem sie dort gesehen wurde, nahm er sie wieder an sich. Das war ein bemerkenswerter Schachzug. Da die Waffe dort unbedingt gesehen werden sollte, traf er entsprechende Vorbereitungen. Warum? Weil er bereits wußte, was am Montag in Mr. Goodwins Anwesenheit geschehen sollte, und den Plan gefaßt hatte, Goodwin den Mord in die Schuhe zu schieben. Deshalb mußte er Goodwins Geschichte von vornherein unglaubwürdig erscheinen lassen. Am Sonntag morgen legte er also nicht nur die Waffe in das Fach zurück, sondern sorgte auch dafür, daß sie gesehen wurde – doch keineswegs von Mr. Koven. Sie sahen die Waffe in der Lade, Mr. Hildebrand?«

»Ja.« Hildebrands quiekende Stimme überschlug sich. »Aber ich habe sie nicht dort hingelegt.«

»Das hat auch niemand behauptet; bis jetzt zweifelt niemand an Ihrer Unschuld. Sie waren also im Arbeitsraum, gingen dann nach oben, um Mr. Kovens Rat einzuholen, begegneten Mrs. Koven, die Ihnen erzählte, daß Mr. Koven noch im Bett liege. Dann trafen Sie Miss Lowell im Büro, und Sie zogen die Schublade auf und sahen die Waffe. Ist das richtig?«

»Ich bin nicht ins Büro gegangen, um nach der Waffe zu sehen. Wir wollten nur —«

»Hören Sie auf, sich zu rechtfertigen, wenn man Sie nicht beschuldigt, das ist eine schlechte Angewohnheit. Waren Sie schon früher am Morgen oben gewesen?«

»Nein.«

»Stimmt das, Miss Lowell?«

»Ja, soweit ich weiß.« Sie sprach langsam, zögernd, als ob sie ihre Worte zählen müßte. »Es war nur Zufall, daß wir die Lade sahen.«

»War Mr. Hildebrand schon früher oben gewesen, Mrs. Koven?« Sie hob den Kopf mit einem Ruck. »Wie bitte?«

Wolfe wiederholte seine Frage.

Sie sah ihn verwirrt an. »Früher als wann?«

»Sie trafen ihn doch im Flur und sagten ihm, daß sich Ihr Mann noch im Bett befinde und daß Miss Lowell im Büro sei. War er an diesem Morgen schon einmal oben gewesen?«

»Ich habe nicht die geringste Ahnung.«

»Es gibt nichts Sichereres als Unwissenheit, aber auch nichts Gefährlicheres«, sagte Wolfe und blickte über die Anwesenden hinweg. »Zum Schluß — siebtens — wissen wir noch etwas über den Mörder. Seine Abneigung gegen Getz war so stark, daß er, als er Getz tötete, das Risiko einging, damit auch Dazzle Dan zu töten. Was für einen Anteil Getz an Dazzle Dan hatte —«

»Ich mache Dazzle Dan!« schrie Harry Koven aufgebracht. »Dazzle Dan gehört mir!« Er stierte alle an. *»Ich* bin Dazzle Dan!«

»Hören Sie um Himmels willen auf, Harry«, sagte Miss Lowell scharf. Kovens Kinn zitterte. Er benötigte mindestens drei Drinks. »Ich weiß nicht, wie wichtig Getz für Dazzle Dan war«, fuhr Wolfe fort. »Die Zeugenaussagen widersprechen sich da. Auf jeden Fall wollte der Mörder ihn töten. Sicher habe ich Ihnen jetzt den Mörder genau beschrieben.«

»Nein«, entgegnete Pat Lowell feindselig.

»Dann will ich noch genauer werden.« Wolfe beugte sich vor. »Aber lassen Sie mich zuerst ein Wort für die Polizei, besonders für Mr. Cramer, einflechten. Sicher ist er in der Lage, einen solchen Fall nach den äußeren Gegebenheiten zu entwirren, aber ihn brachte Mr. Kovens sorgfältig ausgedachte Lüge, die von Miss Lowell und Mr. Hildebrand bekräftigt wurde, in Verlegenheit. Hätte er den Verstand gehabt, meine und Mr. Goodwins Angaben als die Wahrheit zu betrachten, wäre alles ein Kinderspiel gewesen. Dies sollte ihm eine Lehre sein.«

Wolfe dachte einen Augenblick nach. »Es ist am einfachsten, den Mörder aufzuspüren, indem wir die Unschuldigen ausscheiden. Erinnern Sie sich an meinen Sieben-Punkte-Plan? Mr. Jordan zum Beispiel wird durch Punkt sechs ausgeschieden, er war am Sonntag morgen nicht da. Mr. Hildebrand wird durch mehrere Punkte ausgeschieden, besonders aber auch wieder durch Punkt sechs, denn er hatte keinen früheren Ausflug nach oben unternommen. Miss Lowell wird durch Punkt vier und fünf ausgeschieden, und ich bin überzeugt, daß auf keinen der drei, die ich bisher nannte, die Beschreibung von Punkt drei zutrifft. Ich glaube nicht, daß Mr. Koven einem von ihnen so viel Vertrauen entgegenbrachte, außerdem —«

»Genug!« Die rauhe Stimme kam von der Tür.

Alles drehte sich um. Cramer trat vor und blieb links von Koven stehen. Es herrschte Totenstille. Koven verrenkte sich den Hals, um an Cramer emporzublicken, dann fiel er plötzlich in sich zusammen und verbarg sein Gesicht in den Händen.

Cramer sah finster zu Wolfe und knurrte: »Der Teufel soll Sie holen, wenn Sie uns mit Ihrem Nummernspiel an der Nase herumgeführt haben!«

»Ich kann Ihnen nicht geben, was Sie nicht nehmen wollen«, sagte Wolfe beißend. »Jetzt können Sie zugreifen. Oder wünschen Sie noch mehr Hilfestellung? Mr. Koven war am Sonntag morgen noch im Bett, als zwei von Ihnen die Waffe in der Lade sahen. Noch mehr? Er hatte die Nacht mit Mr. Hildebrand verbracht. Ich möchte meine Lizenz gegen Ihre Marke wetten, daß

Mrs. Koven im Flur etwas sagte, was Mr. Hildebrand veranlaßte, die Lade zu öffnen. Noch mehr? Bringen Sie alles aus ihrem Zimmer in Ihr Labor. Sie muß die Waffe in ihrer Wäsche versteckt gehalten haben, und da müssen Sie Spuren finden. Sie können ihn nicht in den Zeugenstand holen und ihn fragen, wann er sie in seine Pläne eingeweiht hat, denn er kann nicht gegen seine Frau aussagen, aber —«

Mrs. Koven stand auf. Sie war bleich, aber völlig gefaßt. Sie sah auf den gebeugten Rücken ihres Mannes. »Bring mich nach Hause, Harry.«

Cramer war mit einem kurzen Schritt an ihrer Seite.

»Harry«, wiederholte sie mit sanftem Nachdruck, »bring mich nach Hause.«

Er hob den Kopf und blickte sie an. Ich konnte sein Gesicht nicht sehen. »Setz dich, Marcy«, sagte er, »ich werde schon damit fertig.« Dann wandte er sich an Wolfe: »Wenn Sie unsere Unterhaltung am Samstag abend hier auf Band aufgenommen haben, na gut, ich habe die Polizei angelogen. Was bedeutet das? Ich wollte nicht —«

»Seien Sie still, Harry«, zischte ihm Pat Lowell zu. »Holen Sie sich einen Anwalt, ehe Sie noch mehr sagen.«

Wolfe nickte. »Das ist ein guter Rat. Besonders, da ich noch nicht zu Ende bin. Es ist eine feststehende Tatsache, daß Mr. Getz nicht nur das Haus gehört, in dem Sie, Mr. Koven, leben, sondern daß er auch das Alleinrecht an Dazzle Dan besaß und Ihnen nur zehn Prozent der Einkünfte zukommen ließ.«

Mrs. Koven sank in ihren Sessel zurück und starrte Wolfe an.

»Ich denke, Madam«, sagte Wolfe, »daß Sie, nachdem Sie ihn ermordet hatten, in sein Zimmer gingen, um nach Schriftstücken zu suchen und sie zu verbrennen. Das muß bereits ein Teil Ihres Plans gewesen sein, als Sie in der letzten Woche den Revolver aus dem Fach nahmen. Sie wollten jeden Beweis seines Besitzanspruchs auf Dazzle Dan zerstören, nachdem Sie ihn getötet hatten. Das war ein naiver Gedanke, denn ein Mann wie Mr. Getz würde niemals so wichtige Papiere einfach herumliegen lassen. Ich überlasse es Mr. Cramer, sie aufzuspüren. Ich habe mir mein

Beweismaterial selbst zusammengesucht. Dort liegt es.« Wolfe zeigte auf den Zeitungsstapel auf dem Tisch. »Es sind die letzten drei Jahrgänge Dazzle Dan. In einer Episode, die sich jährlich wiederholt, kauft Dazzle Dan Pfirsiche von zwei Gestalten, die Aggie Ghool und Haggie Krool genannt werden. Aggie Ghool sagte, daß sie als Besitzerin des Baumes Haggie Krool zehn Prozent von dem Ertrag abgibt und den Rest für sich behält. A. G. sind die Anfangsbuchstaben von Adrian Getz, H. K. die von Harry Koven. Ich glaube nicht, daß diese Bilderfolge Zufall war oder nur ein Streich, sonst wäre sie nicht jedes Jahr wiederholt worden. Mr. Getz hatte anscheinend einen krankhaften Geist, da es ihm Spaß machte, seinen eigenen Besitzanspruch geheimzuhalten und den nominellen Eigentümer von Dazzle Dan jedes Jahr zu dieser kindischen Versinnbildlichung zu zwingen. Für magere zehn Prozent —«

»Nicht der Netto-Einkünfte«, mischte sich Koven ein, »zehn Prozent vom Bruttogewinn! Jede Woche über vierhundert Dollar, und ich —« Er hielt inne. Seine Frau hatte »Du Dummkopf« gesagt. Sie stand auf, und trotz ihrer geringen Größe sah sie auf ihn herab. »Nicht einmal ein Wurm bist du. Würmer haben wenigstens Verstand!« sagte sie bitter. Dann drehte sie sich zu Wolfe um. »Also gut, Sie haben ihn. Es war das einzige Mal, daß er sich wie ein Mann benahm. Aber er konnte nicht durchhalten. Getz war Eigentümer von Dazzle Dan, das stimmt. Er hatte die Idee und ließ sie von Harry ausführen. Damals, als er Harry, als Aushängeschild sozusagen, in sein Geschäft aufnahm, hätte Harry auf dem halben Anteil bestehen müssen. Aber er konnte sich einfach nicht durchsetzen, und das wußte Getz. Als die Jahre vergingen und Dazzle Dan immer erfolgreicher wurde, überließ er Harry gern den Namen und den Ruhm, solange er der Eigentümer blieb und das Geld bekam. Sie sagten, er hätte einen krankhaften Geist, vielleicht, aber ich nenne es anders. Getz war ein Vampir.«

»Das mag stimmen«, murmelte Wolfe.

»So war es schon, als ich Harry kennenlernte, aber ich entdeckte es erst, als wir vor zwei Jahren heirateten. Vielleicht hätte er Getz getötet, wenn ich nicht gewesen wäre. Als ich erfuhr, wie es stand, bemühte ich mich, Harry zur Vernunft zu bringen. Ich sagte ihm, daß sein Name schon so lange mit Dazzle Dan verbunden sei, daß Getz ihm, wenn er es verlangte, einen größeren Anteil geben müßte. Er meinte, er habe das bereits versucht, aber dazu war er nicht Manns genug. Ich hielt ihm vor, daß sein Name doch bekannt sei, daß er sich von Getz lösen und irgendwo anders neu anfangen könne, aber auch dazu hatte er keinen Mut. Er ist kein Mann, sondern ein Waschlappen. Ich ließ nicht lokker, setzte ihm immer mehr zu, das bestreite ich nicht, auch nicht im Zeugenstand, wenn es sein muß. Aber ich muß auch gestehen, daß ich ihn doch nicht so gut kannte, wie ich glaubte. Ich hatte keine Ahnung, daß er fähig war, eines Tages aus Verzweiflung einen Mord zu begehen. Ich wußte nicht, daß das in ihm steckte. Natürlich wird er nun zusammenbrechen, aber wenn er behaupten sollte, daß ich von seinem Mordplan unterrichtet war, stimmt das nicht. Ich war ganz und gar nichtsahnend.«

Ihr Mann glotzte sie mit hängendem Unterkiefer an.

»Ich verstehe.« Wolfes Stimme war stahlhart. »Zuerst hatten Sie den Plan, es einem Fremden anzuhängen, nämlich Mr. Goodwin – und auch mich zogen Sie in Ihr teuflisches Spiel –, und nachdem das fehlschlug, wälzen Sie es jetzt auf Ihren Mann ab.« Er schüttelte den Kopf. »Nein, Madam, Sie haben sich in manchem verrechnet, aber Ihr größter Fehler war, das Fenster zu öffnen, um den Affen zu töten. Mr. Cramer?«

Cramer trat vor und umklammerte ihren Arm.

»Guter Gott!« stöhnte Koven.

Pat Lowell wandte sich an Wolfe, die Stimme klang dünn und scharf: »Deshalb haben Sie mich also bearbeitet!«

Sie war eine zähe Katze, dieses Mädchen.

Der nächste Zeuge

Ich hatte schon früher mit Staatsanwalt Irving Mandelbaum zu tun gehabt, aber noch nie war er mir vor Gericht begegnet. An diesem Morgen jedoch, als er versuchte, das Schwurgericht von der Schuld Leonard Ashes am Tod Marie Willis' zu überzeugen, fand ich ihn recht gut und dachte mir, er würde bestimmt noch besser werden, wenn er erst einmal in Fahrt gekommen wäre. Er war klein, plump, glatzköpfig, hatte große Ohren, sah also nicht gerade blendend aus. Aber er wirkte tüchtig und selbstbewußt, ohne großspurig zu sein. Gelegentlich machte er eine kleine Pause und blickte mit schiefgestelltem Kopf die Geschworenen an, als ob er von ihnen Hilfe erwartete. Wenn er das tat, wandte er regelmäßig dem Richter und dem Verteidiger den Rücken zu, so daß diese seine Gesicht nicht sehen konnten. Ich aber sah es dann von meinem Platz im Saal aus jedesmal in Großaufnahme.

Es war am dritten Tag der Verhandlung, und Mandelbaum hatte seinen fünften Zeugen aufgerufen, einen erschrocken aussehenden kleinen Burschen mit zerschlagener Nase, der seinen Namen mit Clyde Bagby angab. Dieser leistete den Eid, setzte sich und richtete seine rehbraunen Augen auf Mandelbaum mit einem Ausdruck, als hätte er bereits jede Hoffnung aufgegeben.

Mandelbaum redete sanft und beschwichtigend. »Was sind Sie von Beruf, Mr. Bagby?« fragte er.

Der Zeuge schluckte schwer. »Ich bin Direktor der Bagby-Kundendienst-Ges.«

»Mit Ges. meinen sie wohl Gesellschaft?« erkundigte sich Mandelbaum.

»Jawohl, Sir.«

»Gehört die Firma Ihnen?«

»Die Hälfte der ausgegebenen Aktien gehört mir, die andere Hälfte meiner Frau.«

»Wie lange betreiben Sie dieses Geschäft schon?«

»Gut fünf Jahre – fast fünfeinhalb.«

»Bitte erklären Sie, was dieser Name bedeuten soll.«

Bagbys Augen glitten blitzschnell von einem der Geschworenen zum anderen, ehe sie wieder am Staatsanwalt haftenblieben. »Nun, es... es handelt sich um die Beantwortung von Telefonanrufen, wenn der Abonnent nicht zu Hause ist. Sie wissen ja, wie das vor sich geht.«

»Aber einigen Herren des Gerichts dürfte es wahrscheinlich unbekannt sein. Bitte, erklären Sie es also näher.«

Der Zeuge befeuchtete seine Lippen mit der Zunge. »Nun, nehmen wir einmal an, Sie seien als Firma oder auch als Privatperson im Telefonbuch eingetragen, sind aber öfters nicht zu Hause. In diesem Falle können Sie sich einer Kundendienst-Gesellschaft bedienen, alle Anrufe werden automatisch an diese weitergeleitet, wenn der Abonnent selbst nicht abnimmt. Dort notiert man sie und informiert den Kunden, sobald er nach Hause kommt und sich bei uns meldet. Es gibt ein paar Dutzend solcher Gesellschaften in New York, einige sind ganz große Unternehmen mit Zweigstellen in anderen Städten. Meine eigene Firma, die Bagby-Kundendienst-Ges., ist bedeutend kleiner, denn ich habe mich auf Einzelpersonen, auf Privathäuser und Wohnungen spezialisiert. Große Geschäftshäuser oder Firmen nehme ich gar nicht an. Ich unterhalte mehrere Filialen in den wichtigsten Stadtbezirken, weil ich unmöglich alles von einer einzigen, zentralen Stelle aus leiten kann, denn . . .«

»Entschuldigen Sie, Mr. Bagby«, unterbrach ihn der Anwalt, »wir müssen hier nicht technische Einzelheiten beschreiben. – Befindet sich eine Ihrer Niederlassungen in der 69. Straße in Manhattan?«

»Jawohl, Sir.«

»Beschreiben Sie uns, wie die Arbeit dort vor sich geht.«

»Nun, es handelt sich dabei um meine jüngste Zweigstelle; sie ist erst vor einem Jahr eröffnet worden. Außerdem ist sie auch die kleinste. Sie befindet sich deshalb nicht in einem Bürohaus, sondern in einer Etagenwohnung. Der Grund dafür ist das neue

Arbeitsgesetz. Es verbietet uns, Frauen nach zwei Uhr morgens in einem Bürohaus arbeiten zu lassen. Mein Unternehmen verlangt jedoch Tag- und Nachtdienst. Daher stehen dort in Manhattan vier Mädchen für drei Schalttische zur Verfügung, und sie wohnen auch alle in der Etagenwohnung. Auf diese Weise kann eines der Mädchen den Dienst von acht Uhr abends bis zwei Uhr früh besorgen, ein anderes von zwei bis neun Uhr. Nach dieser Zeit arbeiten drei Mädchen, an jedem Schalttisch eine.«

»Sind die Apparate in der Wohnung aufgestellt?«

»Jawohl, Sir.«

»Beschreiben Sie dem Gericht, wie ein solcher Schalttisch aussieht und wie er bedient wird.«

Bagby warf nochmals einen nervösen Blick auf die Geschworenen, ehe er antwortete. »Er unterscheidet sich kaum von der Haustelefonanlage einer großen Firma. Er weist eine Reihe von Löchern für die Stöpsel auf. Natürlich ist die Anlage von der Telefongesellschaft installiert worden und hat eigene Anschlüsse für die Leitungen meiner Klienten. An jedem Schalttisch können bis zu sechzig Kundenleitungen angeschlossen werden. Jeder Kunde besitzt ein eigenes Lichtsignal, einen Anschlußkontakt und eine Karte mit seinem Namen. Sobald seine amtliche Rufnummer gewählt wird, leuchtet auch bei uns ein Licht bei seiner Nummer auf, und ein Summton wird hörbar. Mein Klient selbst entscheidet, wie viele Summtöne wir abwarten müssen, ehe wir uns einschalten und Antwort für ihn geben. Einige verlangen das bereits nach dreimaligem Summen, andere wollen, daß länger gewartet wird. Ich habe einen Kunden, der erst nach fünfzehn Signalzeichen den Anruf von unseren Mädchen beantwortet haben will. Die ganz großen Kundendienstgesellschaften gehen auf so etwas gar nicht ein; aber ich tue es, denn gerade das Eingehen auf ihre persönlichen Wünsche schätzen meine Kunden besonders. Bei mir wissen sie, daß sie wirklich als Kunden und nicht nur als Nummern behandelt werden.«

»Besten Dank, Mr. Bagby.« Mandelbaum wandte sich mit einem verständnisheischenden Blick an die Geschworenen, drehte aber den Kopf gleich wieder zurück. »Doch das war es eigentlich nicht, was ich von Ihnen hören wollte. Ich will Ihnen lieber eine präzise Frage stellen: Wenn also das Licht am Anschlußkontakt eines Ihrer Kunden aufleuchtet und die Telefonistin die vereinbarten Summtöne abgewartet hat, dann schaltet sie sich ein und nimmt den Anruf entgegen. Stimmt das?«

Ich fand, daß Mandelbaums Verhör sich zu viel mit technischen Einzelheiten befaßte, wenn man bedachte, daß der Mann auf der Anklagebank schließlich um sein Leben kämpfte. Daher warf ich einen Blick auf Nero Wolfe, um zu sehen, ob er das gleiche dachte wie ich. Aber ich brauchte nur sein Profil anzusehen, um zu wissen, daß er sich als Märtyrer seines Berufs betrachtete und nicht die geringste Lust verspürte, sich auf irgend etwas einzulassen.

Das war zu erwarten gewesen. Zu dieser Morgenstunde hätte er, seiner eingefleischten Gewohnheit folgend, eigentlich auf der Dachterrasse bei den Gewächshäusern sein müssen. Theodor für die sorgfältige Pflege der Orchideensammlung ein Lob aussprechend oder sich sogar höchstpersönlich um die Pflanzen bemühend und sich die Hände dabei beschmutzend. Punkt elf Uhr würde er mit dem Aufzug zum Erdgeschoß fahren, wo er seine Büros hatte. Dann würde er dort das Faktotum Fritz mit einer Flasche Bier zu sich zitieren. Dann käme die Reihe an mich, seinen Sekretär Archie Goodwin. Er würde mir alle Instruktionen geben, die er im Augenblick für nötig erachtete. Ich müßte Briefe für ihn schreiben oder den Oberbürgermeister von New York beschatten, wenn Wolfe das für zweckmäßig hielt, um sein Einkommen zu vergrößern oder seinen Ruf zu verteidigen, der beste Privatdetektiv östlich von San Francisco zu sein. Und dann würde er natürlich auf sein Mittagessen warten, das Fritz immer so sorgfältig zubereitete.

Leider muß ich mich in der Möglichkeitsform ausdrücken, weil der Staatsanwalt es für nötig befunden hatte, Wolfe als Zeugen vorzuladen und am Verfahren gegen Leo Ashe teilnehmen zu lassen. Er haßte es, sein Heim verlassen zu müssen, ganz besonders jedoch, um vor Gericht zu erscheinen. Doch da er nun einmal Privatdetektiv war, mußte er solche Prüfungen in Kauf nehmen, wenn ihm daran lag, von seinen Klienten Honorare in Empfang zu nehmen. Diesmal jedoch ging es nicht einmal darum. Leo Ashe war zwar vor etwa zwei Monaten zu Wolfe gekommen, um ihm einen Fall zu übertragen, aber er war kurzerhand abgewiesen worden. Also ließ sich bei der Geschichte weder Ruhm noch Geld gewinnen. Auch ich war herbeizitiert worden, doch nur zur Unterstützung von Wolfe, falls das notwendig sein sollte. Und bis jetzt sah es nicht danach aus.

Es war kein Vergnügen, Wolfes wütende Miene zu betrachten, also drehte ich mich wieder zu den Hauptdarstellern um. Bagby sagte gerade: »Ja, Sir, sie schaltet sich in die Leitung ein und meldet sich dann mit: ›Mr. Billings' Wohnung,‹ oder ›Mrs. Jones' Appartement‹, oder was von dem betreffenden Kunden gerade verlangt wird. Dann teilt sie dem Teilnehmer mit, daß Mrs. Jones leider ausgegangen sei, und fragt, was man ihr ausrichten soll. Manchmal hat der Kunde auch eine Botschaft für den Anrufer hinterlassen, die ihm dann ausgerichtet wird.« Bagby machte eine wegwerfende Handbewegung. »Wir richten alles aus, was man uns aufträgt. Wir behandeln eben jeden Kunden ganz individuell.«

Mandelbaum nickte. »Ich denke, das gibt uns ein klares Bild, was unter Ihrem Kundendienst zu verstehen ist. Nun, Mr. Bagby, sehen Sie sich bitte den Herrn im dunkelblauen Anzug an, der neben dem Polizisten sitzt. Er ist der Angeklagte in unserem Verfahren. Kennen Sie ihn?«

»Jawohl, Sir, das ist Mr. Leonard Ashe.«

»Wann und wo sind Sie ihm begegnet?«

»Im Juli kam er in mein Büro in der 47. Straße. Zuerst rief er mich an, dann kam er selbst.«

»Können Sie uns sagen, an welchem Tag das war?«

»Am zwölften Juli. Es war ein Montag.«

»Und was sagte er?«

»Er erkundigte sich, wie mein Kundendienst arbeitet, und das erklärte ich ihm. Dann verlangte er von mir die Überwachung seines Privattelefons in der 73. Straße, und zwar durchgehend, Tag und Nacht. Dafür bezahlte er einen Monat im voraus.«

»Äußerte er einen besonderen Wunsch?«

»Zuerst nicht, aber zwei Tage später rief er Marie Willis an und offerierte ihr fünfhundert Dollar, wenn sie ...«

Der Zeuge wurde von zwei Seiten gleichzeitig unterbrochen. Der Verteidiger Jimmy Donovan schoß von seinem Stuhl auf und wollte bereits den Mund zu einem heftigen Protest öffnen, doch gleichzeitig hob auch Mandelbaum die Hand, um den Zeugen am Weiterreden zu hindern.

»Einen Augenblick, bitte Mr. Bagby. Antworten Sie nur kurz und präzise auf meine Fragen. Haben Sie Leonard Ashe als Kunden angenommen?«

»Klar! Es bestand für mich doch gar kein Grund, es nicht zu tun.«

»Wie lautet seine Privatnummer, die Sie überwachen sollten?«

»Rheinland zwei-drei-acht-drei-acht.«

»Haben Sie einen Anschluß für diese Nummer eingerichtet?«

»Jawohl, Sir, und zwar auf einem der drei Schalttische in der 69. Straße. Diese Zweigstelle bedient alle Anschlüsse der Verteilerstation Rheinland.«

»Wie hieß die Angestellte, die diesen Schalttisch bediente?«

»Marie Willis.«

Ein leichtes Gemurmel ertönte im Zuschauerraum, und Richter Corbett sah sich veranlaßt, die Stirn zu furchen und einen ärgerlichen Blick dorthin zu werfen.

Bagby fuhr mit seinen Erläuterungen fort: »Nachts werden die drei Schalttische natürlich nur von einem einzigen Mädchen bedient, und darin wechseln sich meine Angestellten ab. Aber am Tage richte ich es so ein, daß mindestens während der fünf Werktage dasselbe Mädchen am gleichen Schalttisch sitzt; auf diese Weise wird es mit seinen Kunden besser bekannt und weiß genau, wie jeder behandelt sein möchte.«

»Die Nummer von Leonard Ashe befand sich also auf dem Schalttisch von Marie Willis?«

»Ganz richtig, Sir.«

»Nachdem also die üblichen Maßnahmen getroffen worden waren, um Leonard Ashes Privatanschluß abhören zu können, trat dann noch ein besonderes Ereignis ein?«

»Jawohl, Sir.«

»Was und wann? Zuerst einmal, wann?«

Bagby überlegte einen Augenblick, wohl um sicher zu sein, daß er nichts Falsches aussagte. Dann erklärte er: »Das war am Donnerstag, drei Tage nach Übernahme des Auftrages von Ashe. Um genau zu sein: am fünfzehnten Juli. Marie rief mich im Büro an und sagte, sie möchte mich in einer wichtigen Angelegenheit sofort sprechen. Ich fragte, ob die Sache warten könne, bis ihr Dienst um sechs Uhr beendet sei, und sie stimmte zu. Kurz nach sechs begab ich mich zur 69. Straße und ging direkt in Maries Zimmer, wo sie bereits auf mich wartete. Sie sagte, Ashe habe sie am Vortag angerufen und sie ersucht, sich mit ihm zu treffen, um noch einige Einzelheiten bezüglich der Überwachung seiner Privatnummer festzulegen. Sie erklärte ihm sofort, eine derartige Besprechung müßte mit *mir* stattfinden, aber er bestand auf seinem Wunsch . . .«

Eine angenehme, aber sehr bestimmte Baritonstimme fiel ein: »Wenn Euer Ehren gestatten . . .« Jimmy Donovan war aufgesprungen. »Ich erhebe Einspruch dagegen, daß der Zeuge ein Gespräch zwischen Marie Willis und Leonard Ashe zu Protokoll gibt, bei dem er nicht selbst zugegen war, sondern das er nur vom Hörensagen kennt.«

»Wir nehmen nicht das Gespräch an sich zu Protokoll«, gab Mandelbaum kurz zurück, »sondern nur das, was Marie Willis nachher dem Zeugen darüber berichtete.«

Richter Corbett nickte. »So ist Ihre Aussage auch zu verstehen, nicht wahr, Mr. Bagby?«

»Jawohl, Sir.« Er schluckte: »Ich meine — Euer Ehren.«

»Dann fahren Sie also fort. Schildern Sie, was Marie Willis mit Ihnen besprach und was Sie ihr antworteten.«

»Nun, sie sagte, sie habe sich bereit erklärt, Ashe zu treffen, weil dieser ein Theaterproduzent sei und sie schon immer zur Bühne gewollt habe. Damals hatte ich noch gar nicht gewußt, daß sie so darauf versessen war, Schauspielerin zu werden. Sie war also zu seinem Büro in der 54. Straße gegangen, sobald sie frei hatte. Und nach ein paar Fragen und Antworten sagte er zu ihr — bitte, ich berichte nur, was sie mir erzählte –, sagte er also zu ihr, ihm liege daran, daß sie jedes Gespräch abhöre, das tagsüber mit seiner Privatnummer verbunden würde. Sie habe nichts anderes zu tun als aufzupassen, wenn das Licht bei seiner Nummer aufleuchte. Und sobald es wieder verlösche, das heißt also, sobald jemand bei ihm den Hörer abgenommen habe, solle sie sich einschalten und das Gespräch abhören. Jeden Abend müsse sie ihn persönlich anrufen und ihm berichten, was vorgefallen sei. Das ist es, was sie mir erzählte. Sie sagte, er habe ihr fünfhundert Dollar auf den Tisch gezählt und gesagt, sie solle noch einmal tausend erhalten, wenn sie seinen Auftrag zu seiner Zufriedenheit ausführe.«

Bagby mußte einen Moment einhalten, um Atem zu schöpfen. Aber Mandelbaum drängte:

»Sagte sie sonst noch etwas?«

»Jawohl, Sir. Sie sagte, sie habe natürlich gewußt, daß dies ungehörig sei und sie ihn sofort hätte abweisen müssen. Aber sie befürchtete, er würde dann seinen Auftrag ganz zurückziehen, und sie wollte ihn nicht erzürnen. Daher erklärte sie ihm, sie wolle sich seinen Vorschlag überlegen. Später teilte sie ihm mit, sie habe jetzt darüber nachgedacht und wisse, was sie zu tun habe. Es sei ihr natürlich klar, daß er seiner Frau nachspionieren wolle, und dazu gebe sie sich auf keinen Fall her. Seine Frau ist die bekannte Schauspielerin Robina Kean, die vor zwei Jahren ihre Karriere aufgegeben hat, um Ashe zu heiraten. Marie schwärmte für Robina Kean; sie war ihr Ideal. Das hat mir Marie selbst gesagt. Sie hat ferner erklärt, sie habe sich entschlossen, drei Dinge zu tun: Erstens müsse sie mir die Sache berichten, denn Ashe sei mein Kunde und sie arbeite für mich. Zweitens wolle sie Robina Kean davon Mitteilung machen und sie warnen; denn sicherlich würde Ashe jemand anderem den Auftrag geben, die Gespräche seiner Frau zu überwachen, wenn wir ablehnten. Mir kam der Gedanke, der wirkliche Grund des Mädchens ...«

Mandelbaum unterbrach den Redeschwall. »Welcher Gedanke Ihnen kam, steht hier nicht zur Debatte, Mr. Bagby. Berichtete Marie Ihnen auch von dem dritten Vorsatz, den sie ausführen wollte?«

»Jawohl, Sir. Sie wollte Ashe davon unterrichten, daß sie seine Frau warnen werde. Dazu fühlte sie sich verpflichtet, denn zu Beginn ihres Gespräches hatte sie Ashe zugesagt, nichts darüber verlauten zu lassen.«

»Gab sie Ihnen an, wann sie diese drei Vorsätze auszuführen gedachte?«

Der Zeuge nickte. »Das eine war ja bereits geschehen: Sie hatte *mich* benachrichtigt. Wie sie mir mitteilte, hatte sie Ashe angerufen und mit ihm vereinbart, ihn um sieben Uhr in seinem Büro aufzusuchen. Das machte die Zeit etwas knapp, denn um acht Uhr begann ihr Dienst. Und mir war auch die Möglichkeit genommen, ihr die Sache auszureden. Allerdings ging ich mit ihr hinunter, wir nahmen ein Taxi zur 54. Straße, wo Ashe sein Büro hat, und unterwegs sprach ich ständig auf sie ein. Doch das nützte alles nichts; sie blieb bei ihrem Entschluß.«

»Gingen Sie auch mit ihr hinauf?«

»Nein, das hätte doch nichts genützt. Sie wollte nun einmal die Sache allein durchfechten. Was konnte ich da tun?«

So war das also gewesen, dachte ich bei mir. Eine verteufelte Geschichte. Ich warf einen Blick auf Wolfe, doch seine Augen waren geschlossen, und daher wandte ich mich zur anderen Seite, um zu sehen, wie der Herr im dunkelblauen Anzug neben dem Polizisten die Sache aufnahm. Offenbar sah der Fall auch für Leo Ashe schlecht aus. Seine Falten um den Mund hatten sich vertieft, das dunkle, knochige Gesicht wirkte eingefallen, die Augen lagen tief in den Höhlen. Er sah genauso aus, wie man sich einen Anwärter für den elektrischen Stuhl vorstellt. Nein, sein Anblick war gar nicht erfreulich. Seufzend wandte ich meine Augen nach links, wo seine Frau in der ersten Reihe der Zuschauer saß.

Mein Ideal war Robina Kean nie gewesen, aber in ein paar Stücken hatte sie mir doch sehr gut gefallen, und jetzt bot sie die vollendete Wiedergabe einer verzweifelten Ehegattin — entweder aus wirklichem Mitgefühl für ihren Mann, oder einfach als gute Schauspielerin. Sie war unauffällig gekleidet, und sie saß auch unauffällig und ruhig da, und dennoch gelang es ihr, wie eine große Dame zu wirken. Ihre Jugend und Schönheit waren unbestreitbar. Wie sie zu ihrem bedeutend älteren, unansehnlichen Gatten stand, blieb den Vermutungen der Zuschauer überlassen, und diese vermuteten allerlei. Die einen meinten, Ashe bedeute die ganze Welt für sie, und er sei ein Idiot, sie überhaupt nur zu verdächtigen; die anderen behaupteten, sie habe die Bühne nur verlassen, um gewissen Leidenschaften zu leben, und Ashe sei ein Idiot, das nicht schon früher bemerkt zu haben. Abgesehen von diesen beiden extremen Ansichten, gab es natürlich die verschiedensten Meinungen. Wenn man sie so betrachtete, mochte man sie für einen Engel halten. Sah man jedoch ihn an, mußte man zugeben, daß es schon einer gewaltigen Erschütterung bedurft hatte, um ihn so elend zu machen. Ich mußte aber auch die zwei Monate berücksichtigen, die er bereits unter Mordverdacht im Gefängnis zugebracht hatte; diese konnten nicht spurlos an ihm vorübergegangen sein.

Mandelbaum fuhr nach einer effektvollen Pause fort: »Sie gingen also nicht mit Marie Willis in Ashes Büro hinauf?«

»Nein, Sir.«

»Auch später nicht, nachdem sie sich bereits dorthin begeben hatte?«

»Nein, Sir.«

»Haben Sie Ashe an jenem Abend überhaupt gesehen?«

»Nein, Sir.«

»Haben Sie mit ihm telefoniert?«

»Nein, Sir.«

Ich sah Bagby scharf an. Entweder sprach er die Wahrheit, oder er war ein meisterhafter Lügner. Und wie ein solcher sah er eigentlich nicht aus. Seit ich mit Wolfe arbeite, sind mir schon ein paar hartgesottene Lügner begegnet, und dieser Bagby glich ihnen ganz und gar nicht.

Mandelbaum fuhr fort: »Was taten Sie an jenem Abend, nachdem Sie Marie Willis den Aufzug zu Leonard Ashes Büro betreten sahen?«

»Ich begab mich in ein Restaurant, wo ich eine Verabredung mit einem Freund hatte. Das Lokal nennt sich *Hornby* und liegt in der 86. Straße. Danach, so um halb neun, ging ich in mein Trafalgar-Büro am Broadway. Dort habe ich sechs Schalttische eingerichtet, und ein neues Mädchen hatte an jenem Abend zum erstenmal Dienst. Eine Weile habe ich mit ihr gesprochen, dann nahm ich ein Taxi, um nach Hause zu fahren, quer durch den Park zu meiner Wohnung in der 70. Straße. Bald nach meiner Ankunft dort klingelte das Telefon: ein Anruf der Polizei, die mich informierte, daß man Marie Willis in meinem Rheinland-Büro ermordet aufgefunden hatte. So rasch als möglich fuhr ich dorthin. Es hatte sich schon eine große Menschenmenge auf der Straße versammelt, und ein Polizist geleitete mich die Treppe hinauf.«

Er hielt einen Moment ein, schluckte schwer und streckte das Kinn vor. »Sie war nicht berührt worden; nur der Strick, den man um ihren Hals geschlungen hatte, war entfernt worden. Da lag sie nun, direkt vor ihrem Schalttisch. Die Polizei wollte, daß ich sie identifiziere, und ich mußte ...«

Diesmal wurde nicht der Zeuge unterbrochen, sondern ich. Ein leichtes Zupfen an meinem Ärmel, ein geflüstertes: »Kommen Sie, wir gehen!«, und Nero Wolfe bahnte sich einen Weg zur Tür im Hintergrund. Für einen Mann von seiner Figur bewegte er sich unglaublich leicht und behende, wenn es darauf ankam, und tatsächlich bemerkte auch niemand unser Fortgehen. Ich nahm an, daß es sich um etwas sehr Wichtiges handeln müsse, wenn er so mitten in der Verhandlung einfach ausriß. Vor all den Leuten ringsum mochte ich ihn nichts fragen, sondern folgte ihm schweigend zum Lift. Er drückte auf den untersten Knopf; wir stiegen im Erdgeschoß aus, und er stapfte dem Ausgang zu. Erst draußen auf dem Bürgersteig blieb er stehen, lehnte sich an eine Mauer und erklärte:

»Wir brauchen ein Taxi; aber vorher habe ich ein Wort mit Ihnen zu reden.«

»Nein, Sir«, entgegnete ich fest. »Zuerst habe *ich mit Ihnen* zu reden. Mandelbaum wird mit diesem Zeugen in ein paar Minuten fertig sein, und ob das Kreuzverhör lange dauert, wissen wir nicht. Aber dafür wissen wir, daß Sie als nächster Zeuge vorgesehen sind. Wenn Sie nun ein Taxi verlangen, so bedeutet das natürlich, daß Sie heimkehren wollen, und das . . .«

»Nein!« unterbrach er wütend. »Ich gehe nicht heim — ich *kann* nicht heim!«

»Stimmt! Denn wenn Sie es täten, würde man Sie durch einen Polizisten zurückholen und Ihnen außerdem eine hübsche Geldstrafe aufbrummen. Von mir gar nicht zu reden; aber schließlich habe auch ich eine Vorladung erhalten und bin zur Zeugenaussage verpflichtet. Ich gehe jetzt zurück. Was wollen Sie unternehmen?«

»Ich begebe mich in die 69. Straße.«

Verstört starrte ich ihn an. »Ich habe schon immer befürchtet, daß Sie eines Tages überschnappen werden. Ist es sehr schmerzhaft?«

»Ich erkläre Ihnen alles unterwegs.«

»Unterwegs? Ich gehe zurück in den Gerichtssaal.«

»Nein. Ich brauche Sie!«

Mir geht es ähnlich wie anderen Menschen auch: Ich fühle mich geschmeichelt, wenn ich benötigt werde. Daher gab ich nach, trat auf den Randstein und sah mich nach einem Taxi um. Sobald eines neben uns hielt, öffnete ich die Tür. Wolfe stieg ein, und ich folgte ihm. Nachdem er sich angeschnallt hatte und sich damit einigermaßen vor den Tücken des Verkehrs gefeit fühlte, gab ich dem Fahrer die Adresse an. Wir sausten los, und während ich mich behaglich zurücklehnte, gebot ich meinem Chef: »Schießen Sie los: Ich habe schon viele Erklärungen von Ihnen gehört, aber diese muß besonders gut sein, wenn ich sie akzeptieren soll.«

»Die ganze Sache ist widersinnig!« knurrte er. »Mandelbaums These — pah! Ich gebe zu, daß Mr. Ashe das Mädchen umgebracht haben könnte. Ich gebe ferner zu, daß er sich in eine solche Abneigung gegen seine Frau hineingesteigert hat, daß es schon fast Wahnsinn gleicht. Daher könnte man das Motiv gelten lassen, das dieser Zeuge aufgeworfen hat. Aber der Mann ist kein Trottel! Unter den gegebenen Umständen — und ich bezweifle, daß man Bagby in diesem Punkt eine Unwahrheit nachweisen kann — war Mr. Ashe bestimmt nicht so verrückt, selbst hinzugehen und das Mädchen umzubringen. Sie waren ja am Apparat, als er mich an jenem Tage anrief und mir seinen Auftrag erteilen wollte. Was halten Sie davon?«

Ich schüttelte den Kopf. »Nichts zu machen; *Sie* sind am Erklären. Immerhin lese ich die Zeitungen ja auch, und ich habe mit Lon Cohen von der *Gazette* darüber gesprochen. Es ist nicht so, als ob Ashe schon hineingegangen sei, in der Absicht, das Mädchen zu töten. Seine Geschichte mag wahr sein, daß ein Mann, dessen Stimme er nicht erkannte, ihn angerufen hat und ihn um ein Zusammentreffen in Bagbys Haus in der 69. Straße bat, damit sie beide Marie die Geschichte ausreden könnten. Demnach hätte sich Ashe dorthin aufgemacht, sah dann die offenstehende Tür des Büros und ging hinein. Da lag das Mädchen am Boden mit dem Strick um den Hals! Er rannte zum Fenster und brüllte nach der Polizei. Aber vielleicht paßt es Ihnen besser, anzunehmen, Bagby habe gelogen, als er behauptete, nicht er hätte Ashe angerufen; möglicherweise halten Sie ihn auch für einen skrupellosen Geschäftsmann, der lieber eine Angestellte umbringen als einen Kunden verlieren würde ...«

»Pfui! Es handelt sich nicht um das, was mir lieber ist, sondern um lauter Dinge, die ich *nicht ausstehen* kann. Dazu gehört auch das Sitzen neben einer Frau, die nach Parfüm stinkt. Gleich wäre ich als Zeuge aufgerufen worden, und meine Aussage hätte nur diejenigen von Mr. Bagby unterstützt; das wissen Sie selbst. Das aber wäre mir unerträglich gewesen. Wenn Ashe auf die These von Mr. Mandelbaum hin als Mörder verurteilt werden sollte, dann ist es ein Justizmord. Dazu gebe ich mich nicht her. Es war gar nicht leicht, aufzustehen und einfach hinauszugehen, weil ich ja doch nicht nach Hause darf. Wenn ich das täte, würden die Burschen kommen und mich mit Gewalt zur Zeugenbank schleppen.«

Ich sah ihn von der Seite an. »Mal sehen, ob ich aus Ihren Argumenten klug werde: Sie ertragen es nicht, bei der Verurteilung von Ashe mitzuwirken, weil Sie Zweifel an seiner Schuld haben. Daher drücken Sie sich lieber. Stimmt's?«

»Das kommt der Wahrheit ziemlich nahe«, gab Wolfe zu.

»Aber nicht nahe genug«, wandte ich ein. »Wenn Sie erwarten, daß ich zu Ihnen halte und eine Geldstrafe riskiere, die Sie zahlen müssen, dann dürfen Sie nicht auch noch versuchen, mich zu bluffen. Drücken wir es also so aus: Wir bezweifeln, daß Ashe schuldig ist, aber man wird ihn wahrscheinlich doch verurteilen, weil Mandelbaum keinen Prozeß führt, der nicht zu seinen Gunsten endet. Geben wir ebenfalls zu, daß unser Bankkonto dringend einer Auffrischung bedürfte. Also versuchen wir, dem guten Mandelbaum einen Stein in den Weg zu legen, und hoffen dabei, Ashe möchte so liebenswürdig sein, uns nach dem Prozeß einen netten kleinen Scheck auszufüllen. Und wie ich Sie kenne, werden Sie sich eine Menge Aufträge und Gänge für mich ausdenken, selber aber gemütlich nach Hause gehen, etwas Gutes essen und sich mit einem Buch behaglich hinsetzen. Aber das fällt aus, weil die Polizei prompt erscheinen und Sie einfach mitnehmen würde. Daher müssen wir uns also beide auf die Socken machen. So sieht die Geschichte aus. Was haben wir denn in der 69. Straße?«

»Das weiß ich nicht.«

»Prima. Ich auch nicht.«

Es war ein altes, baufälliges rotes Ziegelhaus, an dessen Eingang ich das Schild der Bagby-Kundendienst-Ges. entdeckte. Ich läutete. Als ein scharfes Klicken ertönte, öffnete ich die Tür und ließ Wolfe den Vortritt. Wir gingen in den ersten Stock hinauf. Mr. Bagby verschwendete sein Geld offensichtlich nicht für teure Mietobjekte. Eine Tür stand offen, und ich schob Wolfe vor mich her, da ich nicht wußte, unter welchem Namen und Vorwand er uns einzuführen gedachte.

Als er sich dem Mädchen am Schreibtisch zuwandte, hielten meine Augen rasch Umschau. Dies war ja die Szene, wo der Mord stattgefunden hatte. Drei Fenster gingen auf die Straße hinaus. An der gegenüberliegenden Wand standen drei Schalttische, vor denen drei Mädchen mit Kopfhörern saßen. Alle hatten die Köpfe herumgedreht, um uns anzusehen.

Das Mädchen am Schreibtisch beim Eckfenster hatte nur einen gewöhnlichen Telefonapparat vor sich, natürlich auch eine Schreibmaschine und anderen Krimskrams.

Wolfe stellte sich tatsächlich mit seinem richtigen Namen vor: »Ich komme soeben vom Gerichtshof, wo die Verhandlung gegen Leonard Ashe stattfindet.« Mit einer leichten Kopfbewegung deutete er auf mich. »Dies ist mein Sekretär, Mr. Goodwin. Wir sind dabei zu überprüfen, wer außer den Erschienenen noch eine Vorladung erhalten hat. Ist Ihnen vielleicht eine Zeugenvorladung zugestellt worden?«

Er hatte mit so viel Autorität gesprochen, daß nur eine Frau unter hundert sich seine Anmaßung verbeten hätte, und diese gehörte nicht dazu. Ihr schmales Gesicht wandte sich ihm zu, und sie schüttelte den Kopf. »Nein, ich habe nichts Derartiges erhalten.«

»Ihr Name, bitte?«

»Pearl Fleming.«

»Demnach haben Sie am fünfzehnten Juli nicht hier gearbeitet?«

»Nein, ich tat damals in einem anderen Büro Dienst. Hier befand sich zu dieser Zeit noch kein Schreibtisch, und eine der Telefonistinnen nahm die Anrufe für das Büro ab.«

»Ich verstehe.« Wolfes Tonfall deutete an, was für ein Glück sie hatte, daß er sich mit dieser Auskunft zufriedengab. »Sind die Damen Hart, Velardi und Weltz hier?«

Beinahe hätte ich erstaunt die Brauen gehoben, aber ich beherrschte mich noch rechtzeitig, denn ich wollte ihm meine Verblüffung nicht zeigen. Und außerdem kannte ich ja sein Gedächtnis, das jeden Namen, den er einmal im Zusammenhang mit einem Mordfall gelesen hatte, speicherte, und mochten auch schon Monate vergangen sein. Das Register in seinem Kopf funktionierte besser als jede ausgeklügelte Kartei.

Pearl Fleming deutete zu den Schalttischen hinüber. »Den Tisch dort drüben bedient Miss Hart, dann folgt Miss Velardi. Uns zunächst sitzt Miss Yerkes. Sie kam nach... sie ist heute nicht hier; sie hat ihren freien Tag. *Sie* hat eine Vorladung erhalten, aber ...«

Sie unterbrach sich und wandte den Kopf. Das Mädchen beim Fenster hatte seinen Hörer niedergelegt, war aufgestanden und kam nun auf uns zu. Sie mochte ungefähr in meinem Alter sein, hatte scharfe braune Augen, eingefallene Wangen und ein kantig vorspringendes Kinn.

»Sind Sie nicht Nero Wolfe, der Detektiv?« wollte sie wissen.

»Ja,« gab er zu. »Sie heißen Alice Hart?«

Sie nickte bloß. »Was wünschen Sie?«

Er trat einen Schritt zurück, denn es behagt ihm nicht, wenn sich jemand so dicht vor ihm aufpflanzt, besonders wenn dieser jemand eine Frau ist. »Ich wünsche Auskünfte, Miss – und zwar von Ihnen, von Bella Velardi und Helen Weltz.«

»Wir wissen nichts!«

Er zuckte die Achseln. »Dann habe ich eben Pech; aber immerhin sollten Sie erst meine Fragen hören.«

»Von wem wurden Sie geschickt?«

»Ich lasse mich nicht schicken, ich komme von selbst. Es gibt erhebliche Zweifel, daß Leonard Ashe Marie Willis getötet haben soll – und ich hasse Zweifel. In solchen Fällen gebe ich nicht nach, bis ich die Wahrheit herausgefunden habe, die volle Wahrheit. Es ist also immer besser, wenn man meine Neugier gleich befriedigt. Sollte es mir gelingen, dabei auch noch Mr. Ashe das Leben zu retten, wäre das sehr erfreulich. Auf jeden Fall habe ich mich jetzt in diesen Fall eingemischt und lasse mich durch nichts und niemand mehr davon abhalten. Wenn Sie und die anderen Damen sich weigern, mir *heute* die gewünschten Auskünfte zu geben, dann gibt es andere Tage... und andere Möglichkeiten.«

Alice Hart verzog das Gesicht. Sie hob das kantige Kinn und war bereits im Begriff, ihm eine scharfe Abfuhr zu erteilen; doch plötzlich senkte sie wieder den Blick. Zu dem Mädchen am Schreibtisch sagte sie nur: »Pearl, bitte übernimm eine Weile meinen Tisch. Ich werde nicht lange fortbleiben.« Zu Wolfe gewandt, zischte sie: »Hier durch, bitte; wir gehen in mein Zimmer.« Hochmütig drehte sie sich um und ging voran.

»Einen Augenblick, Miss Hart!« Wolfe hielt sie zurück. »Ein Punkt ist bisher in den Zeitungen nicht erwähnt worden.« Er blieb beim mittleren Schalttisch hinter Bella Velardi stehen. »Marie Willis' Leiche wurde hier gefunden, am Boden vor dieser Schaltanlage. Wahrscheinlich saß sie auf dem gleichen Stuhl, den Sie jetzt benutzen, als der Mörder ins Zimmer trat. Sie alle wohnen doch hier in dieser Wohnung, nicht wahr?« »Ja.«

»Wie konnte denn der Mörder wissen, daß das Mädchen zu dieser Zeit allein in der Wohnung war?«

»Keine Ahnung! Vielleicht hat sie es ihm selbst erzählt. Soll das etwa der Zweifel sein, von dem Sie sprachen?«

»Du liebe Zeit, nein! Natürlich ist es möglich, daß sie es ihm erzählt hat und die beiden sogar noch eine Weile zusammen schwatzten. Er wartete ab, bis ein Anruf kam und sie ihm den Rücken zuwendete, um den Anruf zu beantworten. Das ist zwar nur eine Nebensache, aber ich möchte trotzdem jemanden finden, der mit Bestimmtheit wüßte, daß Miss Willis zu der fraglichen Zeit allein hier war. Sie war schlank und klein; daher würde das weder Sie von der Tat ausschließen noch die beiden anderen Damen. Natürlich besitze ich keine Beweise. Ich will Sie nicht des Mordes verdächtigen.«

»Hoffentlich!« sagte Alice Hart giftig. Sie ging uns voran zu einer Tür am anderen Ende des Zimmers und dann einen schmalen Korridor entlang. Wolfe folgte ihr, und ich trottete hinterdrein. Dabei überlegte ich mir, daß die Reaktion des Mädchens auf Wolfes Bemerkung etwas heftig ausgefallen war. Auch hatte ich erwartet, daß die beiden anderen Damen sich ebenfalls auf ihren Stühlen entrüstet umdrehen würden, doch sie taten es nicht. Sie blieben bewegungslos sitzen und starrten auf ihre Schalttafeln. Was aber Alice Hart betraf, so hatte ihre Stimme trotz der Heftigkeit ihrer Reaktion sehr erleichtert geklungen. Ich fragte mich nur, ob das Nero Wolfe auch aufgefallen war.

Das Zimmer des Mädchens war eine Überraschung. Es war viel größer als der Raum, in dem die Schalttische standen, und geradezu luxuriös eingerichtet. Und wenn das Gemälde über dem Kamin nicht ein echter van Gogh war, würde ich mich sofort hängen lassen. Ich sah, daß Wolfe ebenfalls das Gemälde kritisch betrachtete, als er sich in einen Lehnsessel fallen ließ, der tatsächlich groß genug für seine Kehrseite war. Ich schob einen Stuhl neben ihn, während Miss Hart sich auf dem Sofa niederließ.

Sobald sie saß, redete sie auch schon: »Um was handelt es sich also?«

Mißbilligend schüttelte Wolfe den Kopf: »Ich stelle die Fragen, Miss, nicht Sie.« Mit seinem dicken Daumen wies er auf den van Gogh: »Wie kommen Sie zu diesem Bild?«

Sie warf einen kurzen Blick hinüber, ehe sie ihn wieder mit gerunzelten Brauen ansah: »Das geht Sie gar nichts an!«

»Damit haben Sie vollkommen recht. Aber lassen Sie mich die gegenwärtige Lage schildern: Sie sind natürlich von der Polizei und der Staatsanwaltschaft ausgefragt worden, aber alle diese Leute waren von Anfang an der festen Meinung, Leonard Ashe sei der Schuldige. Da ich jedoch diese Auffassung nicht teile, muß ich eine andere Lösung finden. Und in einem solchen Falle gibt es bei mir keine Grenzen für die Unverschämtheit, mit der ich unbequeme Fragen stelle. Zum Beispiel die Geschichte mit diesem Bild: Wenn Sie mir keine befriedigende Antwort geben wollen, dann setze ich einen sehr fähigen Mann auf diese Spur; und ich kann Ihnen versichern, daß ich binnen kürzester Frist alles erfahre, was ich wissen will. Die Frage ist nur, ob Sie mir jetzt und hier Rede und Antwort stehen, oder ob ich den längeren und für Sie peinlicheren Weg wählen muß, Auskunft bei allen Ihren Bekannten und Freunden einzuholen. Falls Sie also keine Fragen beantworten wollen, dann sagen Sie es mir lieber gleich, damit ich meine Zeit nicht verschwende.«

Sie versuchte ein Ausweichmanöver. »Was soll das Bild mit dem Mordfall zu tun haben, das verstehe ich nicht.«

»Wahrscheinlich gar nichts — wahrscheinlich haben Sie auch nichts damit zu tun. Aber dieses Bild hat einen großen Wert, und es kommt mir seltsam vor, es an dieser Stelle hängen zu sehen. Gehört es Ihnen?«

»Ja; ich habe es gekauft.«

»Wann?«

»Vor etwa einem Jahr — von einem Kunsthändler.«

»Gehört Ihnen alles, was sich in diesem Zimmer befindet?«

»Ja. Ich liebe nun einmal schöne Dinge in meinem Heim. Das ist die einzige Leidenschaft, der ich fröne.«

»Wie lange arbeiten Sie schon für Mr. Bagby?«

»Seit fünf Jahren.«

»Wie hoch beläuft sich Ihr Gehalt?«

Sie versuchte nicht mehr, in die Zügel zu beißen: »Achtzig Dollar pro Woche.«

»Das genügt aber nicht für solche kostspieligen Extravaganzen. Haben Sie eine Erbschaft gemacht? Beziehen Sie Alimente — oder sonst etwas?«

»Nein, verheiratet war ich nie. Ich besaß einige Ersparnisse, und. . . nun, ich *wollte* mich eben mit schönen Dingen umgeben. Wenn man fünfzehn Jahre lang sehr sparsam lebt, dann kommt schon ein kleines Vermögen zusammen.«

»Sicherlich. Wo waren Sie an jenem Abend, als Marie Willis getötet wurde?«

»Ich machte einen Autoausflug mit Bella Velardi. Wir wollten uns etwas abkühlen, denn der Tag war sehr heiß gewesen. Erst nach Mitternacht kehrten wir zurück.«

»In Ihrem Wagen?«

»Nein. Helen Weltz hatte uns erlaubt, ihren Wagen zu benutzen. Sie besitzt einen Jaguar.«

Ich hob die Augenbrauen und mischte mich ein. Ich belehrte Wolfe: »Der Jaguar ist ein Klassewagen. *Sie* könnten sich allerdings nicht hineinzwängen. Aber wenn man schlank ist, Steuern und Sonderausstattung zusammenrechnet, kommt man auch mit viertausend Dollar noch nicht aus.«

Er warf mir nur einen kurzen Blick zu und wandte sich dann wieder an das Mädchen. »Natürlich hat sich die Polizei erkundigt, wer von Ihnen einen Grund haben könnte, Marie Willis aus dem Weg zu räumen, nicht wahr?«

»Ja. *Ich* hatte jedenfalls keinen Grund dazu.«

»Standen Sie auf freundschaftlichem Fuß mit ihr?«

»Jedenfalls auf recht kameradschaftlichem.«

»Hat irgendein Klient Sie jemals vertraulich darum ersucht, Gespräche für ihn abzuhören?«

»Sicherlich nicht!«

»Wußten Sie etwas davon, daß Marie Willis gerne zur Bühne gegangen wäre?«

»O ja, das hat sie uns allen erzählt.«

»Mr. Bagby hat das aber bestritten.«

Ihr Kinn war nicht mehr so angriffslustig vorgereckt. »Er war ihr Arbeitgeber. Mit ihm würde sie wohl kaum darüber gesprochen haben. Wann haben *Sie* mit Mr. Bagby geredet?«

»Ich habe kein Wort mit ihm gewechselt. Aber ich habe ihn als Zeugen vor Gericht gehört. Wußten Sie etwas davon, daß Miss Willis für Robina Kean schwärmte?«

»Ja, das war uns allen bekannt. Sie versuchte sogar, Robina Kean in ihren Rollen zu imitieren.«

»Wann hat sie Ihnen mitgeteilt, daß sie entschlossen sei, Mrs. Kean über die Absichten ihres Mannes zu informieren?«

Alice zog die Brauen zusammen. »Ich habe nicht behauptet, daß sie mir das anvertraut hätte.«

»Hat sie es wirklich nicht getan?«

»Nein!«

»Aber sie hat sich anderen gegenüber in diesem Sinne geäußert?«

»Ja, Miss Velardi wußte es. Sie können ja Miss Velardi selbst fragen.«

»Danke, das werde ich auch tun. – Kennen Sie Guy Unger?«

»Ja – aber nicht sehr gut.«

Wolfe war wieder bei seinem Lieblingsspiel, das er oft mit Erfolg anwandte. Er warf den anderen ein paar Bälle zu und wartete, ob sie wieder zurückkamen. Das ist ein erprobter Weg, um neue Anhaltspunkte zu finden. Aber es ist auch ein Geduldsspiel, das man manchmal tagelang fortsetzen muß, und dazu hatten wir diesmal bestimmt keine Zeit. Wenn es einem der Mädchen im Vorderzimmer in den Sinn kommen sollte, das Büro des Staatsanwalts anzurufen, dann konnte in den nächsten Minuten schon die Hölle los sein.

Was nun diesen Guy Unger betraf, so war das wieder ein neuer Name, den Wolfe aus den Zeitungen aufgeschnappt hatte. Es hieß, er sei Marie Willis' Liebhaber gewesen, die Reporter waren sich aber nicht recht klar darüber gewesen. Die Meinungen gingen in dieser Beziehung stark auseinander.

Miss Hart ihrerseits vertrat die Auffassung, Marie habe an der Gesellschaft von Guy Unger Gefallen gefunden, nichts weiter. Sie wußte nichts von einer Krise in ihren Beziehungen, die den jungen Mann veranlaßt hätte, sie mit einem Strick radikal zu lösen.

Fünf Minuten lang warf Wolfe so seine Bälle, immer wieder einen anderen Standpunkt wählend. Doch das Mädchen warf keinen zurück. Schließlich erhob er sich stöhnend.

»Schön«, knurrte er. »Lassen wir es vorläufig dabei bewenden. Ich möchte jetzt mit Miss Velardi sprechen.«

»Aber natürlich, ich schicke sie Ihnen sofort her.« Alice Hart schnellte auf; sie war plötzlich voller Eifer. »Ihr Zimmer ist gleich nebenan. Bitte, kommen Sie mit.«

Augenscheinlich wollte sie uns nicht mit ihrem van Gogh allein lassen. An der Schublade ihres Schreibtisches hing ein Vorhängeschloß, das ich bestimmt innerhalb weniger Sekunden geknackt hätte. Leider jedoch tappte Wolfe hinter dem Mädchen her, und so blieb mir nichts anderes übrig, als ihm zu folgen. Vor der Tür bog sie rechts ab zum nächsten Zimmer, dessen Tür offenstand. Dort verließ sie uns mit ein paar gemurmelten Worten und eilte mit hastigen Schritten dem Büro zu. Wolfe kennt keine Hemmungen; er marschierte unaufgefordert ins Zimmer, und ich natürlich dicht auf seinen Fersen.

Dieser Raum sah ganz anders aus als der von Alice. Kein van Gogh befand sich darin, auch keine kostbaren Möbelstücke. Das Bett war noch nicht gemacht. Wolfe blieb eine ganze Weile davor stehen und betrachtete es; dann ließ er sich auf einen abgeschabten Sessel nieder, der natürlich viel zu klein für ihn war, und befahl mir brummig: »Sehen Sie sich um, Archie!«

Das tat ich denn auch. Bella Velardi liebte Spalten und halbaufgezogene Schubladen. Die Schranktür stand offen, die Laden der Kommode waren herausgezogen. Das ist eine Angewohnheit, die ich gar nicht ausstehen kann. Also ging ich auf den Schrank zu und versuchte ihn zu schließen. Aber er war so voll, daß er allen meinen Anstrengungen widerstand. Daher ließ ich es bleiben und bahnte mir einen Weg zu den Büchern und Zeitschriften, die in wüstem Durcheinander auf einem Tischchen herumlagen. Mein Blick fiel auf den obersten Buchtitel: *Ein Fehltritt zuviel.* Das Umschlagblatt zeigte eine kurvenreiche Blondine, die mit weit aufgerissenen Augen vor einem bösartig aussehenden Muskelathleten zurückschrak. Daneben stapelten sich Broschüren über Pferderennen und die letzten Ausgaben einer Sportzeitschrift.

»Hm!« Zu Wolfe gewandt, erläuterte ich: »Sie hat eine Vorliebe für das Pferdegeschlecht.«

»Was soll das heißen?«

»Sie schließt Pferdewetten ab.«

»Und ...?«

»Verliert natürlich. Wieviel? Das hängt ganz von der Höhe ihrer Einsätze ab. Wahrscheinlich kleinere Summen, da sie sich vorsichtigerweise gleich zwei Sportzeitschriften hält.«

Er grunzte. »Lassen Sie nur eine von den Schubladen offen, und schließen Sie die anderen. Wir wollen doch sehen, wieviel Schnüffelei sie sich von uns gefallen läßt.«

Ich gehorchte. Die sechs Schubladen der großen Kommode enthielten nichts als Wäsche, soviel ich sehen konnte. Natürlich hätte ich tiefer schürfen müssen, um eventuell etwas Interessanteres zu entdecken, aber dazu blieb mir keine Zeit. Ich schloß alle Fächer, um deutlich zu demonstrieren, was ich von einer solchen Unordnung halte. Auch der Toilettentisch schien auf den ersten Blick nichts Besonderes zu enthalten. Im zweiten Fach lagen unter anderem Krimskrams eine Anzahl von Fotografien, meistens Schnappschüsse. Als ich sie flüchtig durchblätterte, stutzte ich plötzlich. Da war eine Aufnahme von Bella Velardi und einem anderen Mädchen, beide im Badeanzug, und hinter ihnen ein

Mann. Die Aufnahme war am Strand gemacht worden. Ich nahm das Bild heraus und brachte es Wolfe.

»Erkennen Sie den Mann?« fragte ich. »Ich lese nie die Zeitungen, sondern sehe mir nur die Bilder an. Es muß allerdings schon zwei Monate her sein, daß ich den Burschen in der Zeitung gesehen habe.«

Er hielt die Aufnahme etwas schräg und betrachtete sie prüfend. Dann nickte er. »Guy Unger.« Er schob die Fotografie in seine Tasche. »Schauen Sie nach, ob Sie weitere Bilder von ihm finden.«

Ich wanderte wieder zum Toilettentisch. »Ich fürchte, Sie werden kein Glück haben bei dem Mädchen. Alice ist jetzt mindestens schon vier Minuten weg; entweder berichtet sie alles haarklein, oder sie haben bereits um Hilfe telefoniert. In diesem Falle ...«

Das Geräusch von klappernden Absätzen ließ sich im Korridor vernehmen. Rasch schloß ich die beiden Fächer, öffnete aber gleichzeitig ein anderes und fingerte darin herum. Als die Schritte bereits im Zimmer erklangen, schob ich ohne Hast auch dieses Fach zu und drehte mich gelassen nach Bella Velardi um. Ich war darauf vorbereitet, einen empörten Ausruf von ihr zu vernehmen, doch nichts dergleichen entrang sich ihren Lippen. Ihre stechenden schwarzen Augen und der zusammengekniffene Mund bewiesen deutlich, daß sie sehr wohl zu lauter Empörung fähig war; doch augenscheinlich war ihr Kopf momentan viel zu sehr mit etwas anderem beschäftigt. Sie tat so, als hätte sie das hastige Schließen der Schublade gar nicht bemerkt, und das war sehr aufschlußreich. Wenn man alle bisherigen Beobachtungen dazurechnete, mußte man unbedingt zu dem Schluß kommen, daß diese Telefonmädchen irgend etwas zu verbergen hatten.

Bella Velardi sagte mit dünner, heiserer Stimme: »Miss Hart hat mir angedeutet, daß Sie von mir eine Auskunft haben wollen.« Sie setzte sich auf die Kante des ungemachten Bettes.

Wolfe betrachtete sie mit halbgeschlossenen Augen. »Wissen Sie, was eine hypothetische Frage ist, Miss Velardi?«

»Selbstverständlich.«

»Nun, ich möchte Ihnen eine solche stellen: Wenn ich drei gewitzte Detektive aussende, um herauszufinden, wieviel Dollar Sie ungefähr bei Pferdewetten im vergangenen Jahr verloren haben — wie lange hätten die drei schätzungsweise mit dieser Aufgabe zu tun?«

»Was zum ...« Sie blinzelte ihn unter den langen Wimpern hervor an. »Das weiß ich wirklich nicht.«

»Aber ich! Wenn die Leute Glück haben, brauchen sie fünf Stunden, wenn sie Pech haben, fünf Tage. Es wäre also entschieden einfacher und billiger, wenn Sie es mir freiwillig sagen würden. Wieviel haben Sie verloren?«

Sie zwinkerte wieder. »Woher wollen Sie wissen, daß ich überhaupt verloren habe?«

»Ich weiß es tatsächlich nicht. Aber Mr. Goodwin ist ein Experte in solchen Dingen, und aus den hier herumliegenden Zeitungen schloß er, daß Sie vom Wetteufel besessen sind. Wenn das stimmt, dann ist mit Sicherheit anzunehmen, daß Sie eine Aufstellung über Ihre Gewinne und Verluste besitzen.« Er drehte sich zu mir herum. »Archie, Ihre Suche wurde unterbrochen. Fahren Sie jetzt damit fort; wir wollen herausfinden, wie es sich damit verhält.«

Ich ging zu der kleineren Kommode hinüber. Wolfe bluffte wieder einmal, und ich fragte mich, ob es ihm wohl glücken werde. Ließ sie sich seine Unverschämtheiten gefallen, ohne sofort die Polizei zu rufen, dann war das zwar kein Beweis, daß sie eine Mörderin ist, aber doch eine Bestätigung, daß sie etwas zu verbergen hatte.

Jedenfalls blieb sie nicht stillschweigend sitzen. Sobald ich im Begriff war, die erste Schublade herauszuziehen, löste sich ihre Zunge. »Bitte, Mr. Wolfe, ich bin bereit, Ihnen alles zu erzählen, was Sie wissen möchten. Bestimmt!« Sie beugte sich vor, aber ihre Hände blieben verkrampft. »Ich war nur im ersten Moment so verblüfft. Ich mache ja gar kein Geheimnis daraus, daß ich Pferdewetten abschließe, aber die Beträge, um die es dabei geht... nun, das ist eine andere Sache. Sehen Sie, ich besitze Freunde, die leidenschaftlich gern Wetten abschließen. Sie wollen nicht, daß ihre Angehörigen etwas davon erfahren. Deswegen geben sie mir das Geld, und ich schließe dann die Wetten in meinem Namen ab. Manchmal handelt es sich um hundert Dollar in der Woche, manchmal auch um etwas mehr.«

Das war natürlich eine plumpe Lüge, und Wolfe erkannte das sofort. Er nahm sich nicht einmal die Mühe, nach den Namen dieser Freunde zu fragen.

Er nickte bloß. »Wie hoch ist Ihr Einkommen?«

»Nun fünfundsechzig Dollar die Woche; ich selbst kann also kaum Geld für Wetten ausgeben.«

»Klar. – Nun zu den Fenstern in diesem Vorderzimmer, wo Sie arbeiten. Wenn es recht heiß ist im Sommer und eine von Ihnen nachts am Schalttisch sitzen muß, werden da die Fenster offengelassen?«

Sie konzentrierte sich mühsam auf diesen neuen Gedanken.

»Manchmal, wenn es wirklich sehr heiß ist, und zwar gewöhnlich das Mittelfenster. Es kann auch vorkommen, daß alle geöffnet werden.«

»Sind dann auch die Jalousien hochgezogen?«

»Ja, sicher.«

»Am fünfzehnten Juli war es sehr heiß. Blieben an diesem Abend die Fenster offen?«

»Das kann ich nicht sagen; ich hatte an diesem Tage frei.«

»Wo waren Sie?«

»Drüben in Jersey, mit einer Freundin – mit Alice Hart. Wir wollten uns abkühlen und kehrten erst nach Mitternacht zurück.«

Großartig, dachte ich. Das erledigt die Frage. Eine von den beiden hätte uns Lügen auftischen können, aber nicht beide die gleichen Lügen.

Wolfe sah sie scharf an. »Wenn an diesem Abend die Fenster offen und die Jalousien hochgezogen waren, wie es anzunehmen ist, hätte dann wohl jemand bei vollem Verstand Marie Willis umgebracht, während sie für jeden Vorübergehenden deutlich sichtbar war? Was halten Sie davon?«

Sie suchte nach einem Ausweg, doch schließlich gab sie nach: »Nein, das ist nicht anzunehmen.«

»Dann muß also der — oder die — Betreffende zuerst die Fenster geschlossen und die Jalousien heruntergelassen haben, ehe er ans Werk ging. Wie hätte Leonard Ashe das unter den gegebenen Umständen wohl fertiggebracht, ohne Miss Willis Angst einzujagen?«

»Ich weiß es nicht. Vielleicht wollte er... nein, ich weiß es wirklich nicht!«

»Was wollte er vielleicht?«

»Nichts. Ich habe keine Ahnung.«

»Wie gut kennen Sie Guy Unger?«

»Oh... ziemlich gut.«

Kürzer konnte sie sich wirklich nicht mehr fassen.

»Haben Sie ihn in den letzten zwei Monaten oft gesehen?«

»Nein, sehr wenig.«

Wolfe griff in seine Tasche und zog die Fotografie hervor. Er hielt sie ihr hin und fragte: »Wann wurde das Bild aufgenommen?«

Sie wollte danach greifen, doch er zog die Hand rasch zurück. Nach einem kurzen Blick meinte sie gleichzeitig: »Oh, das!« Sie setzte sich wieder, aber plötzlich explodierte sie in hellem Zorn: »Das haben Sie aus meinem Zimmer gestohlen! Was haben Sie sich sonst noch angeeignet, Sie...?« Sie war aufgesprungen und bebte am ganzen Körper. »Machen Sie, daß Sie hinauskommen! Und wagen Sie es ja nicht, noch einmal bei mir einzudringen!«

Wolfe schob die Aufnahme gelassen wieder in seine Tasche, erhob sich und wandte sich mir zu: »Kommen Sie, Archie. Es scheint doch Grenzen für alles zu geben.« Er marschierte zur Tür, und ich folgte ihm.

Als er bereits auf der Schwelle stand, hastete sie an mir vorbei und ergriff ihn am Arm. »Warten Sie einen Moment! Ich habe das nicht so böse gemeint, manchmal geht eben mein Temperament mit mir durch. Dieses... dieses Foto ist ganz unwichtig für mich, wirklich!«

Er blieb beharrlich: »Wann wurde das Bild aufgenommen?«

»Am Sonntag vor zwei Wochen.«

»Wer ist das andere Mädchen?«

»Helen Weltz.«

»Und wer hat geknipst?«

»Ein Mann, der in unserer Gesellschaft war.«

»Sein Name?«

»Ralph Ingalls.«

»War Guy Unger mit Ihnen oder mit Ihrer Freundin zusammen?«

»Nun, wir... wir waren einfach alle zusammen.«

»Unsinn! Zwei Männer und zwei Mädchen sind niemals ›einfach zusammen‹. Es bilden sich immer zwei Paare. Wie war das also damals?«

»Nun – Guy und Helen, und Ralph und ich.«

Wolfe warf einen Blick auf den Sessel, den er vorhin verlassen hatte, aber anscheinend fand er doch, es lohne nicht die Mühe, noch einmal umzukehren.

»Dann hat sich also Mr. Ungers Interesse seit dem Tode Marie Willis' auf Miss Weltz konzentriert?«

Sie zuckte die Achseln. »Davon weiß ich nichts. Sie sehen sich eben ganz gern.«

»Seit wann arbeiten Sie hier?«

»In dieser Zweigstelle seit ihrer Eröffnung. Vorher war ich zwei Jahre lang im Trafalgar-Büro.«

»Wann erzählte Ihnen Miss Willis, daß sie Robina Kean von dem Ansinnen ihres Gatten in Kenntnis setzen wolle?«

Sie war offensichtlich auf diese Frage gefaßt und bereit zu antworten: »Noch am gleichen Vormittag – am Donnerstag, dem fünfzehnten Juli.«

»Hielten Sie den Entschluß von Miss Willis für richtig?«

»Nein. Ich dachte, es sei gescheiter, dem Kunden einfach zu erklären, sie übernehme diese Aufgabe nicht, und damit basta. Ich sagte ihr auch, das würde zu Schwierigkeiten führen. Aber sie war ganz vernarrt in diese Robina Kean...« Sie zuckte wieder die Achseln. »Wollen Sie sich wirklich nicht mehr setzen?«

»Danke, nein. Wo befindet sich jetzt Miss Weltz?«

»Es ist ihr freier Tag.«

»Ich weiß; aber wo kann ich sie finden?«

Sie öffnete den Mund, um etwas zu sagen, doch sie schloß ihn wieder. Aber endlich bequemte sie sich doch: »Ich weiß es nicht bestimmt. Aber warten Sie einen Moment, ich will mich erkundigen.« Wir hören das Klappern ihrer Absätze, als sie durch den Korridor ging. Nach kaum zwei Minuten war sie wieder zurück und meldete: »Miss Hart meint, sie sei wahrscheinlich in dem Sommerhäuschen, das sie in Westchester gemietet hat. Soll ich dort anrufen und mich erkundigen?«

»Ja, ich bitte darum.«

Sie klapperte wieder davon, und diesmal folgten wir ihr. Im ersten Zimmer konzentrierten sich die anderen Mädchen auf ihre Schalttische. Während Bella Velardi sich mit Miss Hart unterhielt und diese zu ihrem Schreibtisch ging, um eine Nummer zu wählen, blieb Wolfe stocksteif stehen und sah sich um. Er betrachtete die Fenster, die Schalttische, die Mädchen und mich. Sobald Miss Hart ihm meldete, Helen Weltz sei am Apparat, begab er sich zum Schreibtisch und nahm den Hörer in die Hand.

»Miss Weltz? Hier spricht Nero Wolfe. Wie Miss Hart Ihnen bereits gesagt hat, bin ich gerade dabei, ein paar Ermittlungen im Zusammenhang mit dem Mord an Marie Willis anzustellen, und möchte gerne mit Ihnen sprechen. Ich habe zwar noch eine andere Verabredung, aber die könnte ich ohne weiteres verschieben. Wie lange würde es dauern, bis Sie in der Stadt sind? Wie... Sie können nicht kommen? Nein, die Sache hat nicht Zeit bis morgen... Ausgeschlossen... Ich verstehe; Sie sind also den ganzen Nachmittag dort... Gut, das werde ich tun.« Er hing auf und bat Miss Hart, mir den Weg zu diesem Sommerhaus in Westchester zu beschreiben. Sie gehorchte, aber die Route war so kompliziert, daß ich mein Notizbuch herauszog und alles aufschrieb. Ich notierte mir auch die Telefonnummer. Wolfe war bereits, ohne sich zu verabschieden, hinausgegangen. Mir blieb es also überlassen, dem Mädchen höflich zu danken und dann meinen Brotherrn auf der Treppe wieder einzuholen. Als er auf dem Bürgersteig endlich anhielt, erkundigte ich mich ganz bescheiden: »Ein Taxi nach Katonah?«

»Nein!« Er kochte vor Wut. »Zur Garage — holen Sie den Wagen!«

Daraufhin schlugen wir den Weg nach Westen ein.

Als wir in dem Parkhaus standen und darauf warteten, daß Peter den Wagen aus dem ersten Stock herunterbrachte, kam Wolfe endlich mit dem heraus, auf das ich schon die ganze Zeit gewartet hatte.

»Von hier aus haben wir nur vier Minuten zu Fuß bis nach Hause.«

Ich grinste ihn an. »Jawohl, Sir. Ich wußte, daß diese Bemerkung kommen mußte, schon als Sie telefonierten. Um nach Katonah zu gelangen, müssen wir fahren — und das bedeutet die Benutzung des Wagens. Der Wagen jedoch steht in der Garage, und die Garage ist so nahe bei der Wohnung, daß man ebensogut zuerst hinaufgehen und etwas essen könnte. Sind wir aber erst einmal in der Wohnung und hinter verschlossenen Türen, brauchen wir keinen Telefonanruf abzunehmen und können uns noch einmal überlegen, ob wir nach Westchester fahren sollen. Ich kenne doch Ihre Taktik!«

»Das stimmt nicht«, brummte Wolfe übellaunig. »Der Gedanke kam mir erst im Auto.«

»Ich kann natürlich das Gegenteil nicht beweisen«, meinte ich achselzuckend, »aber ich mache Ihnen einen Vorschlag. Hier nebenan befindet sich ein Telefon. Rufen Sie Fritz an. Oder soll ich es tun?«

»Nicht übel«, bemerkte er bloß, ging zu dem anschließenden kleinen Büroraum und setzte sich vor das Pult. Er wählte sogar, ohne meine Hilfe dabei zu beanspruchen. Sobald Fritz antwortete, erklärte er ihm, wo wir uns befänden, stellte einige Fragen und erhielt anscheinend Antworten, die ihm gar nicht behagten. Unwirsch gab er Fritz Befehl, auf eventuelle Anfragen jedem Menschen zu sagen, er habe keine Ahnung, wo wir uns befänden, er habe nichts von uns gehört und erwarte uns vorläufig auch nicht.

Dann legte er den Hörer ab, starrte erst das Telefon und dann mich vorwurfsvoll an und knurrte.

»Vier Telefonanrufe! Einer vom Gerichtshof, einer aus dem Büro des Staatsanwalts, und zwei von Inspektor Cramer.«

»O weh!« Ich zog ein Gesicht. »Gerichtshof und Staatsanwalt, schön, das geht in Ordnung. Aber Cramer! Wenn Sie sich auch nur bis auf eine Meile dem Tatort eines Mordes nähern, dann juckt es ihn schon am ganzen Körper. Und Sie können sich ja vorstellen, was für einen Verdacht er jetzt in seinem Gehirn herumwälzt, weil Sie einfach aus der Zeugenbank verschwunden sind. Gehen wir also nach Hause! Es wird ganz interessant sein, zu erfahren, ob er nur einen Wachtposten vor der Tür aufgestellt hat oder gleich mehrere. Natürlich werden Sie sofort in Haft genommen und kriegen dann überhaupt kein Essen; aber was schadet das schon!«

»Schweigen Sie!«

»Jawohl, Sir. Hier kommt übrigens der Wagen.«

Als wir hinaustraten, rollte auch schon der braune Wagen von der Rampe und hielt neben dem Bürgersteig. Peter kam eilig heraus und riß die hintere Tür für Wolfe auf, der sich konsequent weigert, vorn neben dem Fahrer zu sitzen, weil er befürchtet, bei einem Zusammenstoß den Kopf an der zersplitternden Windschutzscheibe zu verletzen. Ich kletterte hinter das Steuer, löste die Bremsen, legte den Gang ein und gab Gas.

Zu dieser Tageszeit ist der West Side Highway nicht allzusehr überfüllt, und von der Hudsonbrücke an konnte ich meinen Gedanken gestatten, spazierenzugehen. Aber wohin sollten sie sich wenden? An sich hätte ich unserer Kasse ganz gern mit einem klingenden Zeichen der Dankbarkeit von Leonard Ashe aufgeholfen, aber wie sollten wir ihn denn vom Verdacht des Mordes reinigen können? Die ganze Lage war so verdammt kindisch. Daheim, in seinem behaglichen Lehnstuhl, konnte Wolfe seinen Geist zur Ordnung rufen; doch auf der harten Bank des Gerichtshofes und mit einem parfümierten Frauenzimmer dicht neben sich, da hatte er die Herrschaft verloren und taumelte in luftleerem Raum herum. Natürlich würde er jetzt nicht mehr den Rückzug antreten und sich bei den Anwälten entschuldigen; das ließ sein Eigensinn nicht zu. Er konnte aber auch nicht einfach nach Hause gehen, und selbst die Fahrt nach Katonah würde sich vielleicht als Schuß ins Blaue herausstellen. Als ich im Rückspiegel einen Polizeiwagen hinter uns herjagen sah, biß ich mir auf die Lippen. Erst als er an uns vorbeiraste, ohne anzuhalten, atmete ich erleichtert auf. An sich wäre es natürlich lächerlich gewesen, wenn man eine Polizeistreife wegen eines herumvagabundierenden Zeugen für die Staatsanwaltschaft mobilisiert hätte, aber mich hätte es nicht gewundert, wenn sich Cramers Wut auf Wolfe auf diese Weise Luft gemacht hätte.

Als ich an einer Kreuzung langsamer fahren mußte, erklärte ich meinem Chef, es sei jetzt Viertel vor zwei und ich hätte Hunger wie ein Wolf. Er gab mir schlicht und einfach die Order, irgendwo zu halten und uns mit Zwieback, Käse und Bier zu versorgen. Ich bog sofort von der Hauptstraße ab und hielt vor einem kleinen Laden. Wolfe verschlang den Zwieback und das Bier, verweigerte aber nach einem kurzen Blick den Käse. Ich selbst war viel zu hungrig, um Einwände gegen dessen Qualität zu erheben.

Meine Uhr zeigte auf achtunddreißig Minuten nach zwei, als ich die Landstraße verließ und, Alice Harts Angaben befolgend, in einen schmalen Seitenweg einbog, der zu beiden Seiten von dichten Büschen eingesäumt war. Als ich einen freien Platz erreichte, mußte ich scharf bremsen, um nicht den gelben Jaguar zu rammen, der dort parkte. Linker Hand lief ein Kiesweg an einer Wiese entlang, die dringend hätte gemäht werden müssen. Er führte zu einem weißgestrichenen Häuschen mit blauen Fensterläden. Als ich aus dem Wagen kletterte, kamen zwei Leute um die Hausecke. Das Mädchen, das voranging, war gerade im richtigen Alter und hatte genau die richtige Figur, mit blauen Augen und blondem Haar, das genau zur Farbe des Jaguars paßte und mit einem gelben Band zusammengehalten wurde. Mit leichtem Schritt näherte sie sich. »Sie sind bestimmt Archie Goodwin. Ich heiße Helen Weltz, und dies hier ist Guy Unger.

Bitte kommen Sie mit. Wir wollen uns in den Schatten des alten Apfelbaumes setzen.«

Soweit ich mich an sein Bild in der Zeitung vor zwei Monaten erinnerte, hatte Guy Unger nicht gerade wie ein Mörder ausgesehen. Auch in Fleisch und Blut tat er das nicht. Kleine Augen blinzelten mir aus einem runden, festen Gesicht entgegen. Ich hatte den Eindruck, er würde am liebsten sein Mündchen öffnen und den Daumen hineinstecken wie ein kleines Kind. Nur der graue Anzug, den er trug, war erstklassig.

Der Apfelbaum stammte sicher noch aus der Zeit der ersten Kolonisten; seine Produkte lagen überall auf dem Boden herum. Wolfe warf einen mißtrauischen Blick auf die weißen Holzstühle, aber da keine andere Sitzgelegenheit in Sichtweite war und er sonst wohl hätte stehen müssen, entschloß er sich schließlich doch, vorsichtig Platz zu nehmen. Helen Weltz erkundigte sich als höfliche Gastgeberin, was wir zu trinken wünschten. Wolfe lehnte dankend ab, was sie keineswegs zu verwundern schien. Sie setzte sich direkt ihm gegenüber, lächelte ihn strahlend an und verstand es dabei, auch mich in dieses Lächeln einzuschließen.

»Sie ließen mir am Telefon gar keine Zeit«, beklagte sie sich, »sonst hätte ich Ihnen gesagt, es lohne die Mühe nicht, extra hier herauszufahren. Ich weiß gar nichts über diese gräßliche Geschichte mit Marie. An dem Unglückstag habe ich einen Ausflug mit einem Segelboot gemacht und war weit weg vom Tatort. Hat man Ihnen denn das nicht erzählt, Mr. Wolfe?«

Wolfe knurrte. »Das ist es nicht, was ich Sie fragen will, Miss Weltz. Solche Routineangelegenheiten werden von der Polizei erledigt, und zweifellos hat sie sich schon mit Ihrem Alibi beschäftigt. Ich selbst bin erst sehr spät in diesen Fall hineingezogen worden, und wenn es nicht *zu* spät sein soll, dann muß ich jetzt etwas exzentrisch und verwirrend vorgehen. Zum Beispiel: Wann ist Mr. Unger hergekommen?«

»Nun, er ist eben erst . . .«

»Einen Augenblick, bitte!« mischte sich Unger ein. Er hatte ein halbvolles Glas von dem neben ihm stehenden Tischchen genommen und hielt es zwischen den Fingerspitzen. Seine Stimme war nicht hoch und schrill, wie ich angenommen hatte, sondern ein dunkler Bariton. »Lassen Sie mich aus dem Spiel. Ich bin nur ein unbeteiligter Zuschauer. Allerdings bin ich nicht neutral, denn ich stehe auf der Seite von Miss Weltz, wenn sie mich um meinen Beistand bitten sollte.«

Wolfe nahm sich nicht einmal die Mühe, ihm einen Blick zu gönnen. »Ich will Ihnen erklären, Miss Weltz, weshalb ich diese Frage stellte, und zwar werde ich es sehr genau erklären. Als ich in der 69. Straße mit Miss Hart und Miss Velardi sprach, benahm ich mich in jeder Beziehung ganz abscheulich, und die Damen hätten das Recht gehabt, mich ohne weiteres hinauszuwerfen. Seltsamerweise taten sie das nicht. Ich erkannte, daß sie vor irgend etwas entsetzliche Angst hatten, und ich will herausfinden, warum. Ich nehme an, Sie kennen den Grund. Ich nehme ebenfalls an, daß Miss Hart nach meinem Fortgang nochmals mit Ihnen telefonierte, Ihnen die Situation schilderte und mit Ihnen besprach, wie man sich am besten sichern könnte. Ferner nehme ich an, daß entweder Miss Hart oder Sie selbst anschließend Mr. Unger anriefen und ihn genügend unter Druck setzten, daß er sofort hierherkam. Natürlich muß mir das alles recht merkwürdig vorkommen. Es könnte zum Beispiel meinen Verdacht bestärken, daß ...«

»Lassen Sie das!« schnitt ihm Unger das Wort ab. »Ich habe vor etwa zehn Minuten gehört, Sie seien hierher unterwegs – nämlich erst, als ich selbst eintraf. Miss Weltz hat mich gestern eingeladen, sie heute nachmittag zu besuchen. Ich habe den Zug nach Katonah genommen und von dort aus ein Taxi.«

Jetzt blickte ihn Wolfe voll an. »Ich kann das nicht widerlegen, Mr. Unger, aber es widerspricht meiner Annahme absolut nicht, ganz im Gegenteil. Jedoch wäre ich wahrscheinlich mit Miss Weltz rascher fertig, wenn Sie sich eine Weile zurückziehen wollten – sagen wir, für zwanzig Minuten?«

»Ich halte es für besser, wenn ich bleibe!«

»Schön, aber dann halten Sie uns bitte nicht mit Unterbrechungen auf.«

»Guy, benehmen Sie sich anständig!« Helen wies den jungen

Mann schroff zurecht und lächelte dann Wolfe freundlich an. »Ich will Ihnen sagen, was ich glaube: Er möchte Ihnen einfach zeigen, wie gerissen er ist. Als ich ihm erklärte, Nero Wolfe komme hierher, da hätten Sie ihn hören sollen! Er stotterte etwas davon, wie berühmt und wie klug Sie seien und daß er selbst herausfinden wolle, ob das stimmt. Ich gebe nicht vor, gescheit zu sein; ich war einfach erschrocken.«

»Erschrocken? Worüber denn, Miss Weltz?«

»Nun, ich hatte Angst vor Ihnen. Das ginge doch wohl jedem so, wenn er sich plötzlich Ihnen gegenübergestellt sähe.«

»Das allein reicht nicht aus, um sich nach Hilfe und Unterstützung umzusehen.« Wolfe erfaßte den Humor der Sache nicht. »Jedenfalls dann nicht, wenn die Möglichkeit vorhanden ist, mich einfach abzuweisen – und dieser Ausweg wäre Ihnen geblieben. Warum haben Sie ihn nicht gewählt? Warum sind Sie bereit, meine Gegenwart zu ertragen?«

»Das nenne ich eine komische Frage!« Sie lachte. »Aber ich will Ihnen zeigen, weshalb ich dazu bereit bin.« Sie stand auf, trat einen Schritt vor, um ihm leicht auf die Schulter zu klopfen und seinen Hinterkopf zu streicheln. »Ich wollte die einmalige Gelegenheit nicht versäumen, den großen Nero Wolfe zu berühren – mit meinen eigenen Händen berühren!« Sie lachte noch einmal, ging zum Tischchen hinüber und goß sich eine gute Portion Kognak ein. Dann kehrte sie zu ihrem Stuhl zurück, setzte sich und leerte das Glas in einem Schluck. Dabei schüttelte sie sich und meinte: »Brr! Deshalb!«

Unger furchte die Stirn, als er das Mädchen anschaute. Man brauchte tatsächlich nicht Wolfes geschulten Geist, um zu bemerken, daß Helen kurz vor einem Nervenzusammenbruch stand.

Wolfe meinte trocken: »So, nun haben Sie mich also berührt, und trotzdem sind Sie bereit, mich weiter zu ertragen. Natürlich hat Ihnen Miss Hart berichtet, daß ich die These ablehne, Leonard Ashe habe Marie Willis getötet. Das gedenke ich auch zu beweisen. Es ist jetzt zu spät für mich, aus den gewöhnlichen Informationsquellen zu schöpfen. Außerdem sind alle Tatsachen bereits von kompetenter Seite gründlich und eingehend beleuchtet worden. Da ich also nicht in der Lage bin, Mr. Ashes Unschuld zu beweisen, bleibt mir nur übrig, genügend neue Tatsachen zusammenzutragen, um mindestens einen starken Zweifel an seiner Schuld aufkommen zu lassen. Können Sie mir dabei helfen?«

»Aber nein! Ich weiß doch gar nicht, wie ich Ihnen helfen kann.«

»Da gibt es mehrere Möglichkeiten. Die eine besteht zum Beispiel darin, daß Sie jemanden nennen können, der sowohl ein Motiv wie die Gelegenheit zur Ausführung der Tat besaß. Nun, wie steht es damit?«

Sie kicherte, hielt sich aber gleich darauf den Mund zu, wahrscheinlich aus Schreck darüber, daß das Gespräch über einen Mord sie zum Lachen reizen konnte. »Tut mir leid«, bemerkte sie, »aber Sie sind wirklich drollig! Im Büro des Staatsanwalts hat man uns stundenlang ausgequetscht, um zu erfahren, ob außer Ashe noch jemand anders Marie aus dem Wege haben wollte. Aber jetzt haben Sie eben *doch* Ashe in der Zange, und das muß ja wohl bedeuten, daß man ihm die Tat beweisen kann. Und nun kommen *Sie* so einfach daher und glauben, Sie könnten das ganze Gebäude in ein paar Minuten umbauen! Finden Sie das nicht selbst komisch?«

Sie nahm ihr Glas mit unsicherer Hand, reckte sich, um einen Schauer zu unterdrücken, und ging auf den Tisch zu. Guy Unger griff nach ihrem Arm und hielt sie fest. »Sie haben genug gehabt, Helen!« erklärte er zornig. »Kein Alkohol mehr für Sie!« Einen Moment starrte sie ihn an, dann ließ sie das Glas auf seinen Schoß fallen und wandte sich wieder ihrem Stuhl zu.

Wolfe betrachtete sie. »Nein, Miss Weltz«, gab er zu, »nein, ich hoffte nicht, Ihnen in ein paar Minuten ein Geständnis zu entlocken. Das einzige, das ich erwartete, war die Bestätigung meiner Annahme, daß ihr alle etwas wißt, das kein Außenstehender erfahren soll — und diese Bestätigung haben Sie mir bereits gegeben. Jetzt gehe ich an die wirkliche Arbeit, aber ich gestehe, daß ich nur wenig Hoffnung auf Erfolg habe. Vielleicht muß ich mein Versagen zugeben, nachdem ich viel Zeit und Geld und Energie daran verschwendet habe. Natürlich setze ich auch meine Hilfsquellen ein: ein halbes Dutzend der fähigsten Detektive. Zum Schluß müssen wir möglicherweise alle zugeben, daß die allgemeine Nervosität in Ihrem Büro gar nichts mit Marie Willis zu tun hat. Aber das will ich erst tun, wenn ich den Grund Ihrer heimlichen Sorge kenne. Ich muß ihn erfahren. Wenn Sie der Meinung sind, meine Nachforschungen könnten für Sie und die anderen zu Unannehmlichkeiten führen, dann sagen Sie es mir lieber gleich. Das würde . . .«

»Ich habe Ihnen nichts zu sagen!«

»Unsinn. Sie stehen ja dicht vor einem Nervenzusammenbruch.«

»Nein, nein, nein!«

»Ruhig, Helen — bleiben Sie ganz ruhig.« Guy Ungers kleine stechende Augen fixierten Wolfe. »Was wollen Sie eigentlich von ihr? Soweit ich es bis jetzt begriffen habe, suchen Sie Leonard Ashe vom Verdacht des Mordes zu reinigen. Ist das richtig?«

»Ja.«

»Und weiter nichts?«

»Nichts.«

»Wollen Sie damit sagen, daß Sie von Ashes Rechtsvertreter beauftragt wurden?«

»Nein. Es hat mir bloß nicht gepaßt, Zeuge der Anklage zu sein, während ich immer stärkere Zweifel an Ashes Schuld hegte.«

»Weshalb zweifelten Sie daran?«

Wolfes Schultern hoben sich ganz leicht und senkten sich wieder. »Ahnung und Widerspruchsgeist.«

»Ich begreife.« Unger krauste sein Kindermündchen, was er besser unterlassen hätte. »Also einfach auf Vermutungen hin!« Er lehnte sich vor. »Oh, ich will damit Ihre Motive nicht in Zweifel ziehen, verstehen Sie mich richtig. Sie haben überhaupt keine Vollmachten, sich einzumischen. Aber wenn Ihnen Miss Weltz nun sagen würde, Sie möchten sich zum Teufel scheren, dann wäre die Sache für Sie keineswegs abgetan — ganz im Gegenteil! Sie wird Ihnen also jetzt alles sagen, was in direktem Zusammenhang mit diesem Mord steht, und ich werde das gleiche tun. Wir haben ja schließlich vor dem Staatsanwalt und vor der Polizei ausgepackt, warum also nicht auch vor Ihnen? Übrigens, verdächtigen Sie *mich* auch?«

»Ja.«

»Ausgezeichnet!« Unger lehnte sich zurück. »Ich begegnete Marie Willis vor etwa einem Jahr. Dann bin ich ein paarmal mit ihr ausgegangen, ungefähr einmal pro Monat, später auch öfter. Wir haben zusammen gegessen und uns dann irgendeine Theatervorstellung angesehen. Aber wir waren nicht verlobt und dachten auch gar nicht an eine engere Bindung. In der letzten Juniwoche – also vierzehn Tage vor ihrem Tod – hatte sie Urlaub, und wir machten zu viert einen Ausflug in meinem Boot, den Hudson hinauf. Die beiden anderen waren Freunde von mir, ein Mann und ein Mädchen. Wünschen Sie ihre Namen zu wissen?«

»Nein.«

»Und selbst wenn man mir ein Motiv hätte unterstellen können, hätten die guten Leute damit nichts anfangen können, denn am fünfzehnten Juli befand ich mich weit vom Schuß. Das war ein Donnerstag, und um fünf Uhr nachmittags betrat ich mein Boot und fuhr den Harlem River bis zum Sund hinauf. Um zehn Uhr abends schliefen wir alle auf dem Boot, das ich in der Nähe von New Haven an einem Steg vertäut hatte. Mein Freund Ralph Ingalls war mit seiner Frau dabei, und Miss Helen Weltz. Natürlich hat die Polizei längst mein Alibi nachgeprüft, aber vielleicht paßt Ihnen die Art und Weise nicht, wie diese Leute Erkundigungen einziehen. Es soll Ihnen unbenommen sein, das selbst nachzuholen. Haben Sie eine Frage?«

»Eine oder zwei.« Wolfe rutschte auf seinem Stuhl herum. »Was sind Sie von Beruf«.

»Du meine Güte! Haben Sie denn nicht einmal die Zeitungen gelesen?«

»Doch, aber das war vor etlichen Wochen, und soweit ich mich erinnere, waren die Angaben darüber ziemlich unbestimmt. ›Makler‹, so hieß es dort. Sind Sie Börsenmakler?«

»Nein, ich handle einfach mit allem, was mir unter die Hände kommt.«

»Haben Sie ein eigenes Büro?«

»Das brauche ich nicht.«

»Haben Sie irgendwelche Transaktionen für jemanden durchgeführt, der mit der Bagby-Kundendienst-Gesellschaft in Verbindung steht?«

Unger warf den Kopf in den Nacken. »Das ist eine seltsame Frage! Weshalb möchten Sie denn das wissen?«

»Weil ich befürchte, Ihre Antwort werde positiv lauten.«

»Sie wollen also nur Ihre Neugierde befriedigen?«

»Aber, aber, Mr. Unger!« Wolfe hob abwehrend die Hand. »Da Sie ja bereits von mir gehört haben, wissen Sie ja wohl auch, daß ich es hasse, Auto zu fahren, selbst wenn Mr. Goodwin am Steuer sitzt. Glauben Sie denn ernstlich, ich habe diese Fahrt hierher nur zum Zeitvertreib unternommen? Aber wenn Ihnen die Frage peinlich ist, dann brauchen Sie sie nicht zu beantworten.«

»Wieso sollte sie mir denn peinlich sein?« Unger ging zum Tisch hinüber, goß etwas Kognak in sein Glas und füllte es mit Wasser auf. Dann nahm er einen tüchtigen Schluck und stellte das Glas wieder hin, ehe er zu Wolfe zurückschlenderte.

»Ich will Ihnen etwas sagen«, begann er in einem völlig neuen Ton. »Diese ganze Geschichte ist einfach dumm. Ich vermute, Sie haben irgendwelche Gerüchte gehört, und ich möchte mit Ihnen allein darüber sprechen. Lassen Sie uns einen kleinen Spaziergang unternehmen.«

Wolfe schüttelte ablehnend den Kopf. »Ich unterhalte mich nicht gern im Stehen. Wenn Sie aber keine Zeugen brauchen können, dann werden Miss Weltz und Mr. Goodwin den vorgeschlagenen Spaziergang unternehmen... Archie?«

Ich erhob mich sofort. Helen Weltz blickte erst Unger und dann mich an, aber sie stand gehorsam auf. »Also gehen wir Blümchen pflücken«, schlug sie vergnügt vor. »Mr. Unger wünscht nicht, daß ich seine Geheimnisse erfahre.«

Sie ging voran. Das dürre Laub der Bäume raschelte unter unseren Füßen. In der Wiese stand das Gras kniehoch. »Goldrute kenne ich«, rief ich ihr zu, »aber wie heißen die blauen Blüten?«

Ich erhielt keine Antwort. Nach etwa hundert Metern versuchte ich es nochmals: »Jetzt dürften wir weit genug sein. Wenn sie kein Megaphon benützen, hören wir sie nicht mehr.«

Schweigend ging sie weiter. »Letzter Versuch«, rief ich ihr zu. »Unger würde natürlich ein kompletter Narr sein, wenn er Wolfe jetzt anzugreifen wagte – aber weiß ich denn, ob er keiner ist? Leuten, die in einem Mordfall verwickelt sind, ist alles zuzutrauen.«

Endlich reagierte sie. »Er hat nichts mit diesem Mord zu tun!«

»Irrtum! Wenn Mr. Wolfe mit ihm fertig ist, ist er bestimmt kein Unschuldsengel mehr.«

Sie warf sich ins Gras, verbarg das Gesicht in den Händen und schluchzte lautlos. Ich ließ sie eine Weile gewähren, dann kniete ich neben ihr nieder und packte ihren Knöchel.

»Das hat alles gar keinen Sinn«, erklärte ich schroff. »Heulen Sie lieber richtig los, schreien Sie und schlagen Sie um sich. Falls Unger dann denken sollte, ich mißhandle Sie, und er Ihnen zu Hilfe eilt, dann habe ich wenigstens einen Grund, ihn niederzuschlagen.«

Sie murmelte etwas, das ich durch die vorgehaltenen Hände nicht verstehen konnte. Es hörte sich so an wie »Gott steh' mir bei«. Langsam verebbte das Schluchzen und hörte endlich ganz auf. Als sie wieder sprach, klang es bereits viel deutlicher. »Sie tun mir weh!«

Ich lockerte meinen Griff um ihren Knöchel und zog schließlich meine rechte Hand ganz weg, als auch sie die Hände fallen ließ und den Kopf hob.

Ihr Gesicht war gerötet, doch die Augen waren trocken. »Du meine Güte«, sagte sie, »wie schön wäre es, wenn Sie jetzt die Arme um mich legen und flüstern würden: ›Schon gut, Liebling, schon gut! Mache dir keine Gedanken mehr, ich bringe alles in Ordnung. Überlasse nur alles mir!‹ O ja, das wäre herrlich!«

»Vielleicht komme ich noch dazu, wenn ich erst weiß, *was* ich in Ordnung bringen muß«, schlug ich vor. »Meine Arme um Sie zu legen – das ist kein Problem. Also, wo drückt der Schuh?«

»Ach Gott«, seufzte sie, »ich bin ja eine solche Närrin! Sie haben meinen Wagen gesehen – meinen Jaguar?«

»Klar, ein erstklassiges Ding!«

»Ich möchte ihn am liebsten verbrennen! Wie fängt man das an, ein Auto anzuzünden?«

»Da gibt es ein gutes Mittel: Füllen Sie ihn mit Benzin, werfen Sie ein brennendes Streichholz hinein und rennen Sie davon, so schnell Sie können. Aber passen Sie auf, was Sie der Versicherungsgesellschaft erzählen, denn sonst können Sie dafür ins Kittchen kommen.«

Darauf gab sie keine Antwort. »Es handelt sich nicht nur um den Wagen, sondern um viele andere Dinge, die ich einfach haben wollte. Oh, warum habe ich nicht geheiratet! Ich hätte ein Dutzend Männer haben können, aber nein, das paßte mir eben nicht. Ich wollte selbständig sein und alles allein schaffen. Auch der Wagen sollte *mir* gehören, mir allein! Und jetzt ist es so weit mit mir gekommen, daß ich dasitze und heule und *Sie* anflehe – Sie, einen völlig Unbekannten! –, mir meine Sorgen abzunehmen. Ich warne Sie davor. Sie hätten ein schönes Stück Arbeit damit!«

»Das sollte Sie nicht kümmern«, tröstete ich. »Der Handel wäre für mich wahrscheinlich weniger schlecht, als Sie annehmen. Welche Verpflichtungen müßte ich übernehmen?«

Sie wandte den Kopf, um über die Wiese zum Haus zu schauen. Wolfe und Unger saßen noch unter dem Apfelbaum; offensichtlich dämpften sie ihre Stimmen, denn kein Laut ließ sich vernehmen.

Mit fragendem Blick drehte sie sich wieder zu mir um. »Ist das Ganze ein Bluff von ihm? Versucht er uns einfach nur auszuquetschen?«

»Nicht ganz. Wenn er auf diese Weise etwas herauskriegt, ist es ihm recht. Sonst wählt er einen schwierigeren Weg. Sicher ist jedoch, daß er alles erfährt, was er wissen will. Wenn Sie auf einer Truhe sitzen, damit er sie nicht öffnen kann, dann möchte ich Ihnen dringend raten, schleunigst aufzustehen, bevor er Ihnen weh tut.«

»Er *hat* mir schon weh getan.«

»Er wird Sie nicht schonen.«

Sie seufzte. »Wahrscheinlich nicht«, mit bebenden Fingern griff sie nach einer blauen Blume und riß die Blüte ab. »Sie haben gefragt, was für eine Blume das sei. Es sind wilde Astern. Sie haben dieselbe Farbe wie meine Augen.« Sie zerdrückte die arme Blume und ließ sie fallen. »Ich weiß schon, was ich tun werde. Auf dem Weg hierher habe ich es mir überlegt. Wie spät ist es?« Ich warf einen Blick auf mein Handgelenk. »Viertel nach drei.« Sie überlegte. »Vier Stunden brauche ich... vielleicht fünf. Wo kann ich heute abend um neun Uhr herum mit Nero Wolfe in der Stadt sprechen?«

Aus alter Gewohnheit wollte ich schon die Büroadresse angeben, doch rechtzeitig kam mir noch in den Sinn, daß wir jetzt unser Büro meiden müßten. »Seine Nummer steht im Telefonbuch. Aber er wird heute abend wohl kaum dort anzutreffen sein. Rufen Sie an und verlangen Sie Fritz. Sagen Sie ihm, Sie seien die Herzkönigin, dann wird er Ihnen Auskunft geben. Nennen Sie keinen anderen Namen, denn Mr. Wolfe haßt es, belästigt zu werden, wenn er dienstlich unterwegs ist. Aber warum wollen Sie sich Zeit und Mühe nicht sparen? Sie haben sich doch anscheinend entschlossen, ihm etwas zu erzählen. Tun Sie es jetzt!«

Sie schüttelte den Kopf. »Unmöglich. Das wage ich nicht.«

»Wegen Unger?«

»Ja.«

»Wenn *er* verlangen kann, ungestört mit Mr. Wolfe zu sprechen, dann steht Ihnen das gleiche Recht zu.«

»Ich habe Ihnen doch gesagt, ich wage es nicht!«

»Schön; gehen wir spazieren, bis Unger weg ist, und dann kehren wir zurück.«

»Er geht nicht, wenn ich nicht mitkomme. Er will mit mir in die Stadt zurückfahren.«

»Dann nehmen Sie es auf Tonband auf. Benützen Sie mich als Band. Auf mein exaktes Gedächtnis können Sie sich verlassen;

ich werde Wolfe alles Wort für Wort wiederholen. Und wenn Sie dann am Abend anrufen, hat er bereits Zeit gehabt ...«

»Helen, Helen!« Das war Unger, der so ungeduldig rief.

Sie bemühte sich, rasch aufzustehen, und ich half ihr dabei. Als wir über die Wiesen gingen, stieß sie zwischen den Zähnen hervor: »Wenn Sie ihm etwas sagen, leugne ich alles! Werden Sie mit ihm reden?«

»Mit Wolfe ja, aber nicht mit Unger.«

»Wenn Sie es dennoch tun, leugne ich jedes Wort!«

»Keine Sorge, ich denke gar nicht daran.«

Als wir uns dem Apfelbaum näherten, standen die beiden auf. Ihre Mienen zeigten deutlich, daß sie keinen Nichtangriffspakt unterzeichnet hatten. Immerhin schien es auch zu keinen Kampfhandlungen gekommen zu sein. Wolfe erklärte: »Ich bin hier fertig, Archie«, und stapfte davon. Niemand redete, die Atmosphäre war gespannt. Als ich Wolfe um das Haus herum folgte, sah ich, daß es ziemlich schwierig sein würde, den Wagen zu wenden, ohne den Jaguar zu rammen. Mir blieb daher nichts übrig, als rückwärts zu fahren, den gleichen holprigen Weg zwischen den Büschen hindurch, bis ich wieder die Straße erreichte.

Als wir etwa eine halbe Meile gefahren waren, rief ich meinem stummen Mitfahrer auf dem Rücksitz zu: »Ich habe eine kleine Neuigkeit für Sie.«

»Halten Sie irgendwo an«, befahl er lauter als unbedingt nötig. »Ich kann während der Fahrt nicht reden.«

Etwas weiter fand ich einen günstigen Platz zum Parken. Ich hielt an und drehte mich um. »Da haben wir uns etwas Hübsches aufgehalst«, sagte ich grinsend und meinte damit Helen Weltz. Er runzelte die Stirn, aber erst als ich mit meiner Erzählung fertig war, zeigte sein ganzes Gesicht tiefe Falten.

»Hol's der Kuckuck!« knurrte er. »Sie war gerade richtig in Panikstimmung, aber bis sie anruft, hat sie sich natürlich wieder beruhigt.«

»Mag sein«, gab ich zu. »Und was weiter? Wenn Sie es wünschen, fahre ich noch einmal zurück und nehme sie in die Zange.

Aber dann müssen Sie mir Wort für Wort aufschreiben, was ich sagen soll.«

»O pfui! Ich habe ja nicht behauptet, daß ich es besser gemacht hätte. Sie sind der Fachmann für hilflose junge Mädchen. Ist dieses Prachtexemplar eine Mörderin, die sich reinwaschen möchte? Oder was ist sie eigentlich?«

Ich schüttelte den Kopf. »Keine Ahnung! Sie versucht, sich herauszuwinden, aber ich konnte nicht entdecken, aus welcher Patsche. Was wollte Freund Unger denn von Ihnen? Versuchte er, Ihnen einen Bären aufzubinden?«

»Nein. Er bot mir Geld an, erst fünftausend, dann zehntausend Dollar.«

»Und wozu?«

»Das hat er nicht klar definiert. Einfach ein Sonderhonorar für neue Nachforschungen. Für einen Menschen mit etwas Grütze im Hirn stellte er sich sehr ungeschickt an.«

»Das ist ja allerhand! Ich habe Ihnen schon häufig gesagt, Sie sollten öfters aus Ihrem Bau gehen. Jetzt sind Sie erst fünf Stunden unterwegs, und schon offeriert man Ihnen zehntausend Dollar. Was haben Sie dem Burschen gesagt?«

»Daß ich es gar nicht gern sehe, wenn man mir Schmiergelder anbietet.«

Ich hob die Brauen. »Er war so schön in Panikstimmung, aber er wird sich wieder beruhigen«, ahmte ich ihn nach. »Warum haben Sie ihn denn nicht gleich festgenagelt?«

»Das hätte Zeit gebraucht, und die fehlt mir augenblicklich. Ich habe ihm erklärt, ich gedenke morgen früh vor Gericht zu erscheinen.«

»Morgen«, sagte ich erstaunt. »Und mit was für einer Geschichte, wenn ich fragen darf?«

»Zumindest mit einem Ablenkungsmanöver; sollte aber Miss Weltz' Angstzustand länger anhalten, dann bekomme ich vielleicht noch etwas Besseres in die Hand. Das ahnte ich allerdings nicht, als ich mit Mr. Unger sprach.«

Ich überlegte mir die Sache. »Gut«, erklärte ich schließlich. »Sie haben einen schweren Tag gehabt. Bald wird es dunkel sein,

Zeit zum Abendessen, und dann legen Sie sich in die Falle. Wenn Sie wirklich entschlossen sind, morgen vor Gericht zu erscheinen, können wir ja jetzt nach Hause fahren. Ich werde dafür sorgen, daß Sie um fünf Uhr dort sind.«

Ich drehte mich wieder um und wollte den Motor anlassen, aber Wolfes Stimme unterbrach mich noch einmal. »Wir fahren nicht nach Hause. Cramer hat bestimmt einen Mann vor der Türe aufgepflanzt, und eine Ablösung steht bereit, um die ganze Nacht Wache zu halten. Wahrscheinlich sogar mit einem Haftbefehl in der Tasche. Das kann ich nicht riskieren. Ich hatte eigentlich an ein Hotel gedacht, aber auch das scheint mir zu gefährlich, und jetzt, da mich Miss Weltz sprechen will, kommt es überhaupt nicht mehr in Frage. Ist Sauls Wohnung günstig gelegen?«

»Ja, aber er besitzt nur ein Bett. Doch Lily Rowan hätte genügend Raum in ihrem Spielzeughäuschen, und dort sind wir bestimmt willkommen, besonders Sie. Sie erinnern sich doch noch an die Zeit, als sie Parfüm über Sie ausgoß?«

»Ich vergesse nichts!« knurrte er böse. »Wir müssen es irgendwie schaffen, zu Saul zu gelangen. Übrigens sind Nachforschungen anzustellen, für die ich ihn wahrscheinlich brauche. Aber zuerst rufen Sie ihn an. Vorwärts also — zur City.«

Er griff nach seinen Haltegurten. Und ich betätigte den Anlasser.

Seit vielen Jahren schon träumt Inspektor Cramer vom Morddezernat davon, Wolfe einmal einsperren zu können, und wäre es auch nur über Nacht. An diesem Tag wäre es ihm beinahe gelungen, wenn ich nicht Vorsicht hätte walten lassen. Nachdem ich mit Saul Panzer und anschließend mit Fritz telefoniert hatte, rief ich bei der Redaktion der *Gazette* an und verlangte Lon Cohen an den Apparat. Als er meine Stimme hörte, rief er: »Na, so etwas! Rufen Sie von Ihrer Zelle aus an?«

»Nein. Aber wenn ich Ihnen sagte, wo ich bin, würden Sie sich zum Mitschuldigen machen. Ist unser Verschwinden bemerkt worden?«

»Sicher! Die ganze Stadt ist in Aufruhr. Eine rasende Meute hat das Gerichtsgebäude belagert. Wir bringen eine Großaufnahme von Wolfe, aber von Ihnen müssen wir ein neues Bild haben. Könnten Sie in fünf Minuten bei uns in der Redaktion erscheinen?«

»Klar, mit Vergnügen! Aber ich rufe eigentlich wegen einer Wette an. Läuft ein Haftbefehl gegen uns?«

»Darauf können Sie sich verlassen! Das war das erste, was Richter Corbett nach der Mittagspause unterzeichnete. Hören Sie zu, Archie: Lassen Sie mich einen Mann zu Ihnen schicken ...«

»Danke bestens!« rief ich und hing auf. Hätte ich diesen Zehner nicht geopfert, wären wir ohne besondere Vorsichtsmaßnahme zu Saul gefahren und dort prompt der Polizei in die Hände gelaufen. Damit wäre das Problem, wo wir die Nacht zubringen sollten, ohne unser Zutun gelöst gewesen.

Inzwischen war es beinahe acht Uhr geworden. Wolfe und ich hatten in einer kleinen Kneipe gegessen, wo es ein paar hervorragende Spezialitäten gab, und außerdem hatte ich mindestens zehnmal versucht, Ashes Anwalt Jimmy Donovan ans Telefon zu bekommen. Das wäre wohl nicht so schwierig gewesen, wenn ich ihm hätte ausrichten können, Nero Wolfe wolle ihn in einer dringenden Angelegenheit sprechen und würde an einem bestimmten Ort zu erreichen sein. Doch das wäre leichtsinnig gewesen, denn ein Rechtsanwalt steht unter Amtseid, und Donovan hätte uns sofort verpfeifen müssen. So krochen wir jetzt also durch den dichten Verkehr, und Wolfes finstere Miene, die ich im Rückspiegel genoß, machte das Vergnügen nicht größer.

Mein Programm ging dahin, Wolfe vor Sauls Haus abzusetzen, dann einen Parkplatz für den Wagen zu suchen und meinem Chef zu folgen. Doch als ich eben den Blinker betätigte und bremsen wollte, entdeckte ich zum Glück eine wohlbekannte breitschultrige Gestalt auf dem Bürgersteig. Rasch setzte ich meinen Fuß auf das Gaspedal und fuhr weiter. Glücklicherweise wechselte das Licht bei der Kreuzung eben auf Grün, so daß ich nirgends anzuhalten brauchte. In sicherer Entfernung brachte ich den Wagen zum Stehen und wandte mich zu Wolfe um: »Ich fuhr weiter, weil ich beschlossen habe, daß wir Saul nicht aufsuchen wollen.«

»Was ist das wieder für ein Unsinn?« Wolfes Gesicht war grimmig.

»Kein Unsinn! Sergeant Purley Stebbins ist soeben dort ins Haus gegangen. Zu unserem Glück ist es bereits dunkel, denn sonst hätte er uns unbedingt sehen müssen. Was nun?«

»Er ging in das Haus, in dem Saul wohnt?«

»Ja.«

Ein kurzes Schweigen folgte. »Und das macht Ihnen offensichtlich noch Spaß!« rief er erbittert.

»Ich könnte mir einen netteren Zeitvertreib vorstellen. Ich bin ein Flüchtling vor der Gerichtsbarkeit, muß mich verborgen halten, und dabei wollte ich eigentlich heute abend einem Polospiel zuschauen. Wohin nun?«

»Das weiß ich doch nicht! *Sie* haben doch mit Saul wegen Miss Weltz gesprochen.«

»Stimmt nicht ganz. Ich habe Fritz bloß ausgerichtet, sie soll sich mit Saul in Verbindung setzen, und Saul habe ich gesagt, ein Gespräch mit der jungen Dame wäre Ihnen wichtiger als die schönste blaue Orchidee. Sie kennen doch Saul.«

Wieder entstand ein Schweigen. Doch endlich schien mein Chef zu einem Entschluß zu kommen. Er knurrte: »Sie besitzen die Privatadresse von Mr. Donovan?«

»Jawohl. 77. Straße.«

»Wie lange brauchen wir, um dorthin zu gelangen?«

»Zehn Minuten.«

»Also, dann los!«

»Schön. Lehnen Sie sich zurück und machen Sie sich's gemütlich.« Ich gab Gas.

In dieser verkehrsarmen Zeit brauchte ich tatsächlich nur neun Minuten, und ich fand sogar einen günstigen Parkplatz dicht neben dem Haus des Anwalts. Als wir dorthin marschierten, warf uns der Streifenpolizist einen zweiten Blick zu, aber das sollte wahrscheinlich bloß Wolfes auffallender Figur gelten. Meine Nerven waren eben etwas überreizt. Das Haus hatte ein

Vordach, einen großen Teppich in der Eingangshalle – und vor allem einen Pförtner. Diesem meldete ich ganz obenhin: »Donovan. Wir werden erwartet.« Aber der Bursche ließ sich nicht so leicht abschütteln.

»Gut und schön, Mister, aber ich habe strikten Befehl . . . Wie lautet Ihr Name, bitte?«

»Richter Wolfe«, mischte sich Nero selbst ein.

»Einen Augenblick, bitte.«

Der Mann verschwand durch eine Tür. Bald darauf kehrte er zurück; sein ganzes Gesicht war ein einziges Fragezeichen, aber er wagte nicht, auch nur eine Frage auszusprechen. Schweigend geleitete er uns zu einem Lift; erst als wir eingestiegen waren, öffnete er den Mund: »Zwölf B«, bemerkte er.

Als wir im zwölften Stockwerk ausstiegen, brauchten wir nicht erst lange nach dem Buchstaben B Ausschau zu halten, denn eine Tür am Ende der Halle war weit offen, und Jim Donovan selbst stand auf der Schwelle. In Hemdsärmeln, mit offenem Kragen und ohne Krawatte sah er einem Hausknecht ähnlicher als einem Advokaten, und auch seine Stimme unterstützte diesen Eindruck, als er brüllte: »Was, *Sie* sind das? Was soll das nun wieder heißen? *Richter* Wolfe, ha!«

»Das ist sehr einfach: Ich wollte da unten bloß peinlicher Neugier aus dem Weg gehen.« Wolfe war höflich, aber kurz angebunden. »Ich mußte unbedingt zu Ihnen vordringen.«

»Das geht nicht; es wäre höchst unkorrekt. Sie sind Zeuge der Anklage. Man hat einen Haftbefehl für Sie ausgestellt. Ich muß sofort melden, daß Sie hier aufgetaucht sind.«

Damit hatte er vollkommen recht. Er konnte wirklich nichts anderes tun, als uns die Tür vor der Nase zuzuschlagen und mit dem Büro des Staatsanwalts zu telefonieren. Doch er unterließ das; meiner Ansicht nach überwog seine Neugier die Berufsethik.

»Ich bin nicht als Zeuge der Anklage hierhergekommen«, erklärte Wolfe geduldig. »Und ich habe auch nicht im Sinn, diesen Punkt mit Ihnen zu diskutieren. Wie Sie wissen, kam Ihr Mandant Leonard Ashe im Juli zu mir und wollte mir eine Aufgabe übertragen, die ich ablehnen mußte. Inzwischen sind mir einige

Punkte in diesem Zusammenhang klargeworden, die man ihm zur Kenntnis bringen müßte. Ich gebe zu, daß es unkorrekt wäre, mit *Ihnen* darüber zu sprechen, doch bei Ashe selbst wäre das etwas anderes. Er steht unter Mordanklage und ist in Untersuchungshaft.«

Ich hatte das Gefühl, als ob ich Donovans Verstand direkt unter der Hirnschale arbeiten sähe. »Das ist eine unerhörte Zumutung«, erklärte er. »Sie wissen genau, daß es nicht geht.«

»Doch, doch, wenn Sie nur wollen, läßt es sich einrichten. Deshalb bin ich direkt zu Ihnen gekommen. Sie sind sein Anwalt. Mir genügt es, wenn ich ihn morgen früh sehen kann, ehe die Sitzung beginnt. Natürlich können Sie der Unterredung beiwohnen, wenn Sie Lust dazu haben, aber es wird Ihnen wohl nichts daran liegen. Ich brauche nicht länger als zwanzig Minuten.«

Donovan biß sich auf die Unterlippe. »Ich darf Sie nicht einmal fragen, was Sie eigentlich mit ihm besprechen möchten.«

»Das verstehe ich. Aber vor morgen früh stehe ich nicht im Zeugenstand; dort können Sie mich dann ins Kreuzverhör nehmen.«

»Nein!« Auf der Stirn des Anwalts erschien eine strenge Falte. »Nein, ich darf Ihnen diese Erlaubnis nicht geben, das kommt gar nicht in Frage. Ich dürfte eigentlich nicht einmal mit Ihnen hier sprechen, und es ist meine Pflicht, dies am Morgen sofort Richter Corbett zu melden. Guten Abend!«

Er trat zurück und schloß die Tür; immerhin schmetterte er sie nicht zu, was ich sehr anständig von ihm fand. Wir ließen den Lift heraufkommen, fuhren hinunter und gingen hinaus zum Wagen.

»Jetzt rufen Sie Saul an«, gebot Wolfe.

»Jawohl, Sir. Donovans Bemerkung, er werde am Morgen dem Richter Bericht erstatten, heißt ja wohl, daß er augenblicklich nichts unternehmen will. Aber natürlich könnte er seinen Entschluß ändern. Ich fahre lieber ein paar Häuser weiter, ehe ich telefoniere.«

»Gut. Wissen Sie, wo Leonard Ashe wohnt?«

»Ja. 73. Straße.«

»Fahren Sie in diese Richtung. Ich muß seine Frau sprechen, und es wäre besser, wenn Sie vorher anriefen und das vereinbarten.«

»Das dürfte eine Kleinigkeit sein. Sie sitzt sicher zu Hause und wartet darauf, daß ein paar so seltsame Vögel wie wir auftauchen. Muß ich mich als Richter Goodwin melden?«

»Nein. Wir sind, was wir sind.«

Während wir in westlicher Richtung davonfuhren, überlegte ich krampfhaft, wie ich mich wohl am besten Robina Kean nähern könnte. Schließlich verwarf ich jeden Gedanken an Mummenschanz und dachte, der gerade Weg sei immer noch der beste. Als wir am Ziel anlangten, hatte ich das Glück, einen leeren Parkplatz zu finden. Ich ließ Wolfe im Wagen, stieg aus und fand eine Telefonkabine vor einem Drugstore.

Zuerst rief ich Saul Panzer an. Er hatte noch nichts von der Herzkönigin gehört, aber es war ja auch erst kurz nach halb neun, und sie hatte gesagt, um neun Uhr würde sie sich melden. Sergeant Stebbins war bei ihm aufgetaucht und wieder gegangen. Er hatte nur erklärt, die Polizei sei besorgt über das Verschwinden von Nero Wolfe, weil er ein wichtiger Zeuge in einem Mordfall sei, und man befürchte, es sei ihm etwas zugestoßen, da auch Archie Goodwin nirgends aufzufinden wäre. Er hatte natürlich verschwiegen, daß Inspektor Cramer befürchtete, Wolfe sei im Begriff, ihm seinen ganzen Fall durcheinanderzubringen, und er möchte das so rasch als möglich unterbinden. Hatte Wolfe mit Saul Panzer telefoniert? Und wußte dieser, wo man ihn erreichen konnte? Natürlich hatte Paul geleugnet, irgend etwas von uns zu wissen, und Purley mußte nach ein paar bissigen Bemerkungen den Rückzug antreten.

Daraufhin stellte ich eine andere Nummer ein, und eine weibliche Stimme antwortete. Ich verlangte Mrs. Ashe zu sprechen, aber die Stimme behauptete, Mrs. Ashe ruhe sich aus und dürfe nicht gestört werden. Daraufhin wurde ich energischer, gab an, daß ich im Namen von Nero Wolfe anrufe, und es sei sehr wichtig und dringend. Doch auch das nützte nichts, die Stimme blieb bei ihrer kühlen Ablehnung. Ich erkundigte mich, ob sie jemals von Nero Wolfe gehört habe, und das bestätigte sie. Schön, sagte ich, dann solle sie Mrs. Ashe bestellen, Nero Wolfe müsse sie unbedingt sofort sehen, und er könne in fünf Minuten bei ihr sein. Mehr zu sagen sei mir am Telefon unmöglich, aber wenn sie ihn nicht empfangen wolle, werde sie das ihr Leben lang bereuen. Die Stimme verlangte, ich solle am Apparat bleiben, ließ mich jedoch so lange warten, daß ich schon bedauerte, ihr kein Lügenmärchen aufgetischt zu haben. Doch als ich eben die Tür der Zelle öffnen wollte, um etwas frische Luft hereinzulassen, meldete sie sich wieder und sagte, Mrs. Ashe sei bereit, Mr. Wolfe zu empfangen. Ich bat sie noch, den Pförtner entsprechend zu verständigen, hängte auf und kehrte zum Wagen zurück. »Die Sache geht in Ordnung. Sie müssen aber schon einen triftigen Grund angeben, nachdem ich Ihren Besuch als lebensnotwendig hingestellt habe. Kein Wort von Helen Weltz. Stebbins stellte nur ein paar dumme, belanglose Fragen und erhielt die Antwort, die er verdiente.«

Ächzend kletterte Wolfe aus dem Auto, und wir begaben uns zu der angegebenen Hausnummer. Hier war alles klein, aber tipptopp, der Boden viel zu elegant für Auslegware. Der Pförtner sah aus wie Laurence Olivier, und der Mann am Lift wie sein älterer Bruder. Sie waren beide kühl bis ans Herz hinan, ganz unpersönlich. Als wir im sechsten Stock ausstiegen, blieb der Liftmann in der geöffneten Tür stehen, bis wir bei der Tür mit Robina Keans Namensschild auf die Klingel gedrückt hatten und eingelassen worden waren.

Die Dame, die uns einließ, sah nicht nur aus wie Phyllis Jay — sie war es tatsächlich. Nachdem ich oft genug harte Dollar bezahlt hatte, um sie im Film zu sehen, hätte ich mich natürlich freuen müssen über diese Gratisvorstellung aus nächster Nähe. Aber ich hatte keine Zeit dazu, mein Geist war mit anderen Dingen beschäftigt. Der ihre übrigens auch. Natürlich spielte sie Theater, weil das einer Schauspielerin so im Blut liegt, aber der übliche Glanz fehlte; die Rolle war nicht dafür geschaffen. Heute war sie nur Helferin für eine Freundin in Not und hielt sich strikt an diese Rolle, auch als sie Wolfe Hut und Stock abnahm und uns anschließend quer durch ein riesiges Wohnzimmer in einen anderen, kleineren Raum geleitete.

Robina Kean ruhte auf einem Sofa und strich mit beiden Händen über ihr Haar. Wolfe blieb drei Schritte vor ihr stehen und verbeugte sich. Sie blickte zu ihm auf, schüttelte das Haupt, wie um eine Fliege abzuwehren, preßte die Fingerspitzen auf ihre Augen und sah Wolfe noch einmal mit einem tiefen Blick an. Phyllis Jay bemerkte mit sanfter Stimme: »Ich bin im Studio, Robbie«, wartete lange genug, um zum Bleiben aufgefordert zu werden, wandte sich dann aber ab und verschwand. Mrs. Ashe forderte uns auf, Platz zu nehmen, und nachdem ich einen passenden Stuhl für Wolfe herbeigeholt hatte, setzte ich mich an seine Seite.

»Ich bin müde, todmüde«, beklagte sie sich. »Und so... so ausgeleert. Ich kann mir nicht vorstellen, daß ... Aber um was handelt es sich eigentlich? Natürlich hat es irgendwie mit meinem Mann zu tun, nicht wahr?«

Entweder war ihr das kunstvolle Lispeln angeboren, oder sie hatte es so lange geübt, daß es beinahe natürlich wirkte. Sie praktizierte es sogar jetzt, obwohl sie bestimmt an anderes zu denken gehabt hat.

»Ich werde mich so knapp wie möglich fassen«, versprach Wolfe. »Wissen Sie, daß ich Ihren Mann kenne, und daß er mich im Juli aufgesucht hat?«

»Ja, das ist mir bekannt. Ich weiß alles darüber – jetzt.«

»Heute wurde ich vom Staat als Zeuge aufgeboten und sollte unser damaliges Gespräch bestätigen. Als ich aber im Gerichtssaal saß und darauf wartete, aufgerufen zu werden, da hatte ich plötzlich eine Eingebung, die sich vielleicht für Ihren Mann günstig auswirken könnte. Daher durfte die Sache natürlich nicht auf die lange Bank geschoben werden. Ich machte also, daß ich fortkam. Mr. Goodwin, mein Assistent, folgte mir, und wir haben den ganzen Tag damit zugebracht, meine Idee mit den Tatsachen in Einklang zu bringen.«

»Was für eine Idee ist das?« Ihre Hände waren geballt, der ganze Körper angespannt.

»Dazu kommen wir später. Wir haben bereits einige Fortschritte gemacht und werden heute abend noch weiterkommen. Auf alle Fälle besitze ich Informationen, die für Ihren Gatten äußerst wertvoll sind, denn sie dienen zu seiner Entlastung – zumindest dürften sie bei den Geschworenen Zweifel an seiner Schuld aufkommen lassen, und das ist vorerst das wichtigste. Die Frage ist nur: Wie gelangen diese Informationen zur Kenntnis des Gerichts? Wir haben keine Zeit, den üblichen, langwierigen Weg einzuschlagen. Ich habe da einen besonderen Schachzug im Sinn, aber zu diesem Zwecke muß ich zuerst mit Ihrem Gatten sprechen.«

»Wie sollte das möglich sein? Er ist ja ...«

»Es geht nicht anders! Ich habe vorhin kurz mit seinem Anwalt, Mr. Donovan, gesprochen, doch ich wußte von vornherein, daß das zwecklos sei. Ich wollte bloß eventuellen Einwänden von Ihnen die Spitze brechen. Obwohl ich als Zeuge geladen war, habe ich mich eigenmächtig von der Verhandlung entfernt, und deswegen hat man jetzt einen Haftbefehl gegen mich erlassen. Außerdem stehe ich unter Eid als Zeuge der Anklage, und es wäre unkorrekt vom Verteidiger, mit mir auch nur zu reden, geschweige denn eine Unterhaltung mit seinem Klienten zu gestatten. Doch *Sie*, als Gattin eines Mannes, der um sein Leben kämpft, haben keine derartigen Verpflichtungen. Sie besitzen bestimmt auch einflußreiche Bekannte, die Ihnen eine Unterhaltung mit Ihrem Mann vor Beginn der Verhandlung ermöglichen können. Dann brauche ich nur als Ihr Begleiter mitzukommen. Zwanzig Minuten sind für mich völlig ausreichend, selbst zehn Minuten würden genügen. Natürlich dürfen Sie nichts von mir erwähnen, wenn Sie die Bewilligung anfordern; Sie nehmen mich einfach mit, und dann sehen wir weiter. Wollen Sie das tun?«

Sie hatte die Stirn in Falten gelegt. »Ich verstehe nicht – Sie wollen wirklich nichts anderes als mit ihm reden?«

»Ja.«

»Was haben Sie denn mit ihm zu besprechen?«

»Das werden Sie morgen früh hören, wenn wir ihn in der Zelle aufsuchen. Die ganze Sache ist etwas verwickelt, und ich kann nicht riskieren, daß sie zu früh publik wird.«

»Sagen Sie mir wenigstens, ob es sich dabei um *mich* dreht.« Wolfe hob die Schultern und zog den Atem tief ein, um ihn dann wieder auszuprusten. »Sie haben erklärt, Sie seien müde, Madam. Nun, ich bin es ebenfalls. Ich wäre an Ihnen höchstens interessiert, wenn ich überzeugt wäre, Sie hätten mit dem Mord an Marie Willis zu tun – und das glaube ich nicht. Lassen Sie sich nur eines sagen: Ich riskiere meinen Ruf, meine Selbstachtung und möglicherweise sogar meine Freiheit, indem ich einen Schritt unternehme, der für Ihren Gatten von Vorteil sein könnte. Aber ich will nicht, daß auch Sie noch in Gefahr geraten. Natürlich bin ich von einer Annahme ausgegangen, die vielleicht gar nicht stimmt: Ich setzte nämlich voraus, daß Sie nicht wünschen, Ihren Gatten wegen Mordes verurteilt zu sehen. Ich kann Ihnen nicht versprechen, daß meine Angaben ihm die Freiheit verschaffen werden, aber immerhin bin ich kein Anfänger in diesen Dingen.«

Ein dunkles Rot überflog ihre Wangen. »Das hätten Sie nicht zu sagen brauchen!« Seltsamerweise war jedes Lispeln verschwunden. »Mein Mann ist keineswegs ein Narr, aber diesmal hat er sich wie ein solcher benommen. Ich bin ihm ehrlich und innig zugetan, und ich möchte ...« Ihre Lippen begannen zu zittern. »Ich habe meinen Mann lieb, sehr lieb. Und ich bin zu allem bereit, was ihm helfen kann. Zu verlieren habe ich ohnehin nichts mehr. Aber wenn ich diesen Schritt unternehme, muß ich Mr. Donovan davon in Kenntnis setzen.«

»Nein, das dürfen Sie nicht! Er würde es nicht nur verbieten, sondern mit allen Mitteln unterbinden. Diesen Entschluß müssen Sie ganz allein fassen!«

Sie löste die verkrampften Hände und reckte sich. »Ich hatte jeden Mut und jede Lebensenergie aufgegeben. Aber es ist wie eine Erlösung, wenigstens *etwas* tun zu können!« Plötzlich stand sie auf. »Ja, ich will tun, was Sie verlangen! Ich mobilisiere meine einflußreichen Bekannten, wie Sie es nennen. Überlassen Sie das ruhig mir, und fahren Sie mit Ihren Nachforschungen fort. Wo kann ich Sie erreichen?«

Wolfe drehte sich zu mir um. »Die Nummer von Saul, Archie!« Ich kritzelte sie auf einen Zettel und händigte diesen Robina Kean aus. Wolfe erhob sich. »Dort werde ich die ganze Nacht sein, Mrs. Ashe, bis um neun Uhr früh. Aber ich hoffe, Sie werden mich vorher benachrichtigen.«

Ich bezweifele, daß sie ihm überhaupt zuhörte. Sie war so glücklich darüber, etwas unternehmen zu können, daß sie uns völlig vergaß. Sie ging mit uns in den Korridor hinaus, doch ohne es zu merken. Kaum stand ich auf der Schwelle, schloß sie bereits die Tür.

Wir gingen zurück zum Wagen und fuhren wieder ins Stadtinnere. Es schien unwahrscheinlich, daß Stebbins es sich in den Kopf gesetzt hatte, Saul Panzer einen nochmaligen Besuch abzustatten, doch vorsichtshalber hielt ich in sicherer Entfernung von dessen Haus an und blickte scharf hinüber. Etwas Besorgniserregendes bemerkte ich nicht, dafür jedoch eine Lücke zwischen den geparkten Autos, in die ich unseren Wagen hineinquetschen konnte. Die Tür für Wolfe öffnete ich erst, nachdem ich nochmals genau Umschau gehalten hatte. Wir überquerten die Straße, und beim Eingang drückte ich auf die Klingel.

Als wir den Lift im fünften Stockwerk verließen, stand Saul bereits dort und erwartete uns. Für viele Menschen ist Saul Panzer wohl nichts anderes als ein kleiner Mann mit einer großen Nase, der immer unrasiert aussieht; andere jedoch – und dazu gehören Wolfe und ich – wissen, daß er der beste selbständig arbeitende Detektiv ist, der jemals einen Menschen beschattete. Wolfe war noch nie persönlich bei ihm gewesen, ich aber wohl, meistens an freien Samstagabenden, wenn wir mit drei oder vier Gleichgesinnten Poker spielten. Im Wohnzimmer blieb Wolfe stehen und blickte sich um. Es war ein großer Raum, der durch zwei Deckenleuchten und zwei Tischlampen erhellt wurde. Auf der einen Seite befanden sich die Fenster, die Rückwand war mit Bücherregalen angefüllt, und die beiden Schmalseiten enthielten Gemälde und Gestelle mit allen möglichen Dingen, von Mineralien angefangen bis zu Korallen und Meermuscheln. In der entferntesten Ecke stand ein Klavier.

»Ein schönes Zimmer«, bemerkte Wolfe. »Höchst befriedigend. Ich gratuliere Ihnen dazu.« Er entdeckte sofort den Sessel, der sich am besten für seine Figur eignete, und ließ sich darin nieder.

»Wie spät ist es?«

»Zwanzig Minuten vor zehn.«

»Hat sich diese Frau bereits gemeldet?«

»Nein, Sir. Darf ich Ihnen ein Bier eingießen?«

»Sicher – eh, ich bitte darum!«

Im Verlaufe der nächsten drei Stunden genehmigte er sich sieben Flaschen; außerdem vertilgte er eine Unmenge kleiner Brötchen mit Gänseleberpastete, Sardinen, sauren Pilzen und dreierlei Sorten Käse. Ich fand diese reiche Auswahl etwas übertrieben, aber für das erste- und wahrscheinlich letztemal, daß Wolfe Saul einen Besuch abstatte, mochte es angehen.

Saul hatte es so eingerichtet, daß Wolfe in seinem Bett, ich auf der Couch im Wohnzimmer und er selbst auf dem Boden schlafen sollte. Aber um Viertel vor eins saßen wir immer noch um den Tisch herum. Wolfe und Saul hatten sich drei hitzige Schachrunden geliefert; jetzt aber waren wir alle müde und gähnten unverfroren. Von Helen Weltz hatten wir bis jetzt noch nichts gehört, doch bestand immer noch eine geringe Hoffnung. Die andere Angelegenheit war geregelt. Kurz nach Mitternacht hatte Robina Kean angerufen und Wolfe mitgeteilt, sie werde sich um halb neun Uhr morgens mit ihm in Zimmer 917 in der Centre Street Nr. 100 treffen. Er hatte mich gefragt, ob ich wüßte, ob dieses Zimmer 917 eine Zelle sei, doch ich wußte es auch nicht. Nachher lehnte er sich in seinem Sessel zurück und schloß eine Weile die Augen. Doch plötzlich öffnete er sie wieder und erklärte Saul, er sei bereit zu einem vierten Spiel.

Um Viertel nach eins raffte er sich hoch, gähnte und knurrte: »Sie hat ihre Angst überwunden und ruft nicht mehr an. Ich gehe zu Bett.«

»Es tut mir nur leid, daß ich keinen Pyjama in Ihrer Größe habe«, entschuldigte sich Saul, »aber vielleicht ...«

Das Telefon klingelte. Ich war sofort beim Apparat und hob den Hörer ab. »Hallo!« rief ich gedankenlos.

»Ich möchte mit... hier spricht die Herzkönigin.«

»Klar, ich habe doch Ihre Stimme sofort erkannt. Hier Archie Goodwin. Wo befinden Sie sich?«

»In einer Kabine bei der Central Station. Ich konnte Unger nicht eher loswerden. Was soll ich jetzt tun?«

»Gehen Sie bis zur Ecke der 38. Straße, das ist nur ein kurzer Weg. Dort treffe ich Sie in fünf Minuten. Ist das recht?«

»Jawohl.«

»Sie kommen bestimmt?«

»Natürlich!«

Ich hing auf, drehte mich um und bemerkte leichthin: »Sie hat die Angst anscheinend doch noch nicht überwunden. Bereiten Sie uns einen starken Kaffee, Saul, ja? Sie braucht entweder das — oder einen Kognak. Und vielleicht mag sie auch etwas Käse...« Ich trollte mich davon.

Am folgenden Morgen, um sechs Minuten nach zehn, stand Staatsanwalt Mandelbaum wieder im Gerichtssaal vor Richter Corbett. Der Raum war gedrängt voll. Jimmy Donovan, der Verteidiger, sah keineswegs mehr wie ein Hausknecht aus. Er blätterte in einigen Papieren, die sein Assistent ihm ausgehändigt hatte.

»Euer Ehren«, sagte Mandelbaum soeben, »ich möchte einen Zeugen aufrufen, der gestern hätte erscheinen sollen, jedoch nicht aufzufinden war. Erst vor wenigen Minuten wurde mir gemeldet, daß er jetzt anwesend ist. Sie werden sich erinnern, daß auf mein Ersuchen hin ein Haftbefehl für Mr. Nero Wolfe ausgestellt wurde.«

»Ich weiß.« Der Richter räusperte sich. »Ist er jetzt hier?«

»Ja, Euer Ehren.« Mandelbaum drehte sich um und rief: »Mr. Nero Wolfe!«

Wir waren erst eine Minute vor zehn eingetroffen und hätten bestimmt keinen Einlaß mehr gefunden, wenn wir uns nicht zum Gerichtsdiener durchgedrängt und diesem auseinandergesetzt hätten, daß wir als Zeugen geladen seien. Der Mann hatte Wolfe angestarrt und zugegeben, daß er ihn kenne. So gelangten wir im letzten Moment doch noch hinein und hatten uns gerade auf eine Bank gezwängt, als Richter Corbett eintrat. Erst als Wolfe aufgerufen wurde und nach vorne ging, konnte ich mich etwas behaglicher hinsetzen.

Er stapfte den Mittelgang hinunter, durch die Schranke zum Zeugenstand, und blieb dort stehen.

»Ich habe Ihnen nach der Vereidigung ein paar Fragen zu stellen, Mr. Wolfe«, erklärte der Richter.

Ein Polizist legte die Bibel vor Wolfe hin, und dieser sprach die Eidesformel nach; dann setzte er sich. Zeugenstühle sollten für jede Größe berechnet sein, doch dieser reichte nur ganz knapp. Jetzt redete der Richter. »Sie wissen, daß Sie für gestern vorgeladen waren. Zuerst waren Sie auch anwesend, doch mitten in der Verhandlung gingen Sie fort und konnten nicht mehr gefunden werden; deshalb mußte ich einen Haftbefehl erlassen. Weshalb haben Sie sich aus dem Gericht entfernt? Sie stehen unter Eid.«

»Ich hatte ein Motiv, das mir wichtig und unaufschiebbar erschien. Selbstverständlich werde ich mich näher erklären, wenn Sie es verlangen, aber ich möchte das hohe Gericht ergebenst um etwas Geduld bitten. Es ist mir klar, daß ich eine Strafe zu erwarten habe, falls meine Erklärungen unbefriedigend sein sollten. Aber ich frage Euer Ehren, ob ich jetzt gleich über diesen Punkt verhört werden muß oder ob es möglich ist, das nach meiner Zeugenaussage zu tun. Der Grund, warum ich mich aus dem Saal entfernte, ergibt sich nämlich aus meiner Aussage, und daher würde ich es begrüßen, wenn diese zuerst erfolgen könnte, falls der hohe Gerichtshof damit einverstanden ist. Ich werde den Saal nicht verlassen.«

»Daran ist nicht zu zweifeln – Sie stehen unter Arrest.«

»Nein, das ist ein Irrtum, ich kam freiwillig her.«

»Nun, dann wird es eben nachgeholt.« Der Richter wandte leicht den Kopf. »Lieutenant, dieser Mann steht unter Arrest!« Er drehte sich wieder zu Wolfe um. »Gut, Sie werden sich also später wegen Mißachtung des Gerichts zu verantworten haben. Mr. Mandelbaum, Sie können fortfahren.«

Mandelbaum trat vor. »Bitte, teilen Sie dem hohen Gericht Ihren Namen, Beruf und Adresse mit.«

»Ich bin Nero Wolfe, amtlich zugelassener Privatdetektiv. Mein Büro befindet sich im gleichen Haus wie meine Wohnung, 918 West, 35. Straße, Manhattan.«

»Kennen Sie den Angeklagten?« Mandelbaum zeigte mit dem Finger. »Diesen Mann?«

»Jawohl, Sir. Das ist Mr. Leonard Ashe.«

»Wann und unter welchen Umständen haben Sie ihn kennengelernt?«

»Er kam nach telefonischer Verabredung in mein Büro, und zwar am Dienstag, dem dreizehnten Juli, vormittags um elf Uhr.«

»Was haben Sie bei dieser Gelegenheit mit ihm besprochen?«

»Er verlangte meine beruflichen Dienste und erklärte mir, er habe am vorhergehenden Tag einen Antwortdienst für sein Privattelefon in der 73. Straße in New York eingerichtet. Er habe erfahren, daß eine der Angestellten diesen Dienst während fünf oder sechs Tagen in der Woche übernehme, und zwar sei es immer die gleiche Angestellte. Er wünschte von mir, ihren Namen ausfindig zu machen und ihr vorzuschlagen, sie solle alle tagsüber eingehenden Anrufe auf seiner Nummer abhören und sie entweder ihm selbst oder mir mitteilen.«

»Hat er Ihnen gesagt, weshalb er dieses Abkommen wünschte?«

»Nein, so weit kam er gar nicht.«

Donovan war schon auf den Füßen. »Ich erhebe Einspruch, Euer Ehren! Hier handelt es sich also um eine bloße Schlußfolgerung des Zeugen. Er wußte nicht, was der Angeklagte beabsichtigte, als er dieses Ersuchen stellte.«

»Streichen Sie das«, gab Mandelbaum höflich nach. »Streichen Sie die ganze Antwort bis auf das Wörtchen ›Nein‹. Ihre Antwort lautet doch nein, Mr. Wolfe?«

»Jawohl, Sir.«

»Hat der Angeklagte etwas verlauten lassen über eine Entschädigung, die der betreffenden Angestellten für das Abhören der Gespräche zukommen sollte?«

»Er nannte keine Summe, aber er deutete an ...«

»Andeutungen will ich nicht hören. Mich interessiert nur, was er wirklich sagte.«

Ich gestattete mir ein verstohlenes Grinsen. Ausgerechnet Wolfe, der von anderen, in erster Linie natürlich von mir, immer höchste Genauigkeit und knappe Antworten verlangte, war nun bereits zweimal wegen verschwommener Ausdrucksweise gerügt worden! Ich würde nicht versäumen, das bei guter Gelegenheit auszuwerten. Doch Wolfe schien gänzlich unbeeindruckt.

»Er sagte, er würde schon dafür sorgen, daß es sich für das Mädchen lohne. Einen Betrag nannte er nicht.«

»War das alles, was Sie mit Ashe besprachen?«

»Das war ungefähr alles. Die ganze Unterhaltung dauerte keine fünf Minuten. Sobald ich begriff, was er eigentlich im Sinn hatte, lehnte ich ab.«

»Haben Sie ihm gesagt, weshalb Sie das taten?«

»Jawohl, Sir.«

»Was sagten Sie genau?«

»Ich bemerkte, es sei allerdings die Aufgabe eines Detektivs, sich um anderer Leuten Angelegenheiten zu kümmern, aber ich lehne es konsequent ab, mich mit Ehezerwürfnissen zu befassen, und könne daher seinen Auftrag nicht übernehmen.«

»Hatte er davon gesprochen, daß es sich darum handle, seine Frau zu überwachen?«

»Nein, Sir.«

»Wieso kamen Sie denn dazu, von ehelichen Zerwürfnissen zu reden?«

»Ich hatte das aus der Art seines Auftrages geschlossen.«

»Was sagten Sie ihm noch?«

Wolfe rutschte auf dem Stuhl hin und her. »Ich möchte ganz sicher sein, daß ich Ihre Frage richtig verstehe. Meinen Sie damit, was ich *an jenem Tage* sagte oder bei einer späteren Gelegenheit?«

»Ich sprach von jenem Tage. Es gab doch gar keine spätere Gelegenheit.«

»Doch, Sir.«

»Wollen Sie damit andeuten, daß Sie eine zweite Besprechung mit dem Angeklagten hatten?«

»Ja, Sir.«

Mandelbaum hielt sich gut. Er drehte mir zwar den Rücken zu, so daß ich den Ausdruck von Bestürzung auf seinem Gesicht nicht sehen konnte, aber das war auch gar nicht nötig. In seinen Akten lag Wolfes unterschriebene Aussage, die unter anderem feststellte, er habe Leonard Ashe weder vor noch nach dem dreizehnten Juli gesehen. Seine Stimme schraubte sich eine Note höher. »Wann und wo fand diese zweite Besprechung statt?«

»Kurz nach neun Uhr heute früh, in diesem Gebäude.«

»Sie haben heute vormittag mit dem Angeklagten gesprochen?«

»Ja, Sir.«

»Wie kam es dazu?«

»Seine Frau hatte es so eingerichtet, daß sie mit ihm sprechen konnte, und sie gestattete mir, sie zu begleiten.«

»Wie konnte sie das einrichten? Wer hat die Genehmigung dazu erteilt?«

»Das weiß ich nicht.«

»War Mr. Donovan, der Anwalt des Angeklagten, zugegen?«

»Nein, Sir.«

»Wer war dabei?«

»Mrs. Ashe, Mr. Ashe, ich selbst und zwei bewaffnete Wärter, der eine bei der Tür und der andere vorne im Zimmer.«

»Welches Zimmer war das?«

»Das weiß ich nicht. Es stand keine Nummer an der Tür. Aber ich glaube wohl, daß ich Sie hinführen könnte.«

Mandelbaum schnellte herum und warf einen scharfen Blick auf Robina Kean, die auf der vordersten Bank saß. Ich bin kein Rechtsanwalt und wußte daher nicht, ob er sie auf die Zeugenbank rufen konnte. Natürlich braucht eine Ehefrau nicht gegen ihren Mann auszusagen, aber ich war mir nicht klar darüber, ob dieses Verbot in diesem Fall auch galt. Jedenfalls stellte Mandelbaum keine derartige Forderung. Er bat den Richter bloß um einen Augenblick Geduld und ging zum Tisch, wo er leise mit einem Kollegen sprach. Ich sah mich inzwischen um. Ich hatte bereits Guy Unger unter der Zuhörerschaft entdeckt. Bella Velardi und Alice Hart saßen auf einer Bank nahe dem Ausgang. Augenscheinlich war die Bagby-Agentur an diesem Tage ihrer wertvollsten Kräfte beraubt. Clyde Bagby, der Chef, saß ein paar Reihen vor Unger. Helen Weltz, die Herzkönigin, die ich vor sieben Stunden aus Sauls Zimmer in ein Hotel gebracht hatte, kauerte ganz in meiner Nähe auf ihrem Stuhl.

Mandelbaums Kollege stand auf und ging eilends fort, während der Anwalt selbst sich wieder Wolfe zuwandte.

»Wissen Sie nicht«, fragte er streng, »daß es ein Vergehen gegen das Gesetz bedeutet, wenn ein vom Staat zitierter Zeuge mit dem Angeklagten spricht?«

»Nein, Sir, das wußte ich nicht. Ich nahm bisher an, das hänge ganz davon ab, *was* gesagt werde. Ich habe mit Mr. Ashe nicht über meine Zeugenaussage geredet.«

»Worum drehte sich denn das Gespräch?«

»Über gewisse Dinge, von denen ich annahm, sie könnten ihn interessieren.«

»Was für Dinge? Bitte, sprechen Sie sich deutlicher aus!«

Ich holte tief Atem, spreizte meine Finger und entspannte mich. Der Teufelskerl hatte es tatsächlich wieder geschafft! Nachdem Mandelbaum diese Frage gestellt hatte, konnte er es nicht mehr vermeiden, daß die Geschworenen sich alles anhörten, was Wolfe ihnen mitteilen wollte.

Wolfe sagte: »Ich erklärte dem hohen Gerichtshof bereits, daß ich mir gestern hier in diesem Raum plötzlich eine neue Meinung über den Mord an Marie Willis gebildet hatte, während ich darauf wartete, aufgerufen zu werden. Mir schien, gewissen Fragen sei noch nicht genügend Aufmerksamkeit geschenkt worden, und dies machte meine Rolle als Zeuge der Anklage unhaltbar. Ich war entschlossen, mir über diese Dinge Aufschluß zu verschaffen, obwohl ich mir voll bewußt war, daß das Verlassen dieses

Raumes mir eine Strafe einbringen konnte. Mir schien die Unfehlbarkeit des hohen Gerichtshofes wichtiger als meine persönliche Bequemlichkeit zu sein, und ich war überzeugt, daß Richter Corbett ...«

»Bitte, Mr. Wolfe, Sie haben sich jetzt nicht wegen Mißachtung des Gerichtes zu verteidigen.«

»Nein, Sir. Sie fragten, was ich zu Mr. Ashe sagte. Er erkundigte sich, welche Meinung ich mir gebildet habe, und ich bekannte ihm, diese sei zwiespältig. Erstens seien mir Zweifel an seiner Schuld aufgetaucht, die sich aus meiner langjährigen Erfahrung mit Verbrechen und Verbrechern ergeben hätten. Zweitens sei die Polizei so befangen durch die Beweise, die samt und sonders auf Mr. Ashe hinwiesen, daß möglicherweise anderen Spuren keine Beachtung geschenkt worden sei. Zum Beispiel lenkt ein erfahrener Detektiv sein Augenmerk stets auf die Personen, die eine Vorzugsstellung einnehmen, wie zum Beispiel Ärzte, Rechtsanwälte, vertraute Dienstboten, intime Freunde und selbstverständlich auch nahe Verwandte. Wenn sich unter diesen Kategorien ein Schurke befindet, hat er naturgemäß die beste Gelegenheit zu einem Verbrechen. Mir ging auf ...«

»Haben Sie all das zu Mr. Ashe gesagt?«

»Jawohl, Sir. Mir ging auf, daß auch eine Telefonvermittlung in die gleiche privilegierte Kategorie gehört wie die eben erwähnten Personen. Das erkannte ich in dem Moment, als Mr. Bagby gestern die Art und Weise schilderte, wie sein telefonischer Kundendienst funktionierte. Ein skrupelloser Mensch kann ohne weiteres die Gespräche abhören und daraus finanziellen Nutzen ziehen, wenn er es darauf anlegt. Dabei mag es sich um Börsenberichte handeln, um geschäftliche Unternehmungen, um alles mögliche. Die meisten Leute sprechen am Telefon offen und unvorsichtig, weil ihnen gar nicht der Gedanke kommt, man könnte sie belauschen. Für einen Erpresser müßte das Abhören solcher Gespräche von unschätzbarem Vorteil sein. Man brauchte ja nur ...«

»Das sind müßige Überlegungen, Mr. Wolfe. Haben Sie tatsächlich darüber mit Mr. Ashe gesprochen?«

»Ja, Sir.«

»Wie lange waren Sie mit ihm zusammen?«

»Nahezu eine halbe Stunde. Ich kann in einer halben Stunde ziemlich viel sagen.«

»Daran zweifle ich nicht! Aber Sie sollten die kostbare Zeit des Gerichtshofes nicht durch leeres Geschwätz in Anspruch nehmen.« Mandelbaum bedachte die Geschworenen mit einem seiner verständnisheischenden Blicke, dann wandte er sich wieder an Wolfe. »Sie haben Ihre Zeugenaussage vor dem Angeklagten nicht erwähnt?«

»Nein, Sir.«

»Weshalb haben Sie dann auf diesem Interview bestanden?«

»Einen Augenblick!« Donovan war aufgesprungen. »Ich erhebe Einspruch! Euer Ehren, dieser Mann ist von der Staatsanwaltschaft als Belastungszeuge benannt worden. Der Anklagevertreter kann seinen Zeugen nicht ins Kreuzverhör nehmen. Ich erhebe deswegen Einspruch.«

Richter Corbett nickte. »Dem Einwand wird stattgegeben. Mr. Mandelbaum, Sie kennen das Gesetz.«

»Aber ich sehe mich plötzlich einer ganz unerwarteten Situation gegenüber.«

»Er ist immer noch *Ihr* Zeuge; Sie können ihm nach Belieben Fragen stellen, die zum Beweis Ihrer Anklage dienlich sind.«

Mandelbaum blickte zuerst Wolfe an, warf dann einen Blick auf die Geschworenen, schritt gelassen zu seinem Tisch und starrte einen Moment darauf nieder. Dann hob er den Kopf und bemerkte kurz: »Keine weiteren Fragen.« Er setzte sich.

Jimmy Donovan stand auf und trat vor, aber er wandte sich an den Richtertisch statt an den Zeugen: »Euer Ehren, ich möchte betonen, daß ich keine Ahnung hatte von dieser Unterredung, die heute früh zwischen dem Zeugen und meinem Mandanten stattfand. Falls es verlangt wird, bin ich bereit, das unter Eid auszusagen.« Jetzt erst drehte er sich um: »Mr. Wolfe, weshalb haben Sie eine Besprechung mit Mr. Ashe gewünscht?«

Ich spürte Wolfes Erleichterung über das Gelingen seines Planes. Aufatmend erklärte er. »Ich habe eine Nachricht erhalten, die mich an seiner Schuld zweifeln ließ, und wollte mich so rasch als möglich darüber vergewissern, um die Sache dann sofort dem Gerichtshof und den Geschworenen unterbreiten zu können. Als Zeuge der Anklage und von der Justiz gesuchte Person befand ich mich in einer heiklen Lage. Ich überlegte mir, wenn ich ein Gespräch mit Mr. Ashe führte, würde das höchstwahrscheinlich im Verlauf meiner Befragung durch Mr. Mandelbaum dem Gericht offenbart werden, und dann würde man auch wissen wollen, über was wir gesprochen haben. Daher war mir daran gelegen, Mr. Ashe über meine Vermutung und Entdeckung zu informieren. Wenn Mr. Mandelbaum mir dann gestattete, alles Gesprochene hier vor Gericht zu wiederholen, war der Zweck erfüllt. Und selbst wenn er die Befragung vorzeitig abbrechen sollte, würde wohl der Verteidiger mir in einem Kreuzverhör die Möglichkeit geben, weiterzureden.« Wolfe zuckte die Achseln. »Deshalb wünschte ich eine Besprechung mit Mr. Ashe.«

Der Richter furchte die Stirn. Einer der Geschworenen stieß ein seltsames Geräusch aus, das wohl ein unterdrücktes Lachen sein mochte. Die Zuhörer rutschten unruhig hin und her, und jemand kicherte. Ich dachte mir, Wolfe besitze schon ein gehöriges Maß an Frechheit, aber er hatte kein einziges Gesetz verletzt. Donovan hatte ihm eine klare Frage gestellt und eine ebenso klare Antwort erhalten. Ich hätte viel darum gegeben, das Gesicht des Anwalts sehen zu können. Aber ich hörte nur seine Stimme, und diese verriet nicht, was in ihm vorging.

»Haben Sie noch mehr mit Mr. Ashe gesprochen als das, was Sie uns eben berichtet haben?«

»Jawohl, Sir.«

»Bitte, wiederholen Sie alles vor dem hohen Gerichtshof.«

»Ich sagte ihm, ich habe gestern diesen Saal unerlaubterweise verlassen und eine Strafe riskiert — nur, um meine Theorie zu erhärten. Ich sagte ihm, ich sei mit meinem Assistenten, Mr. Archie Goodwin, zum Büro der Bagby-Kundendienst-Gesellschaft in der 69. Straße gegangen, wo Marie Willis ermordet wurde. Ich sagte ferner, daß ein Blick auf die Schalttische mich davon überzeugte . . .«

Mandelbaum fuhr in die Höhe. »Ich erhebe Einspruch, Euer Ehren. Schlußfolgerungen des Zeugen können nicht zugelassen werden.«

»Er berichtet ja nur, was er zu Mr. Ashe sagte«, gab Donovan zu bedenken, »und zwar auf ausdrückliches Verlangen der Staatsanwaltschaft.«

»Der Einwand muß abgewiesen werden«, erklärte Richter Corbett düster.

Wolfe faßte zusammen: »Ich überzeugte mich davon, daß es für eine einzelne Telefonistin ausgeschlossen war, Gespräche auf ihren Leitungen öfters abzuhören, ohne daß ihre Kolleginnen das merkten. Wenn also etwas Derartiges vorkam, mußten alle Angestellten unter einer Decke stecken. Ich sagte Mr. Ashe, daß ich mit zwei Kolleginnen von Marie Willis gesprochen habe, nämlich mit Alice Hart und Bella Velardi, und diese Unterredungen hätten mich in meiner Vermutung bestärkt. Erstens seien beide Damen sehr nervös und unsicher geworden, als sie merkten, daß ich sie selbst sehr energisch aufs Korn nahm, und zweitens habe es sich gezeigt, daß ihre persönlichen Ausgaben und Ansprüche bei weitem das Maß überschritten, das man bei einer Telefonistin mit normalem Einkommen erwarten durfte. Ich sagte ... Verzeihung, Sir, ist es wirklich notwendig, daß ich jedem Satz die Bemerkung ›ich sagte‹ voranstellen muß?«

»Ich denke, das können Sie unterlassen«, meinte Donovan, »vorausgesetzt, daß Sie sich wirklich nur auf das beschränken, was Sie heute früh zu Mr. Ashe sagten.«

»Ich werde mich ganz genau daran halten. Die Extravaganz in den Ausgaben zeigte sich auch bei der dritten Kollegin, Miss Helen Weltz. Sie hatte ihren freien Tag, und Mr. Goodwin fuhr mich zu ihrem Landhaus in der Nähe von Katonah. Die junge Dame verlor noch mehr die Fassung als ihre beiden Kolleginnen, ich möchte sagen, sie erlitt beinahe einen Nervenzusammenbruch. Ein Mann namens Guy Unger befand sich bei ihr, und auch er schien sehr beunruhigt. Nachdem ich den Zweck meines Herkommens erklärt hatte, wünschte er mit mir unter vier Augen zu sprechen und offerierte mir zehntausend Dollar für Dienste, die er nicht genauer bezeichnete. Ich nahm natürlich an, er wolle mich von weiteren Nachforschungen abhalten, und schlug deshalb sein Angebot aus.«

»Das alles sagten Sie Mr. Ashe?«

»Jawohl, Sir. Inzwischen hatte Helen Weltz unter vier Augen mit Mr. Goodwin gesprochen und ihm gesagt, sie möchte mit mir reden, müsse jedoch zuerst Mr. Unger loswerden. Sie versprach, mich später aufzusuchen, und da wir ja von der Polizei gesucht wurden, gab ihr Mr. Goodwin die Adresse eines Bekannten an. Dorthin kam sie auch kurz nach Mitternacht. Mein Angriff hatte sie völlig niedergeschmettert. Sie befand sich in tödlicher Angst und bekannte, die Agentur sei schon seit Jahren auf diese Weise mißbraucht worden, wie ich es vermutet hatte. Sämtliche Angestellten waren daran beteiligt gewesen, einschließlich Marie Willis. Ihre Führerin, Alice Hart, sammelte Informationen . . .«

Es gab eine plötzliche Unterbrechung. Alice Hart erhob sich auf der Zuschauertribüne und schritt dem Ausgang zu, wobei ihr Bella Velardi auf den Fersen folgte. Die anwesenden Zuschauer, Geschworene und selbst Richter Corbett blickten ihnen nach, doch kein Mensch sagte oder tat etwas. Erst als sie noch fünf Schritte von der Tür entfernt waren, rief ich dem Wächter zu:

»Das ist Alice Hart!«

Jetzt kam Leben in die Bude. Der Wächter hielt die beiden Mädchen zurück, und Richter Corbett erklärte laut: »Keiner verläßt den Saal!«

Die Zuhörer wurden unruhig, beugten sich vor und murmelten miteinander, einige standen sogar auf. Der Richter klopfte mit seinem Hammer auf den Tisch und gebot Ruhe, aber er konnte natürlich nicht gut sagen, sonst würde der Saal geräumt. Miss Hart und Miss Velardi gaben ihren vergeblichen Versuch auf und kehrten zu ihren Plätzen zurück.

Als es im Raum endlich still wurde, wandte sich der Richter wieder Wolfe zu: »Fahren Sie fort.«

Das tat er denn auch: »Alice Hart sammelte die Informationen von den Mädchen ein und gab ihnen dafür von Zeit zu Zeit eine größere Summe als Entschädigung. Guy Unger und Clyde Bagby taten das gleiche. Die größte Summe, die Helen Weltz auf einmal erhielt, betrug fünfzehnhundert Dollar, und zwar bekam sie das Geld vor ungefähr einem Jahr von Guy Unger. Im Verlaufe von drei Jahren bezog sie auf diese Weise mehr als fünfzehntausend Dollar – ihr Gehalt nicht eingerechnet. Sie hatte keine Ahnung, was mit den Informationen geschah, die sie Alice Hart übermittelte, und wollte auch nicht zugeben, daß damit Erpressungen verübt wurden, aber sie gestand schließlich, einige dieser Mitteilungen wären schon dafür geeignet gewesen.«

»Wissen Sie«, erkundigte sich Richter Corbett, »wo diese Helen Weltz sich jetzt befindet?«

»Jawohl, Euer Ehren, sie ist hier anwesend. Ich habe ihr gesagt, wenn sie herkommt und die Sache durchsteht, werde ihre Hilfe vom Gerichtshof wahrscheinlich dankbar anerkannt.«

»Haben Sie noch irgend etwas beizufügen, das Sie heute früh mit Mr. Ashe besprachen?«

»In der Tat, Euer Ehren. Soll ich strikt auseinanderhalten, was Helen Weltz sagte und wie meine eigene Auslegung lautet?«

»Nein – einfach alles, was Sie Mr. Ashe mitgeteilt haben.«

»Ich eröffnete ihm, daß gerade sein Wunsch, die Identität der Bagby-Angestellten zu erfahren, die seine Nummer bediente, und sie zum Abhorchen der Gespräche zu veranlassen, mich an seiner Schuld hatte zweifeln lassen. Ich konnte nicht glauben, daß ein Mann mit derartigen Hemmungen wirklich imstande wäre, eine Frau zu erdrosseln und dann kaltblütig das Fenster zu öffnen und nach der Polizei zu rufen. Ich erkundigte mich auch über den Mann, der Ashe angerufen und gesagt hatte, wenn er sich mit ihm in der Bagby-Agentur treffen wolle, könnten sie gemeinsam Miss Willis von ihrem Entschluß abbringen. Ich fragte ihn, ob die Stimme des Mannes möglicherweise die von Mr. Bagby gewesen sein könnte, und Archie gab zu, das sei sehr wohl möglich. Allerdings hatte er den Eindruck, daß die Stimme verstellt gewesen sei.«

»Hatten Sie irgendeinen Beweis dafür, daß Mr. Bagby tatsächlich der Anrufer gewesen ist?«

»Nein, Euer Ehren. Außer meinen eigenen Beobachtungen

und Vermutungen besaß ich nur die Aussage von Miss Weltz. In erster Linie hatte sie mir erklärt, Marie Willis sei eine Gefahr für das ganze Unternehmen geworden. Ihr wurde sowohl von Bagby wie von Unger befohlen, Ashes Auftrag zum Abhorchen seiner Leitung anzunehmen und Mrs. Ashe nichts davon zu sagen. Doch Miss Willis vergötterte die Schauspielerin. Sie wies daher das Ansinnen ab und drohte, Robina Kean alles zu offenbaren. Gleichzeitig kündigte sie ihre Stellung. Damit hatte sie ihr Schicksal besiegelt. Der finanzielle Erfolg und die Sicherheit der Gesellschaft hing ja davon ab, daß kein Mensch ahnte, Bagbys Kundendienst würde das Vertrauen seiner Kunden zu Erpressungen mißbrauchen. Bagby erhielt die Informationen, und Unger nützte sie aus — ein Außenstehender also, der anscheinend nichts mit der Agentur zu tun hatte. Miss Willis' Auflehnung mußte also für alle Beteiligten eine Katastrophe herbeiführen, und es ging nur noch darum, wer es übernehmen sollte, diese Gefahr aus dem Wege zu schaffen. Ich sagte Mr. Ashe, all diese Tatsachen seien geeignet, einen starken Zweifel an seiner Schuld aufkommen zu lassen. Doch ich ging noch weiter und nannte auch den Menschen, der aller Wahrscheinlichkeit nach seine Stelle als Angeklagter einnehmen müßte. Wünschen Sie auch diese Einzelheit zu hören?«

Der Richter verhehlte seine Spannung nicht mehr. »Ja, fahren Sie fort!«

»Ich erklärte Mr. Ashe, nach meiner Ansicht sei Mr. Bagby am meisten verdächtig. Die gegenseitigen Alibis von Miss Hart und Miss Velardi können vielleicht angefochten werden, aber ich habe mit beiden Damen gesprochen und hatte nicht das Gefühl, die eine oder andere sei schuldig. Miss Weltz schließe ich ebenfalls aus, denn als sie gestern abend zu mir kam, war sie in einem derartig aufgeregten Zustand, daß sie sich unbedingt verraten hätte. Und damit fällt automatisch auch Mr. Unger aus, der zum fraglichen Zeitpunkt eine Bootsfahrt mit ihr machte. Mr. Bagby hatte ja auch zweifellos am meisten zu verlieren. Er gibt zu, an jenem Abend zu seiner Wohnung gegangen zu sein, und diese befindet sich in der 70. Straße, also ganz nahe dem Ort des Verbrechens. Ich überlasse es der Polizei, die genaue Zeittafel aufzustellen; in solchen Dingen kann man sich auf sie verlassen.«

Wolfe spitzte den Mund. »Ich denke, das ist alles. O nein! Ich sagte Mr. Ashe auch noch, daß ich heute früh einen Mann — Saul Panzer — in die 69. Straße zum Haus der Bagby-Agentur geschickt habe, damit er verhindert, daß dort Beweismaterial vernichtet würde. Damit habe ich wohl erschöpfend Auskunft gegeben und erwarte nun die Klage des hohen Gerichtshofes gegen mich und Mr. Goodwin wegen Mißachtung des Gerichtes.«

»Nein«, knurrte Richter Corbett. »Sie wissen sehr genau, daß Sie diese Klage durch Ihre Aussage zu einer lächerlichen Farce gemacht haben; sie ist damit hinfällig geworden. Haben Sie noch irgendwelche Fragen an den Zeugen zu stellen, Mr. Donovan?«

»Nein, Euer Ehren.«

»Mr. Mandelbaum?«

Staatsanwalt Mandelbaum erhob sich und trat zum Richtertisch. »Euer Ehren wird zugeben, daß ich mich in einer außerordentlichen Lagen befinde. Ich möchte um Verschiebung der Verhandlung bis zur Nachmittagssitzung ersuchen, damit ich den Fall überprüfen und mit meinen Amtskollegen besprechen kann. Wird meiner Bitte stattgegeben, dann möchte ich noch eine zweite anschließen; nämlich die, daß fünf Personen vorläufig als Hauptzeugen in Haft genommen werden, und zwar Alice Hart, Bella Velardi, Helen Weltz, Guy Unger und Clyde Bagby.«

»Dem Ersuchen wird stattgegeben.« Der Richter hob seine Stimme. »Die fünf soeben genannten Personen sollen vortreten. Alle übrigen mögen auf ihren Plätzen bleiben und weitere Entscheidungen abwarten.«

Alle gehorchten bis auf zwei. Nero Wolfe verließ den Zeugensitz und stapfte durch den Saal, und als er in der Nähe von Robina Kean vorbeikam, sprang diese auf, rannte auf ihn zu und schlang die Arme um seinen Hals. Gleichzeitig drückte sie ihre Wange an die seine. Ich sagte ja bereits, daß Schauspielerinnen immer eine Vorstellung geben müssen, aber diese war vollkommen unvorbereitet und trotzdem sehr natürlich. Mir gefiel sie wenigstens sehr gut, denn sie bewies, daß die Familie Ashe sich sicher dankbar zeigen würde.

Ich muß noch beifügen, daß Wolfe tatsächlich einen sehr anständigen Scheck von Leonard Ashe erhielt. Das hätte ihm aber nicht den Verdruß erspart, noch einmal als Zeuge vor Gericht erscheinen zu müssen, sobald das Verfahren gegen den wirklichen Mörder eröffnet wurde. Doch eine Woche vor Beginn der ersten Sitzung erhielten wir die Nachricht, daß man ihn als Zeugen nicht benötige. Die Staatsanwaltschaft war bereits im Besitz so vieler Beweise für Bagbys Schuld, daß die Geschworenen auch ohne seine Mithilfe den Angeklagten verurteilen würden.

Wolfe kommt auf den Hund

Manchmal mache ich freiwillig Spaziergänge im Regen, obwohl ich Sonnenschein lieber habe, zumindest, wenn der Wind nicht so stark weht, daß er einem Staubwolken ins Gesicht jagt. Aber an diesem Mittwoch trieb mich eine besondere Veranlassung hinaus in das Geplätscher: Ich wollte, daß der Regenmantel durch und durch naß war, wenn ich ihn seinem Eigentümer ablieferte. Deswegen ging ich mit dem Mantel und meinem alten braunen Filzhut aus dem Haus und in Richtung Arbor Street, die etwa vier Kilometer von unserem Haus entfernt liegt.

Auf halbem Weg hörte es auf zu regnen, und mir war von dem Marsch so warm geworden, daß ich den Mantel auszog und ihn, mit der nassen Seite nach innen, über meinen Arm legte. Die Arbor Street war schmal und nur drei Block lang, und die alten, drei- bis vierstöckigen Backsteinhäuser zu beiden Seiten machten wahrhaftig keinen großartigen Eindruck. Nummer 29 mußte nach meiner Schätzung in der Mitte des ersten Blocks sein.

Ich erreichte das Haus auch, aber ich ging nicht hinein, denn ein unerwartetes Hindernis hielt mich davon ab: Ein Polizeiauto stand mitten auf der Straße, und ein Uniformierter machte sich auf dem Gehsteig wichtig. Als ich mich der kleinen Gruppe Neugieriger näherte, hörte ich ihn fragen: »Wem gehört der Hund?« — und das bezog sich offensichtlich auf ein großes Tier mit nassem schwarzem Fell, das hinter ihm stand. Offenbar gab niemand Antwort; ich hätte es allerdings auch nicht gehört, denn meine Aufmerksamkeit wurde in diesem Augenblick abgelenkt. Ein weiterer Polizeiwagen kreuzte auf und hielt hinter dem ersten, ein Mann in Zivil stieg aus, bahnte sich den Weg durch die Menschengruppe, nickte dem Uniformierten kurz zu und ging auf das Haus zu, das die Nummer 29 trug.

Leider kannte ich den Mann, und das ist milde ausgedrückt. Ich will damit nicht sagen, daß ich beim Anblick von Sergeant Purley Stebbins vom Morddezernat Manhattan-West zu zittern beginne, aber seine Anwesenheit hier machte mir klar, daß sich eine Leiche in diesem Haus befinden mußte. Und wenn ich nun Einlaß begehrt und erklärt hätte, ich sei nur gekommen, um einen vertauschten Regenmantel zurückzubringen — na, ich konnte mir ausmalen, was dann geschehen würde. Mein promptes Erscheinen auf dem Schauplatz eines Mordes mußte Stebbins schlechteste Instinkte wachrufen, und wahrscheinlich käme ich nicht einmal rechtzeitig zum Abendessen nach Hause; dabei wußte ich, daß es gegrillte Täubchen mit einer braunen Soße gab, die Fritz *Vénitienne* nennt und die zu seinen besten kulinarischen Schöpfungen gehört.

Stebbins verschwand im Haus, ohne mich zu sehen. Der Polizist war ein völlig Fremder. Als ich langsam hinter ihm vorbeigehen wollte, um zur nächsten Straßenkreuzung zu gelangen, maß er mich mit einem schiefen Blick und erkundigte sich: »Gehört der Hund Ihnen?«

Das Tier schnüffelte freundschaftlich an meinem Knie, und ich tätschelte seinen schwarzen Kopf. Ich verneinte die Frage des Polizisten und ging weiter. Bei der nächsten Kreuzung wandte ich mich nach rechts und hielt Ausschau nach einem Taxi. Da keines zu entdecken war, entschloß ich mich, meinen Ausflug zu Fuß zu beenden. Ein starker Wind blies von Westen, und die Straßen waren noch naß vom Regen.

Ich hatte schon ein hübsches Stück meines Weges zurückgelegt, ehe ich den Hund bemerkte. Als ich bei einem Fußgängerstreifen auf das grüne Licht wartete, fühlte ich etwas an meinem Knie — und da war der Hund. Automatisch streckte ich die Hand nach seinem Kopf aus, doch ich zog sie rasch wieder zurück. Das war eine dumme Geschichte! Ganz offensichtlich beehrte mich das Tier mit seiner Freundschaft, und wenn ich jetzt weiterging, würde es mir folgen. Man kann aber in der Neunten Avenue einen Hund nicht mit Steinwürfen verjagen. Ich hätte natürlich ein Taxi besteigen und ihn so abschütteln können, aber das fand ich nicht anständig einem Wesen gegenüber, das mir so deutlich seine Bewunderung zeigte. Der Hund trug ein Halsband mit Marke, so daß sich gewiß feststellen ließ, wem er gehörte. Die Meldestation befand sich ganz in der Nähe, es war daher wohl der einfachste und billigste Weg, ihn dorthin zu bringen. Als ich mich eben dazu entschlossen hatte, riß mir ein heftiger Windstoß den Hut vom Kopf, mitten auf die Straße hinaus. Ich warf mich nicht in das Verkehrsgewühl. Aber der Hund! Er sauste wie ein Pfeil am Kühler eines Lastwagens vorbei, stoppte, um ein anderes Auto durchzulassen, sprang wieder los und geriet direkt unter einen weiteren Wagen – oder wenigstens schien es mir so –, und auf einmal sah ich ihn auf dem jenseitigen Bürgersteig. Er riß den Hut unter den Füßen eines Passanten fort, machte kehrt und kam wieder zurück. Diesmal brauchte ich nicht um sein Leben zu bangen, denn der Verkehr war durch ein Stoppzeichen aufgehalten. Wedelnd und mit hocherhobenem Kopf blieb er vor mir stehen und hielt mir meinen Hut entgegen. Ich nahm ihn in die Hand. Er war durch einige Pfützen gerollt, aber ich dachte, das Tier wäre sicherlich enttäuscht, wenn ich ihn nicht aufsetzen würde, und so setzte ich ihn auf. Natürlich erledigte das den Fall ein für allemal. Ich winkte ein Taxi herbei, stieg mit dem Hund ein und gab dem Fahrer die Adresse von Nero Wolfes Haus an.

Eigentlich wollte ich meinen Hutretter mit in mein Zimmer nehmen, ihm eine Erfrischung anbieten und dann beim Meldeamt anrufen, man solle ihn abholen. Aber ich hätte es bedauert, die günstige Gelegenheit zu einem kleinen Zank mit Wolfe ungenützt vorübergehen zu lassen; darum hängte ich Hut und Mantel an den Garderobenständer im Flur und begab mich ins Büro.

»Wo, zum Teufel, haben Sie denn wieder gesteckt?« fragte Wolfe ärgerlich. »Wir wollten doch um sechs Uhr einige Listen durchgehen, und jetzt ist es bereits Viertel vor sieben.«

Er saß in seinem Monstersessel hinter dem Schreibtisch und las in einem Buch. Bei meinem Eintritt hatte er nicht einmal aufgesehen. Höflich entgegnete ich: »Ich wollte den verdammten Regenmantel zurückbringen. Aber ich konnte ihn nicht abliefern, weil –«

»Was ist das?« bellte er und glotzte meinen Gefährten an.

»Ein Hund.«

»Das sehe ich. Aber ich bin nicht in der Stimmung für Ihre Possen. Schaffen Sie ihn fort.«

»Jawohl, Sir, sofort. Ich kann ihn natürlich die meiste Zeit in meinem Zimmer halten, aber es läßt sich nicht vermeiden, daß er die Treppe hinunter und durch den Flur geht, wenn ich ihn ausführe. Er stellte mich auch vor gewisse Probleme. Sein Name ist nämlich Nero. Sie wissen ja wohl, daß dies schwarz bedeutet. Und selbstverständlich muß ich diesen Namen ändern. Ebony wäre ganz passend, oder Jett, vielleicht auch Tinty, doch das gefällt mir alles nicht so recht. Ich —«

»Paß, Narreteien!«

»Keineswegs, Sir. Ich fühle mich manchmal recht einsam hier, besonders während der vier Stunden, die Sie jeden Tag im Gewächshaus zubringen. Sie haben Ihre Orchideen, Fritz hat seine Schildkröte — weshalb sollte ich also keinen Hund haben? Ich weiß, daß sein Name geändert werden muß, obwohl er als Champion Nero Karbon von Possendorf eingetragen ist. Ich dachte —« Ich fuhr mit meinem Geschwätz nur fort, weil es nicht anders ging. Der ganze Witz der Sache war verpufft. Ich hatte einen Wutausbruch erwartet, der sogar darin hätte gipfeln können, daß Wolfe höchstpersönlich aufgestanden wäre und den Hund zum Zimmer hinausspediert hätte. Und jetzt saß er bloß da und starrte meinen Nero mit einem Blick an, wie er ihn noch nie an einen Menschen verschwendet hatte, selbst an mich nicht. Mir blieb gar nichts anders übrig, als etwas gequält über den Nutzen eines Jagdhundes weiterzureden.

»Das ist kein Jagdhund«, unterbrach mich Wolfe schroff. »Es ist ein Labrador-Apportierhund.«

Bei Wolfe darf man sich nicht verblüffen lassen. Ich bin auch nie erstaunt über die besonderen Kenntnisse eines Kauzes wie ihm, der so viele Bücher verschlingt. »Jawohl, Sir«, stimmte ich daher ganz demütig zu. »Ich dachte nur, es würde sich für einen Detektiv besser machen, einen Jagdhund zu besitzen.«

»Labradorhunde haben eine breitere Schädelform als jede andere Hunderasse, weil die Gehirnmasse größer ist. Als kleiner Junge, in Montenegro, besaß ich einen braunen Bastard, der einen sehr schmalen Kopf hatte. Aber damals schien mir das kein Fehler, heute wäre ich wahrscheinlich kritischer. Als Sie dieses Geschöpf hier einschmuggelten, Archie, haben Sie da auch bedacht, welche Umwälzungen das für unseren Haushalt mit sich bringen muß?« Der Schlag, den ich ihm zugedacht hatte, war auf mich zurückgefallen. Ich lernte eine ganz neue Seite dieses großen, dikken Genies kennen: Er würde sich tatsächlich über einen Hund freuen — vorausgesetzt, daß er die Verantwortung dafür auf mich abschieben konnte. Und was mich betrifft, nun, ich habe Hunde gern, und wenn ich mich einmal auf dem Land zur Ruhe setze, werde ich mir wahrscheinlich einen oder auch zwei anschaffen, aber niemals in der Stadt.

Ich zog mich also in eine Verteidigungsstellung zurück. »Nein, daran habe ich nicht gedacht«, bekannte ich. »Natürlich würde ich gern ein Haustier haben, aber ich kann mir ja schließlich genausogut einen Kanarienvogel oder ein Chamäleon anschaffen. Schön, ich werde also den Hund wieder wegbringen, es ist ja Ihr Haus.«

»Ich will nicht schuld sein an Ihrem Verzicht«, erklärte Wolfe steif. »Lieber ertrage ich die Anwesenheit dieses Tieres als Ihre ewigen Vorwürfe.«

»Denken wir nicht mehr daran!« Ich wedelte abwehrend mit der Hand. »Und ich verspreche Ihnen, daß ich nie ein Wort darüber verlieren werde.«

»Noch ein anderer Punkt«, beharrte er. »Ich will nicht, daß Sie Ihre Abmachungen annullieren müssen.«

»Ich habe gar keine Abmachungen getroffen.«

»Wie kamen Sie denn zu dem Hund?«

Seufzend gab ich es auf. »Schön, Sie sollen alles wissen.«

Ich setzte mich an meinen Schreibtisch und begann. Nero der Vierbeiner legte sich zu meinen Füßen nieder. Ich erzählte die ganze Geschichte mit so vielen Einzelheiten, wie ich es bei einem wichtigen Fall tun würde. Als ich fertig war, wußte Wolfe natürlich, daß meine Einführung des Hundes als ständige Vergrößerung unseres Haushalts nur eine Finte gewesen war. Normalerweise hätte er mir jetzt gründlich seine Meinung gesagt, aber diesmal vergaß er das vollkommen, und der Grund dazu war leicht ersichtlich. Der Gedanke, einen Hund im Hause zu haben, für den er mich haftbar machen konnte, hatte Wurzeln geschlagen bei ihm.

Nach einem Moment des Schweigens bemerkte er bloß: »Jett wäre ein passender Name für ihn.«

»Ja-a.« Ich drehte meinen Sessel und griff nach dem Telefonhörer. »Ich werde jetzt das Meldeamt anrufen und sagen, man soll ihn abholen.«

»Nein!« Das klang drängend.

»Weshalb denn nicht?«

»Weil ich einen besseren Ausweg weiß. Rufen Sie irgendeinen Bekannten von der Polizei an, geben Sie ihm die Nummer auf dem Halsband des Hundes und sagen Sie, man möchte feststellen, wem das Tier gehört. Dann können Sie mit dem Eigentümer direkt telefonieren.«

Es war ganz klar, daß er nur nach einer Verzögerung suchte. Er hoffte wohl, der Eigentümer sei tot oder im Gefängnis oder wolle seinen Hund gar nicht zurückhaben, und dann hätte Wolfe behaupten können, ich sei verantwortlich für das Tier, weil ich es in einem Taxi mitgenommen und hierhergebracht habe. Aber ich hatte keine Lust, mich weiter mit ihm zu streiten, und daher rief ich einen Sergeanten vom Revier an, der mir immer gern kleine Dienste erweist. Er notierte sich Neros Markennummer und meinte, es würde wohl nicht mehr möglich sein, mir am gleichen Tage noch Bescheid zu geben. Als ich den Hörer auflegte, kam Fritz ins Zimmer und kündete an, das Essen sei bereit.

Die Täubchen mit dieser Spezialsoße waren ein Hochgenuß, und auch die Ereignisse der nächsten Stunden waren bemerkenswert, aber dafür konnte ich mich nicht so begeistern. Das Tischgespräch wurde fast ausschließlich von Wolfe bestritten und drehte sich fast ausschließlich um Hunde, diesmal jedoch auf höherer Ebene, fern von gefühlsseligen Erinnerungen. Wolfe vertrat die Ansicht, die kleinen braunen afrikanischen Jagdhunde seien die erste Zucht auf Erden, da sie im Nilland bereits um fünftausend vor Christi Geburt bekannt waren, wohingegen man vom afghanischen Windhund nicht früher als etwa ums Jahr viertausend hörte. Mir bewies das nichts weiter, als daß er ein Buch darüber gelesen hatte, das ich nie bei ihm sah. Nero der Vierbeiner fraß in der Küche bei Fritz — mit glänzendem Erfolg. Wolfe hatte angeordnet, den Hund Jett zu nennen. Als Fritz mit dem Salat hereinkam, verkündete er, Jett habe fabelhafte Manieren und sei überhaupt ein Prachtbursche.

»Würden Sie ihn nicht trotzdem als große Plage empfinden, wenn er ständig hier wäre?« erkundigte sich Wolfe scheinheilig.

»Ganz im Gegenteil!« beteuerte Fritz. »Ich würde ihn mit Freude pflegen.«

Nach dem Essen hatte ich das deutliche Empfinden, diese neue Hundeliebe müsse einen Dämpfer erhalten. Ich nahm daher Nero erst zu einem kleinen Spaziergang mit, dann brachte ich ihn in mein Zimmer hinauf. Selbst ich mußte zugeben, daß er sich tadellos benahm. Wenn ich wirklich in der Stadt einen Hund hätte halten wollen, dann unbedingt diesen. Ich befahl ihm, sich hinzulegen, und er gehorchte sofort. Als ich zur Tür ging, folgten mir seine gelbbraunen Augen und zeigten sehr deutlich, wie gern er mitkäme; aber er rührte sich nicht.

Wolfe und ich machten uns endlich an unsere Listen, das heißt Spezialofferten von Orchideenzüchtern aus der ganzen Welt. Es war ganz und gar nicht einfach, aus diesen Tausenden die paar herauszupicken, mit denen Wolfe vielleicht einen Versuch zu machen wünschte. Ich saß ihm an seinem Schreibtisch gegenüber, vor mir die ganze Kartei, und wir hatten kaum die Hälfte durchgeackert, als um halb elf die Hausglocke anschlug. Ich ging in den Flur, knipste die Frontbeleuchtung an und schaute durch den Spion auf den Vorplatz hinaus. Dort stand ein lieber alter Bekannter: Inspektor Cramer vom Morddezernat.

Ich öffnete die Tür einen Spaltbreit und fragte höflich: »Was ist?«

»Ich muß mit Wolfe sprechen.«

»Es ist reichlich spät. Um was dreht es sich denn?«

»Um einen Hund.«

Wir haben eine feste Regel, wonach kein Besucher, und ganz besonders kein amtlicher Gesetzesvertreter, ohne vorherige Anmeldung Wolfes Büro betreten darf. Doch dies schien eine Ausnahme zu rechtfertigen, denn es war nicht abzusehen, wie Wolfe sich verhalten würde, wenn ich jetzt zu ihm ginge und erklärte, Inspektor Cramer wünsche ihn wegen des Hundes zu sprechen.

Ich überlegte mir die Sache zwei Sekunden lang, dann riß ich die Tür weit auf und lud den Inspektor herzlich ein, hereinzukommen.

»Genau gesagt«, erklärte Cramer mit der leutseligen Miene eines Mannes, der krumme Wege verabscheut, »ist es Goodwin, von dem ich einige Auskünfte brauche.«

Er saß in dem roten Ledersessel bei Wolfes Schreibtisch. Sein großes, rundes Gesicht war nicht röter als üblich, seine grauen Augen nicht kälter — er befand sich also im Normalzustand.

Wolfe fuhr mich an: »Warum bringen Sie ihn denn zu mir, sogar ohne ihn anzumelden?«

Cramer kam mir zu Hilfe. »Ich hatte nach Ihnen gefragt. Natürlich stecken Sie in der ganzen Sache drin. Und ich will jetzt wissen, was der Hund damit zu tun hat. Wo ist das Vieh, Goodwin?«

Dieser ebenfalls normale Ton brachte mich in Stimmung. Manchmal nennt Cramer mich Archie, da wir uns nun wirklich lange genug kennen, doch das sind Ausnahmefälle. Harmlos fragte ich: »Ein Hund?« Seine Lippen preßten sich hart aufeinander. »Na schön, ich werde mich klarer ausdrücken. Sie haben heute im Revier angerufen und wollten wissen, wem der Hund mit einer bestimmten Kennummer gehört. Als der Sergeant erfuhr, daß der Eigentümer ein Mann namens Philip Kampf sei, der heute nachmittag in der Arbor Street 29 ermordet wurde, benachrichtigte er die Mordabteilung.

Der Polizist, der vor dem Haus Wache stand, hatte uns gemeldet, der Hund sei mit einem Mann fortgegangen, der erklärt habe, das Tier gehöre nicht ihm. Nachdem wir nun wußten, daß Sie sich nach dem Besitzer erkundigten, zeigten wir dem Polizisten ein Bild von Ihnen, und er erkannte Sie sofort als den Mann, der den Hund mitgelockt hatte. Er wartet draußen in meinem Wagen. Soll ich ihn hereinholen?«

»Danke, kein Bedarf. Ich habe den Hund nicht gelockt.«

»So? Aber er folgte Ihnen.«

Ich zuckte bescheiden die Achseln. »Mädchen folgen mir, Hunde folgen mir, und manchmal sogar Ihre Spitzel. Dagegen kann ich nichts tun.«

»Hören Sie endlich mit der Komödie auf! Der Hund gehörte dem Opfer eines Mörders, und Sie haben ihn vom Tatort entfernt. Wo ist er?«

Wolfe mischte sich hastig ein. »Sie unterstellen Mr. Goodwin eine Handlung, die völlig aus der Luft gegriffen ist. Er hat den Hund nicht entfernt. Ich rate Ihnen, einen anderen Ton anzuschlagen, wenn Sie von uns irgendwelche Auskünfte wünschen.«

Seine Stimme klang nicht bösartig, sondern nur sehr energisch. Ich warf ihm einen Seitenblick zu. Wahrscheinlich war er so gnädig gestimmt, weil er erfahren hatte, daß Jettes Besitzer tot war.

»Ich greife nichts aus der Luft«, behauptete Cramer. »Ein Mann namens Richard Meegan, der in der Arbor Street 29 wohnt und während des Mordes im Haus war, hat ausgesagt, er sei heute vormittag bei Ihnen gewesen, um Ihnen einen Fall zu übertragen. Er behauptete allerdings, Sie hätten die Sache abgelehnt.« Cramer stieß das Kinn vor. »Nun gut! Ein Mann, der sich zur Zeit des Mordes auf der Szene befand, gibt zu, heute mit Ihnen gesprochen zu haben. Kaum eine halbe Stunde nach dem Verbrechen taucht Goodwin auf dem Schauplatz auf, und er lockt den Hund... na schön, sagen wir, der Hund des Opfers geht freiwillig mit ihm, bis hierher. Wie gefällt Ihnen das?« Er zog das Kinn wieder ein. »Sie wissen verdammt gut, daß Sie oder Goodwin die letzten Menschen sind, die ich in einem Umkreis von zehn Blöcken um eine Mordstelle sehen möchte; denn ich weiß aus Erfahrung, was ich davon zu erwarten habe. *Wenn* Sie aber dort auftauchen, will ich wissen, weshalb und wozu — und bei Gott, das werde ich auch erfahren! Wo steckt der Hund?«

Wolfe seufzte und schüttelte den Kopf. »Geben Sie es auf; damit verlieren Sie nur Ihre Zeit«, erklärte er fast freundlich. »Was nun Mr. Meegan betrifft, so rief er uns heute früh an, um eine Verabredung zu treffen, und um elf Uhr war er dann hier. Unsere Unterhaltung war sehr kurz. Er wollte einen Mann beschatten lassen, aber den Namen oder nähere Gründe erfuhr ich nicht. Er erwähnte ziemlich erregt als erstes eine Frau, so daß ich annehmen mußte, es handle sich nur um eheliche Schwierigkeiten. Wie Sie ja wissen, rühre ich derartige Fälle nicht an, und daher unterbrach ich ihn. Ich betrachte es als eine Zumutung, diese Art Aufträge überhaupt nur anzuhören! Meine kurze Ablehnung machte ihn wütend, und er rannte davon. Im Flur riß er seinen Hut vom Ständer und nahm irrtümlicherweise Mr. Goodwins Regenmantel statt seinen eigenen. — Archie, fahren Sie fort.«

Cramer richtete seine Blicke auf mich, und ich gehorchte. »Ich bemerkte die Verwechslung der Mäntel erst am Nachmittag. Sein Mantel hatte wohl die gleiche Farbe, aber meiner war viel neuer. Bei seinem Anruf am Morgen hatte er mir Namen und Adresse angegeben; ich versuchte daher zu telefonieren, aber er stand nicht im Telefonbuch, und das Amt teilte mir mit, er sei nicht als Abonnent eingetragen. Daher machte ich mich selbst auf den Weg und nahm seinen Mantel mit. Vor dem Haus, das er als seine Anschrift genannt hatte, standen ein Streifenwagen, ein Polizist und eine Gruppe von Neugierigen. Als ich näher trat, fuhr ein zweites Polizeiauto vor, Purley Stebbins stieg aus und ging ins Haus; also beschloß ich, mich wieder zu verziehen. Ich hatte nicht die geringste Lust, mich einem Verhör zu stellen für eine Sache, die mich nichts anging. Ein Hund lungerte dort herum, er schnüffelte an mir, und ich strich ihm über den Kopf. Schön, ich gebe zu, daß ich das vielleicht nicht hätte tun sollen. Der Polizist erkundigte sich, ob der Hund mir gehöre; ich verneinte das wahrheitsgemäß, wandte mich ab und machte mich wieder auf den Heimweg.«

»Haben Sie den Hund zu sich gerufen oder ihm sonstwie ein Zeichen gegeben?«

»Kein Gedanke! Ich war bereits in der Neunten Avenue, als ich überhaupt merkte, daß er mir gefolgt war. Ich habe ihn weder zu mir gelockt noch ihn verschleppt. Wollen Sie mir sagen, weshalb ich denn im Revier angerufen hätte, um den Eigentümer festzustellen, wenn ich das Tier absichtlich mitgenommen hätte?«

»Bei Wolfe und Ihnen kann man so etwas nie wissen. Wo haben Sie den Hund?«

Ich platzte damit heraus, ehe Wolfe mir Einhalt gebieten konnte.

»Bringen Sie ihn her.«

»Meinetwegen.«

Ich hatte mich erhoben und war im Begriff, das Zimmer zu verlassen, als Wolfe mich scharf anrief: »Archie!«

Ich wandte mich um. »Ja, Sir?«

»Es eilt nicht so entsetzlich.« Seine nächsten Worte galten Cramer. »Das Tier scheint recht klug zu sein, aber ich bezweifle immerhin, daß es Ihnen auf Fragen antworten wird. Und ich will nicht, daß der Hund hier im Büro herumschnüffelt.«

Cramer grinste. »Ich auch nicht.«

»Warum soll er dann geholt werden?«

»Ich nehme ihn mit. Wir werden ein kleines Experiment mit ihm anstellen.«

Wolfe schürzte die Lippen. »Ich bezweifle sehr, daß sich das machen läßt. Setzen Sie sich wieder, Archie. Mr. Goodwin hat eine Verpflichtung übernommen und wird sich daran halten. Das Tier hat keinen Herrn mehr und demnach auch kein Heim. Wir müssen es hier unterbringen, bis Mr. Goodwin sich von seinem ferneren Wohlergehen überzeugen kann. Archie?«

Wären wir allein gewesen, hätte ich Wolfe meinen Standpunkt sehr deutlich gemacht. So aber blieb mir nichts übrig, als ihm beizupflichten. »Unbedingt«, sagte ich fest.

»Sehen Sie«, bemerkte Wolfe, an Cramer gewandt. »Wir können leider Ihrem Wunsch nicht entsprechen.«

»Quatsch. Ich nehme den Hund mit.«

»Ach nein? Haben Sie eine schriftliche Vorladung? Wollen Sie ihn als Hauptzeugen einsperren?«

Cramer öffnete den Mund zu einer Entgegnung, aber er schloß ihn wieder. Er stützte seine Ellbogen auf die Armlehnen, faltete die Hände und beugte sich vor. »Passen Sie auf. Sue und Meegan sagen das gleiche, entweder weil es die Wahrheit ist oder weil sie es zusammen so vereinbart haben; ich weiß nicht, wie es sich verhält, aber es wird sich noch zeigen. Jedenfalls nehme ich den Hund mit. Philip Kampf, der Mann, der ermordet wurde, wohnte in der Perry Street, nur ein paar Block von der Arbor Street entfernt. Er betrat das Haus Arbor Street 29 mit seinem Hund an der Leine ungefähr um zwanzig nach fünf heute nachmittag. Der Hausmeister Olsen wohnt im Kellergeschoß und saß an seinem Fenster, als Kampf mit dem Hund ankam und ins Haus ging. Etwa zehn Minuten später sah er das Tier allein und ohne Leine wieder herauskommen. Gleich nach ihm verließ ein Mann das Haus. Dieser Mann war Victor Talento, ein Rechtsanwalt, der im Erdgeschoß wohnt. Talento erklärt, er sei zu einer Verabredung ausgegangen und habe das Tier im Hausflur gesehen. Er glaubte, es streune da herum, und jagte es fort. Das ist alles, was er zu sagen weiß. Auf jeden Fall bestätigte Olsen, Talento sei sofort weitergegangen, während der Hund auf dem Gehweg blieb und wartete.« Cramer löste seine Finger und lehnte sich zurück. »Zwanzig Minuten später, um zehn vor sechs, hörte Olsen, wie jemand seinen Namen rief, und ging die Hintertreppe empor zum Erdgeschoß. Dort befanden sich zwei Männer, ein Toter und ein Lebender. Der Lebende war Ross Chaffee, ein Kunstmaler, Inhaber der Studiowohnung im dritten Stock. Bei dem Toten handelte es sich um den Mann, der mit dem Hund ins Haus gekommen war. Man hatte ihn mit der Hundeleine erdrosselt; sein Körper lag am Fuß der Treppe, die nach oben führt. Chaffee erklärt, er habe ihn dort gefunden, als er herunterkam. Mehr weiß auch er nicht. Er blieb bei dem Ermordeten, während Olsen hinunterging, um zu telefonieren. Der Streifenwagen erschien zwei Minuten vor sechs, Sergeant Stebbins um zehn Minuten nach sechs, Goodwin ebenfalls; genaue Zeitangabe.«

Wolfe knurrte bloß, und Cramer fuhr fort: »Ich kann Ihnen den Rest auch noch erzählen. Die Hundeleine steckte in der Tasche des Regenmantels, den der Tote anhatte. Unser Labor erklärte, damit sei er erdrosselt worden. Natürlich werden noch weitere Erhebungen angestellt. Alle vier Wohnungsinhaber waren zu Hause, als Kampf in der Arbor Street eintraf: Victor Talento, der Rechtsanwalt aus dem Erdgeschoß; Richard Meegan, dessen Auftrag Sie nicht annehmen wollten, wohnt im ersten Stock; Jerome Aland, ein Artist in einem Nachtlokal, im zweiten; und Ross Chaffee hat die Studiowohnung im dritten Stock inne. Aland behauptet, fest geschlafen zu haben, bis wir an seine Tür polterten und ihn herunterschleppten, um den Toten anzusehen. Meegan erklärt, nichts gesehen und gehört zu haben.«

Cramer rückte in seinem Sessel wieder vor. »Schön. Was also ist geschehen? Kampf ging ins Haus, um mit einem der vier Wohnungsinhaber zu sprechen, und brachte seinen Hund mit. Möglich, daß er ihm im Hausflur die Leine abnahm und ihn dort ließ, was ich jedoch bezweifle. Wahrscheinlicher dürfte sein, daß er das Tier bis zu einer der Wohnungstüren mitnahm; aber es hatte geregnet, und der Hund war so naß, daß der Mieter ihn nicht einlassen wollte. Deshalb ließ Kampf ihn draußen. Es besteht auch noch die weitere Möglichkeit, daß der Hund dabei war, als sein Herr ermordet wurde – aber über all das wissen wir erst mehr, wenn wir uns mit dem Hund abgeben können. Momentan beabsichtigen wir nur, ihn mitzunehmen, in dieses Haus zu führen und zu beobachten, zu welcher Tür er geht. Und zwar werden wir das jetzt gleich tun. Ich habe einen Mann im Wagen, der sich auf Hunde versteht.«

Cramer erhob sich.

Wolfe schüttelte den Kopf. »Sie sind eigensinnig wie immer. Mr. Kampf wohnte, wie Sie sagen, in der Perry Street. Hat er dort eine Familie?«

»Nein, er war Junggeselle. So etwas wie ein Schriftsteller. Er brauchte sich seinen Lebensunterhalt nicht zu verdienen; besaß genug Geld.«

»Demnach ist der Hund verwaist. Er befindet sich doch noch in Ihrem Zimmer, Archie?«

»Jawohl, Sir.« Ich stand auf und wandte mich zur Tür, doch Wolfe hielt mich wiederum zurück.

»Einen Augenblick. Sie gehen jetzt hinauf und schließen sich ein, bis ich Sie rufe.«

Was sollte ich anderes tun? Entweder mußte ich gehorchen oder sofort meine Stellung kündigen, und das mache ich nur, wenn wir allein sind. Außerdem hatte Wolfe wohl seine guten Gründe, den Hund nicht der Mordkommission zu überlassen. Cramer, der keine Vollmacht brauchte, um in unser Haus zu kommen, weil er sich bereits darin befand, hätte bestimmt keine Hemmungen, in mein Zimmer einzudringen und sich dort umzusehen. Ihn davon mit Gewalt abhalten zu wollen wäre vergebliche Liebesmühe. Aber eine verschlossene Tür aufbrechen — das war ein anderer Fall. Allerdings schloß ich nicht ab, denn das hatte ich seit Jahren nicht getan und wußte gar nicht, in welchem Fach meiner Kommode der Schlüssel lag. Ich hielt es daher für das beste, auf dem Treppenabsatz stehenzubleiben und zu horchen. Wenn ich Cramer kommen hörte, würde ich die Tür schließen und mich dagegenstemmen. Nero, oder Jett — je nach dem Standpunkt, den man einnahm —, trottete zu mir heraus, aber ich schickte ihn wieder zurück, und er verschwand gehorsam. Von unten ließen sich Stimmen vernehmen, nicht besonders freundschaftlich, aber auch nicht laut genug, um die Worte zu verstehen. Nach kurzer Zeit vernahm ich Cramers schwere Schritte im Flur, dann schlug die Eingangstür hinter ihm zu.

Ich rief hinunter: »Alles klar?«

»Nein«, rief Wolfe zurück. »Warten Sie, bis ich die Kette vorgelegt habe.« Und nach einem kurzen Moment: »In Ordnung.«

Ich klinkte meine Tür zu und ging die Treppe hinunter. Wolfe saß bereits wieder in seinem Mammutsessel hinter dem Schreibtisch. Als ich eintraf, fuhr er mich sogleich an: »Eine schöne Suppe haben Sie uns da eingebrockt! Sie schmuggeln einen Hund ins Haus, um mich zu ärgern — und wo stehen wir jetzt?«

Ohne Eile ging ich zu meinem Schreibtisch, setzte mich und

begann gelassen: »Darum handelt es sich gar nicht mehr. Sie werden ja doch nie zugeben, daß Sie die Sache selbst verkorkst haben, also reden wir nicht mehr davon. Wenn Sie mich aber fragen, wie es jetzt weitergeht — also, das ist einfach. Ich könnte sagen, ich liefere den Hund persönlich bei der Mordkommission ab, aber auch das hat sich erledigt. Erstens haben Sie erklärt, der Hund sei verwaist, was übrigens in meinen Ohren scheußlich klingt, und es dürfte daher leicht sein, ihn zu adoptieren. Zweitens haben Sie Cramer gegenüber einen entschiedenen Standpunkt eingenommen, von dem Sie selbstverständlich nicht abgehen werden. Wenn wir uns hier verbarrikadieren, sollte es wenigstens möglich sein, das Tier für seine notwendigen Verrichtungen durch die Hintertür auszuführen. Was aber geschieht, wenn die heilige Hermandad morgen mit einer schriftlichen Vollmacht auftaucht?«

Wolfe lehnte sich zurück und schloß die Augen. Ich sah auf meine Uhr: Zwei Minuten nach elf. Es war sechs Minuten nach elf, als Wolfe die Augen wieder öffnete.

»Nach Mr. Cramers Aussagen bezweifle ich, daß dieser Fall unüberwindbare Schwierigkeiten bietet.«

Dazu hatte ich nichts zu bemerken.

»Wenn wir die Sache rasch betreiben«, fuhr er fort, »dann dürfte die endgültige Auslieferung des Hundes an Sie leicht zu bewerkstelligen sein. Aber bis jetzt hatte ich immer angenommen, meine Abneigung, einen Polizisten nach Belieben in diesem Hause herumschnüffeln zu lassen, werde von Ihnen geteilt.«

»Wird sie auch — in gewissen Grenzen.«

»Das ist eine unklare Formulierung, und Sie werden mir gestatten, darüber meine eigene Ansicht zu haben. Der einfachste Weg, diese Angelegenheit zu einem Ende zu bringen, ist der, den Mörder des Mr. Kampf zu finden. Das dürfte kein großes Problem sein, andernfalls können wir immer noch anders disponieren. Eine sofortige Untersuchung ist notwendig, und glücklicherweise haben wir einen guten Vorwand dafür. Sie können in das Haus gehen, um Ihren Regenmantel zu verlangen und den von Mr. Meegan zurückzugeben, und dann handeln Sie, wie es die

Gelegenheit ergibt. Das beste wäre natürlich, den Mann herzubringen, aber Sie wissen, daß ich mich in solchen Dingen völlig auf Ihre Umsicht und Ihren Unternehmungsgeist verlasse.«

»Schönen Dank«, bemerkte ich bitter. »Sie meinen, jetzt gleich.«

»Ja.«

»Möglicherweise quetschen sie diesen Mann noch immer im Präsidum aus.«

»Sie werden ihn kaum über Nacht dortbehalten. Aber am frühen Morgen wird er wohl wieder hinzitiert werden.«

»Zuerst muß ich den Hund ausführen.«

»Das kann Fritz besorgen.«

»Hol's der Teufel!« Ich stand auf. »Kein Klient, kein Honorar, kein Nichts außer einem Hund mit einem breiten Schädel wegen der größeren Gehirnmasse.« Ich ging zur Tür, drehte mich dort noch einmal um und wiederholte laut und deutlich: »Der Teufel soll's holen!« Dann riß ich meinen Hut und Meegans Mantel vom Haken und machte mich davon.

Es regnete nicht mehr, und auch der Wind hatte sich gelegt Nachdem ich mein Taxi an der Ecke der Arbor Street fortgeschickt hatte, ging ich zu Fuß bis zur Nummer 29, den Regenmantel über den Arm gehängt. Im Erdgeschoß brannte noch Licht, aber das ganze übrige Haus war dunkel. Ich ging die Stufen zum Vorplatz hinauf und studierte die Schilder neben den Briefkästen. Von unten herauf lauteten sie: Talento, Meegan, Aland und Chaffee. Ich drückte auf den Klingelknopf bei Meegan und wartete. Nichts geschah. Dann versuchte ich den Türgriff zu drehen, doch auch das war erfolglos. Ein nochmaliges, längeres Klingeln, ein weiteres vergebliches Warten. Nichts zu machen.

Langsam ging ich die Stufen wieder hinunter und sah zwei Pärchen, die auf dem Gehweg standen und mich anstarrten. Sie wechselten ein paar Worte miteinander, fanden aber doch, daß ihnen mein Zurückstarren nicht behagte, und so verzogen sie sich. Eine Weile überlegte ich, ob es nicht am zweckmäßigsten wäre, bei dem Rechtsanwalt Victor Talento im Erdgeschoß zu läuten, der noch Licht hatte. Aber dann hielt ich es doch für klüger, noch eine Weile auf Meegan zu warten, mit dem ich es ja schließlich zu tun hatte. Ich bummelte ein paar Schritte weiter die Straße hinunter und lehnte mich an einen Hydranten.

Ich stand noch nicht lange da, als im Erdgeschoß das Licht ausging. Etwas später öffnete sich die Haustür, und ein Mann trat heraus. Er wandte sich in meine Richtung, sah mich aber nur flüchtig an, während er an mir vorbeiging. Da ich es für unwahrscheinlich hielt, daß man einen Bewohner dieses Hauses während der Nacht ohne Beschattung herumlaufen ließ, blickte ich mich verstohlen um. Und richtig, als der Mann sich etwa dreißig Schritte entfernt hatte, löste sich aus einer Einfahrt ein Schatten und ging ihm nach. Mißbilligend schüttelte ich den Kopf. Ich hätte an seiner Stelle gewartet, bis der Verfolgte noch zehn Schritte weiter gewesen wäre. Saul Panzer hätte es nicht unter zwanzig getan, aber Saul ist auch der beste Spürhund, den es gibt.

Während ich das billige Schauspiel betrachtete, kam mir ein Gedanke. Meegan mochte noch stundenlang im Hauptquartier zurückgehalten werden, oder er lag bereits im Bett und schlief fest. Hier aber bot sich mir wenigstens die Gelegenheit, etwas zu unternehmen. Ich machte daher lange Schritte, um mein Wild einzuholen, das eben um eine Ecke bog. Den Verfolger, der auf der anderen Straßenseite ging, hatte ich bald erreicht, aber er interessierte mich nicht weiter. Mir schien, mein Mann beschleunigte seinen Schritt, und so tat ich dasselbe. Bei der nächsten Straßenkreuzung war ich neben ihm. Er hatte sich umgeblickt, als er meine Schritte hörte, war aber ununterbrochen weitergegangen. Sobald ich auf gleicher Höhe mit ihm war, sprach ich ihn an.

»Sie sind Victor Talento?«

»Kein Kommentar«, bemerkte er, ohne stehenzubleiben.

»Danke für das Kompliment«, sagte ich, »aber ich bin kein Reporter. Mein Name ist Archie Goodwin, und ich arbeite für Nero Wolfe. Wenn Sie eine Sekunde warten, können Sie meinen Ausweis sehen.«

»Ich bin nicht daran interessiert.«

»Mir auch recht. Wenn Sie nur ausgingen, um frische Luft zu schnappen, braucht Sie auch meine Mitteilung nicht zu interessieren. Andernfalls könnte sie wichtig für Sie sein. Bitte machen Sie kein Geschrei, und sehen Sie sich nicht um, aber Sie haben einen Burschen vom Morddezernat auf den Fersen. Er geht auf der anderen Straßenseite etwa zwanzig Meter hinter Ihnen her. Drehen Sie den Kopf nicht, sonst merkt er, daß Sie Bescheid wissen.«

»Ja«, gab er zu, ohne den Schritt zu verlangsamen, »das ist nicht uninteressant. Sind Sie Pfadfinder, und ist das Ihre gute Tat für diesen Tag?«

»Nein. Ich spiele den Rutengänger für Mr. Wolfe. Er stellt zu Übungszwecken Nachforschungen nach einem Mörder an, und ich versuche einen Faden davon zu erhaschen. Ich dachte, wenn ich Ihnen einen Wink gäbe, würden Sie mir vielleicht auch einen Gefallen tun. Falls Sie wirklich nur einen Spaziergang machen, ist die Sache erledigt, und ich kann mich nur bei Ihnen entschuldigen. Haben Sie jedoch etwas vor, das nicht unbedingt bekannt werden soll, dann könnten Sie vielleicht den Rat eines Fachmanns brauchen. In dieser Gegend und um diese Nachtzeit ist es nicht so einfach, einen Verfolger abzuschütteln, und ich würde Ihnen gern dabei behilflich sein.«

Er überlegte sich das eine Weile, während wir nebeneinander hergingen, dann sagte er: »Sie sprachen vorhin von Ausweispapieren.«

»Ja. Wir können hier unter der Laterne stehenbleiben. Unser Mann da drüben wird bestimmt in sicherer Entfernung halten.«

Wir machten halt. Ich zog meine Brieftasche heraus und zeigte ihm meinen Ausweis als Detektiv und meinen Führerschein. Er besah sich beides gründlich, denn er war ja Rechtsanwalt. Endlich konnte ich meine Papiere wieder einstecken.

»Ich war mir natürlich klar darüber, daß ich möglicherweise beobachtet würde«, begann er. »Und ich hatte mir auch vorgenommen, meine Vorsichtsmaßnahmen zu treffen. Doch vielleicht ist die Sache nicht so einfach, wie ich annahm; ich habe keine

Übung in solchen Manövern. Wer hat Wolfe den Auftrag erteilt?«

»Das weiß ich nicht. Er behauptet, er tue es nur zu seiner eigenen Befriedigung.«

»Schön, nehmen wir an, daß es sich so verhält.« Er sah mich beim Licht der Straßenlaterne genauer an, und ich tat dasselbe. Er war etwas kleiner als ich, sicher ein paar Jahre älter, und um die Mitte herum bereits ziemlich rundlich. Seine Haut schien dunkel, die Augen waren braun, die Nase bog sich in einem Haken nach unten. Ich drängte ihn nicht. Es war sein Problem, nicht meines, das ins Wanken geraten war. Mochte er sich entschließen, wie er wollte — ich hatte Zeit.

»Ich habe eine Verabredung«, erklärte er schließlich.

Ich wartete.

»Eine Frau hat mich angerufen«, fuhr er fort, »und ich versprach, sie zu treffen. Ich befürchtete, mein Telefon werde überwacht.«

»Das bezweifle ich; so rasch arbeiten die Leute nicht.«

»Sie mögen recht haben. Die Frau hat nichts zu tun mit dem Mord, sowenig wie ich. Aber natürlich scheint augenblicklich alles, was ich tue, und jeder, den ich treffe, verdächtig. Ich möchte die Frau keinesfalls etwa Unannehmlichkeiten aussetzen, und wer weiß, ob es mir gelingt, diesen Mann abzuschütteln.«

Ich grinste ihn an. »Und mich.«

»Sie meinen damit, daß Sie mir nachgehen würden?«

»Gewiß — nur so zur Übung. Ich möchte auch gerne sehen, wie Sie sich aus der Affäre ziehen.«

Er blieb sehr ernst. »Ich sehe, Sie verdienen Ihren Ruf, Goodwin. Sie würden aber nur unnötig Zeit verlieren, denn diese Frau hat, wie gesagt, nicht das geringste mit dem Mord zu tun. Immerhin war es eine Dummheit von mir, ihr dieses Zusammentreffen vorzuschlagen. Es ist besser, ich gehe nicht hin, obwohl ich schon in ein paar Minuten am Ziel wäre. Würden Sie mir wohl den Weg abnehmen und ihr sagen, ich könnte nicht kommen, aber ich würde mich morgen mit ihr in Verbindung setzen?«

»Wenn es weiter nichts ist, kann ich das besorgen. Aber ich

deutete vorhin schon an, daß ich auf eine kleine Gegenleistung hoffte. Wollen Sie Nero Wolfe anrufen?«

Er überlegte kurz. »Doch nicht jetzt mitten in der Nacht?«

»Für Wolfe ist das die günstigste Zeit.«

»Nein, ich habe für heute genug.«

»Dann morgen vormittags um elf Uhr?«

»Ja, das kann ich machen.«

»Fein.« Ich gab ihm unsere Adresse. »Falls Sie die Nummer vergessen sollten — wir stehen im Telefonbuch. Wo muß ich nun hingehen?«

Er zog eine ganz nette Banknotenrolle aus der Tasche und streckte mir einen Zwanziger hin. »Da Sie als mein Vertreter auftreten, haben Sie auch Anrecht auf ein Honorar.«

Ich grinste ihn wieder an. »Das ist eine prächtige Einstellung, wenn man bedenkt, daß Sie Rechtsanwalt sind. Aber ich arbeite nicht als Ihr Vertreter, ich leiste Ihnen nur einen kleinen Gefallen und erwarte von Ihnen das gleiche. Wo soll also das Stelldichein stattfinden?«

Er steckte das Geld wieder ein. »Wie Sie wollen. Die Frau heißt Jewel Jones, und sie wartet um Mitternacht an der südöstlichen Ecke von Christopher und Grove Street.« Er warf einen Blick auf seine Uhr. »Sie ist mittelgroß, schlank, hat dunkles Haar und dunkle Augen. Sieht ausgesprochen gut aus. Erklären Sie ihr bitte, weshalb ich nicht komme, und sagen Sie, ich würde morgen von mir hören lassen.«

»Geht in Ordnung. Sie machen jetzt am besten einen Spaziergang in der entgegengesetzten Richtung, um den Aufpasser zu beschäftigen. Und drehen Sie sich auf keinen Fall um.«

Er wollte mir zum Zeichen seiner Wertschätzung die Hand geben, aber ein Händedruck wäre genauso unklug gewesen wie die Annahme des Geldes. Es war ja immerhin möglich, daß Wolfe ihn im Verlauf des nächsten Tages als Mörder entlarven würde. Daher tat ich so, als sähe ich seine Hand nicht. Er ging nach rechts, und ich ging nach links, ganz gemächlich, ohne mich ein einziges Mal umzusehen. Natürlich mußte ich mich vergewissern, ob der Spürhund nicht etwa einen Geistesblitz gehabt und sich zwei und zwei zusammengezählt hatte. Doch ich verschob das, bis ich die Christopher Street erreichte. Sobald ich dort um die Ecke gebogen war, drückte ich mich in den nächsten Hauseingang, schielte zurück und zählte langsam bis hundert. Einige Passanten kamen vorbei, ein Pärchen und ein sehr eiliger Bursche, aber kein Detektiv. Ich ging bis zur Grove Street, überquerte den Fahrdamm und sah mich um. Keine wartende Frau weit und breit. Ich bummelte ein Stück weiter, drehte um, kehrte wieder zurück, und beim fünften Mal, zwölf Minuten nach zwölf, hielt ein Taxi an der Ecke. Eine Frau stieg aus, und der Wagen fuhr davon.

Ich ging näher heran. Das Licht hätte besser sein dürfen, aber die Frau schien der Beschreibung ungefähr zu entsprechen. Ich blieb stehen und fragte: »Miss Jones?« Erschrocken fuhr sie herum, und ich sagte: »Nachricht von Victor.«

Sie trat einen Schritt zurück, um mich besser betrachten zu können. »Wer sind Sie?« Ihr Atem ging schnell.

»Victor schickt mich mit einer Nachricht, aber ich muß zuerst sicher sein, daß ich mit der richtigen Person spreche. Ich habe die Hälfte von Ihrem und die Hälfte von seinem Namen genannt. Nun ist die Reihe an Ihnen, das zu vervollständigen.«

»Wer sind Sie?« fragte sie noch einmal.

Ich schüttelte den Kopf. »Zuerst die Namen, oder Sie erhalten die Mitteilung nicht.«

»Wo ist er?«

»Nichts zu machen. Ich zähle bis zehn, und dann gehe ich. Eins, zwei, drei, vier –«

»Mein Name ist Jewel Jones, und er heißt Victor Talento.«

»Braves Mädchen. Jetzt werde ich Ihnen alles erzählen.«

Das tat ich denn auch. Damit sie die Lage richtig überschaute, begann ich mit dem Hydranten in der Arbor Street und erzählte, was dann weiter geschah. Natürlich mußte ich ihr auch meinen Namen und Beruf sagen. Bis ich fertig war, hatten sich tiefe Falten auf ihrer Stirn gebildet.

»Oh, verdammt«, bemerkte sie inbrünstig. Sie legte die Hand auf meinen Arm und zog mich vorwärts. »Kommen Sie mit mir, bis wir ein Taxi finden.«

Ich rührte mich nicht vom Fleck. »Das werde ich sehr gern tun, und zwar auf meine Kosten. Wir fahren jetzt zu Nero Wolfe.«

»Wir?« Sie zog ihre Hand zurück. »Sind Sie verrückt?«

»Zehn zu eins, daß ich es nicht bin. Überlegen Sie einmal vernünftig. Sie wollten sich mit Talento an einer Straßenecke treffen — ein Beweis, daß Sie guten Grund hatten, sich heute abend nicht zusammen sehen zu lassen. Die Sache muß sehr dringend gewesen sein. Sie hat vielleicht mit dem Mord an Philip Kampf zu tun, aber es könnte sich auch anders verhalten, und das muß besprochen werden. Ich will nicht den Schiedsrichter spielen. Ich kann Sie zum Morddezernat bringen, wo Sie mit einem Mann namens Purley Stebbins zu tun bekämen; oder ich nehme Sie mit zu Nero Wolfe. Ich persönlich würde Mr. Wolfe vorziehen. Aber wählen Sie selbst.«

Sie schaltete schnell. Während ich sprach, hatten ihre Augen sekundenlang wie Dolche geblitzt, doch dann wurden sie sanft und flehend. Wieder ergriff sie meinen Arm, diesmal mit beiden Händen.

»Oh, ich möchte alles mit Ihnen besprechen«, bettelte sie in einem Ton, der Eisberge zum Schmelzen gebracht hätte. »Dazu bin ich gern bereit. Lassen Sie uns irgendwohin gehen.«

Ich erhob keinerlei Einwände, und wir setzten uns in Bewegung. Zärtlich hatte sie ihre Hand unter meinen Arm geschoben. Wir waren noch nicht weit gegangen, als sich ein Taxi näherte. Ich winkte dem Fahrer, wir stiegen ein, und ich gab das Ziel an: »Neun-achtzehn West Fünfunddreißigste.« Er sauste los.

»Was bedeutet diese Adresse?« erkundigte sich Miss Jones.

Ich erklärte ihr, das sei das Haus von Nero Wolfe. Das arme Mädchen wußte nicht, was tun. Sie konnte mich mit Schimpfnamen bedenken, doch was half ihr das? Daß auch toben und schreien zwecklos wäre, sah sie wohl ein. Sie verlegte sich also darauf, mich einzuwickeln, und wenn sie genügend Zeit dafür gehabt hätte, sagen wir vier oder fünf Stunden, wäre es ihr möglicherweise sogar gelungen, denn sie besaß unbestreitbar das Zeug dazu. Sie versuchte gar nicht, mich zu beschwatzen oder zu argumentieren; sie lehnte sich bloß an mich und flüsterte, ich sei ein Mann, dem sie alles sagen könnte, denn ich würde ihr glauben und sie verstehen. Und danach wäre sie bereit, überall hinzugehen, wo ich es nur wünsche, denn sie sei sicher, ich würde daraus keinen Vorteil ziehen ...

Aber sie hatte nicht genug Zeit. Der Wagen fuhr vor unserem Haus vor, und ich hatte bereits das Geld bereit. Ich stieg aus, reichte ihr die Hand und führte sie die sieben Stufen zur Haustür empor. Innerlich mußte ich sie dafür loben, daß sie keinen Atemzug für Protest verschwendete. Mein Schlüssel nützte mir nichts, weil die Kette vorgelegt war; daher drückte ich auf den Klingelknopf. Gleich darauf wurde die Lampe über unseren Köpfen hell, und Fritz öffnete die Tür.

»Ist Mr. Wolfe noch auf?« fragte ich.

»Im Büro«, gab Fritz lakonisch zurück und warf gleichzeitig einen Blick auf Miss Jones — den Blick, den er immer für weibliche Eindringlinge bereithält. Tief in seinem Innern lebte die ständige Furcht, einmal könnte so ein Geschöpf Wolfe umgarnen und ins Unglück stürzen. Ich beauftragte ihn, die Dame ins Vorderzimmer zu führen, hängte Hut und Mantel an den Garderobenständer und begab mich ins Büro.

Wolfe saß an seinem Schreibtisch und las, und mitten im Zimmer, auf dem allerschönsten Teppich, lag zusammengerollt der Hund. Das Tier begrüßte mich durch ein leichtes Heben des Kopfes, während seine Rute den Teppich klopfte. Wolfes Gruß bestand nur aus einem Knurren. »Ich habe Ihnen Gesellschaft gebracht«, erklärte ich. »Aber ehe ich die Dame hereinführe —«

»Dame?« unterbrach er. »Die Bewohner des Hauses an der Arbor Street sind alle Männer. Ich hätte mir eigentlich denken können, daß Sie eine Frau aufgabeln würden.«

»Ich kann sie ja wieder fortschicken, wenn Sie nicht mit ihr reden wollen. Lassen Sie mich erzählen, wie ich an sie geraten bin.« Ich gab Wolfe einen kurzen Bericht, der jedoch alles Wesentliche enthielt, dann schloß ich: »Ich hätte sie auch woandershin schaffen und mich selbst mit ihr befassen können, aber das wäre gefährlich gewesen. Während der kurzen Taxifahrt von sechs Minuten hatte sie mich schon so weit, daß ich — hm — brüderliche Gefühle für sie empfand. Wollen Sie mit ihr sprechen oder nicht?«

»Ach, zum Teufel mit Ihnen!« Seine Augen senkten sich lange genug auf das Buch, um einen Abschnitt fertigzulesen; dann klappte er es zusammen. »Meinetwegen bringen Sie sie herein.«

Ich ging zu der Verbindungstür zum Vorderzimmer, öffnete sie weit und sagte: »Bitte, kommen Sie herein, Miss Jones.« Sie ließ sich nicht lange bitten. Im Vorbeigehen schenkte sie mir ein rätselhaftes Lächeln, das mir direkt ins Herz gedrungen wäre, hätte sich nicht gleichzeitig ein seltsamer Zwischenfall ereignet. Der Hund sprang auf und lief freudig bellend auf sie zu, blieb dicht vor ihr stehen und hob den Kopf, um sich streicheln zu lassen. Dabei wedelte er so heftig, daß sein Schwanz nur noch einen verschwommenen Halbkreis bildete.

»Erstaunlich«, meinte Wolfe dazu, doch dann fuhr er äußerst höflich fort: »Erfreut, Sie kennenzulernen, Miss Jones. Mein Name ist Nero Wolfe. Und wie heißt der Hund?«

Ich muß gestehen, daß sie sich tapfer hielt. Die Anwesenheit des Hundes war eine völlige Überraschung für sie, aber ohne das geringste Zeichen von Unsicherheit tätschelte sie ihm den Kopf, sah sich um, entdeckte den roten Sessel und setzte sich.

»Eine komische Frage!« lächelte sie. »Sie verlangen von mir den Namen Ihres Hundes?«

»Pfui!« Wolfe war degoutiert. »Ich weiß nicht, welche Haltung Sie einzunehmen gedachten; aber nach dem, was Mr. Goodwin mir erzählte, vermute ich, daß Sie mir weismachen wollten, Ihre Verabredung mit Mr. Talento sei rein persönlicher Natur gewesen und habe mit dem Mord an Mr. Kampf nichts zu tun gehabt, außerdem kannten Sie Mr. Kampf gar nicht oder nur ganz flüchtig. Jetzt hat der Hund das zunichte gemacht. Offenbar kennt er Sie sehr gut, und er gehörte Mr. Kampf. Also kennen Sie Mr. Kampf sehr gut. Wenn Sie versuchen, das zu leugnen, werden Mr. Goodwin und andere erprobte Männer Ihre ganze Vergangenheit und Ihr gegenwärtiges Leben ans Licht zerren, und das wird äußerst unangenehm sein, ob Sie nun in diese Mordsache verstrickt sind oder nicht. Also: Wie heißt der Hund?«

Sie blickte mich an. Talentos Bemerkung über ihr »ausgesprochen gutes Aussehen« wurde ihr nur zum Teil gerecht. Sie war zweifellos hübsch, aber es war vor allem ein gewisses Etwas in ihren Augen, das den besonderen Zauber ausmachte. Es lag sogar jetzt darin, obwohl sie doch bestimmt ihre ganze Intelligenz aufbieten mußte, um zu einem Entschluß zu kommen.

Aber das dauerte nur ein paar Sekunden. »Sein Name ist Burschi«, erklärte sie.

Der Hund zu ihren Füßen hob den Kopf und wedelte wieder.

»Du guter Himmel«, murmelte Wolfe. »Und nichts weiter?«

»Meines Wissens nicht.«

»Sie selbst heißen Jewel Jones?«

»Ja. Ich bin Sängerin in einem Nachtlokal, dem *Flamingo*, aber zur Zeit arbeite ich nicht.« Sie machte eine kleine, flehende Handbewegung; aber diesmal war es Wolfe, der ihr zu widerstehen hatte, nicht ich. »Glauben Sie mir doch, Mr. Wolfe, ich weiß wirklich nicht das geringste über diesen gräßlichen Mord. Wenn mir etwas darüber bekannt wäre, würde ich es Ihnen ohne Scheu sagen, denn Sie sind bestimmt ein Mensch, der alles versteht und mir nicht unnötig weh tun möchte.«

Das war dasselbe, wenn auch nicht wörtlich, was sie mir vor kurzem aufgetischt hatte.

»Ich versuche immer, alles zu verstehen«, antwortete Wolfe trocken.

»Waren Sie mit Mr. Kampf eng befreundet?«

»Ja, so kann man es wohl nennen.« Sie lächelte ihm zu. »Eine Weile wenigstens, aber während der letzten zwei Monate nicht mehr.«

»Den Hund haben Sie natürlich in seiner Wohnung in der Perry Street kennengelernt?«

»Ja. Ich war fast ein Jahr lang recht häufig dort.«

»Hatten Sie Streit mit Mr. Kampf?«

»Keineswegs. Wir kamen bloß nicht mehr zusammen. Ich hatte andere ... Ich war sehr beschäftigt.«

»Wann sahen Sie ihn zum letzten Mal?«

»Sie meinen – intim?«

»Nein, ganz allgemein.«

»Vor etwa zwei Wochen, im *Flamingo*. Er kam gelegentlich hin und plauderte mit mir.«

»Ohne jeglichen Streit?«

»Wir hatten keinen Grund dazu.«

»Sie ahnen nicht, wer ihn umbrachte, oder weshalb?«

»Ganz bestimmt nicht.«

Wolfe lehnte sich zurück. »Kennen Sie auch Victor Talento intimer?«

»Nein, wenn Sie darunter verstehen ... Wir sind natürlich gute Freunde. Ich habe früher dort gewohnt.«

»Mit Mr. Talento?«

»Nicht *mit* ihm.« Sie schien ziemlich entrüstet. »Ich lebe nie mit einem Mann zusammen. Ich hatte die Wohnung im ersten Stock.«

»In der Arbor Street 29?«

»Ja.«

»Wie lange? Und wann?«

»Fast ein Jahr. Ich zog aus vor – ja, vor ungefähr drei Monaten. Jetzt habe ich ein kleines Appartement in der 49. Straße.«

»Dann kennen Sie also auch die anderen Hausbewohner? Mr. Meegan, Mr. Chaffee und Mr. Aland?«

»Ich kenne Ross Chaffee und Jerry Aland, aber keinen Meegan. Wer ist das?«

»Ein Mieter im Hause Arbor Street 29. Erster Stock.«

Sie nickte verstehend. »Ach, natürlich, das ist die Wohnung, die ich früher hatte. Ich hoffe, man hat ihm den verflixten Tisch wieder zurechtgeschreinert. Das wacklige Ding war einer der Gründe, warum ich auszog. Ich hasse möblierte Wohnungen, Sie auch?«

Wolfe verzog das Gesicht. »Im allgemeinen schon. Daraus schließe ich, daß Sie jetzt eigene Möbel haben. Von Mr. Kampf gestiftet?«

Sie kicherte amüsiert, und ihre Augen tanzten. »Ich merke,

daß Sie Philip Kampf nicht kannten, sonst kämen Sie nicht auf solche Gedanken.«

»Von wem denn? Von Mr. Chaffee? Oder Mr. Aland?«

»Weder – noch!« Ernsthaft fuhr sie fort: »Wissen Sie, Mr. Wolfe, die Sachen sind mir von einem sehr guten Freund geschenkt worden, und damit wollen wir es gut sein lassen. Archie sagte mir, was Sie interessiere, sei dieser Mord, und ich bin sicher, Sie wollen nicht alles mögliche mit hineinziehen, nur um mich und einen Freund von mir zu kränken. Also denken wir lieber nicht mehr an diese Möbel.«

Wolfe ließ es dabei bewenden und ging auf ein anderes Thema über. »Weshalb haben Sie sich mit Mr. Talento mitten in der Nacht an einer Straßenecke verabredet?«

Sie nickte. »Ja, diese Frage habe ich erwartet. Ich weiß gar nicht, was ich Ihnen darauf antworten soll – ich meine, es wäre schrecklich, wenn Sie mich für eine dumme Gans hielten, und das werden Sie wohl tun, wenn ich Ihnen sage, wie es war. Als ich im Radio von Phils Ermordung hörte, rief ich Vic an. Ich wußte, daß er noch in diesem Haus wohnt, und hoffte, von ihm Näheres zu erfahren.«

»Sie sprachen also bereits am Telefon mit ihm?«

»Sicher; aber er schien sich am Apparat nicht äußern zu wollen.«

»Das erklärt immer noch nicht die Straßenecke.«

Diesmal lachte sie laut heraus. »Aber Mr. Wolfe. *Sie* sind doch gewiß nicht dumm! Sie haben doch nach der Herkunft meiner Möbel gefragt, nicht wahr? Nun, ein Mädchen in meiner Lage kann es sich nicht leisten, in einem Lokal mit einem Mann wie Vic Talento gesehen zu werden.«

»Was ist mit ihm?«

Sie machte eine vage Handbewegung. »Ach, er macht eben immer seine kleinen Annäherungsversuche.«

Die Uhr hatte längst eins geschlagen, als Wolfe das Mädchen endlich gehen ließ. Aber er war mit all seinen Fragen nicht weitergekommen; es war ihm nicht gelungen, sie zu überrumpeln oder in die Enge zu treiben. Sie war seit zwei Monaten nicht mehr in der Arbor Street gewesen. Sie hatte Chaffee, Aland und Talento seit Wochen nicht gesehen und selbstverständlich auch nicht Meegan, von dem sie überhaupt noch nie gehört hatte. Sie hatte nicht die leiseste Ahnung, wer Kampf umgebracht haben könnte.

Der einzige Erfolg, den Wolfe für die aufgewendete Stunde buchen konnte, war Jewels Aussage, daß ihres Wissens kein Mensch ein Anrecht auf den Hund Burschi besaß. Falls Erben vorhanden waren, wußte sie nicht, wo sich diese befanden.

Als sie sich erhob, stand auch der Hund auf. Sie tätschelte ihm den Kopf, und er begleitete uns bis zur Tür. Ich brachte Jewel bis zur Zehnten Avenue, steckte sie dort in ein Taxi und kehrte wieder zurück. In der Küche versorgte ich mich mit einem Glas Milch und begab mich damit ins Büro. Wolfe, der sein Bierglas in der Hand hatte, machte nicht einmal ein finsteres Gesicht, als ich eintrat. Er ist meistens friedlich gestimmt, wenn er Bier trinkt.

»Wo ist Burschi?« erkundigte ich mich.

»Nein!« sagte er mit Nachdruck.

Ich gab klein bei. »Na schön, also Jett. Wo ist er?«

»Unten, im Zimmer von Fritz. Dort wird er auch in Zukunft schlafen. Sie haben ihn nicht gern.«

»Das ist nicht wahr, aber mir soll's recht sein. Es bedeutet, daß Sie die Schuld nicht mir aufhalsen können, wenn Ihnen irgend etwas an dem Tier nicht paßt, und das freut mich ungemein.« Ich nippte an meiner Milch. »Übrigens wird das morgen schon bedeutungslos werden, wenn die Mordkommission mit einer Verfügung erscheint und ihn mitnimmt.«

»Sie erscheint nicht.«

»Ich wette zehn zu eins, daß Stebbins noch vor dem Mittagessen aufkreuzt.«

Er nickte. »Das war auch meine Schätzung. Daher habe ich während Ihrer Abwesenheit mit Mr. Cramer telefoniert. Ich habe ihm einen Vergleich vorgeschlagen, und mir scheint, er befürchtet, der Hund würde morgen früh nicht mehr in seinen Bezirk sein, wenn er meinen Vorschlag ablehnte. Obwohl ich kein Wort davon gesagt habe. Aber es mag sich vielleicht so angehört haben.«

»Hm. Sie sollten etwas vorsichtiger sein.«

»Wir haben also eine Abmachung getroffen. Sie werden sich morgen vormittag um neun mit dem Hund in der Arbor Street 29 einfinden. Während des ganzen Theaters, das sich die Polizei in den Kopf gesetzt hat, bleiben Sie dabei und lassen das Tier nicht aus den Augen. Spätestens um zwölf Uhr kommen Sie mit ihm hierher zurück. Während der nächsten vierundzwanzig Stunden läßt uns die Polizei dann in Ruhe. Vielleicht haben Sie das Glück, dort im Haus auf jemanden zu stoßen, der etwas aufgeschlossener ist als diese Lady von der Straßenecke. Wenn Sie morgen, ehe Sie weggehen, bei mir hereinschauen wollen, kann ich Ihnen vielleicht einen Rat geben.«

»Mir paßt Ihre Ausdrucksweise nicht«, erklärte ich mannhaft. »Wenn Sie das arme Mädchen schon so bezeichnen, dann lächeln Sie wenigstens.«

Der Morgen war schön und klar. Den Regenmantel von Meegan ließ ich zu Hause, denn diesmal brauchte ich keinen Vorwand, und ich bezweifelte auch, daß sich eine passende Gelegenheit für einen Austausch bieten würde.

Die Gesetzesvertreter warteten bereits auf mich. Der Hundefachmann erwies sich als ein stämmiger älterer Bursche mit Brille. Ehe er den Hund anfaßte, erkundigte er sich nach seinem Namen, und ich gab ihm Burschi an.

»Ein blödsinniger Name«, bemerkte er. »Und übrigens auch eine blödsinnige Leine, die Sie da haben.«

»Einverstanden. Seine richtige Leine trug der Ermordete um den Hals, und ich nehme daher an, daß sie noch im Labor ist.« Ich reichte ihm das Ende des Stricks. »Falls er Sie beißt, kann ich nichts dafür.«

»Er wird mich nicht beißen. Was, Burschi?« Er stellte sich vor den Hund und bemühte sich, mit ihm Freundschaft zu schließen. Sergeant Purley Stebbins brummte dicht an meinem Ohr: »*Sie* hätte er beißen sollen, als Sie ihn entführten.«

Ich wandte mich um. Stebbins ist etwas größer als ich und bedeutend kräftiger. »Sie verwechseln das«, erklärte ich. »Ich werde höchstens von Frauen gebissen. Aber ich habe mich schon oft gefragt, was *Sie* beißt, wenn Sie so schlechter Laune sind.«

Wir tauschten weitere Liebenswürdigkeiten aus, während Loftus, der Hundefachmann, sich bei Burschi beliebt machte. Es dauerte nicht lange, bis er behauptete, jetzt sei er soweit, und es könne losgehen. Doch dann furchte er die Stirn und meinte: »Vielleicht wäre es besser, wenn ich ihn auch im Haus an der Leine halte, denn Kampf hat es wahrscheinlich auch so gemacht. Oder nicht? Sie sollten mir etwas mehr über die ganze Sache erzählen. Was wissen wir eigentlich?«

»Ehrlich gesagt«, knurrte Purley, »verdammt wenig. Aber wenn ich mir alles zusammenreime, was wir aufgepickt haben, dann sieht die Geschichte so aus: Als Kampf mit seinem Hund herkam, regnete es, und der Hund war tropfnaß. Er ließ ihn daher unten im Hausflur, nahm ihm die Leine ab und hatte sie in der Hand, als er zu einer der Wohnungstüren ging. Der Mieter ließ ihn ein, und sie sprachen eine Weile miteinander. Dann riß ihn der Mann nieder, wahrscheinlich von hinten, und benutzte die Hundeleine, um ihn fertigzumachen. Als er tot war, stopfte er die Leine in die Tasche des Regenmantels. Es gehörte schon eine Portion Nerven und Muskelkraft dazu, die Leiche die Treppen hinunter bis ins Erdgeschoß zu schleppen, aber es blieb ihm nichts anders übrig. Kampf durfte nicht in seiner Wohnung entdeckt werden, und jeder der vier Mieter hätte im Notfall das Kunststück fertiggebracht. Natürlich war der Hund bereits draußen auf dem Gehsteig. Während Kampf in einer der Wohnungen ermordet wurde, kam Talento in den Hausflur, sah das Tier und jagte es hinaus.«

»In diesem Fall«, unterbrach Loftus, »ist dieser Talento aus der Sache heraus.«

»Nein, keiner steht außer Verdacht. Falls es Talento war, ging er, nachdem er Kampf getötet hatte, in den Flur, brachte den

Hund vor die Haustür, kehrte zu seiner Wohnung zurück, zog den Toten heraus und legte ihn am Fuß der Treppe nieder. Dann verließ er das Haus, wobei er den Hund von der Tür weg auf den Bürgersteig scheuchte. Sie sind hier der Hundeexperte; ist irgend etwas an meiner Annahme falsch?«

»Nicht unbedingt. Es hängt ganz von dem Hund ab und davon, wie nah er seinem Herrn war. Es gab ja überhaupt kein Blut.«

»So sehe ich also die Sache an. Wenn Sie es komplett haben wollen, können Sie den Rest des Tages mit den Rapporten der anderen Fachleute und den Aussagen der Mieter verbringen.«

»Für heute ist mein Bedarf gedeckt. Wollen Sie zuerst hineingehen?«

»Ja. Kommen Sie, Goodwin.«

Purley wandte sich der Tür zu, aber ich winkte ab. »Ich bleibe bei dem Hund.«

»In Gottes Namen. Dann halten Sie sich aber hinter Loftus.«

Im gleichen Moment jedoch änderte ich meinen Entschluß. Es könnte ganz interessant sein, das Experiment zu beobachten, und hinter Loftus würde ich jedenfalls nicht viel zu sehen bekommen. Daher trat ich gleichzeitig mit Stebbins ins Haus. Ein Mann vom Morddezernat schloß hinter uns die Tür, während wir uns in die hinterste Ecke begaben. Nach einer Minute öffnete der Polizist wieder, um Loftus und den Hund einzulassen. Zwei Schritte, dann blieb Loftus stehen, mit ihm auch Burschi. Niemand sprach ein Wort. Die Leine hing lose herab, der Hund blickte zu seinem Führer auf. Dieser beugte sich nieder, löste den Riemen vom Halsband und hielt ihn Burschi vor die Schnauze, um ihm zu zeigen, daß er frei war. Burschi setzte sich sogleich in Bewegung, kam zu mir herüber und blieb schwanzwedelnd vor mir stehen.

»Verrückt!« sagte Stebbins ärgerlich.

»Sie wissen, was ich eigentlich erwartete«, erklärte Loftus. »Ich dachte natürlich niemals, er würde uns zeigen, wo Kampf ihn gestern zurückgelassen hatte, sondern ich war der Meinung, er würde zum Fuß der Treppe gehen, wo der Tote gefunden wurde, und von dort aus die Spur zu der Wohnung verfolgen, aus der Kampf herausgeschleppt wurde. Fassen Sie ihn am Halsband, Goodwin, und bringen Sie ihn zur Treppe.«

Ich tat, wie er mir sagte. Burschi kam ohne weiteres mit, aber er zeigte nicht das geringste Interesse für die Stelle. Wir standen alle da und beobachteten ihn. Endlich öffnete er die Schnauze weit zu einem Gähnen.

»Prächtig«, polterte Stebbins. »Ich kann nur sagen, prächtig! Fahren Sie nur so fort.«

Loftus kam herüber und befestigte die Leine wieder am Halsband. Dann führte er Burschi zur Wohnungstür des Erdgeschosses und klopfte. Im Handumdrehen wurde geöffnet, und Victor Talento erschien in einem schreiendbunten Hausmantel.

»Hallo, Burschi«, sagte er und beugte sich nieder, um den Hund zu streicheln.

»Hölle und Teufel!« brach Stebbins los. »Ich haben Ihnen doch erklärt, Sie dürfen nicht reden!«

Talento richtete sich auf. »Stimmt, das haben Sie getan.« Sein Ton klang entschuldigend. »Tut mir leid, ich hab's ganz vergessen. Wollen Sie es noch einmal versuchen?«

»Nein. Das genügt mir.«

Talento drehte sich um und schloß die Tür hinter sich.

»Sie müssen bedenken«, erläuterte Loftus, »daß ein Labradorhund keinem Menschen an die Kehle springen würde. Das liegt nicht in dieser Rasse. Das Höchste, was Sie erwarten können, wäre irgendeine Bewegung oder vielleicht ein leises Knurren.«

»Und was habe ich davon?« brummte Pruley. »Lohnt es sich überhaupt, weiterzumachen?«

»Bestimmt. Sie gehen wohl besser voraus.«

Stebbins steuerte auf mich zu, ich machte ihm Platz und folgte ihm dann die Treppe hinaus. Der obere Flur war ziemlich schmal und schlecht beleuchtet. Wir drückten uns an die Mauer, der Wohnungstür gegenüber, um Loftus und Burschi genügend Platz zu lassen. Die beiden kamen herauf, und Loftus klopfte. Zehn Sekunden vergingen, ehe wir Schritte hörten und sich die Tür öffnete. Dort stand der Kerl, der am Vortag aus Wolfes Büro gerannt war und meinen Mantel mitgehen ließ. Er war in Hemdsärmeln und ungekämmt.

»Dies ist Sergeant Loftus, Mr. Meegan«, stellte Stebbins vor. »Sehen Sie sich den Hund an; ist er Ihnen bekannt? Streicheln Sie ihn.«

Meegan schnaubte: »Streicheln Sie ihn doch selbst. Und machen Sie, daß Sie weiterkommen.«

»Haben Sie den Hund schon einmal gesehen?«

»Nein.«

»Danke. Kommen Sie, Loftus.«

Als wir die Treppe weiter emporstiegen, fiel hinter uns die Tür mit einem wütenden Knall zu. Purley Stebbins fragte über die Schulter zurück: »Na?«

»Er mochte ihn nicht«, gab Loftus zurück. »Aber das will nichts besagen; es gibt viele Menschen, denen ein Hund kein Vertrauen entgegenbringt.«

Der Flur im zweiten Stock sah genau gleich aus wie der andere. Wiederum postierten Purley und ich uns im Hintergrund, während Loftus mit dem Hund ankam und an die Tür klopfte. Doch nichts geschah. Er klopfte noch einmal, bedeutend energischer. Diesmal ging die Tür einen Fingerbreit auf, und eine quiekende Stimme ertönte.

»Haben Sie den Hund mitgebracht?«

»Ja, er steht direkt vor der Tür«, antwortete Loftus.

»Sind Sie auch da, Sergeant?«

»Ganz in Ihrer Nähe«, meldete sich Purley.

»Ich sagte Ihnen doch, daß dieser Hund mich nicht leiden kann. Auf einer Gesellschaft bei Phil Kampf ist mir einmal... Das habe ich Ihnen ja erzählt. Ich wollte ihm wirklich nichts tun, aber er glaubte es eben. Was haben Sie denn vor? Wollen Sie mich hereinlegen?«

»Öffnen Sie die Tür, der Hund ist an der Leine.«

»Nein, ich will nicht! Ich sagte Ihnen gleich, ich tue es nicht!«

Purley griff ein. Sein gestreckter Arm fuhr über Loftus' Schulter, und seine Hand drückte die Tür nach innen. Einen Augenblick schien sie nicht nachgeben zu wollen, doch dann flog sie plötzlich auf. Eng an den Rahmen gedrückt, stand dort ein mageres Knochengestell in einem rot-grün gestreiften Pyjama. Burschi stieß ein leises Knurren aus und krümmte ein wenig den Rücken.

»Wir machen nur die Runde, Mr. Aland«, erklärte Purley, »und da können wir Sie nicht auslassen. Aber jetzt dürfen Sie wieder ins Bett gehen und weiterschlafen. Was das Hereinlegen betrifft –« Er blieb mitten im Satz stecken, denn die Tür schlug zu.

»Sie haben mir nichts davon gesagt, daß Aland sich bereits eine Ausrede zurechtgelegt hatte«, beschwerte sich Loftus.

»Nein, ich dachte, wir können es abwarten. Nun noch der letzte der Brüder.« Purley wandte sich der Treppe zu.

Der oberste Flur wirkte viel persönlicher als die andern, obwohl er auch nicht größer war. Ein sauberer hellbrauner Läufer bedeckte den Boden, die Wände waren im gleichen Farbton gestrichen und mit ein paar kleinen Bildern geschmückt.

Wir blieben wieder im Hintergrund. Auf Loftus' Klopfen hin näherten sich sogleich Schritte, und die Tür öffnete sich weit. Der Maler Ross Chaffee steckte in einem alten braunen Arbeitskittel. Er war bei weitem der ansehnlichste der Mieter, groß und kräftig gebaut, mit einer dunklen Künstlermähne und Gesichtszügen, die er mit Vergnügen im Spiegel betrachten durfte.

Ich hatte reichlich Zeit, sie ebenfalls zu genießen, während er ganz gelassen dastand und uns freundlich anlächelte. Er war der einzige, der Purleys Instruktionen befolgte und sich schweigend verhielt. Auch Burschi stand ganz gelassen da. Als Purley endlich überzeugt war, daß kein Blutvergießen stattfinden würde, erkundigte er sich: »Sie kennen den Hund, Mr. Chaffee?«

»Gewiß. Es ist ein schönes Tier.«

»Streicheln Sie ihn.«

»Mit Vergnügen.« Freundlich beugte er sich nieder. »Armer Burschi! Weißt du, daß dein Herr nie wieder zu dir kommt?« Er kraulte den schwarzen Kopf hinter den Ohren. Nach einer Weile richtete er sich wieder auf und fragte: »Sonst noch etwas? Ich bin nämlich bei der Arbeit, möchte das günstige Morgenlicht ausnützen.«

»Das ist alles. Besten Dank.« Purley wandte sich zum Gehen; ich ließ Loftus und Burschi den Vortritt, ehe ich mich anschloß. Während des ganzen Abstiegs wurde kein Wort gesprochen.

Als wir den Hausflur im Erdgeschoß erreichten, öffnete sich Talentos Tür, er kam heraus und sagte: »Der Staatsanwalt wünscht mich zu sprechen. Man hat mich eben angerufen. Brauchen Sie mich nicht mehr?«

»Nein«, brummte Purley. »Wir können Sie übrigens im Wagen mitnehmen.«

Talento sagte, das wäre nett, und er werde in einer Minute fertig sein. Purley wies Loftus an, mir den Hund zu übergeben, und ich bekam die Leine in die Hand gedrückt.

Dienstwillig erklärte ich: »Ich bin gerne bereit, Ihnen einen ausführlichen Bericht über das Verhalten des Hundes zusammenzustellen. Das wird nur etwa eine Woche beanspruchen.«

»Scheren Sie sich zum Teufel«, schnauzte Purley, »und nehmen Sie den verdammten Köter mit.«

Ich zog ab. Der Morgen war unverändert schön. Die Anwesenheit von zwei Polizeiwagen vor dem Hause, in dem sich ein Mord ereignet hatte, zog die Neugierigen an; Burschi und ich wurden eifrig aufs Korn genommen, als wir herauskamen. Aber wir kümmerten uns beide nicht darum. Gemächlich schlenderten wir davon, ich blieb sogar ein paarmal stehen, wenn Burschi Lust zeigte, etwas näher zu beschnüffeln. Beim vierten oder fünften derartigen Halt sah ich, wie das Quartett das Haus Nummer 29 verließ. Stebbins und Talento setzten sich in den einen Wagen, Loftus und sein Kollege in den anderen, und gleich darauf fuhren sie los.

Ich nahm Burschi etwas kürzer und spazierte mit ihm westwärts, bis ein leeres Taxi erschien, das ich anhielt. Nachdem wir eingestiegen waren, zog ich eine Fünfdollarnote aus der Tasche und reichte sie dem Fahrer.

»Ergebensten Dank«, sagte er. »Was ist das? Eine Anzahlung für den Wagen?«

»Sie werden es sich ehrlich verdienen, Bruderherz«, versicherte ich ihm. »Gibt es hier in der Nähe ein Plätzchen, wo Sie bis zu drei Stunden parken können?«

»Sicher. Aber keine drei Stunden für einen Fünfer.«

»Natürlich nicht.« Ich gab ihm eine zweite Fünfernote. »Ich glaube übrigens nicht, daß es so lange dauern wird.«

»Der nächste Parkplatz ist nur ein paar hundert Meter weit. Auf der Straße kann ich nicht stehenbleiben ohne Fahrgast; man wird mir keine Ruhe lassen.«

»Oh, Sie haben einen Fahrgast – meinen Hund. Es ist mir lieber, Sie warten an der Straße. Keine Sorge, der Hund ist sehr brav. Und wenn ich zurückkomme, werde ich mich erkenntlich zeigen. Sehen wir mal nach, ob wir nicht eine Lücke finden.«

Er löste die Bremse, und wir fuhren ab. In dieser Gegend gibt es verflixt wenig Straßenränder, an denen ein Wagen parken darf, ohne mit der Polizei in Konflikt zu kommen. Wir mußten um mehrere Ecken fahren, ehe wir in der Court Street einen leeren Platz fanden, zwei Block von der Arbor Street entfernt. Ich öffnete das Fenster eine Handbreit, stieg aus, sagte dem Fahrer, ich würde zurück sein, wenn er mich sähe, und marschierte auf kürzestem Weg zur Arbor Street 29. Kein Polizeiwagen war mehr zu sehen und auch keine Menschenansammlung. Das war sehr befriedigend. Ich ging die Stufen hinauf, betätigte die Klingel beim Namen Meegan und legte die Hand auf den Türdrücker. Doch kein Summen ertönte. Auch ein zweites Läuten hatte keinen Erfolg. Ich versuchte es bei Aland, und das wirkte; nach kurzem Warten ging die Haustür auf. Ich stieg die zwei Treppen empor, ging zu seiner Wohnungstür und klopfte gebieterisch.

Sogleich antwortete die quietschende Stimme: »Wer ist da?«

»Goodwin. Ich war vorhin schon hier, mit den anderen. Der Hund ist fort. Machen Sie auf.«

Die Tür bewegte sich ein paar Millimeter nach innen, und dann etwas weiter. Jerome Aland war immer noch in seinem prächtigen Pyjama. »Was ist denn jetzt schon wieder los?« krähte er. »Ich brauche meinen Schlaf.«

Ich dachte nicht daran, mich zu entschuldigen. »Ich wollte Ihnen vorhin ein paar Fragen stellen, aber der Hund komplizierte die Sache. Ich werde Sie nicht lange aufhalten.« Da er nicht höflich genug war, mir Platz zu machen, mußte ich ihn beiseite schieben, als ich eintrat. »Wo können wir uns unterhalten?«

Er schlich an mir vorbei in sein Wohnzimmer – und in diesem Moment verstand ich Jewel Jones' Abneigung gegen möblierte Wohnungen. Die Stühle waren unbequem, und der Rest nicht besser. Aland setzte sich auf die Kante seines Stuhles und sagte: »Also gut, was gibt's?«

Die Lage war etwas kitzlig für mich. Da er annahm, ich gehöre zur Mordkommission, durfte ich nicht zuviel, aber auch nicht zuwenig wissen. Es war riskant, Jewel Jones' Namen zu erwähnen, denn ich konnte nicht sicher sein, ob die Polizei schon bis zu ihr vorgedrungen war.

»Ich möchte nur ein paar Punkte nachprüfen«, meinte ich leichthin. »Seit wann hat Richard Meegan die Wohnung hinter Ihnen gemietet?«

»Das habe ich Ihnen bereits ein dutzendmal vorgekaut!«

»Mir nicht. Ich sagte Ihnen ja, ich habe verschiedenes zu prüfen. Wie lange also?«

»Seit neun Tagen. Am Dienstag vor einer Woche zog er ein.«

»Wer wohnte vorher dort?«

»Niemand. Die Wohnung stand leer.«

»Leer? Schon seit Sie hier sind?«

»Nein. Ich habe doch erklärt, daß früher ein Mädchen dort wohnte, aber sie ist vor drei Monaten ausgezogen. Ihr Name ist Jewel Jones, und sie ist eine begabte Künstlerin. Sie war es, die mir die Stelle in dem Nachtlokal verschafft hat, wo ich jetzt arbeite.« Er mümmelte ärgerlich. »Ich weiß genau, was Sie wollen. Sie versuchen, mir einen Strick zu drehen, weil Sie hoffen, ich werde mich in meinen Aussagen verhaspeln. Und den Hund brachten Sie her, damit er mich anknurrt. Kann ich etwas dafür, daß ich Hunde nicht leiden mag?« Mit allen zehn Fingern fuhr er sich durch das Haar, wie es sich für einen Artisten gehört. »Umkommen wie ein Hund mußte er, ja, so starb Phil – wie ein Hund! Ich möchte diesen Anblick nicht noch einmal erleben.«

»Sie sagten, daß Sie und er gute Freunde waren«, tastete ich mich vor.

Er hob ruckartig den Kopf. »Nein. Habe ich das gesagt?«

»Sie deuteten es wenigstens an. Waren Sie es denn nicht?«

»Ich habe überhaupt keine Freunde.«

»Sie erwähnten gerade, daß die frühere Mieterin der Wohnung im ersten Stock Ihnen eine Stellung verschafft hat. Das ist doch sehr freundschaftlich gehandelt. Oder schuldete sie Ihnen etwas?«

»Nicht die Spur. Wieso wollen Sie das Mädchen in die Sache hineinziehen?«

»Ich doch nicht! Sie sprachen von ihr. Ich erkundigte mich bloß nach dem früheren Mieter dieser Wohnung. Warum? Würden Sie sie lieber heraushalten?«

»Ich brauche sie nicht herauszuhalten – sie hat gar nichts damit zu tun.«

Ich zuckte die Achseln. »Na ja, vielleicht nicht. Kannte sie Philip Kampf?«

»Gewiß kannte sie ihn.«

»Wie gut?«

»Woher soll ich das denn wissen? Wenn Phil noch lebte, könnten Sie ihn fragen; ich bin nicht die richtige Person dazu.«

Ich lächelte ihn freundlich an. »Wissen Sie, Mr. Aland, diese ganze Geheimnistuerei macht mich bloß neugierig. Jemand aus diesem Haus hat Kampf umgebracht. Also stellen wir Fragen, und wenn wir merken, daß sich einer verkriecht, zerbrechen wir uns natürlich den Kopf, warum. Nun, Sie wollen über Kampf und das Mädchen nicht sprechen – überlegen Sie selbst, welche Schlüsse wir daraus ziehen können. Zum Beispiel wäre es denkbar, daß diese Jewel Jones zu Ihnen gehörte, und Kampf spannte sie Ihnen aus. Daraufhin brachten Sie ihn um, als er gestern ins Haus kam. Oder –«

»Sie hat nie zu mir gehört!«

»Macht nichts. Eine andere Möglichkeit. Sie fühlten sich ihr gegenüber tief verpflichtet, und Kampf hatte ihr einen schmutzigen Streich gespielt, vielleicht bedrohte er sie auch. Sie wollte ihn los sein, und Sie taten ihr den Gefallen. Natürlich könnte es auch einfach so sein, daß Kampf Sie selbst in der Zange hatte.«

Er hatte den Kopf zurückgeworfen, um mich von oben herab anzusehen. »Sie haben den falschen Beruf erwählt; als Romanschreiber wären Sie besser.«

Ich hielt mich nur noch wenige Minuten bei ihm auf, denn es war kaum anzunehmen, daß ich noch mehr aus ihm herausholen konnte. Da ich ihn im Glauben gelassen hatte, ich sei ein Polizeibeamter, durfte ich ihn natürlich nicht auffordern, mit mir zu Wolfe zu kommen. Außerdem hatte ich noch zwei weitere Besuche vor, und ich wollte nicht riskieren, daß inzwischen das eine oder andere meiner Opfer zu einem amtlichen Verhör zitiert würde. Eines war sicher. Jerome Aland versuchte nicht, den Verdacht auf einen anderen Mieter zu schieben, um sich selbst reinzuwaschen. Er erklärte, keine Ahnung zu haben, wer den armen Phil ermordet haben könnte, und aus welchem Grund. Als ich mich verabschiedete, stand er auf, aber er begleitete mich nicht zur Tür. Ich ging eine Treppe tiefer, klopfte bei Meegan an und wartete. Als ich eben meine Faust hob, um mich deutlicher bemerkbar zu machen, hörte ich Schritte kommen. Die Tür flog auf. Meegan war immer noch in Hemdsärmeln und ungekämmt.

»Was gibt's?«

»Noch ein paar Fragen«, erklärte ich fest, aber nicht übermäßig schroff. »Gestatten Sie?«

»Sie wissen verdammt gut, daß ich es nicht gestatte.«

»Klar. Mr. Talento wurde vorhin zum Staatsanwalt gerufen. Vielleicht kann ich Ihnen diesen Weg ersparen.«

Er trat beiseite, um mich einzulassen. Das Zimmer sah nicht viel anders aus als dasjenige von Aland; die Möbel waren zwar etwas neuer, aber keineswegs besser. Der Tisch wackelte — wahrscheinlich war es der, von dem Jewel Jones gehofft hatte, er sei für ihren Nachfolger repariert worden.

Wir setzten uns beide, und er blickte mich stirnrunzelnd an.

»Habe ich Sie nicht schon gesehen?« wollte er wissen.

»Gewiß; wir waren mit dem Hund hier.«

»Ich meine vorher. Waren nicht Sie das, gestern im Büro von Nero Wolfe?«

»Stimmt.«

»Wie kommt das?«

Ich hob meine Brauen. »Sie verwechseln die Situation, Mr. Meegan. Ich bin hier, um Fragen zu stellen, nicht um Fragen zu beantworten. Im übrigen hatte ich beruflich mit Wolfe zu tun; ich bin oft dort. Nun –«

»Wolfe ist ein dicker arroganter Trottel«, knurrte mein Ggenüber.

»Vielleicht haben Sie recht; auf jeden Fall ist er wirklich arrogant. Jedenfalls, jetzt habe ich beruflich mit Ihnen zu tun.« Ich zog Notizblock und Bleistift hervor. »Sie sind vor neun Tagen hier eingezogen. Bitte, erzählen Sie mir genau, wie es dazu kam, daß Sie gerade diese Wohnung wählten.«

Er glotzte mich an. »Das habe ich doch schon oft genug erzählt.«

»Ich weiß, aber auf diese Weise müssen wir eben vorgehen. Ich denke nicht etwa, daß Ihre Aussagen sich widersprechen werden, aber vielleicht haben Sie doch die eine oder andere Kleinigkeit ausgelassen, die wichtig sein könnte. Nehmen Sie einfach an, ich wüßte von nichts. Fangen Sie an!«

»Ach du meine Güte«, stöhnte er und preßte die Lippen zusammen. Im Normalzustand mochte er ein recht gutaussehender Mann sein, mit seinem blonden Haar, den grauen Augen und dem schmalen, kantigen Gesicht. Aber die langen Nachtstunden beim Staatsanwalt und der Mordabteilung hatten ihre Zeichen hinterlassen. Die Augen waren rot und geschwollen.

Er hob den Kopf. »Ich bin Fotograf – in Pittsburg. Vor zwei Jahren habe ich ein Mädchen namens Margaret Ryan geheiratet. Nach sieben Monaten verließ sie mich wieder; ich wußte nicht, ob allein oder mit einem Kerl – sie war einfach fort, auch aus Pittsburg. Wenigstens konnte ich sie dort nicht ausfindig machen, und auch ihre Familie sah und hörte nichts mehr von ihr. Fünf Monate später, also vor einem Jahr, traf ich einen Geschäftsmann, den ich kenne und für den ich gelegentlich arbeite. Er sagte mir, er habe meine Frau in New York gesehen; sie war in irgendeinem Theater mit einem Mann. Er sprach sie an, aber sie behauptete, er müsse sich in der Person irren. Doch er war seiner Sache ganz sicher. Daher fuhr ich nach New York und suchte eine Woche lang vergeblich nach ihr. Die Polizei ließ ich aus dem Spiel, weil ich nichts mit ihr zu tun haben wollte. Ihnen wird dieser Grund nicht genügen, aber ich kann Ihnen keinen anderen angeben.«

»Ich werde das auslassen«, sagte ich. Mein Bleistift flog über das Papier.

»Vor vierzehn Tagen besuchte ich eine Gemäldeausstellung im Institut in Pittsburg. Dort hing ein großes Ölbild; es war betitelt: *Drei junge Stuten auf der Weide,* aber es stellte ein Interieur dar, ein Zimmer mit drei Frauen. Die eine lag auf einem Sofa, die beiden anderen kauerten auf einem Teppich am Boden. Alle drei aßen Äpfel – und die auf dem Sofa war meine Frau. Ich erkannte sie schon auf den ersten Blick ganz sicher, und nachdem ich das Bild länger studiert hatte, war ich noch sicherer. Es war absolut kein Zweifel möglich.«

»Das bestreiten wir nicht«, erklärte ich ihm. »Was taten Sie daraufhin?«

»Die Signatur des Malers sah aus wie Chapple, aber im Katalog fand ich den richtigen Namen: Ross Chaffee. Ich ging ins Büro des Instituts und erkundigte mich nach ihm. Die Sekretärin meinte, er wohne in New York; aber mehr wußte sie auch nicht. Ich hatte einige Aufträge in Arbeit, die erledigt werden mußten, und es vergingen ein paar Tage, dann kam ich wieder nach New York. Es war nicht schwer, Ross Chaffee ausfindig zu machen, denn er stand im Telefonbuch. Ich suchte ihn in seinem Atelier auf – hier im Haus. Zuerst sagte ich ihm, ich brauche ein Modell für eine besondere Aufnahme, und die Frau auf seinem Bild wäre genau das richtige. Als er mir aber kurzerhand erklärte, er schätze die Fotografie als Kunstersatz gar nicht und habe daher keine Lust, Modelle dafür zu vermitteln, sagte ich ihm die Wahrheit. Von diesem Moment an benahm er sich ganz anders. Er zeigte Verständnis und versicherte mir, daß er mir sehr gern helfen würde, wenn er es könnte; aber er habe das Bild vor mehr als einem Jahr gemalt, und er verwende so viele verschiedene Modelle, daß er nicht mehr wisse, um welches es sich dabei handle.« Meegan hielt inne, und ich sah von meinem Notizblock auf. Streitsüchtig sagte er: »Ich möchte wiederholen, daß mir das von Anfang an unglaubwürdig vorkam.«

»Fahren Sie nur fort — Sie dürfen diese Tatsache ruhig wiederholen.«

»Ich sage es Ihnen, es *war* unglaubwürdig. Ein Fotograf mag Hunderte von Modellen in einem Jahr haben und sie auch wieder vergessen — aber nicht ein Maler. Und nicht bei einem solchen Gemälde. Ich deutete ihm das auch an, ich wurde sogar etwas taktlos, aber dann entschuldigte ich mich wieder. Er versprach mir, sich die Sache noch einmal zu überlegen, und schlug vor, ich solle ihn am nächsten Tag anrufen. Statt dessen ging ich wieder zu ihm, aber er behauptete, er könne sich beim besten Willen nicht erinnern, und er bezweifle, daß ihm der Name jemals wieder einfallen werde. Diesmal beherrschte ich mich besser. Ich hatte am Haus einen Anschlagzettel gesehen, daß hier eine möblierte Wohnung zu vermieten sei, und als ich Chaffee verließ, suchte ich den Hausmeister auf und ließ mich als Mieter eintragen. Ich ging ins Hotel zurück, um mein Gepäck zu holen, und dann zog ich hier ein. Ich wußte ganz genau, daß meine Frau zu dem Bild Modell gestanden hatte, und war überzeugt, sie durch Chaffee zu finden. Deshalb wünschte ich, in seiner Nähe zu sein und auch die Leute zu sehen, die ihn besuchen kamen.«

Auch ich hatte einen Wunsch, aber ich wagte nicht, ihn auszusprechen. Als Fotograf besaß Meegan sicherlich Bilder von seiner Frau, und die hätte ich nur zu gerne gesehen. Doch es lag auf der Hand, daß er diese Aufnahmen entweder bereits der Polizei ausgehändigt oder aber behauptet hatte, keine zu besitzen. Daher erkundigte ich mich bloß: »Und — haben Sie Fortschritte gemacht?«

»Nicht der Rede wert. Ich versuchte, mich mit Chaffee auf freundschaftlichen Fuß zu stellen, aber das gelang nicht so recht. Ich lernte auch die beiden anderen Mieter, Talento und Aland, kennen, doch auch das half mir nicht weiter. Schließlich beschloß ich, mich fremder Hilfe zu bedienen, und suchte deshalb Nero Wolfe auf. Sie waren selbst dort, Sie wissen, was dabei herauskam — dieser dicke Trottel!«

Ich nickte. »Er hat die seelische Wassersucht. Was sollte er für Sie unternehmen?«

»Das habe ich Ihnen doch erzählt.«

»Tun Sie es nochmals.«

»Er sollte Chaffees Telefon anzapfen und seine Gespräche abhören.«

»Das ist ungesetzlich«, erklärte ich streng.

»Na schön; ich habe es ja auch nicht gesagt.«

Ich wandte ein Blatt in meinem Notizbuch um. »Gehen wir noch einmal zurück. Haben Sie während dieser neun Tage hier außer den übrigen Mietern noch andere Leute kennengelernt? Ich meine, von Chaffees Bekannten oder Freunden?«

»Nur die zwei, die ich schon erwähnte. Ein junges Mädchen, das ihm Modell stand — den Namen habe ich vergessen. Und ein Mann, von dem Chaffee sagte, er kaufe seine Bilder. Sein Name ist Braunstein.«

»Sie haben Philip Kampf nicht genannt.«

Meegan lehnte sich vor und schmetterte die Faust auf den Tisch. »Jawohl, und ich werde ihn auch weiterhin nicht nennen. Ich habe nie etwas von ihm gehört oder gesehen.«

»Was würden Sie dazu sagen, wenn ich erklärte, Sie seien mit ihm gesehen worden?«

»Sie sind ein dreckiger Lügner! Das würde ich dazu sagen.« Die entzündeten Augen schienen noch röter zu werden. »Ich habe weiß Gott schon genug Sorgen, ohne daß Sie jetzt ankommen und mich über einen Mord ausfragen — an einem Mann, den ich überhaupt nicht kannte! Und dann schleppen Sie noch einen Hund her und verlangen, ich soll ihn streicheln!«

»Das ist Ihr Pech, Mr. Meegan. Sie sind nicht der erste, der ungewollt in eine Mordaffäre hineinstolpert.« Ich schloß mein Notizbuch und steckte es ein. »Und es wäre besser für Sie, wenn Sie einen Weg aus Ihren Schwierigkeiten fänden, ohne fremde Telefone anzuzapfen.« Ich stand auf. »Bleiben Sie zu Hause, bitte. Es wäre denkbar, daß Sie doch noch vom Staatsanwalt verlangt werden.« Er begleitete mich zur Tür. Ich hätte gerne noch weitere Einzelheiten über seine Erfolge beziehungsweise Mißerfolge mit Ross Chaffee gehört und auch über seine Verbindung mit den beiden anderen Mietern; aber es schien mir wichtiger, mit dem Maler selbst zu sprechen, ehe ich unterbrochen wurde. Während ich die Treppen hinaufstieg, warf ich einen Blick auf meine Uhr. Es war achtundzwanzig Minuten nach zehn.

»Ich weiß, es ist zwecklos, sich über diese ständigen Unterbrechungen meiner Arbeit zu beklagen – unter den besonderen Umständen«, meinte Ross Chaffee sehr liebenswürdig.

Das oberste Stockwerk glich den anderen in keiner Weise. Ich weiß nicht, wie die Wohnräume aussahen, das Atelier jedenfalls war groß und luftig, nicht so mies wie das übrige Haus. Große und kleine Skulpturen standen herum; auf einem langen Holzgestell lehnten Stapel aufgezogener Malerleinwand in allen Größen. Die Wände waren mit einfachem grauen Stoff bespannt, ohne irgendwelche Dekorationen. Auf zwei Staffeleien sah ich angefangene Gemälde, an denen der Künstler anscheinend gerade arbeitete. Zum Sitzen gab es einfache Stühle, zwei Polstersessel und einen riesigen, fast quadratischen Diwan, und nachdem ich mich in dem einen Sessel niedergelassen hatte, zog Chaffee einen der gewöhnlichen Stühle heran und setzte sich mir gegenüber.

»Ich möchte Sie nur bitten, es nicht unnötig in die Länge zu ziehen«, schloß er etwas lahm.

Das versprach ich ihm. »Es gibt da ein paar Punkte, die uns etwas stutzig machen«, sagte ich. »Natürlich kann es bloßer Zufall sein, daß Richard Meegan gerade jetzt nach New York kam, um seine Frau zu suchen, daß er hier mit Ihnen sprach und sich dann in dem Haus einmietete, in dem neun Tage später Kampf ermordet wurde. Aber solche Zufälle müssen eben genauer untersucht werden. Ehrlich gesagt, Mr. Chaffee, es gibt Leute – und ich gehöre auch dazu –, denen es nicht einleuchten will, daß Sie vergessen haben könnten, wer Ihnen zu einem bedeutenden

Gemälde Modell saß. Ich kenne Ihre Erklärung dafür, aber sie ist wirklich schwer zu glauben.«

»Mein bester Freund«, lächelte Chaffee, »dann nehmen Sie also an, ich lüge?«

»Das habe ich nicht gesagt.«

»Aber Sie denken es.« Er zuckte die Achseln. »Warum, meinen Sie, sollte ich lügen? Welche dunkle Absicht verfolge ich damit?«

»Ich wüßte es auch nicht. Sie sagten ja Meegan ausdrücklich, Sie seien bereit, ihm zu helfen.«

»Ja, das sagte ich wohl. Er war richtig lästig, die reine Klette.«

»Er hängte sich also sozusagen an Sie?«

»Ständig.«

»Haben Sie denn nichts unternommen, um ihn loszuwerden?«

»Ich habe bereits erklärt, was ich tat, und habe meine Aussage auch unterschrieben. Beizufügen wüßte ich nichts. Ich bemühte mich, mein Gedächtnis aufzufrischen. Einer Ihrer Kollegen meinte, ich hätte ja nach Pittsburg fahren und das Bild nochmals sehen können. Er wollte wohl besonders witzig sein.«

Ein Funke von Ärger glomm in seinen dunklen Augen auf, die so klar und frisch waren, als hätte er mindestens acht Stunden unbeschwert geschlafen. Aber das Zeichen warnte mich. Wenn ihm Zweifel daran kamen, ob ich seine Aussage gelesen hatte, dann könnte er vielleicht unliebsame Fragen stellen.

Ich blickte ihn ernsthaft an. »Diese Sache ist höchst peinlich für alle Beteiligten, Mr. Chaffee. Und sie wird immer schlimmer werden, bis wir den Mörder gefunden haben. In diesem Haus wohnen vier Männer, die sicher verschiedenes voneinander wissen — und sogar gewisse Dinge im Zusammenhang mit Philip Kampf, über die sie nicht sprechen wollen. Ich bin überzeugt, ein Mann wie Sie würde keinen Schmutz aufwühlen nur um des Vergnügens willen; aber bedenken Sie eines: jeder Schmutz, der mit dieser Angelegenheit zusammenhängt, kommt früher oder später doch ans Licht. Und wenn Sie etwas wissen und es für sich behalten, dann sind Sie törichter, als Sie aussehen.«

»Das war ja direkt ein Vortrag.« Er lächelte bereits wieder.

»Danke. Nun sind Sie an der Reihe.«

»Ich bin nicht so redegewandt wie Sie.« Er schüttelte den Kopf. »Nein, ich glaube wirklich nicht, daß ich Ihnen helfen könnte. Ich will nicht behaupten, daß mir Schmutz ein Fremdwort wäre, das wäre lächerlich. Aber in diesem Zusammenhang weiß ich tatsächlich nichts. Sie haben meine Meinung über Philip Kampf, den ich recht gut kannte. In gewisser Hinsicht war er bewundernswert, aber er besaß auch sein gerüttelt Maß an Fehlern. Ungefähr dasselbe würde ich von Talento sagen. Aland kenne ich nur flüchtig, und über Meegan weiß ich nicht mehr als Sie. Ich habe nicht die leiseste Ahnung, weshalb einer von ihnen Kampf hätte umbringen wollen. Wenn Sie erwarten —«

Das Telefon klingelte. Chaffee ging zu dem kleinen Tisch neben dem Diwan und hob den Hörer ab. Er sagte ein paarmal »Ja« in den Apparat, dann einige Worte und dann: »Aber einer Ihrer Leute ist gerade bei mir . . . Ich weiß seinen Namen nicht, habe nicht danach gefragt . . . Mag sein . . . Gut, dann Leonhard Street 155 . . . Jja, ich gehe in ein paar Minuten aus dem Haus.«

Er legte auf und wandte sich nach mir um. Aber ich war schneller als er. »Man zitiert Sie also zum Staatsanwalt. Erzählen Sie den Leuten nicht, daß ich es gesagt habe, aber man würde dort einen Mordfall lieber hängenlassen, bis die Hölle gefriert, als daß man zugäbe, daß die Polizeimannschaft ihn aufknackt. Wenn sie mein Name interessiert, wissen sie, wo er zu erfahren ist.«

Ich marschierte zur Tür, öffnete sie, und weg war ich. Immer noch stand kein Polizeiwagen vor dem Haus. Ich bog links in die Court Street ein, und nachdem ich die beiden Häuserblocks hinter mir hatte, war ich sehr erleichtert, mein Taxi am gleichen Ort zu finden — mit seinem Fahrgast, der auf dem Polster saß und aufmerksam die Umgebung betrachtete. Wenn der Chauffeur sich davongemacht und den Hund verschachert hätte, oder wenn Stebbins vorbeigekommen und sich als Straßenräuber betätigt hätte — nicht auszudenken! Ich hätte es nicht gewagt, nach Hause zurückzukehren. Burschi schien sehr zufrieden, mich wiederzusehen, wozu er auch allen Grund hatte. Während der Fahrt zur 35. Straße durfte ich als Stützpfeiler für seinen Rücken herhalten. Das Taxameter zeigte nur etwas über sechs Dollar an, aber ich ließ dem Fahrer die ganzen zehn Dollar, die ich ihm als Vorschuß gegeben hatte. Wenn Wolfe mich nur deshalb in einen Mordfall hetzte, weil er plötzlich in einen Hund vernarrt war, dann sollte es ihn auch etwas kosten.

Als ich die Bürotür aufmachte, beobachtete ich, daß Jett ohne die geringste Scheu oder Unsicherheit zu Wolfe hinübertrabte und sich neben seinem Sessel niederließ – ein klarer Beweis, daß sich Wolfe während meiner Abwesenheit am Vorabend an ihn herangemacht hatte, ihn wahrscheinlich gefüttert und möglicherweise sogar getätschelt hatte. Mir fielen verschiedene Bemerkungen dazu ein, aber ich unterließ sie lieber. Ich würde nachher noch genug Zeit und Worte verschwenden müssen, wenn ich Wolfe auseinandersetzte, daß ich ohne eigene Schuld die Rolle eines Polizeibeamten gespielt hatte und daß es nicht mein Fehler war, wenn mordverdächtige Subjekte mich für einen Polizisten hielten.

Wolfe stellte sein leeres Bierglas ab und fragte: »Nun?«

Ich erzählte. Die Lage erforderte einen genauen und eingehenden Bericht, und den lieferte ich, während Wolfe mit geschlossenen Augen in seinem Sessel lehnte. Als ich geendet hatte, stellte er keine Fragen. Statt dessen öffnete er die Augen, reckte sich und begann: »Rufen Sie –«

Ich unterbrach ihn rasch. »Augenblick, bitte! Nach einem Morgen anstrengender Arbeit möchte ich wenigstens die Genugtuung haben, den Vorschlag selbst auszusprechen. Ich habe längst daran gedacht. Wie heißt das Institut in Pittsburg, wo diese Gemäldeausstellungen durchgeführt werden?«

»Hm. Das ist ein Schuß ins Blaue.«

»Ich weiß, aber es kostet nur einen Dollar. Vorhin habe ich bereits einen Zehner für das Taxi gezahlt. Wie lautet der Name?«

»Pittsburger Kunstinstitut.«

Ich drehte mich auf meinem Stuhl herum, griff nach dem Telefon und verlangte die Verbindung. Das Kunstinstitut war sehr rasch am Apparat, aber dort schaltete man von einer Stelle zur andern, und es dauerte eine geschlagene Viertelstunde, bis ich die verlangte Auskunft hatte.

Ich legte den Hörer auf und wandte mich wieder Wolfe zu. »Die Ausstellung ist seit acht Tagen geschlossen«, erläuterte ich. »Dem Himmel sei Dank, daß ich nicht nach Pittsburg muß. Das Gemälde war von Mr. Hermann Braunstein in New York zur Verfügung gestellt worden. Man hat es ihm vor vier Tagen als Eilpaket wieder zugesandt. Die Adresse von Braunstein wollten sie mir nicht geben.«

»Das Telefonbuch.«

Ich hatte es bereits aufgeschlagen und blätterte darin. »Aha, hier wären wir ja: Geschäftsadresse Broadstreet, Wohnung Park Avenue. Es gibt nur einen einzigen Hermann Braunstein.«

»Rufen Sie ihn an.«

Ich schüttelte den Kopf. »Wer weiß, wann ich den erwische; das dauert vielleicht den ganzen Tag. Besser, ich gehe direkt zu seiner Wohnung. Das Bild wird sich wahrscheinlich dort befinden, und wenn ich es nicht zu sehen bekomme, können Sie mich entlassen. Ich denke sowieso daran, meine Stelle aufzugeben.«

Er hatte natürlich Bedenken, weil die Idee von mir stammte, aber schließlich stimmte er zu. Nachdem ich mir die Sache überlegt hatte, holte ich die Kamera samt Zubehör aus dem Schrankfach unter den Bücherregalen, schlang den Lederriemen über die Schulter und erklärte Wolfe, ich ginge jetzt und käme nicht wieder, bis ich das Gemälde gesehen hätte. Vor dem Weggehen rief ich noch bei Talento an, um ihm zu sagen, er brauche sich mit seinem Besuch bei Wolfe nicht zu beeilen, aber er nahm nicht ab. Entweder saß er immer noch beim Staatsanwalt fest, oder er war eben unterwegs zu uns, und das schadete auch nichts, denn während meiner Abwesenheit war ja Jett da, um Wolfe zu beschützen.

Ein Taxi brachte mich zu einem der palastartigen Bienenstöcke in der Park Avenue, und ich versuchte am Pförtner vorbeizukommen, ohne ihm einen Blick zu schenken. Der Trick mißglückte, denn er rief mich an. Ich erklärte geschäftsmäßig: »Braunstein, Aufnahmen machen, ich bin schon spät«, und setzte ungeschoren meinen Weg fort bis in den Fahrstuhl, der zum Glück mit offener Tür unten stand. Beim Eintreten sagte ich kurz: »Braunstein bitte«, worauf der Fahrstuhlführer die Tür schloß und auf einen Knopf drückte. Im zwölften Stock hielten wir an, und ich stieg aus. Rechts war eine Tür und links auch eine. Ich ging aufs Geratewohl nach rechts, bei jedem Schritt gewärtig, von dem Fahrstuhlmann berichtigt zu werden, der müßig vor seinem Kasten stehenblieb. Das Ganze erwies sich als kindisch einfach. Auf mein Klingeln öffnete mir ein weiblicher Dragoner mit Häubchen und Schürze, und als ich erzählte, ich sei gekommen, um eine Aufnahme zu machen, durfte ich eintreten und warten. Nach einigen Minuten kam eine elegante, weißhaarige Dame durch eine hohe Tür geschritten und fragte mich nach meinen Wünschen. Ich bat um Verzeihung, falls ich störte, und sagte, ich wäre sehr dankbar, wenn sie mir gestatten würde, eine Aufnahme von einem Gemälde zu machen, das als Leihgabe von Mr. Braunstein kürzlich im Pittsburger Kunstinstitut ausgestellt gewesen sei. Es trüge die Bezeichnung *Drei junge Stuten auf der Weide.* Ein Pittsburger Kunde von mir hätte das Bild gesehen und es sehr bewundert. Aber als er zurückkam und für seine Sammlung eine Aufnahme davon machen wollte, sei es bereits zu spät gewesen.

Die Dame verlangte ein paar Angaben, wie meinen Namen, meine Adresse und den Namen meines Kunden, die ich ihr gern aus dem Gedächtnis hersagte, und dann geleitete sie mich in einen Raum, in dem unser ganzes Haus gut und leicht Platz gehabt hätte. Es wäre ein Vergnügen gewesen, und auch sehr lehrreich, die Teppiche, die Möbel und andere Sehenswürdigkeiten, besonders das Dutzend Bilder an den Wänden, näher zu betrachten, aber dazu blieb mir keine Zeit. Die Dame lotste mich quer durch den ganzen Saal, deutete dort auf die Wand und bemerkte: »Das ist es.« Dann ließ sie sich in einen Sessel sinken.

Es war ein feines Bild. Ich hatte halbwegs erwartet, die jungen Stuten würden keine Kleider tragen, aber sie waren vollständig angezogen. Nach ein paar passenden Bemerkungen machte ich mich mit Kamera und Blitzlicht an die Arbeit. Die Dame blieb sitzen und sah mir zu. Ich machte vier Aufnahmen von verschiedenen Gesichtswinkeln aus und hoffte, dabei recht professionell zu wirken. Schließlich packte ich meine Sachen wieder ein, bedankte mich herzlich im Namen meines Kunden, versprach, ein paar Abzüge zu senden, und verabschiedete mich. Das war meine ganze Leistung.

Wieder auf der Straße, suchte ich eine Telefonzelle und wählte unsere Nummer.

Wolfes Stimme bellte: »Ja? Wen wünschen Sie?«

Ich habe ihm mindestens hundertmal gesagt, daß sei keine Art, einen Anruf zu beantworten; aber er ist viel zu dickköpfig, um sich zu ändern.

»Ich wünsche Sie, Mr. Wolfe. Ich habe das Bild gesehen, und ich hätte nie gedacht, daß dieser Ross Chaffee so etwas fertigbrächte. Es hat Farbe und Leben, das Blut scheint unter der warmen Haut zu pulsieren. Die Schatten sind transparent, in einem harmonisch —«

»Halten Sie den Mund! Ja oder nein?«

»Ja. Sie haben Mrs. Meegan bereits kennengelernt. Möchten Sie noch einmal mit ihr sprechen?«

»Bringen Sie sie her!«

Ich brauchte nicht im Telefonbuch nach der Adresse zu suchen, denn das hatte ich bereits getan. Ich verließ die Zelle und winkte mir ein Taxi heran.

Bei dem Haus in der 49. Straße gab es keine Probleme mit Türhütern. Das alte Backsteingebäude war hellgelb gestrichen, modernisiert und vor allem mit einem Selbstbedienungsaufzug ausgestattet, was ich freilich nicht wußte, bis ich davor stand. Und dorthin zu gelangen war nicht ganz leicht. Es bot natürlich keine Schwierigkeiten, den Knopf unter dem Schildchen Jewel Jones zu drücken und den Hörer des Haustelefons ans Ohr zu nehmen, aber dann wurde die Sache komplizierter.

Eine Stimme ertönte: »Ja?«

»Sind Sie es, Miss Jones?«

»Ja. Wer ist da?«

»Archie Goodwin. Ich möchte Sie sprechen — diesmal keine Nachricht von Victor Talento.«

»Was wollen Sie denn?«

»Lassen Sie mich ein, dann werden Sie es gleich hören.«

»Nein. Um was handelt es sich?«

»Eine sehr persönliche Angelegenheit. Aber wenn Sie nicht mit mir reden wollen, werde ich Richard Meegan herholen, und Sie unterhalten sich vielleicht mit ihm.«

Ich hörte, wie sie nach Luft schnappte, und erst nach einer Pause kam ihre Stimme wieder. »Was soll das? Ich habe Ihnen doch gesagt, daß ich keinen Meegan kenne.«

»Sie wissen das Neueste noch nicht. Ich habe soeben ein Bild gesehen, das *Drei junge Stuten auf der Weide* heißt. Machen Sie auf.«

Kleine Pause, dann wurde die Verbindung unterbrochen. Ich hängte den Hörer an seinen Platz, wartete auf den Summton und drückte die Haustür auf. Mit besagtem Aufzug fuhr ich zum fünften Stock, und dort wartete bereits Miss Jones in einem blauen Hauskleid auf der Schwelle ihrer offenen Wohnungstür. Sie öffnete den Mund, um etwas zu sagen, aber ich unterbrach sie schroff.

»Es hat keinen Sinn, lange Geschichten zu machen«, erklärte ich. »Letzte Nacht ließ ich Ihnen die Wahl zwischen Sergeant Stebbins und Mr. Wolfe; heute heißt es: entweder Mr. Wolfe oder Meegan. Ich nehme an, Sie werden Mr. Wolfe vorziehen, denn er ist ein Mensch, der alles versteht, wie Sie gestern selbst betonten. Ich warte hier, bis Sie sich umgezogen haben, aber versuchen Sie nicht, mit jemandem zu telefonieren, denn Sie wissen ja gar nicht, woran Sie sind, ehe Sie mit Mr. Wolfe gesprochen haben. Im übrigen werden wahrscheinlich alle Telefongespräche mit der Arbor Street 29 abgehört. Ziehen Sie kein rotes Kleid an. Mr. Wolfe mag diese Farbe nicht; aber gelb hat er gern.«

Sie trat ganz nahe an mich heran und legte mir eine Hand auf den Arm. »Archie, wo haben Sie das Bild gesehen?«

»Das erzähle ich Ihnen unterwegs. Los, machen Sie sich fertig.«

Sie drückte meinen Arm liebevoll. »Sie brauchen nicht hier draußen zu warten. Kommen Sie herein und setzen Sie sich.« Ein neuerlicher sanfter Druck. »Kommen Sie!«

Ich tätschelte ihre Hand, um nicht ungeschliffen zu scheinen. »Es tut mir leid«, sagte ich, »aber ich habe Angst vor jungen Stuten. Ich bin einmal von einer gebissen worden.«

»Nennen Sie mich nicht Mrs. Meegan!« schrie Jewel Jones.

Wolfes Laune war nicht besser als ihre. Sie war allerdings hoffnungslos in die Enge getrieben und sah keinen Ausweg, aber dafür hatte Wolfe sein Mittagessen auf einen unbestimmten Zeitpunkt verschieben müssen.

»Ich wollte nur klarstellen, daß Ihre Identität keinem Zweifel unterliegt«, sagte er mürrisch. »Rechtlich sind Sie Mrs. Meegan. Und nachdem wir dies festgestellt haben, bin ich bereit, Sie mit jedem beliebigen Namen anzusprechen. Miss Jones, zum Beispiel?«

»Ja.« Sie saß auf der äußersten Kante des roten Ledersessels und sah aus, als wollte sie jede Sekunde aufspringen und davonrennen.

»Schön.« Wolfe betrachtete sie. »Sie können sich vorstellen, Madam, daß wir jedes Wort von Ihnen sehr skeptisch aufnehmen werden. Sie sind eine hervorragende Lügnerin. Ihre nebensächliche Behauptung gestern, daß Sie keinen Mr. Meegan kennen, war ein Meisterstück. Nun weiter. Wann hat Ihnen Mr. Chaffee erzählt, Ihr Mann sei in New York und suche nach Ihnen?«

»Ich habe nicht gesagt, daß Mr. Chaffee mir das erzählte.«

»Jemand hat es aber getan. Wer und wann?«

Sie blieb bei ihrem Leugnen. »Woher wollen Sie wissen, daß ich es erfahren habe?«

Er fuchtelte mit dem Zeigefinger. »Vergessen Sie bitte nicht, Miss Jones, in welcher Situation Sie sich befinden. Kein Mensch wird jemals glauben, daß Mr. Chaffee den Namen seines Modells zu diesem Bild vergessen hat. Selbst die Polizei glaubt nicht daran, und die weiß noch gar nichts von Ihnen und davon, daß

Sie ein Jahr lang in diesem Haus wohnten und Mr. Chaffee immer noch gelegentlich sehen. Und wenn Ihr Ehemann herkam und Mr. Chaffee nach dem Namen seines Modells fragte, und Mr. Chaffee ein schlechtes Namensgedächtnis vorschützte und Ihr Mann dort eine Wohnung mietete, was hieß, daß er zu bleiben gedachte — so ist es lächerlich, mir weiszumachen, daß Mr. Chaffee Ihnen nichts gesagt hat. Ich beneide Sie nicht um die Scherereien, die Sie mit der Polizei haben werden, wenn man dort erst von Ihnen erfährt.«

»Die Polizei muß ja nicht von mir erfahren, nicht wahr?«

»Pfui! Ich bin erstaunt, daß man Sie nicht schon geholt hat; obwohl erst achtzehn Stunden vergangen sind. Aber Sie werden das sehr bald erleben. Ich weiß, es ist kein Vergnügen für Sie, mir hier Rede und Antwort zu stehen, aber es wird Ihnen so vorkommen, sobald Sie es mit der Polizei zu tun kriegen.«

Sie überlegte. Dann blickte sie Wolfe direkt in die Augen. »Wissen Sie, was das beste wäre?« sagte sie. »Seltsam, daß ich nicht schon längst daran gedacht habe. Sie sind doch ein Detektiv, Sie helfen Leuten, die in Schwierigkeiten sind — und ich bin ganz bestimmt in einer schwierigen Lage. Ich zahle Ihnen ein gutes Honorar, und Sie helfen mir. Eine Anzahlung könnte ich Ihnen jetzt gleich geben und den Rest später bringen.«

»Weder jetzt noch später, Miss Jones.« Wolfe war sehr kurz angebunden. »Wann hat Ihnen Mr. Chaffee erzählt, daß Ihr Mann aufgetaucht ist und nach Ihnen forscht?«

»Sie wollen mir gar nicht zuhören«, beklagte sie sich.

»Reden Sie vernünftig, und ich werde es tun. Wann?«

Sie rutschte etwas tiefer in den Sessel. »Sie kennen meinen Mann nicht. Er war schon vor unserer Heirat eifersüchtig, und nachher wurde es noch viel schlimmer. Damit quälte er mich so, daß ich es nicht mehr aushielt und ihn verließ. Ich wußte, wenn ich in Pittsburg bliebe, würde er mich finden und umbringen. Deshalb kam ich nach New York. Ein Freund von mir lebte hier — wirklich nur ein Freund. Ich erhielt Arbeit bei einer Modellagentur und verdiente genug, um davon leben zu können. Außerdem lernte ich viele Menschen kennen. Ross Chaffee war einer davon; er wollte mich als Modell für ein Bild haben, und ich war einverstanden. Natürlich bezahlte er mich dafür, aber das war mir nicht so wichtig, denn zur gleichen Zeit lernte ich Phil Kampf kennen, und er verschaffte mir eine Stelle in einem Nachtlokal. Bald darauf hatte ich einen Schreck: Ein Mann aus Pittsburg sah mich im Theater und sprach mich als Mrs. Meegan an. Ich sagte ihm, er irre sich, ich sei noch nie in Pittsburg gewesen.«

»Das war vor einem Jahr«, murmelte Wolfe.

»Ja. Eine Weile war mir nicht ganz wohl in diesem Nachtlokal, weil so viele Menschen mich dort sahen, aber Monate vergingen, und nichts geschah. Und dann auf einmal dieser Schock. Ross Chaffee rief mich an und erzählte mir, mein Mann sei dagewesen und habe sich nach mir erkundigt; ich flehte ihn an, um Gottes willen nichts von mir verlauten zu lassen, und er versprach es mir. Sie kennen meinen Mann nicht! Ich wußte genau, daß er mich nur suchte, um mich umzubringen.«

»Das haben Sie jetzt bereits zweimal behauptet. Hat er denn schon irgend jemand umgebracht?«

»Ich sprach nicht von irgend jemand, ich sprach doch nur von mir, nicht wahr? Ich scheine auf Männer zu wirken, sie fliegen auf mich, ich kann gar nichts dagegen tun. Und Richard – oh, ich kenne ihn! Vor eineinhalb Jahren habe ich ihn verlassen, und er sucht mich immer noch. Das ist ganz seine Art. Als mir Ross berichtete, er sei hier, da war ich zu Tode erschrocken. Ich unterbrach sofort meine Arbeit in dem Nachtlokal, denn dort hätte er mich leicht einmal zufällig sehen können. Außer gestern abend habe ich meine Wohnung kaum mehr verlassen.«

»Gestern, ja, um Mr. Talento zu treffen«, nickte Wolfe. »Und was war der Grund dafür?«

»Das habe ich Ihnen bereits erklärt, Mr. Wolfe.«

»Allerdings, aber da waren Sie bloß Miss Jones – jetzt sind Sie außerdem auch Mrs. Meegan. Was war also der Grund?«

»Das ändert doch nicht das geringste. Ich hatte im Radio von Phils Ermordung gehört und wollte Näheres darüber wissen. Zuerst rief ich bei Ross Chaffee und bei Jerry Aland an, aber bei beiden bekam ich keine Antwort, und so versuchte ich es bei Vic

Talento. Er wollte mir am Telefon nichts sagen, sondern schlug vor, daß wir uns treffen.«

»Wußten Mr. Aland und Mr. Talento über dieses Gemälde etwas?«

»Selbstverständlich.«

»Auch darüber, daß Mr. Meegan es gesehen und Sie erkannt hatte und daß er Sie jetzt in New York suchte?«

»Sie wußten alles. Ross mußte es Ihnen sagen, denn es wäre ja möglich gewesen, daß Richard sich bei ihnen nach dem Modell für dieses Bild erkundigt hätte. Beide haben versprochen, kein Wort darüber verlauten zu lassen. Es sind alles gute Freunde von mir.«

Sie hielt inne und fingerte an ihrer Handtasche herum, die sie auf dem Schoß hatte. Dann warf sie einen Blick in ihre Börse, um gleich darauf ihre Augen zu Wolfe aufzuschlagen. »Ich kann Ihnen jetzt vierzig Dollar geben, nur als Anfang. Ich bin nicht knapp an Geld, ich habe nur Angst um mein Leben. Wirklich, ich fürchte mich ... Sie hören mir ja nicht zu!«

Damit hatte sie recht. Mit gespitzten Lippen betrachtete er seinen Zeigefinger, der kleine Kreise auf der Schreibtischplatte zog. Auf ihren Vorwurf reagierte er gar nicht, doch nach einiger Zeit hob er den Kopf und sagte zu mir: »Holen Sie Mr. Chaffee ans Telefon.«

»Nein!« schrie sie. »Er soll nicht wissen —«

»Unsinn«, fuhr Wolfe sie an. »Bald wird jedermann Bescheid über alles wissen, also warum die Sache länger hinausziehen? Los, Archie, ich will mit ihm sprechen.«

Ich zog den Apparat heran und wählte die Nummer. Allerdings zweifelte ich daran, daß er von seiner Sitzung mit dem Staatsanwalt schon zurück war, aber sein »Hallo!« gab mir rasch darüber Gewißheit. Ich verstellte meine Stimme, damit er sie nicht erkennen konnte, denn mir lag nichts an einer Debatte mit ihm, ob und warum ich mich als Polizeibeamter ausgegeben habe. Ich sagte nur kurz, Mr. Wolfe wünsche ihn zu sprechen.

Wolfe hob seinen Hörer ab. »Mr. Chaffee? Hier ist Nero

Wolfe. Ich bin an der Aufklärung des Mordes an Philip Kampf interessiert und habe verschiedene Nachforschungen angestellt ... Einen Moment, bitte, legen Sie nicht auf. Neben mir im Büro sitzt Mrs. Meegan alias Miss Jewel Jones ... Lassen Sie mich bitte ausreden ... Ich muß die Dame natürlich zurückhalten und die Polizei informieren, denn sie wird als Hauptzeugin in einem Mordverfahren benötigt werden. Aber bevor ich das tue, möchte ich eine persönliche Besprechung mit Ihnen und den anderen Hausbewohnern durchführen. Wollen Sie dafür sorgen, daß alle so rasch wie möglich zu mir kommen? ... Nein, ich will am Telefon nicht deutlicher werden. Falls Mr. Meegan Schwierigkeiten machen sollte, dann sagen Sie ihm nur, seine Frau sei hier. Ich erwarte –« Sie war mit einem Sprung bei ihm, und riß ihm den Hörer aus der Hand. »Nein, Ross, sag ihm nichts! Laß ihn nicht herkommen! Sie –«

Mein eigener Sprung war auch ganz ordentlich. Ich sauste um Wolfes Schreibtisch herum, packte sie an den Schultern und riß sie zurück – mit einer solchen Energie, daß ich im roten Ledersessel landete und sie auf meinem Schoß sitzen hatte. Da sie noch keineswegs fertig war, schlang ich meine Arme um sie und hielt sie fest, worauf sie meine Schienbeine mit ihren Absätzen zu bearbeiten begann. Das tat sie so lange, bis Wolfe sein Gespräch mit Chaffee beendet hatte. Als er den Hörer niederlegte, fiel sie plötzlich zusammen und wurde ein weiches, warmes Bündel in meinen Armen.

Wolfe maß uns mit finsterem Gesicht. »Ein rührender Anblick«, schnaubte er.

Die Situation bot verschiedene Probleme. Das erste betraf das Mittagessen. Für Wolfe war es undenkbar, während des Essens Besuch im Haus zu haben, ohne diesen zum Mithalten aufzufordern; aber er setzte sich bestimmt nicht mit einer Frauensperson an den Tisch, die gerade auf ihn losgegangen war. Hier war die Lösung einfach. Jewel Jones und ich wurden im Eßzimmer bedient, und Wolfe speiste mit Fritz in der Küche. Meine Tischgenossin zeigte wenig Interesse für das Essen, dagegen ließ sie die

Tür zum Flur kaum aus den Augen und lauschte auf jedes Geräusch, obwohl ich ihr versicherte, es würde dafür gesorgt werden, daß ihr Mann sie nicht in unserem Haus um die Ecke brächte.

Das zweite Problem stellte sich mir von drei Bewohnern der Arbor Street, sobald sie erkannten, wer ich war. Diese Sache erledigte ich allein. Als es um Viertel nach zwei klingelte und ich die Tür öffnete, sagte ich ihnen, es werde mir ein Vergnügen sein, meine gespaltene Persönlichkeit zu erklären — aber erst später, sofern sie dann noch Wert darauf legten. Zuerst jedoch müsse ich sie zu Wolfe führen. Victor Talento wollte bösartig werden und behauptete, ich hätte ihn verraten und betrogen, als er mir die Botschaft an Miss Jones anvertraute. Er forderte eine private Unterredung mit Mr. Wolfe, aber ich erklärte ihm schlicht, er solle mir den Buckel runterrutschen.

Das dritte Problem war etwas schwerer zu handhaben. Nach Miss Jones' Theorie wollte ihr Mann sie umbringen, sobald er ihrer ansichtig würde — mochte das stimmen oder nicht. Auf jeden Fall aber bestand die Möglichkeit, daß derjenige, der Kampf ermordet hatte, gewalttätig werden würde, wenn Wolfe ihn in die Enge trieb. Dagegen gab es ein gutes Mittel: Ich zeigte den vier Männern meinen Revolver und sagte ihnen, er sei geladen; dann beharrte ich darauf, sie von den Schultern bis zu den Knöcheln abzutasten, um sicher zu sein, daß keiner eine Waffe bei sich trug. Miss Jones ließ ich im Eßzimmer warten, bis alle im Büro Platz genommen hatten und Wolfe aus der Küche erschienen war. Als er sich hinter seinen Schreibtisch gesetzt hatte, holte ich die junge Frau herein. Meegan fuhr auf und wollte sich auf uns stürzen. Ich stieß ihn mit der vorgereckten Faust zurück und machte es so gründlich, daß ihm das Näherkommen verging. Jewel Jones hatte sich hinter mich geflüchtet. Talento und Aland standen sofort auf; sie fühlten sich wohl als Beschützer der jungen Stute. Meegan schrie etwas, und sie redeten auf ihn ein. Hinter der Gruppe her zog ich das Mädchen neben meinen Schreibtisch und schob ihr einen Stuhl zurecht. Ich setzte mich so, daß ich jedem, der zu ihr wollte, ein Bein stellen konnte. Talento und

Aland hatten Meegan zwischen sich auf einen Stuhl genommen, und jetzt saß er dort und starrte seine Frau an.

»Wenn dieser Lärm endlich vorbei ist, möchte ich mich vergewissern, ob ich die Namen richtig gehört habe«, bemerkte Wolfe. Seine Augen streiften von links nach rechts. »Talento, Meegan, Aland, Chaffee. Stimmt das?«

Ich bestätigte es.

»Dann will ich beginnen.« Er warf einen Blick auf die Wanduhr. »Vor zwanzig Stunden wurde Philip Kampf in dem Haus ermordet, in dem die Herren wohnen. Alle Anzeichen deuten darauf hin, daß einer von Ihnen ihn getötet hat. Aber ich will nicht alle Einzelheiten noch mal wiederholen, die Sie schon des langen und breiten von den Herren der Mordkommission gehört haben. Ich bin nicht beauftragt worden, diesen Fall zu bearbeiten; mein einziger Klient ist ein Hund, der ganz gegen meinen Willen hierherkam. Immerhin, es —«

Die Türklingel ertönte. Ich fragte mich eine Sekunde, ob ich die Kette vorgelegt hatte, aber ich war meiner Sache sicher. Durch die offene Tür sah ich Fritz zum Eingang gehen. Wolfe wollte eben weiterreden, doch das Geräusch von Stimmen draußen störte ihn: die Stimme von Fritz und eine andere. Wolfe schloß die Augen und kniff die Lippen zusammen. Die ganze Gesellschaft saß stumm da und schaute ihn an.

Dann erschien Fritz unter der Tür und kündigte an: »Inspektor Cramer, Sir.«

Wolfes Augen öffneten sich. »Was will er?«

»Ich sagte ihm, Sie seien beschäftigt. Er erklärte, das wüßte er; ein Polizist sei den Herren bis hier gefolgt und habe ihn benachrichtigt. Er habe erwartet, daß Sie einen Trick mit dem Hund versuchten, und er wisse genau, was Sie jetzt vorhätten, aber er wünsche dabeizusein. Sergeant Stebbins ist mit ihm gekommen.«

Wolfe knurrte. »Archie, sagen Sie ihm ... Nein, Sie bleiben lieber hier. Fritz, bringen Sie ihm bei, er dürfe hereinkommen, vorausgesetzt, daß er mir dreißig Minuten Zeit läßt, ohne sich einzumischen. Wenn er damit einverstanden ist, können Sie ihn hereinbringen.«

»Halt!« Ross Chaffee war aufgesprungen. »Sie versprachen mir, die Sache mit uns zu besprechen, ehe Sie der Polizei Mitteilung machen.«

»Ich habe der Polizei keine Mitteilung gemacht. Sie sind von selbst gekommen.«

»Sie haben sie herbestellt!«

»Nein. Ich hätte die Unterredung viel lieber allein mit Ihnen allen geführt, aber nachdem die Herren jetzt da sind, können sie ebensogut zuhören. Sagen Sie ihnen meine Bedingung, Fritz.«

»Jawohl, Sir.«

Fritz verschwand. Chaffee wollte noch mehr äußern, besann sich aber und setzte sich wieder. Talento flüsterte ihm etwas zu, und er schüttelte den Kopf. Jerry Aland, der gekämmt und angezogen bedeutend besser aussah, hielt seine Augen fest auf Wolfe gerichtet. Für Meegan war offensichtlich kein anderer Mensch im Zimmer als seine Frau.

Cramer und Stebbins marschierten herein, blieben nahe bei der Tür stehen und betrachteten die ganze Runde.

»Setzen Sie sich«, lud Wolfe sie ein. »Ihr Stammplatz ist frei, Mr. Cramer, wie Sie sehen.«

»Wo ist der Hund?« bellte Cramer.

»In der Küche. Und Sie sollten am besten Ihre vorgefaßte Meinung aufgeben. Wir verstehen uns doch richtig: Sie haben zugestimmt, eine halbe Stunde nichts anderes zu sein als ein stummer Zuschauer?«

»Ja, das habe ich gesagt.«

»Dann setzen Sie sich bitte. Immerhin will ich Ihnen eine kurze Aufklärung geben. Die Herren sind Ihnen ja bekannt, nicht aber die Dame. Ihr landläufiger Name ist Jewel Jones, der rechtliche lautet Mrs. Meegan.«

»Meegan?« Cramer starrte Wolfe an. »Das Modell aus Chaffees Gemälde? Meegans Frau?«

»Ganz richtig. Wollen Sie jetzt Platz nehmen?«

»Wo haben Sie die Frau aufgegabelt?«

»Das hat Zeit. Bitte jetzt keine Unterbrechungen und keine Fragen mehr. Verdammt noch mal, setzen Sie sich!«

Cramer ging zum roten Ledersessel und ließ sich hineinfallen. Purley Stebbins zog einen der gelben Stühle heran und setzte sich hinter die anderen, zwischen Chaffee und Aland.

Wolfe betrachtete das Quartett. »Ich war eben im Begriff, Ihnen zu erklären, daß etwas, was der Hund tat, mich auf die Spur des Mörders brachte. Doch vorher –«

»Was tat denn der Hund?« fuhr Cramer dazwischen.

»Das wissen Sie so genau wie ich«, bemerkte Wolfe kühl. »Mr. Goodwin hat Ihnen alles geschildert, nicht anders als mir. Wenn Sie mich noch einmal unterbrechen, können Sie die ganze Gesellschaft ins Präsidium mitnehmen und versuchen, die Sache selbst auszukochen. Nur der Hund bleibt hier.«

Er wandte sich wieder den vier Männern zu. »Zuerst also möchte ich noch zwei Dinge klarstellen. Über Ihren Schwindel Mr. Meegan gegenüber brauche ich mich nicht zu äußern. Sie alle waren mehr oder weniger intim mit Miss Jones befreundet und wollten Sie nicht einem Ehemann preisgeben, den sie verlassen hatte und vor dem sie sich fürchtete. Ich will sogar zugeben, daß Ihr Benehmen von einer Art Ritterlichkeit diktiert wurde. Als jedoch Mr. Kampf ermordet wurde und die Polizei auf dem Platz erschien, war es einfach idiotisch, sie aus der Sache heraushalten zu wollen. Mit tödlicher Sicherheit hätte die Polizei sie ausfindig gemacht. Ich geriet nur etwas früher auf ihre Spur, dank Mr. Goodwins bewundernswertem Eifer und seinem üblichen Glück.«

Er schüttelte verächtlich den Kopf. »Genauso dumm war es von Ihnen, ohne weiteres anzunehmen, Mr. Goodwin sei ein Polizeibeamter, bloß weil er dem mißlungenen Experiment mit dem Hund beigewohnt hatte. Sie hätten natürlich seinen Ausweis verlangen müssen, denn keiner von Ihnen kannte ihn wirklich – mit Ausnahme von Mr. Talento, der aber nicht anwesend war. Selbst Mr. Meegan, der ihn doch bei mir gesehen hatte, erkundigte sich nicht näher. Ich erwähne das nur, um einer eventuellen Beschwerde zuvorzukommen. Mr. Goodwin habe sich als Polizeibeamter ausgegeben. Sie wissen genau, daß er das nicht tat; er widersprach einfach Ihrer Annahme nicht.«

Er rutschte in seinem Sessel herum. »Nun etwas anderes. Gestern vormittag kam Mr. Meegan zu mir und wollte, daß ich eine Aufgabe für ihn übernehme. Schon seine ersten Worte machten mir klar, daß es sich um eine eheliche Angelegenheit handelte, und da ich mich mit derartigen Dingen prinzipiell nicht befasse, fertigte ich ihn ziemlich kurz ab. Er stürmte zornig hinaus, riß Hut und Regenmantel vom Haken und verschwand. Dabei hat er Mr. Goodwins Mantel erwischt statt seinen eigenen. Am späten Nachmittag ging Mr. Goodwin mit dem zurückgebliebenen Mantel in die Arbor Street, um ihn auszutauschen. Er traf vor dem Haus Nummer 29 zwei Polizeiautos an, einen Polizisten, eine Ansammlung von Leuten und einen Hund. Er entschloß sich, sein Vorhaben zu verschieben und nach Hause zurückzukehren. Im Vorbeigehen blieb er einen Moment stehen und streichelte den Hund. Erst als er sich etwa anderthalb Kilometer entfernt hatte, entdeckte er, daß ihm der Hund folgte. Er stieg in ein Taxi und brachte ihn hierher.« Wolfe legte seine dicke Hand flach auf den Schreibtisch. »Weiter. Weshalb folgte der Hund Mr. Goodwin durch das ganze Verkehrsgewühl der Stadt? Mr. Cramers Ansicht, der Hund sei von ihm mitgelockt worden, ist blanker Unsinn. Mr. Goodwin dagegen bildete sich – wie viele Männer – ein, er besitze eine unwiderstehliche Anziehungskraft sowohl auf Hunde wie auf Frauen, und da spielt ihm seine Eitelkeit einen Streich, denn sonst wäre er auf die gleiche Lösung gekommen wie ich. Der Hund folgte nicht ihm, sondern dem Mantel. Jetzt fragen Sie sich natürlich, wie Mr. Kampfs Hund dazu kam, dem Mantel von Mr. Meegan nachzulaufen. Nun, das gleiche fragte ich mich auch, und ich fand keine Erklärung dafür. Da es sich aber unzweifelhaft um Mr. Kampfs Hund handelte, konnte eben logischerweise der Regenmantel nicht Mr. Meegan gehören. Die einzig mögliche Schlußfolgerung daraus war, daß der Mantel Mr. Kampfs Eigentum sein mußte.« Sein Blick heftete sich fest auf den Ehemann von Jewel Jones. »Mr. Meegan. Vor etwa zwei Stunden erzählte mir Mr. Goodwin, daß Sie behaupten, Mr. Kampf nie gekannt oder gesehen zu haben. Das war sehr aufschlußreich. Doch ehe ich nach Ihnen sandte, mußte ich mich zuerst vergewissern, ob die Frau, die Mr. Chaffee zu seinem Gemälde Modell gestanden hatte, tatsächlich Ihre Ehefrau war. Jetzt frage ich Sie direkt: Sind Sie jemals mit Mr. Kampf zusammengetroffen, als er noch lebte?«

Meegan gab den Blick fest zurück. »Nein.«

»Wollen Sie diese Aussage nicht noch einmal überlegen?«

»Nein.«

»Dann erklären Sie mir bitte, woher Sie seinen Regenmantel hatten.«

Keine Antwort. Meegans Kiefer verkrampften sich. Endlich murmelte er: »Ich hatte seinen Mantel nicht, oder wenn ja, dann wußte ich nichts davon.«

»Das ist keine Antwort. Ich warne Sie, Mr. Meegan, Sie stekken in einer schweren Klemme. Der Regenmantel, den Sie gestern in dieses Haus brachten und hier zurückließen, hängt draußen im Flur. Es kann leicht festgestellt werden, daß er Mr. Kampf gehörte und von ihm getragen wurde. Wie kamen Sie zu dem Mantel?«

Meegans Kiefer arbeiteten stärker. »Ich habe ihn niemals gehabt, wenn er wirklich Kampf gehörte. Sie versuchen nur einen schmutzigen Trick. Sie können nicht nachweisen, daß dies der Mantel ist, den ich hier zurückließ.«

Wolfes Stimme wurde schärfer. »Ich biete Ihnen eine letzte Gelegenheit. Haben Sie irgendeine Erklärung dafür, wie Kampfs Mantel in Ihren Besitz kam?«

»Nein, und ich brauche auch keine.«

Vielleicht war er nicht einmal hoffnungslos dumm. Wenn er nicht gemerkt hatte, daß er den falschen Mantel mitnahm – und wahrscheinlich hatte er es nicht gemerkt in seinem Gemütszustand –, dann mußte ihn dieser unverhoffte Schlag schwer erschüttert haben, und ihm blieb keine Zeit, darüber nachzudenken.

»Dann sind Sie erledigt.« Wolfe zuckte die Achseln. »Denn Ihr eigener Mantel muß sich ja irgendwo befinden, und ich kann mir denken, wo: nämlich im Labor der Polizei. Mr. Kampf trug einen Mantel, als Sie ihn ermordeten und seine Leiche die

Treppe hinunterschleiften – und das erklärt, warum der Hund heute früh kein Interesse zeigte an der Stelle, wo der Körper seines Herrn gelegen hatte. Er war nicht mit seinem Mantel bekleidet gewesen, sondern mit Ihrem. Auch das kann bewiesen werden. Wenn Sie uns nicht erklären wollen, wie Sie zu Mr. Kampfs Mantel kamen, dann sagen Sie uns, wie er zu dem Ihrigen kam. Oder halten Sie das ebenfalls für einen Trick?«

Wolfe wies mit dem Zeigefinger auf Meegan. »Ich sehe das Aufblitzen in Ihren Augen, und ich erkenne auch, was es bedeutet. Aber Ihr Geist hinkt hintennach. Wenn Sie ihm nach dem Mord Ihren Mantel abnahmen und ihm den anzogen, den Sie für seinen eigenen hielten, dann sitzen Sie erst recht in der Falle, Denn dann ist es Mr. Goodwins Regenmantel, der sich jetzt im Labor befindet. Und das läßt sich am leichtesten feststellen. Wie wollen Sie *dafür* eine Erklärung finden? Die Sache sieht hoffnungslos für Sie aus, und –«

Meegan sprang auf, doch ehe er noch eine Bewegung auf Wolfe zumachen konnte, legten sich schon Stebbins' Hände schwer auf seine Schulter und rissen ihn auf den Stuhl zurück. Gleichzeitig ertönte eine neue Stimme.

»Ich sagte Ihnen ja, er würde mich töten! Ich weiß, daß er es tun wollte! Er brachte auch Phil um!«

Jewel Jones blickte nicht auf ihren Mann, der sich nicht rühren konnte, sondern auf Wolfe. Er fauchte sie an: »Woher wollen *Sie* das wissen?«

Sie schwankte, und ihre Augen hatten einen verstörten Ausdruck. In ein paar Minuten würde sie wohl einen hysterischen Anfall bekommen, und das schien sie zu ahnen, denn ihre Worte übersprudelten sich.

»Phil hat es mir gesagt – hat mir gesagt, er wisse, daß Richard hier nach mir suche. Er wußte auch, wie sehr ich mich vor ihm fürchtete, und er erklärte mir, er würde mich an meinen Mann verraten, wenn ich nicht wieder zu ihm zurückkehre. Ich glaubte nicht, daß er das wirklich tun würde – ich dachte, so gemein könne er doch nicht sein, und ich wollte ihm nichts versprechen. Aber gestern vormittag rief er mich an und erzählte mir, er habe

Richard gesehen und durchblicken lassen, er wisse, wo das Modell zu dem Gemälde wohne, und er werde ihn am Nachmittag wieder treffen und ihm alles über mich erzählen, wenn ich ihm nicht das Versprechen gebe, das er von mir verlangte. Mir blieb nichts übrig, als ja zu sagen. Ich dachte, wenn ich das täte, würde ich wenigstens Zeit zum Überlegen gewinnen. Aber Phil muß trotzdem hingegangen sein und mit Richard gesprochen haben —«

»Wo haben sich die beiden am Vormittag gesehen?«

»In Phils Wohung, wie er mir sagte. Und er lachte noch und meinte — und deshalb weiß ich, daß Richard ihn umgebracht hat —, mein Mann sei mit seinem Regenmantel fortgegangen, aber er werde ihm vorschlagen, er dürfe seinen Mantel behalten, wenn er ihm die Frau überlasse.« Sie schwankte immer stärker. »Und ich wette, das hat er wirklich zu Richard gesagt! Oh, das glich Phil! Ganz bestimmt erzählte er Richard, ich werde zu ihm zurückkehren, und er hielt das für ein gutes Geschäft — ein Regenmantel für eine Frau! Ja, so war Phil! Sie kannten ihn nicht —«

Sie kicherte. Das heißt, es begann mit einem Kichern, dann brach der Damm, und das Geschrei ging los. Wenn in diesem Büro eine Frau ihre Nerven verliert, muß ich mich im allgemeinen darum kümmern. Aber diesmal waren drei andere Burschen da, die das Geschäft für mich übernahmen, allen voran Ross Chaffee. Was Wolfe betrifft — er machte sich schleunigst aus dem Staub. Wenn es etwas auf der Welt gibt, das er nicht ertragen kann, dann ist es der hemmungslose Ausbruch einer Frau. Er stand auf und marschierte hinaus. Meegan war versorgt und aufgehoben, denn Cramer und Stebbins befaßten sich mit ihm.

Als sie mit ihm das Haus verließen, nahmen sie den Hund nicht mit. Und falls jemand die weitverbreitete Meinung vertreten sollte, daß ein Hund garantiert neurotisch wird, wenn man seinen Namen ändert, dann kann ich dazu nur den Kopf schütteln. Burschi hört jetzt auf den Namen Jett, als ob er nie etwas anderes gekannt hätte.

Mein Regenmantel aber blieb im Polizeilabor. Wolfe hatte das Aufblitzen in Meegans Augen richtig gedeutet. Kampf hatte Meegans Mantel angehabt, als er ermordet wurde, und diese Visitenkarte mußte natürlich verschwinden. Daher hatte Meegan, nachdem er Kampf erdrosselte, ihm den Mantel ausgezogen und dessen eigenen übergestreift. Nur war es nicht Kampfs Mantel, sondern meiner. Als Zeuge der Anklage ging ich hin und identifizierte das Kleidungsstück, und das half den Geschworenen zu entscheiden, daß Meegan den elektrischen Stuhl verdiente. Später hätte ich mein Eigentum wohl wieder zurückfordern können, aber ich verspürte keine rechte Lust dazu. Mein neuer Mantel hat eine andere Farbe.

Foulspiel in der Kabine

1

Nach dem sechsten Durchgang stand das Spiel elf zu eins für Boston.

Ich hätte nie geglaubt, der Tag werde kommen, an dem ich beim entscheidenden Meisterschaftsspiel zwischen den New York Giants und den Red Sox aus Boston auf der Tribüne sitzen und nach einem Mädchen ausschauen würde, und sei es noch so hübsch. Ich habe ja durchaus nichts gegen hübsche Mädchen, aber in den Polo Grounds gilt meine Aufmerksamkeit gewöhnlich anderen Dingen. Bis eben dieser schreckliche Tag kam.

Die Situation war komplizierter und bedarf der Erläuterung. Es war schon ein Durcheinander, ehe das Spiel begann. Pierre Mondor, Besitzer des berühmten Restaurants in Paris, besuchte New York und war unser Gast. Er hatte die Schnapsidee, der Himmel mag wissen woher, Wolfe müsse ihm ein Baseballspiel zeigen, und Wolfes Auffassung von den Pflichten eines Gastgebers verbot es ihm, hiergegen sein Veto einzulegen. Karten waren kein Problem, da Emil Chisholm, Ölmillionär und Teilhaber bei den Giants, sich tief in Wolfes Schuld glaubte auf Grund eines Falles, den wir vor ein paar Jahren für ihn erledigt hatten.

Und so kam es, daß ich die beiden an jenem Mittwochnachmittag im Oktober per Taxi in die Polo Grounds brachte, durch die Menge zum Eingang bugsierte, dann durch Gänge und über Treppen zu unserer Loge auf der Tribüne. Es war zwanzig nach eins, zehn Minuten vor Spielbeginn, und überall drängten sich Menschen. Ich wies Mondor seinen Platz an, und Wolfe stand da und blickte grimmig auf die Holzsitze und die Armlehnen aus Metall hinab. Dann hob er den Kopf und richtete seinen Groll gegen mich.

»Sind Sie nicht mehr bei Trost?« wollte er wissen.

»Ich habe Sie gewarnt«, sagte ich kühl. »Die Sitze sind für Menschen gemacht, nicht für Mammuts. Wollen wir heimfahren?«

Er preßte die Lippen aufeinander, bewegte sich, senkte seine Masse und versuchte, sie zwischen zwei Lehnen zu zwängen. Nein. Er packte die Geländerstange vor sich mit beiden Händen, zog sich wieder hoch und deponierte schließlich soviel wie möglich von seiner Sitzfläche auf die Vorderkante des Klappstuhls.

Mondor rief mir quer über Wolfes breiten Rücken zu: »Ich verlasse mich ganz auf Sie, Archie! Sie müssen mir das Spiel erklären! Was bedeuten denn die kleinen weißen Dinger?«

Ich schwärme für Baseball und für die Giants und hatte fünfzig Dollar bei diesem Spiel gewettet, aber ich wäre auf der Stelle aufgestanden und gegangen, wenn eins nicht gewesen wäre: Ich war im Dienst, und Wolfe zahlte mein Gehalt, und es gab zu viele Leute, einige davon bei guter Gesundheit und auf freiem Fuß, die sehr stark der Ansicht waren, Wolfe habe schon viel zu lange gelebt. Er zeigt sich selten in der Öffentlichkeit, und wenn er es mal tut, möchte ich in der Nähe sein. Folglich knirschte ich mit den Zähnen und blieb sitzen.

Die Giants liefen zu ihren Plätzen, die Blaskapelle intonierte »The Star-Spangled Banner«, und Wolfe verteilte sich auf den Kanten zweier Holzsitze und hielt sich krampfhaft am Geländer fest. Das Spiel begann, und das Publikum gab ein erstes Röhren von sich.

Mein persönliches Alpdrücken war schlimm genug. Mondor war unser Gast, und vor achtzehn Stunden hatte ich mich dreimal von den »Quenelles bonne femme« bedient, die er in unserer Küche gedichtet hatte, und ich hätte viermal zugelangt, wenn ich noch Platz gehabt hätte. Aber einem Ausländer bei einem solchen Meisterschaftsspiel Baseball erklären — das geht an die Nerven. Was Wolfe betraf, so störte mich weniger sein jämmerlicher Anblick als vielmehr die sichere Aussicht, daß er sich bis zum nächsten Tag etwas ausdenken werde, wie er mir seine Unbill zur Last legen könne, und das bedeutete mal wieder schlimme Zeiten für den Haussegen.

Aber es kam noch ärger, und nicht nur für mich. Ein Haar war schon in der Suppe gewesen, ehe das Spiel begann – als die Aufstellung bekanntgegeben wurde und Tiny Garth für Second Base genannt wurde, ohne weitere Erklärung. Wieso nicht Nick Ferrone? Ferrone, ein schlaksiger Junge mit großen Ohren, vor fünf Monaten erst aus der Provinz importiert, hatte sich in dieser kurzen Zeit so nach vorn gespielt, daß niemand mehr zweifelte, er werde zum Spieler des Jahres erkoren. Wo blieb er heute? Warum Garth?

Und dann das Spiel. Das war kein persönlicher, das war ein ganz allgemeiner Alptraum. Die Giants spielten wie die ersten Baseballmenschen, jedenfalls einige von ihnen, und es dauerte nicht lange, da tönten heftige Mißfallenskundgebungen von den Rängen. Und dann wurde unsere Aufmerksamkeit abgelenkt. Ein eiliger Mensch kam den Aufgang heraufgestürzt, streifte im Vorbeihasten meinen Ellbogen und hetzte zur vordersten Loge, die von sechs Herren besetzt war, darunter dem Mayor von New York und Emil Chisholm, der uns die Karten besorgt hatte. Der Eilige sagte Chisholm etwas ins Ohr, der daraufhin etwas zum Mayor und einem anderen Nachbarn sagte, sich erhob und im Inneren der Tribüne entschwand, verfolgt von dem Kurier und den Rufen enttäuschter Fans, die ihn erkannt hatten.

Es hat wohl wenig Sinn, mein seelisches Tief näher zu beschreiben. Das Spiel der Giants war nicht zum Ansehen, und deshalb hielt ich Umschau nach etwas Erfreulicherem, und dabei fiel mir das hübsche Kind auf, in einer Loge rechts von uns.

Ich betrachtete sie, so unauffällig das ging. Sie waren zu zweit. Die eine war ein Rotschopf und würde in ein paar Jahren mollig sein, ganz nett, aber nicht umwerfend. Die andere, Objekt meiner Betrachtungen, hatte hellbraunes Haar und dunkelbraune Augen und war ebenso nett wie umwerfend. Ich hatte das Gefühl, sie sei mir nicht völlig fremd, aber ich wußte nicht, wo ich sie schon gesehen hatte. Die Freude ihres Anblicks war freilich nicht ganz ungetrübt, weil sie nämlich überaus fröhlich wirkte. Ihre Augen funkelten. Offenbar gefiel ihr, wie das Spiel lief. Es gibt ja kein Gesetz, das Fans aus Boston verbietet, die Polo Grounds zu betreten. Trotzdem mißfiel mir das. Nichtsdestoweniger setzte ich meine Betrachtung fort. Sie war der einzige Lichtblick an diesem Tag auf diesem Sportfeld.

Etwas trat zwischen sie und mich. Ein Mann blieb neben mir stehen, bückte sich und fragte in mein Ohr: »Sind Sie Archie Goodwin?«

Ich bejahte.

»Ist das Nero Wolfe?«

Ich nickte.

»Mr. Chisholm möchte ihn im Klubhaus sprechen, dringend.«

Ich überlegte zwei Sekunden lang, erkannte die Unterbrechung als Geschenk des Himmels und sagte Wolfe Bescheid. »Mr. Chisholm lädt uns ins Klubhaus ein. Wir entgehen dem Gedränge. Es gibt dort auch Sessel. Er möchte Sie sprechen.«

Er grollte nicht einmal. »Weswegen?« Er murmelte etwas zu Mondor, zog sich hoch und stapfte an mir vorbei zur Tribüne. Mondor fogte ihm. Der Bote wies uns den Weg, und ich bildete die Nachhut.

Als wir die Betonstufen hinaufstiegen, einer nach dem anderen, rief jemand aus dem Publikum: »Nero vor, noch ein Tor!«

So ist das, wenn man berühmt ist.

2

»Das ist unerhört!« quiekte Emil Chisholm. »Das ist ganz unglaublich!«

Im Zimmer gab es keinen Sessel von der Größe, wie Wolfe sie schätzt und benötigt, aber eine breite Ledercouch stand darin, und darauf thronte er, schnaufend und finster dreinblickend. Mondor saß als unbeteiligter Zuschauer an der Wand daneben. Chisholm, ein stämmiger, breitschultriger Herr nicht ganz meiner Größe, mit breiten, vollen Lippen und einer langen, geraden Nase, war zu aufgeregt, um stehen oder sitzen zu können, deshalb tanzte er herum. Ich stand neben einem offenen Fenster. Plötzlich drang ein Aufschrei der Menge herein.

»Machen Sie das verdammte Fenster zu!« bellte Chisholm.

Ich schloß es.

»Ich fahre nach Hause«, konstatierte Wolfe in entschiedenstem Ton. »Aber erst, wenn alle weg sind. Wenn Sie mir nun vielleicht kurz erklären möchten . . .«

»Wir haben verloren!« rief Chisholm.

Wolfe klappte die Augen zu und wieder auf. »Wenn Sie bitte leiser sprechen könnten?« schlug er vor. »Mir reicht der Lärm für heute. Wenn Ihr Problem im Verlust der Meisterschaft besteht, kann ich Ihnen leider auch nicht helfen.«

»Nein. Das kann kein Mensch.« Chisholm blieb vor ihm stehen. »Ich habe die Beherrschung verloren, verdammt, ich muß mich zusammennehmen. Folgendes ist passiert. Schon vor dem Spiel hatte Art Verdacht geschöpft . . .«

»Art?«

»Art Kinney, unser Manager. Naturgemäß beobachtet er die Spieler wie ein Luchs, und er vermutete gleich, daß etwas nicht stimmte. Diese erste . . .«

»Weshalb beobachtet er sie wie ein Luchs?«

»Das ist doch sein Job! Er ist Manager!« Chisholm merkte, daß er schon wieder schrie, hielt inne, klemmte die Kiefer gegeneinander und ballte die Fäuste; dann fuhr er fort. »Außerdem war Nick Ferrone verschwunden. Er war hier bei den anderen im Klubhaus, hatte sich umgezogen, und als alle auf dem Platz und im Unterstand waren, da fehlte er. Art schickte Dr. Soffer ihn holen, aber der fand ihn nicht. Nick war wie vom Erdboden verschluckt. Art mußte Garth einsetzen. Er witterte etwas, und es fiel ihm auch auf, wie ein paar von den Jungs aussahen und sich benahmen; das machte ihn mißtrauisch . . .«

Eine Tür ging auf, jemand kam herein und schrie: »Fitch hat getroffen, aber Neill ließ ihn fliegen, und Asmussen hat . . .«

Ich erkannte ihn, vornehmlich an seiner schiefen Nase, die mal einem Ball im Weg gewesen war, als er noch als Star des Baseball galt. Es war Beaky Durkin, jetzt Späher und Spielervermittler für die Giants, und neuerdings schwamm er oben, weil er in Arkansas Nick Ferrone ausgegraben hatte.

Chisholm warf die Arme hoch und wedelte in Durkins Richtung. »Hinaus! Hinaus, zum Donnerwetter!« Er trat drohend einen Schritt vor. »Schick den Doktor rein. He, Doktor! Kommen Sie!«

Durkin ging rückwärts und kollidierte in der Tür mit Dr. Soffer, dem alten Arzt der Giants, kahlköpfig, mit schwarzgeränderter Brille und langem Körper auf kurzen Beinen. Er sah aus, als seien ihm gerade die zehn reichsten Patienten weggestorben.

»Ich bring's nicht zusammen, Doktor«, erklärte ihm Chisholm. »Ich bin ganz durcheinander. Dies ist Nero Wolfe. Erzählen Sie es ihm.«

»Wer sind Sie?« erkundigte sich Wolfe.

Soffer blieb vor ihm stehen. »Ich bin Dr. Horton Soffer«, sagte er knapp. »Vier unserer Spieler, möglicherweise fünf, sind mit Schlafmitteln betäubt worden. Sie sind jetzt auf dem Platz und versuchen, Baseball zu spielen, können es aber nicht.« Er schwieg und schluckte zweimal. »Sie schienen mir nicht in Ordnung. Ich hab's gemerkt, Kinney ebenfalls. Als das Spiel lief, bestand kein Zweifel mehr. Es handelt sich um vier Spieler — Baker, Prentiss, Neill und Eston —, und ich hatte eine Idee. Ich teilte es Kinney mit, und er schickte mich rein, ich sollte es nachprüfen. Sehen Sie den Kühlschrank dort?«

Er zeigte auf einen hohen weißen Kühlschrank.

Wolfe nickte. »Und?«

»Er enthält Getränke. Ich kenne die Gewohnheiten unserer Jungs bis ins kleinste. Ich weiß, daß diese vier, nachdem sie sich umgezogen haben, hier aus diesem Kühlschrank immer eine Flasche Beebright nehmen, jeder eine, und ...«

»Was ist Beebright?«

»Das ist ein kohlensäurehaltiges Getränk, mit Honig anstelle von Zucker. Jeder der vier trinkt eine Flasche ganz oder teilweise aus, ehe er auf den Platz geht. Und diese vier waren in einem schrecklichen Zustand, ich habe so etwas noch nie erlebt. Dadurch kam ich auf meine Idee. Gewöhnlich räumt der Klubhausboy hier auf, nachdem die Spieler draußen sind, aber heute hat er das nicht gemacht, weil es das entscheidende Spiel um die

Meisterschaft ist, das will er sehen. Alles lag und stand noch herum, auf dem Tisch auch eine Flasche Beebright. Ich hatte Mr. Chisholm rufen lassen, und wir beschlossen, was zu tun sei. Er ließ Beaky Durkin holen, der auf der Haupttribüne saß, weil er Ferrone besser als jeder andere kennt und möglicherweise eine Idee hatte, die uns weiterhalf. Ich brachte das Beebright in eine Apotheke und ließ es untersuchen, was über eine halbe Stunde dauerte. Ich hatte richtig getippt. Es enthielt ein Barbitursäurepräparat, zwei Gramm oder etwas mehr pro Flasche. Jeder kann das Zeug kaufen, kein Problem also für einen, der mit hohem Wetteinsatz bei diesem Spiel . . .«

»So ein Schweinehund«, sagte Chisholm.

Dr. Soffer nickte. »Und ein anderer Schweinehund hat das Zeug in die Flaschen geschüttet. Er wußte, daß die vier Männer es unmittelbar vor dem Spiel trinken würden. Er brauchte nur die Verschlüsse abzuschrauben, die Tabletten hineinfallen zu lassen, dann wieder zuzuschrauben und ein bißchen zu schütteln — nicht viel, das Präparat löst sich leicht. Es muß heute nach zwölf Uhr geschehen sein, denn andernfalls hätte es sonstwer trinken können — und überhaupt, wenn die Tabletten zu früh hinzugefügt worden wäre, dann wäre das Getränk schal geworden, und die vier hätten es bemerkt. Es muß also jemand getan haben . . .«

Chisholm war zum Fenster marschiert. Er fuhr herum und schrie: »Ferrone hat es getan, der Teufel soll ihn holen! Er hat's getan und ist verduftet!«

Beaky Durkin tauchte wieder auf. Er blieb an der Tür stehen und sah Chisholm an, zitternd und bleich, bis auf die schiefe rote Nase.

»Nick nicht«, sagte er heiser. »Dieser Junge nicht. Nick hat das nicht gemacht, Mr. Chisholm!«

»Nein?« Chisholm war verbittert. »Habe ich dich gefragt? Einen sauberen Spieler des Jahres hast du uns da aus Arkansas angeschleift! Wo ist er denn? Hol ihn her und bring ihn mir! Such ihn, los, such ihn! Hau ab!«

Durkin ging wortlos hinaus.

Wolfe brummte. »Bitte, setzen Sie sich«, sagte er zu Chisholm.

»Wenn ich mit Ihnen rede, will ich Sie anschauen, und mein Genick ist nicht elastisch. Danke. Sie wollen mir einen Auftrag erteilen?«

»Ja. Ich möchte ...«

»Bitte. Habe ich richtig verstanden? Vier Ihrer besten Spieler, betäubt, wie von Dr. Soffer geschildert, waren nicht voll einsatzfähig, und als Folge davon geht das Spiel verloren – und die Meisterschaft ebenfalls?«

»Wir verlieren sie.« Chisholms Kopf fuhr zum Fenster herum und wieder zurück. »Natürlich, sie ist verloren.«

»Und Sie nehmen an, ein Glücksspieler oder eine Gruppe von Wettern sei verantwortlich. Wieviel könnten er oder sie dabei gewinnen?«

»Jeden Betrag. Fünfzigtausend Dollar oder das Doppelte, kein Problem.«

»Verstehe. Dann müssen Sie die Polizei rufen. Sofort.«

Chisholm schüttelte den Kopf. »Verdammt, das will ich nicht. Baseball ist ein wundervolles Spiel, ein sauberes Spiel, das beste und sauberste Spiel der Welt. Und das hier ist das dreckigste, was je im Baseball vorgekommen ist; diese Sache muß richtig angepackt werden – und rasch. Sie sind der beste Detektiv, und Sie sind hier. Wenn eine Schar Polizisten hereinschwärmt, weiß nur der liebe Gott, was passiert. Wenn wir sie später in Kenntnis setzen müssen, meinetwegen, aber jetzt sind erst mal Sie dran. Gehen Sie an die Arbeit!«

Wolfe runzelte die Stirn. »Sie glauben, dieser Nick Ferrone sei es gewesen?«

»Ich weiß es nicht!« Chisholm schrie wieder. »Woher soll ich wissen, was ich glauben soll? Er ist ein dummer Junge, und er ist verschwunden. Wo ist er hin – und warum?«

Wolfe nickte. »Also gut.« Er seufzte tief. »Wir können es immerhin versuchen.« Er deutete auf die Tür, zu der Beaky Durkin und Dr. Soffer hinausgegangen waren. »Ist das ein Büro?«

»Es ist Kinneys Büro, er als Manager ...«

»Dann gibt es dort ein Telefon. Sie rufen die Polizei an, melden das Verschwinden von Nick Ferrone und bitten, nach ihm zu fahnden. So eine Aufgabe liegt außerhalb meiner Kompetenz, wenn es eilt. Sagen Sie der Polizei vorerst nicht mehr, wenn Sie nicht wollen. Wo ziehen sich die Spieler um?«

»Dort.« Chisholm wies auf eine andere Tür. »Im Umkleideraum. Dahinter befinden sich die Duschen.«

Wolfes Blick richtete sich auf mich. »Archie. Sie werden sich umschauen. In allen Räumen außer diesem Zimmer, das Sie mir überlassen können.«

Chisholm ging durch die Tür zum Büro des Managers, und da Wolfe »alle Räume« gesagt hatte, folgte ich ihm, denn irgendwo mußte ich ja anfangen. Das Büro war geräumig, mit Schreibtischen, Sesseln und Zubehör möbliert. Beaky Durkin saß in einer Ecke, mit dem Ohr an einem leise gedrehten Radio, und Dr. Soffer wollte ihn eben etwas fragen, da bellte Chisholm: »Stell das verdammte Ding ab!« Er ging zu einem Schreibtisch mit Telefon. Unter anderen Umständen hätte es mir Spaß gemacht, Art Kinneys Büro näher in Augenschein zu nehmen, da er ja der Manager der Giants war, aber nun handelte ich in dienstlichem Auftrag, und da war mir das Publikum im Wege. Ich sah mich nur kurz um und ging wieder. Als ich den Klubraum zur anderen Tür hin durchquerte, stand Wolfe vor dem offenen Kühlschrank, eine Flasche Beebright in der Hand, und verzog das Gesicht. Mondor leistete ihm Gesellschaft. Ich passierte die Tür und befand mich in einem großen Raum. Er war lang und breit, hatte zwei Reihen Spinde, Bänke und Schemel und ein paar Sessel. Die Spindtüren trugen Nummern und Namen. Ich probierte drei, sie waren verschlossen. Ein Durchgang links führte in den Duschraum. Ich peilte in sämtliche Duschkabinen, war enttäuscht, in keiner eine Schachtel mit Schlaftabletten zu finden, und kehrte in den Umkleideraum zurück.

Mitten in der rechten Reihe befand sich der Spind mit dem Schildchen »Ferrone«. Auch er war verschlossen. Mit meiner tragbaren Schlüsselkollektion hätte ich ihn bearbeiten können, aber die nehme ich zum Baseball nicht mit. Mir schien, dieser Spind sei der erste Platz, an dem es zu suchen galt, weshalb ich wieder in Kinneys Büro ging. Chisholm hatte sein Telefongespräch beendet und starrte zu Boden. Beaky Durkin und Dr. Soffer hatten die Ohren ans Radio geklebt, das kaum noch zu hören war.

Ich fragte Chisholm: »Haben Sie einen Schlüssel zu Ferrones Spind?«

»Nein. Ich glaube, Kinney hat einen Hauptschlüssel. Aber ich weiß nicht, wo er ihn aufbewahrt.«

Da Kinney bald kommen mußte und Ferrones Schrank am wichtigsten schien, sagte ich mir, ich könne ja dort auf ihn warten. Weil unser Klient jedoch vor mir saß und mich anstarrte, war es wohl kein Fehler, einiges an Interesse und Tatkraft zu offenbaren, weshalb ich vor seinen Augen ans weitere Werk ging. Ich trat an den Rollschrank und wühlte in Karteien. Ich öffnete eine Tür, hinter der ein Korridor zur Kellertreppe führte, und schloß sie wieder. Ich blickte mich nochmals im Raum um, ging zu einer Tür an der Wand gegenüber und machte auch sie auf.

Da ich nicht im entferntesten damit rechnete, hinter dieser Tür sachdienliche Hinweise zu finden, geschweige denn eine Leiche, muß ich einen Ton der Überraschung ausgestoßen haben, aber niemandem fiel etwas auf. Ich stand drei Sekunden da, dann schlüpfte ich hinein und kauerte so lange nieder, wie es nötig war, um die Hauptfrage zu klären.

Ich stand auf, ging hinaus und rief Dr. Soffer. »Schauen Sie mal her, Doktor. Ich glaube, er ist tot. Wenn ja, seien Sie vorsichtig.«

Er kam, und ich begab mich in den Klubraum zu Wolfe. »Ich habe etwas gefunden, in einem großen Wandschrank. Es ist Nick Ferrone, im Sportdreß, am Boden, neben ihm ein Baseballschläger. Sein Schädel ist zertrümmert. Meiner Ansicht nach ist er tot, aber Dr. Soffer sieht eben nach.«

Wolfes Schultern hoben und senkten sich um einen Zentimeter. »Rufen Sie die Polizei an.«

»Jawohl, Sir. Eine Frage. Jeden Augenblick können die Spieler kommen. Der Polizei wird es nicht gefallen, wenn sie hier überall rumschwärmen. Man wird meinen, wir hätten es verhindern sollen. Soll ich ...«

Chisholm schrie von nebenan. »Wolfe! Kommen Sie! Kommen Sie her!«

Wolfe stand auf und brummte: »Wir sind der Polizei für nichts verantwortlich, aber wir haben einen Klienten – ich glaube es jedenfalls. Ich will mal nachsehen. Inzwischen blieben Sie hier. Wer hereinkommt, bleibt ebenfalls, Sie sorgen dafür.« Er stampfte in Kinneys Büro, aus dem weitere Schreie ertönten.

Eine andere Tür ging auf, und Nat Neill von den Giants kam herein, mit vorgeschobenem Unterkiefer und zornsprühenden Augen. Sein Klubkamerad Lew Baker folgte ihm, dahinter polterten Tritte auf der Treppe.

Das Spiel war vorüber. Die Giants hatten verloren.

3

Noch etwas nehme ich zu Baseballspielen nicht mit: eine Pistole. Aber an diesem Tag gab es einen Moment, da wünschte ich mir, ich hätte sie eingesteckt. Nach jedem gewöhnlichen Spiel, auch nach einem verlorenen, hätten sich die Giants wohl lediglich geärgert, wenn sie im Klubhaus auf einen Fremden gestoßen wäre, der an der Tür zum Umkleideraum stand und ihnen verkündete, aufgrund unvorhergesehener Ereignisse könnten sie nicht hinein. Aber an diesem Tag waren sie fähig, einander gegenseitig zu erschlagen, warum also nicht auch den erstbesten Fremden?

Das erste Dutzend umlagerte mich, traf Anstalten zu Handgreiflichkeiten, da tauchte Art Kinney, der Manager, auf und wollte wissen, was los sei. Ich riet ihm, ins Büro zu gehen und Chisholm zu fragen. Die Giants ließen daraufhin erst mal von mir ab – bis auf Bill Moyse, ein zweibeiniger Kleiderschrank. 1.90 hoch und über zwei Zentner schwer. Er war erst nach Kinney hereingekommen. Er baute sich vor mir auf, ballte die Fäuste und verkündete, seine Frau warte auf ihn und er werde sich jetzt umziehen; entweder verschwände ich, oder er hebe mich beiseite. Von hinten rief einer seiner Mitspieler: »Zeig ihm doch mal ihr Foto, Bill! Da geht er gleich!«

Moyse wirbelte herum und sprang. Hände griffen nach ihm, hielten ihn aber nicht auf. Ob er sein Ziel erreichte, kann ich nicht sagen, denn erstens war es ein heilloses Durcheinander und zweitens sah ich etwas, das gar nicht zu sehen war, nämlich mit dem geistigen Auge. Die Erwähnung von Moyses Frau und dem Foto hatten das bewirkt. Was ich vor mir sah, war das Foto eines Mädchens, das vor ein paar Monaten in der *Gazette* erschienen war, mit einem Text, der sie als Showgirl-Braut von William Moyse, dem Baseballspieler, bezeichnete. Es war die junge Dame, die ich auf der Tribüne betrachtet hatte, als Chisholm uns rufen ließ. Das war interessant und möglicherweise bedeutsam.

Inzwischen erwies Moyse mir einen Gefallen, indem er die Aufmerksamkeit von mir ablenkte. Drei oder vier Mann suchten ihn zu bändigen, aber dann hörte das Gerangel schlagartig auf, weil Art Kinneys durchdringende Stimme von der Tür her erschallte.

»Alle mal herhören!«

Er war weiß wie die Wand. Alle wandten sich ihm zu, es wurde still.

»Das hier ist Nero Wolfe, der Detektiv«, sagte er, völlig außer sich. »Er hat euch etwas zu sagen.«

Gemurmel erhob sich, während Kinney beiseite trat und Wolfe den Platz in der Tür überließ. Wolfe blickte von links nach rechts, dann sagte er: »Ihnen steht eine Erklärung zu, meine Herren, aber die Polizei ist auf dem Weg hierher, und wir haben nicht viel Zeit. Sie haben soeben ein Spiel durch einen Schurkenstreich verloren. Vier von Ihnen sind betäubt worden, mit einem Getränk namens Beebright, deshalb konnten Sie nicht wie gewohnt agieren. Sie werden erfahren ...«

Sie übertönten ihn. Es war eine Explosion von Staunen und Zorn.

»Meine Herren!« donnerte Wolfe. »Würden Sie mir bitte zuhören?« Er sprühte böse Blicke. »Sie werden darüber später mehr erfahren, jetzt ist etwas anderes wichtiger. Die Leiche eines Ihrer Kameraden, Mr. Nick Ferrone, ist hier im Gebäude gefunden worden. Er wurde ermordet. Es ist anzunehmen, daß die beiden Vorkommnisse zusammenhängen — der Mord und die Schlaftabletten in Ihrem Getränk. Jedenfalls werden Sie erfahren, was es für jedermann in Reichweite bedeutet, wenn Ermittlungen in einem Mordfall stattfinden, sei er schuldig oder unschuldig. Im Augenblick bedeutet es, daß Sie diesen Raum nicht verlassen dürfen. Wenn die Polizei eintrifft, wird man Ihnen sagen ...«

Schwere Schritte hallten durch den Flur. Eine Tür flog auf, und ein Uniformierter trat ein, gefolgt von drei Kollegen. Der erste, ein Sergeant, blieb stehen und wollte wissen: »Was ist denn hier los? Und wo ist der Tote?«

Die Giants sahen die Polizisten an und wußten kein Wort zu sagen.

4

Inspektor Hennessy von der Mordkommission war groß und kerzengerade, hatte Silberhaar, ein knochiges Gesicht und flinke graue Augen. Vor etwa zwei Jahren hatte er Nero Wolfe verheißen, wenn er jemals wieder versuche, in seinem Revier in einem Mordfall herumzuschnüffeln, werde man ihn zum Harlem River bringen und ersäufen. Aber als Hennessy um neun Uhr an diesem Abend durch den Klubraum und an der Couch vorüber strebte, auf der Wolfe mit einem Schinkenbrot in einer und einer Bierflasche in der anderen Hand saß, da würdigte er ihn nicht mal eines Blickes. Er hatte zuviel um die Ohren.

Der Polizeichef saß bei Chisholm und den anderen in Kinneys Büro. Der Staatsanwalt und ein Assistent hielten sich im Umkleideraum auf, zusammen mit Beamten der Mordkommission, und sie verhörten diverse Sportler zum dritten- oder viertenmal. Noch immer befanden sich ein Dutzend Polizisten im Klubraum, obwohl die Techniker — die Fotografen und Fingerabdruckexperten — schon gegangen waren.

Als Entdecker der Leiche hatte ich gewisse Bedeutung, andererseits gehörte ich zu Wolfe. Theoretisch befaßte sich Wolfe nicht mit dem Mord; er war von Chisholm vor Auffinden des Toten beauftragt worden, den Betäuber der Baseballkanonen ausfindig zu machen. Aber beim Sammeln von Tatsachen und der Weitergabe an Wolfe hatte ich da nicht unterschieden. Ich sah mit an, wie Ferrones Spind geöffnet und der Inhelt untersucht wurde, wobei nichts Überraschendes zutage kam. Während ich in Kinneys Büro zuschaute, wie der Tote abtransportiert wurde, hörte ich einen Lieutenant per Telefon Anweisung geben, polizeibekannte Spielernaturen zu überprüfen. Etwas später sah ich unterschriebene Vernehmungsprotokolle auf einem Tisch liegen und las sie, ohne daß es jemand merkte. Zu diesem Zeitpunkt waren Polizeichef und Staatsanwalt eingetroffen und hatten acht oder neun Verhörstationen eingerichtet, und Hennessy zerriß sich beinahe, alle Töpfe am Kochen zu halten.

Ich sammelte für Wolfe soviel Material, wie ich konnte. Der Baseballschläger, mit dem Nick Ferrone der Schädel zertrümmert worden war, galt als wertvolle Trophäe. Mit seiner Hilfe hatte ein berühmter Giant vor Jahren ein wichtiges Spiel entschieden, und das Ding hing gewöhnlich in Kinneys Büro an der Wand. Brauchbare Abdrücke waren nicht darauf. Von acht im Kühlschrank verbliebenen Flaschen Beebright waren die zwei ersten präpariert, die hinteren nicht. Kein anderes Getränk war behandelt. Jeder hatte die Vorliebe von Baker, Prentiss, Neill und Eston für Beebright und ihre Gewohnheit gekannt, vor dem Spiel eine Flasche zu trinken. Auch hier keine Abdrücke. Und nirgends Schlaftabletten.

Um acht Uhr abends ließen sie einen größeren Schwung nach Hause gehen. Zwanzig Mann, Spieler und Betreuer, durften sich umziehen, unter Aufsicht, und wurden mit der Auflage entlassen, sich zur Verfügung zu halten. Zu dieser Zeit sah es so aus, als hätten sie mit der Sache nichts zu tun.

Erwiesen war, daß Ferrone kurz nach zwölf Uhr ins Klubhaus gekommen war und sich umgezogen hatte. Gleichzeitig waren zwölf andere Spieler im Umkleideraum gewesen. Er hatte sich wie die anderen Kinneys letzte Instruktionen angehört, und niemand konnte sich erinnern, daß er danach weggegangen sei. Ferrones Fehlen war erst aufgefallen, als sie schon ein paar Minuten im Unterstand auf dem Platz waren. Die Polizei meinte, er könne in Kinneys Büro nicht erschlagen worden sein, während die Mannschaft gleichzeitig nur ein paar Meter entfernt noch im Klubraum weilte. Daher seien alle Personen unverdächtig, die zusammen auf den Platz gegangen und dort verblieben waren. Mit ihnen durfte auch Pierre Mondor heimfahren.

Wie gesagt, Inspektor Hennessy rauschte um neun durch den Klubraum, vom Umkleideraum in Kinneys Büro, und würdigte Wolfe und mich keines Blickes. Er verschwand, aber bald trat er wieder in Erscheinung und sprach uns von der Tür her an.

»Kommen Sie mal rüber, Wolfe, ja?«

»Nein«, erwiderte Wolfe gelassen. »Ich esse.«

»Der Chef will was.«

»Von meinem Brot?« Ohne eine Antwort abzuwarten, wandte Wolfe den Kopf und bellte: »Mr. Skinner! Ich diniere!«

Sehr höflich war es ja nicht, dachte ich, über die Brote und das Flaschenbier so zu spotten, womit Chisholm uns versorgt hatte. Hennessy wollte auch etwas dazu bemerken, aber da erschien Polizeichef Skinner neben ihm, gefolgt von Chisholm.

Skinner war freundlich. »Ich habe soeben erfahren, daß vier Herren, die ich entlassen habe, noch hier sind — Baker, Prentiss, Neill und Eston. Als Inspektor Hennessy sie nach dem Grund fragte, erklärten sie, Mr. Chisholm habe darum gebeten. Mr. Chisholm erklärt, es sei auf Ihr Betreiben geschehen. Sie wollten die vier Herren sprechen, nachdem die anderen weg waren. Stimmt das?«

Wolfe nickte. »Ich dachte, ich hätte mich deutlich genug ausgedrückt.«

»Hm.« Skinner betrachtete ihn. »Wissen Sie, ich kenne Sie recht gut. Sie dächten nicht im Traum daran, die halbe Nacht hierzubleiben, nur um mit den vieren wegen einer Routinesache zu sprechen. Außerdem haben Sie mit diesen Herren und anderen schon gesprochen. Sie verheimlichen also etwas. Diese vier Spieler wurden betäubt, aber sie verließen das Klubhaus mit dem Rest der Mannschaft, und deshalb kann nach unserer Ansicht keiner von ihnen Ferrone ermordet haben. Was meinen Sie dazu?«

Wolfe schluckte Brot. »Gar nichts. Ich befasse mich nicht mit dem Mord. Mr. Chisholm hat mich gebeten, wegen der Betäubung seiner Spieler zu ermitteln. Die beiden Dinge können natürlich in Verbindung stehen, aber der Mord ist Ihre Sache. Ich habe mir sagen lassen, ein gewisser Moyse befinde sich beim Staatsanwalt« – Wolfe deutete mit dem Daumen zum Umkleideraum –, »weil erwiesen ist, daß er Mr. Ferrone zweimal innerhalb eines Monats tätlich angegriffen hat; ihm mißfiel Mr. Ferrones Interesse an seiner Frau. Ferner, daß Moyse das Klubhaus nicht mit den anderen verließ und drei oder vier Minuten später als sie auf den Platz kam, kurz bevor Mr. Ferrones Fehlen bemerkt wurde. Für Ihren Mordfall, Mr. Hennessy, könnte das von Belang sein, aber es bringt mich bei meinem Auftrag nicht weiter, der lautet, den zu finden, der die Getränke präpariert hat. Haben Sie gegen Mr. Moyse schon Anklage erhoben?«

»Nein.« Hennessy war kurz angebunden. »Der Mord interessiert Sie also nicht?«

»Nicht als Job, er gehört nicht zu meinem Auftrag. Aber wenn Sie die Meinung eines Spezialisten hören wollen – bitte.«

»Und was besagt diese Meinung?«

»Sie lassen zwanzig Mann weggehen. Sie halten Mr. Moyse aus genannten Gründen fest. Sie behalten Dr. Soffer hier, nehme ich an, weil er Ferrone suchen ging, als er auf dem Platz vermißt wurde, und er kann ihn ja hier getroffen und erschlagen haben. Sie halten Mr. Durkin fest, nehme ich ferner an, weil auch er hier allein mit Ferrone zusammengetroffen sein könnte. Er sagt, er verließ das Klubhaus kurz vor der Mannschaft, begab sich zu seinem Platz auf der Haupttribüne und blieb dort. Ist das bestätigt oder widerlegt worden?«

»Nein.«

»Halten Sie Mr. Chisholm aus dem gleichen Grund fest?«

Chisholm gab einen Laut von sich. Skinner und Hennessy schauten betreten drein. Skinner sagte: »Wir halten Mr. Chisholm nicht fest.«

»Das sollten Sie konsequenterweise aber tun«, erklärte Wolfe. »Als ich heute nachmittag zu meinem Platz auf der Tribüne kam

— von dem nur die Vorderkante für mich nutzbar war —, und zwar um zwanzig Minuten nach eins, da saßen der Mayor und andere in einer Loge in der Nähe, Mr. Chisholm jedoch nicht. Er kam einige Minuten danach. Er hat mir erzählt, daß er vor dem Eintreffen bei seinen Bekannten in der Loge etwa um ein Uhr andere Besucher zu ihren Plätzen gebracht habe, daß er anschließend ins Klubhaus habe gehen wollen, durch das Gedränge jedoch aufgehalten worden sei. Er habe sich gesagt, die Zeit reiche nicht mehr, sei aldann zur Toilette und danach zu seinem Platz gegangen. Wenn Sie andere in den Täterkreis einbeziehen, müssen Sie ihn ebenfalls dazuzählen.«

Sie gaben Kommentare ab, alle drei, und nicht etwa beifällige. Wolfe setzte die Flasche an die Lippen, hob sie, neigte den Kopf und trank. Es gab Pappbecher, aber die haßt er.

Er stellte die leere Flasche beiseite. »Ich habe lediglich«, sagte er sanft, »meine Meinung als Spezialist geäußert. Was meinen Auftrag hinsichtlich der präparierten Getränke angeht, so bin ich noch nicht einmal zu einem Anfang gekommen. Wie sollte ich auch, in diesem verdammten Durcheinander? Man hat mir gestattet, hier zu sitzen und mit Leuten zu reden, ja, aber mit Ihren Untergebenen hinter mir, die mir ins Genick pusten. Einer von ihnen hat Gummi gekaut. Pfui; einen Mordfall bearbeiten und dabei Gummi kauen!«

»Wir werden ihn entlassen«, sagte Hennessy trocken. »Der Chef hat Sie gefragt, was Sie von den vier Spielern wollen.«

Wolfe schüttelte den Kopf. »Nicht nur von diesen vier. Ich schloß andere bei meiner Bitte an Mr. Chisholm ein — Dr. Soffer, Mr. Kinney, Mr. Durkin und natürlich Mr. Chisholm selber. Ich arrangiere kein Gesellschaftsspiel. Ich verdiene meinen Unterhalt als Berufsdetektiv, und ich benötige ihre Hilfe bei dem Auftrag, den ich übernommen habe. Im übrigen glaube ich zu wissen, warum Sie, obwohl Sie mit Ihrem sensationellsten Fall seit Jahren befaßt sind, die ganze Zeit hier herumstehen und mit mir schwatzen. Sie verdächtigen mich, ich plane eine Spitzfindigkeit. Habe ich recht?«

»Und wie.«

Wolfe nickte. »Ich gebe zu, daß ich etwas vorhabe.«

»Das geben Sie zu?«

»Ja.« Wolfe schien plötzlich verdrossen. »Sitze ich nicht seit fünf Stunden hier in diesem Tollhaus? Wissen Sie nicht alles, was ich weiß, und noch einiges mehr? Stehen Ihnen nicht tausend Mann zur Verfügung – sogar zwanzigtausend –, und mir nur einer? Eine kleine Tatsache fällt mir auf, die Ihnen offenbar entgangen ist, und in meiner ansonsten hoffnungslosen Lage entschließe ich mich, nachzuprüfen, was aus dieser Tatsache folgt. Dazu benötige ich Unterstützung, und ich bitte Mr. Chisholm, sie mir zu beschaffen, und ...«

»Wir helfen Ihnen gern«, unterbrach Skinner. »Um welche Tatsache handelt es sich, und was folgt aus ihr?«

»Nein, mein Herr«, sagte Wolfe entschieden. »Das ist meine einzige winzige Chance, mein Honorar zu verdienen. Ich beabsichtige ...«

»Vielleicht ist uns die Tatsache nicht bekannt.«

»Das ist sie sehr wohl. Ich habe sie während unserer Unterhaltung soeben erwähnt, aber ich werde Sie nicht mit der Nase daraufstoßen. Wenn ich es tue, verderben Sie mir den Brei. Ich suche ja kein Motiv für den Mord wie Sie, ich suche nur etwas, das genügt, jemanden zum Präparieren der Getränke zu bringen. Tausend Dollar? Zwanzigtausend? Es wäre nur ein Bruchteil der Gewinne, die bei einem solchen Meisterschaftsspiel möglich sind. Und was die Gelegenheit zu dieser Tat betrifft – jeder kann sich hier am späten Vormittag eingeschlichen haben, ehe die anderen kamen, mit vorbereiteten Flaschen, die er dann in den Kühlschrank stellte, und schon hatte er ein Vermögen verdient. Die zwanzig Mann, die Sie laufenließen, Mr. Hennessy – wieviel von ihnen scheiden mit Sicherheit aus?«

Der Inspektor musterte ihn unfreundlich. »Ich kann ausschließen, daß einer von ihnen Ferrone erschlagen hat.«

»Aha, aber ich bin nicht hinter dem Mörder her – das ist Ihr Fall.« Wolfe hob eine Hand. »Sie sehen also, warum ich einzig und allein auf diese Winzigkeit angewiesen bin, nennen Sie sie

Tatsache oder Spitzfindigkeit. Sie ist meine einzige Hoffnung, eine lange, mühevolle und möglicherweise vergebliche . . .«

Was ihn unterbrach, war der Auftritt eines Herrn von der Tür zum Umkleideraum her. Staatsanwalt Megalech war kahl wie ein Ei. Er teilte Skinner und Hennessy mit, er wünsche sie zu sprechen, packte sie an den Ellbogen und bugsierte sie in Kinneys Büro. Chisholm, wenn auch unaufgefordert, folgte ihnen.

Wolfe griff nach dem nächsten belegten Brot und biß herzhaft hinein. Ich stand auf, klopfte mir die Krümel ab und fragte: »Wieviel taugt denn die Tatsache, die sie uns vorenthalten?«

»Nicht viel.« Er kaute und schluckte. »Ich muß es halt mit ihr versuchen, wenn sich nichts Besseres ergibt. Offensichtlich haben die Herren überhaupt nichts. Wenn sie etwas wüßten . . . Aber Sie haben ja gehört, was sie gesagt haben.«

»Ja. Sie haben Ihnen erklärt, sie wüßten genausoviel wie Sie, aber das scheint nicht der Fall. Was ich Ihnen da von Mrs. Moyse erzählt habe – ist das etwa die Tatsache, die Sie privat interpretieren wollen?«

»Nein.«

»Vielleicht ist Mrs. Moyse noch da und wartet auf ihren Mann. Vielleicht grabe ich etwas Besseres als Ihre einzige kleine Tatsache aus. Soll ich's mal versuchen?«

Er brummte. Ich übersetzte das als ja und ging. Draußen vor der Tür stand ein uniformierter Posten, mit dem ich schon ein paar Worte gewechselt hatte. Ich wandte mich an ihn. »Ich gehe Mr. Wolfe etwas zu essen holen. Brauche ich einen Passierschein?«

»Sie?« Er benutzte zum Reden nur die rechte Mundhälfte. »Hauen Sie ab.«

»Vielen Dank auch.« Ich ging.

5

Natürlich war längst ruchbar geworden, daß vier Giants halb und Nick Ferrone zur Gänze eingeschläfert worden waren, und so wimmelte es draußen von Journalisten. Ich hatte meine liebe Not, ihnen mit heiler Haut zu entkommen.

Ich wußte, wonach ich zu suchen hatte. Ich hatte es zwei Stunden zuvor von zwei Giants erfahren: ein hellblauer Curtis. Ich marschierte zum Parkplatz, an dessen nördlichem Rand noch drei Wagen standen. Einer davon war eine Curtis-Limousine. Zwei Damen saßen vorn und blickten mir entgegen, und eine von ihnen war das Objekt meiner Betrachtungen. Das Radio spielte. Ich öffnete die Wagentür weit und sagte hallo.

»Wer sind Sie?« forschte sie.

»Mein Name ist Archie Goodwin. Ich zeige Ihnen meinen Ausweis, wenn Sie Mrs. William Moyse sind.«

»Was wollen Sie?«

»Nichts – wenn Sie nicht Mrs. Moyse sind.«

»Und wenn ich es wäre?«

Sie löschte rasch die angenehme Erinnerung, die ich an sie gehegt hatte. Nicht, daß sie binnen weniger Stunden häßlicher geworden wäre, aber ihre Miene war nicht nur unfreundlich, sondern geradezu sauer, und ihre Stimme klang alles andere als lieblich. Ich zückte meinen Ausweis. »Wenn Sie es sind«, sagte ich, »dann weist dies mich aus.«

»Okay, Sie heißen Goodman.« Sie ignorierte den Ausweis. »Und weiter?«

»Nicht Goodman. Archie Goodwin. Ich arbeite für Nero Wolfe, der zur Zeit im Klubhaus sitzt. Von dort komme ich. Könnte man vielleicht das Radio abstellen?«

»Ich möchte lieber Sie abstellen«, sagte sie unwirsch.

Ihre Begleiterin, die rothaarige Dame, die auch auf der Tribüne gesessen hatte, schaltete das Radio aus. »Hör mal, Lila«, sagte sie beschwörend. »du benimmst dich albern. Laß ihn einsteigen. Er muß ja kein Unmensch sein. Vielleicht hat Bill ihn geschickt.«

»Und was hat Walt uns erzählt?« fuhr Lila sie an. »Nero Wolfe arbeitet mit der Polizei zusammen.«

Sie machte wieder Front gegen mich. »Hat mein Mann Sie geschickt? Beweisen Sie's.«

»Ich habe nicht behauptet, Ihr Mann habe mich geschickt. Er hat's auch nicht getan. Er könnte gar nicht, selbst wenn er wollte, denn seit einer Stunde wird er im Umkleideraum von der Polizei durch die Mangel gedreht. Bis jetzt haben sie nur einen Grund, Ihren Mann zu verdächtigen. Die Spieler gingen zusammen aus dem Klubhaus und aufs Feld, alle bis auf einen. Einer kam fünf oder sechs Minuten später als die anderen auf den Platz, und das war Bill Moyse. Das sagen alle, und Bill gibt es zu. Die Polizei meint, er habe etwas gesehen oder gehört, das ihn vermuten ließ, Nick Ferrone habe die Getränke präpariert – Sie wissen davon?«

»Ja. Walt Goidell hat es mir gesagt.«

»Und daß er es Ferrone ins Gesicht sagte, worauf der handgreiflich wurde und Bill noch mehr, zuletzt mit dem Baseballschläger. So sieht es die Polizei, und deshalb setzen sie Bill zu. Aber ich habe einen persönlichen Grund, den ich bisher nur Mr. Wolfe anvertraut habe, weshalb ich glaube, daß die Polizei sich irrt. Mein Privattip ist: Wenn Bill Ferrone erschlagen hat – man beachte das wenn –, dann nicht, weil er Ferrone beim Giftmischen ertappt hätte, sondern andersherum. Ferrone erwischte Bill, als er die Tabletten in die Flaschen warf, und er wollte es ausplaudern, und Bill hat ihn umgebracht.«

Sie starrte mich mit großen Augen an. »Sie besitzen die Frechheit ...« Ihr fehlten die Worte. »Oh, Sie dreckiger ...«

»Langsam. Ich will's Ihnen ja erläutern. Heute nachmittag saß ich auf der Tribüne. Ich hatte vom Spiel die Nase voll, suchte eine Ablenkung und sah ein überaus attraktives weibliches Wesen. Ich hatte das Gefühl, sie schon mal gesehen zu haben, wußte aber nicht, wo. Die Dame war Balsam für meine Augen und Seele, mit nur einem kleinen Fehler. Man sah ihr deutlich an, wie sehr sie sich freute, daß die Giants verloren.«

Sie wollte etwas sagen, aber ich hob die Stimme ein bißchen.

»Warten Sie. Später, nach dem Spiel, sagte Bill Moyse im Klubhaus, seine Frau warte auf ihn, und jemand ließ eine Bemerkung fallen, er solle mir mal ihr Foto zeigen. Da fiel bei mir der Groschen. Ich erinnerte mich an ein Foto in der *Gazette* — von der Dame auf der Tribüne. Ich erfuhr, daß sie gewöhnlich mit Bills hellblauem Curtis zu den Spielen kommt und danach auf ihn wartet. Mir schien bemerkenswert, daß die Frau eines Giants frohlockte, wenn die Giants verloren, und zwar das entscheidende Meisterschaftsspiel. Mr. Wolfe pflichtete mir bei und meinte, ich solle mal nachsehen, ob sie noch da sei. Hier bin ich. Warum hat es Sie so gefreut, daß Ihre Mannschaft verlor?«

»Das stimmt nicht.«

»Es ist absolut lächerlich«, schnaubte die Rothaarige.

Ich schüttelte den Kopf. »Abgelehnt. Ich weiß, wann eine Frau sich freut. Wenn ich Mr. Wolfe berichte, daß Sie leugnen, wird er nicht anders können, als die Polizei in Kenntnis zu setzen. Sie wird folgern, die Niederlage habe Sie gefreut, weil Sie wußten, daß auch Bill sich freute. Dann wird man natürlich noch mal überlegen und eine neue Lösung finden — daß Ferrone Bills Manipulation mit dem Beebright bemerkte und Bill ihn erschlug. Man wird sich Bill erneut vornehmen, und wenn ...«

»Hören Sie auf!« Sie war ganz heiser. »Um Gottes willen!«

»Ich wollte nur sagen, wenn ...«

Die Rothaarige schaltete sich ein. »Wie blöd ein Mensch doch sein kann!« behauptete sie.

»Es ist keine Frage der ...«

»Ach was! Sie sagen, Sie wüßten, wann eine Frau sich freut. Aber was wissen Sie von Baseball-Bräuten? Ich bin eine. Ich bin Helen Goidell, Walts Frau. Ich hätte Lila heute nachmittag am liebsten geohrfeigt, weil sie so strahlte, aber ich bin nicht so blöd wie Sie! Sie ist nicht mit den Giants verheiratet, sondern mit Bill. Lew Baker hat bisher alle sechs Spiele gemacht, obwohl er oft genug schlecht war. Bill dagegen bekam keine Chance; Lila hat sechs Spiele lang zugeschaut und gebetet, Bill möge loslaufen, aber er konnte nicht. Was lag ihr an der Meisterschaft? Sie wollte ihren Bill laufen sehen. Und dann Bakers miese Vorstellung heute nachmittag! Wenn er Schlaftabletten intus hatte, okay, aber Lila wußte das nicht. Sie Dummkopf, Sie!«

Sie kochte. Ich nicht.

»Ich lasse mich ja gern belehren«, erklärte ich friedfertig. »Hat sie recht, Mrs. Moyse?«

»Ja.«

»Dann habe auch ich im Grundsatz recht? Sie freuten sich, daß die Giants verloren?«

»Ich sagte, Helen hat recht.«

»Gut. Dann bleibt dennoch ein Problem. Wenn ich Ihre Fassung glaube und Wolfe berichte, glaubt er sie auch. Aber was, wenn Sie raffinierter sind, als ich Sie einschätze? Ihr Mann steht unter Mordverdacht und wird verhört. Was, wenn er schuldig ist und man aus Ihnen herausquetschen könnte, was zu seiner Überführung fehlt? Natürlich wird man Sie früher oder später vernehmen und es Ihnen entlocken oder auch nicht, aber wie stehe ich da, wenn Sie tatsächlich etwas auszusagen habe? Das ist mein Problem. Wissen Sie ein Rezept?«

Lila wußte keins. Sie sah mich nicht an. Sie hatte den Kopf gesenkt, betrachtete ihr Hände, die sie ineinander verkrampft hatte.

»Sie sind offenbar wirklich kein Unmensch«, sagte Helen Goidell.

»Das täuscht«, erwiderte ich. »Ich kann das an- und abschalten. Wenn ich dächte, sie wisse etwas, das für Mr. Wolfe von Nutzen sei, würde ich vor nichts zurückschrecken, nicht mal vorm Haareausraufen. Aber im Augenblick glaube ich nicht, daß sie etwas weiß. Ich halte sie für rein und unschuldig. Bei ihrem Mann ist das anders. Um ihretwillen hoffe ich, daß er den Kopf aus der Schlinge zieht, aber wetten würde ich darauf nicht. Die Polizei scheint ihn für den richtigen Kandidaten zu halten, und ich kenne die Polizei.« Ich zog mich einen Schritt zurück. »Dann macht's mal gut, ihr beiden.« Ich wandte mich zum Gehen.

»Warten Sie!« Das war Lila. Ich drehte mich um. Sie hatte den Kopf gehoben.

»Man glaubt doch nicht im Ernst, daß Bill Nick Ferrone erschlagen hat?« sagte sie.

»Man glaubt, daß er es vielleicht getan hat.«

»Ich weiß, daß er es nicht getan hat.«

»Freut mich für Sie. Aber Sie waren nicht dabei.«

Sie nickte. Jetzt war sie ganz sachlich. »Wird man ihn verhaften? Tatsächlich unter Mordanklage stellen?«

»Das kann ich nicht sagen. Vielleicht hat sich das entschieden, während wir uns hier unterhielten. Man weiß, daß die ganze Stadt auf eine Verhaftung wartet, und Bill ist Spitzenkandidat.«

»Dann muß ich etwas unternehmen. Wenn ich nur wüßte, was er ihnen sagt. Wissen Sie es?«

»Nur, daß er leugnet, etwas von der Sache zu wissen. Er sagt, er habe das Klubhaus später als die anderen verlassen, weil er im Umkleideraum noch einmal die Schuhe gewechselt habe.«

Sie schüttelte den Kopf. »Das meine ich nicht. Ich meine, ob er gesagt hat . . .« Sie hielt inne. »Nein. Ich weiß, das tut er nicht. Er weiß etwas, und ich weiß das auch, etwas von einem Mann, der den Spielausgang beeinflussen wollte. Aber davon verrät Bill nichts, meinetwegen. Ich muß jemanden besuchen. Kommen Sie mit?«

»Wen besuchen?«

»Das sage ich Ihnen unterwegs. Wir fahren in die Eighth Avenue.

Helen Goidell rief: »Um Himmels willen, Lila, weißt du denn, was du sagst?«

Wenn Lila antwortete, entging es mir, denn ich umrundete schon die Motorhaube. Ich brauchte keine Sekunde, um mich zu entscheiden.

Als ich drüben ankam, stieg Helen aus. »Damit will ich nichts zu tun haben, Lila«, erklärte sie. »Ich nicht! Wäre ich nur mit Walt gefahren, statt hier bei dir zu bleiben!« Lila wollte noch etwas sagen, aber da lief Helen schon davon. Ich stieg ein und schloß die Tür.

»Weiß sie, wohin wir fahren?« fragte ich.

»Nein.«

»Dann kann's ja losgehen.«

Sie ließ den Motor an. »Freundinnen – pah!« sagte sie, offenbar zu sich selber.

6

Unter gewöhnlichen Umständen war sie wahrscheinlich eine gute Fahrerin, aber dieser Abend war für sie ganz und gar ungewöhnlich. Als wir in die 155. Straße einbogen, klickte es auf meiner Seite, weil wir einen parkenden Wagen streiften. Kurz danach flitzten wir zwischen zwei Taxis hindurch, deren Fahrer in wüste Beschimpfungen ausbrachen.

Sie hielt an einer Ampel, wandte den Kopf und sagte: »Es ist mein Onkel Dan. Er heißt Gale. Er kam gestern abend und fragte mich . . .«

Sie gab Gas, und wir schossen davon.

Ich fragte: »Fahren Sie über den West Side Highway?«

»Ja, das geht schneller.«

»Falls wir ankommen, ja. Konzentrieren Sie sich aufs Fahren und erzählen Sie mir die Einzelheiten später.«

Wir gelangten auf die Schnellstraße, ohne daß Lila echten Kontakt mit weiteren Fahrzeugen aufnahm, flitzten dort auf die linke Spur. Der Tacho zeigte um die hundert Meilen, als sie wieder sprach.

»Wenn ich es Ihnen erzähle, kann ich's mir nicht mehr anders überlegen. Ich sollte Bill überreden, das Spiel zu manipulieren. Onkel Dan wollte uns zehntausend Dollar dafür geben. Ich wollte es Bill erst gar nicht sagen, aber Onkel Dan bestand darauf. Ich wußte vorher, wie Bill reagieren würde . . .«

Sie schwieg, um die Spuren zu wechseln, erst auf die mittlere, dann auf die rechte, dann wieder hinüber ganz nach links, wodurch wir ein paar andere Wagen überholten, die unser Tempo auf weniger als achtzig gedrückt hatten.

»Hören Sie«, sagte ich. »Wenn Sie Glück haben, gewinnen Sie mit dieser Fahrerei vielleicht zwei Minuten, aber wenn uns eine Streife anhält und es eine Strafe gibt, verlieren wir mindestens zehn Minuten. Und hören Sie jetzt auf zu reden. Warten Sie, bis wir irgendwo halten können.«

Sie widersprach nicht, aber sie hielt das Tempo. Ich drehte mich halb um und beobachtete durchs Rückfenster, bis wir in der

57. Straße waren. Kurz vor der Tenth Avenue fuhr Lila rechts ran und hielt.

»Nun erzählen Sie mal«, sagte ich. »Onkel Dan ist ein Spieler?«

»Nein.« Sie wandte mir das Gesicht zu. »Sehen Sie, wie ich zittere? Hier, meine Hände zittern. Ich habe Angst vor ihm.«

»Was ist er denn?«

»Er hat einen Drugstore. Dort werden wir ihn auch besuchen. Ich weiß, was Helen denkt – sie meint, ich hätte es sagen müssen, aber ich konnte einfach nicht. Meine Eltern starben, als ich noch klein war, und Onkel Dan war immer gut zu mir. Wenn er nicht gewesen wäre, hätte ich ins Waisenhaus gemußt. Natürlich wollte Bill gestern abend Art Kinney alles erzählen, aber meinetwegen unterließ er es, und deshalb verrät er es auch nicht der Polizei.«

»Vielleicht tut er's doch.«

Sie schüttelte den Kopf. »Ich kenne Bill. Wir versprachen uns, nichts zu sagen, und dabei bleibt er. Onkel Dan nahm uns das Versprechen ab, wir würden schweigen, ehe er sagte, was er wollte.«

»Trotzdem ging er ein Risiko ein«, brummte ich. »Wenn er Ihnen beschrieb, was mit dem Beebright geschehen sollte, ehe Sie sich einverstanden erklärt ...«

»Aber das hat er nicht getan! Er hat nicht gesagt, wie es gemacht werden sollte. Er sagte nur, es sei ganz einfach. Weiter kam er nicht, weil Bill ihm rundheraus erklärte, für ihn komme so etwas nicht in Frage.«

Ich beobachtete sie. »Sind Sie sicher? Er könnte Bill doch noch beschwatzt haben, als Sie nicht dabei waren.«

»Nein. Ich war die ganze Zeit dabei.«

»Das war gestern abend?«

»Ja.«

»Wann genau?«

»Um acht. Wir waren mit Helen und Walt Goidell essen, ziemlich früh, und als wir nach Hause kamen, wartete Onkel Dan auf uns.«

»Wo ist das?«

»Unsere Wohnung ist in der 79. Straße. Er sprach zunächst allein mit mir, und dann bestand er darauf, daß ich Bill fragte.«

»Und Bill hat rundweg abgelehnt?«

»Ja, natürlich.«

»Bill kann ihn später nicht ohne Sie gesprochen haben?«

»Ausgeschlossen!«

»Schon gut, beißen Sie mich nicht. Ich muß das wissen. Und wie geht es nun weiter?«

»Wir fahren zu ihm. Wir sagen ihm, daß wir es der Polizei mitteilen müssen, und wollen versuchen, daß er mitkommt. Deshalb sollten Sie mich begleiten, weil ich mich vor ihm fürchte – ich habe Angst, er redet es mir wieder aus. Aber die Polizei muß erfahren, daß Bill aufgefordert worden ist, das Spiel zu manipulieren – und daß er es zurückgewiesen hat. Wenn das unangenehm für Onkel Dan ist, tut mir das leid, aber ich kann's nicht ändern. Mir geht es um Bill, nur um ihn.«

Ich sah sie an. Ich spürte den üblichen männlichen Impuls, einer Dame in Not beizustehen, aber er war stärker als üblich, weil ich teilweise für ihren Seelenzustand verantwortlich war. Ich hatte ihr den Eindruck vermittelt, die Polizei wolle ihren Bill unter Mordanklage stellen, und das war übertrieben. Ich hatte nicht erwähnt, daß seine fortdauernde Vernehmung auch damit begründet wurde, daß er heftig auf Nick Ferrones Interesse an ihr reagiert hatte, was natürlich nicht das geringste mit irgendeinem Manipulationsversuch im Baseball zu tun hatte. Was sie jetzt brauchte, waren Verständnis, Mitgefühl und Zuspruch, und da ihre Freundin Helen sie verlassen hatte, war ich der einzige Mensch, der ihr verblieben war. Und was war ich nun – ein Mann oder ein Detektiv?

»Okay«, sagte ich, »fahren wir zu Onkel Dan.«

In drei Minuten waren wir an der Eighth Avenue, wo wir uns *downtown* wandten. Die Uhr neben dem Tacho zeigte fünf nach elf, was meine Armbanduhr bestätigte. Zwei Querstraßen weiter fuhr Lila an den Bordstein, zog die Handbremse an, schaltete

Licht und Motor aus, zog den Schlüssel ab und tat ihn in ihre Handtasche.

»Dort ist es.« Sie deutete. »Gale's Pharmacy.«

Es waren nur zehn Schritte. In den Fenstern leuchteten Neonröhren, aber ansonsten wirkte der Laden leicht verwahrlost.

»Wahrscheinlich kriegen wir eine Strafe wegen verbotenen Parkens«, meinte ich.

Sie sagte, das sei ihr egal. Ich stieg aus und hielt ihr die Tür auf. Sie legte eine Hand auf meinen Arm.

»Sie müssen ganz dicht bei mir bleiben«, bat sie.

»Bestimmt«, versicherte ich. »Mit Onkels komme ich immer gut zurecht.«

Als wir den Drugstore betraten, kam ich mir vor wie nicht ganz angezogen. Ich habe die Gewohnheit, eine Pistole einzustecken, wenn ich einen Fall bearbeite, dessen Betroffene zu Extremen neigen, aber wie schon gesagt, gehe ich nie bewaffnet zu Baseballspielen. Auf den ersten Blick freilich reihte ich Daniel Gale auch nicht unter die Extremisten ein. Sein Drugstore war so eng, daß ein dicker Mensch im Durchgang zwischen den Schemeln der Limonadebar und dem Mittelregal den Bauch hätte einziehen müssen, und dadurch wirkte der Laden lang, was er gar nicht war. Fünf oder sechs Kunden saßen auf den Hockern, und der Servierer hatte alle Hände voll zu tun. Am Kosmetikregal auf der anderen Seite wurde eine Dame von einem kleinen Mann mit glattem, bleichem Gesicht und randloser Brille bedient. Er hätte sich mal rasieren müssen.

»Das ist er«, flüsterte Lila mir zu.

Wir blieben stehen. Onkel Dan, der sich auf seine Kundin konzentrierte, hatte uns noch nicht gesehen. Endlich traf sie ihre Wahl, und als er Papier abriß, um ihr die Ware einzupacken, blickte er auf und sah Lila. Und neben ihr mich. Er erstarrte. Vier Sekunden lang rührte er sich nicht, dann kam er wieder zu sich, beendete die Einwickelei und nahm einen Geldschein in Empfang. Während er an der Kasse stand, traten Lila und ich an die Theke. Er gab der Frau ihr Wechselgeld, und dann sagte Lila: »Onkel Dan, ich muß dir mitteilen . . .«

Sie schwieg, denn er war verschwunden. Ohne ein Wort zu sagen, drehte er sich um, enteilte nach hinten, tauchte jenseits einer Trennwand unter, und eine Tür fiel ins Schloß. Mir gefiel das nicht, aber ich wollte auch keinen Aufruhr verursachen, indem ich über die Theke sprang; deshalb ging ich zu ihrem Ende, umrundete es und packte den Knopf der Tür, die sich geschlossen hatte. Sie war von innen zugesperrt.

Der Limonadenzapfer rief: »He, Meister, kommen Sie da raus!«

»Das ist schon in Ordnung«, erklärte ihm Lila. »Ich bin seine Nichte. Er ist mein Onkel Dan – ich meine, Mr. Gale.«

»Ich hab Sie aber noch nie gesehen, Fräulein.«

»Ich Sie auch nicht. Seit wann sind Sie hier?«

»Seit zwei Monaten, das reicht wohl. Lassen Sie *mich* mal Ihren Onkel spielen, okay? Und Sie, Meister, kommen jetzt nach vorn, wo Sie hingehören! Wessen Onkel sind Sie denn?«

Ein paar Kunden quittierten mit Gelächter. Ein Mann eilte von der Straße herein und rief mir zu: »Ge'm Sie mir'n Aspirin!« Die Tür, vor der ich stand, flog auf, und Onkel Dan war wieder da, nahezu auf Tuchfühlung.

»Aspirin!« forderte der Mann.

»Henry!« rief Gale.

»Schon unterwegs!« rief der Limonadenheini zurück.

»Bedienen Sie den Herrn. Und bedienen Sie überhaupt alle Kunden, ich habe zu tun. Komm her, Lila, ja?«

Lila kam hinter die Theke und näherte sich. Es war zu eng, um ihr galanterweise den Vortritt zu lassen, deshalb folgte ich Gale vor ihr ins Hinterzimmer. Es war klein, Kisten und Kartonstapel nahmen den meisten Platz ein. Auf den Regalen an der Wand rechts standen Flaschen.

»Wir wollen uns nicht stören lassen«, sagte Gale und verriegelte die Tür.

»Warum denn nicht?« erkundigte ich mich.

Er sah mich an, und auf fünf Armlängen Entfernung, mit Lila dazwischen, blickte ich erstmals richtig in die Augen hinter den Brillengläsern. Ich hatte noch nie solche Augen gesehen. Ihnen fehlten nicht nur die Pupillen, sondern auch die Iris. Sekundenlang dachte ich, sie seien aus Glas, aber offenbar konnte er sehen. Die Augen machten ihn nicht eben hübscher.

»Weil«, antwortete er mir, »das eine Privatangelegenheit ist. Sehen Sie, ich habe Sie gleich erkannt, Mr. Goodwin. Ihr Gesicht ist nicht so bekannt wie das Ihres Arbeitgebers, aber es war schon verschiedentlich in der Zeitung zu sehen, und außerdem dachte ich wegen der neuesten Nachrichten an Sie. Im Radio wurde gemeldet, Nero Wolfe und sein Assistent seien von Mr. Chisholm engagiert worden. Und da Sie ein impulsiver junger Mann sind und Ihnen vielleicht nicht gefällt, was ich zu sagen habe, stelle ich Bedingungen. Ich bleibe hier an der Tür. Sie gehen bitte zur Kiste, die hinter Ihnen steht, und nehmen darauf Platz, wobei Sie die Hände gut sichtbar lassen und keine unnötigen Bewegungen machen. Meine Nichte wird den Stuhl hier vor mich stellen, sich draufsetzen und Sie ansehen, zwischen Ihnen und mir, so. Dann können wir uns in Ruhe unterhalten.«

Ich dachte, er habe nicht alle Tassen im Schrank. Als Schutz gegen Impulse meinerseits schienen seine Anordnungen sinnlos. Ich ließ mich auf der Kiste nieder und meine Hände auf den Knien liegen, um ihn zu beruhigen. Als Lila sah, daß ich seinem Wunsch nachkam, stellte sie den einzigen Stuhl wie gefordert hin und nahm mit dem Rücken zu Gale Platz. Er wollte anscheinend telefonieren, denn er berührte den Apparat, der auf einem schmalen Tisch vorm Flaschenregal stand; aber nur, um ihn beiseite zu schieben. Dann ergriff er eine große Flasche mit farbloser Flüssigkeit, zog den Glasstöpsel heraus, hielt die Flasche an die Nase und schnupperte daran.

»Ich leide nicht unter Ohnmachtsanfällen«, sagte er entschuldigend. »Aber im Augenblick bin ich etwas aufgeregt. Daß ich meine Nichte zusammen mit Ihnen erblicke, hat mir einen Schock versetzt. Ich ging hierher, um zu überlegen, was es zu bedeuten habe, aber ich bin zu keinem Schluß gekommen. Würden Sie mir vielleicht erklären ...?«

»Sagen Sie's ihm, Lila.«

Sie wollte sich auf dem Stuhl umdrehen, aber er befahl ihr:

»Nein, mein Liebes, bleib so sitzen. Sieh Mr. Goodwin an.« Er schnüffelte wieder an der Flasche, die er in der Hand behielt.

Sie gehorchte. »Es geht um Bill«, sagte sie. »Man wird ihn unter Mordverdacht verhaften, und das will ich verhindern. Es wird auch nicht geschehen, wenn wir der Polizei sagen, daß du ihm Geld für eine Manipulation des Spiels geboten hast und er es abgelehnt hat. Er verrät das mit Rücksicht auf mich nicht, deswegen müssen *wir* es sagen. Ich weiß, ich habe dir versprochen zu schweigen, aber nun muß ich so handeln. Ich habe es Mr. Goodwin schon gesagt, damit er mich begleitet. Der beste Weg ...«

»Du hast es der Polizei noch nicht mitgeteilt, Lila?«

»Nein. Ich dachte, es sei am besten, wir holen dich ab und du fährst mit; aber ich wollte nicht allein kommen, weil ich weiß, wie unangenehm es für dich sein muß. Für Bill wird es jedoch noch viel schlimmer, wenn wir es nicht tun. Siehst du denn nicht ein, Onkel ...«

»Bleib so sitzen, Lila. Ich bestehe darauf.« Er hatte zunächst leise und gleichmäßig gesprochen, aber nun wurde der Ton schrill und angestrengt, als werde ihm der Hals zu eng. »Ich will dir verraten, weshalb du mir den Rücken zukehren sollst: damit ich dein Gesicht nicht sehe. Vergessen Sie nicht, Goodwin – nicht bewegen. In dieser Flasche ist reine Schwefelsäure. Ich roch nur daran, um zu erklären, wieso ich sie in der Hand hielt. Ich nehme an, Sie wissen, was diese Säure bewirkt. Die Flasche ist fast voll, und ich halte sie sehr vorsichtig, denn nur ein Tropfen auf der Haut entstellt einen Menschen sein Leben lang. Deshalb sollst du mir den Rücken zuwenden, Lila. Ich mag dich sehr gern – sitz still! Und ich möchte dein Gesicht nicht sehen, wenn ich diese Säure anwenden muß. Wenn du dich rührst, liebe Lila, dann benutze ich sie. Oder Sie, Goodwin – besonders Sie. Ich hoffe, ihr beide habt mich verstanden?«

Lila saß steif da und starrte mich an. Ich muß wohl auch ziemlich steif dagesessen haben. Er hatte die Hand mit der Flasche erhoben und hielt sie fünfzehn Zentimeter über ihrem Kopf. Sie sah aus, als wolle sie umkippen, und ich beschwor sie: »Bleiben Sie sitzen, Lila, und schreien Sie um Gottes willen nicht!«

»Ja«, sagte Onkel Dan beifällig. »Das vergaß ich zu erwähnen. Schreien wäre so schlimm wie bewegen. Ich mußte euch das mit der Säure erklären, ehe wir diskutieren. Dein phantastischer Vorschlag überrascht mich nicht, Lila, denn ich weiß, wie töricht du manchmal bist – aber ich bin von Ihnen überrascht, Goodwin. Wie können Sie von mir erwarten, daß ich auf einen Vorschlag eingehe, der mich völlig ruiniert? Als ich Sie sah und erkannte, war mir klar, daß Lila Ihnen alles anvertraut hatte. Sie konnten natürlich nicht wissen, mit wem Sie es zu tun bekamen, aber nun wissen Sie es. Hat Lila Ihnen etwa gesagt, ich sei ein Narr?«

»Und was sind Sie wirklich?« entgegnete ich.

Er fuhr fort, es mir zu erläutern, und ich fuhr fort, so zu tun, als höre ich ihm zu. Ich versuchte auch, meine Blicke auf sein blasses Gesicht gerichtet zu halten, was nicht leicht war, weil sie von der verdammten Flasche fasziniert wurden. Inzwischen arbeitete mein Gehirn. Wenn er nicht verrückt war, dann war der einzige praktische Zweck der Flasche, Zeit zu gewinnen – und zwar wofür?

»... und das werde ich auch, liebe Lila«, sagte er eben. »Es bringt dich nicht um, mein Kind, aber es ist schrecklich, und ich tue es nur, wenn man mich dazu zwingt. Du darfst nur nicht denken, ich traue mich nicht. Du kennst mich nicht richtig, für dich war ich immer nur Onkel Dan. Du hast nicht gewußt, daß ich einmal eine Million Dollar besaß und ein wichtiger und gefährlicher Mann war. Aber ich hatte kein Glück. Ich habe gespielt und Millionen gewonnen – und wieder verloren. Dann habe ich mir Geld geliehen, um den Laden hier kaufen zu können, und seit Jahren habe ich hart gearbeitet und gut verdient – genug, um alles zurückzahlen zu können, aber das war mein Verderben. Ich hatte keine Schulden mehr und ein bißchen Geld, und das wollte ich feiern, indem ich hundert Dollar an ein paar alte Freunde verlor – nur hundert Dollar. Ich verlor jedoch nicht, ich gewann einige Tausender. Da spielte ich weiter und verlor den Gewinn und den Laden dazu. Er gehört mir nicht mehr, er gehört meinen Freunden. Es sind sehr alte Freunde, und sie gaben mir die Chance, ihn wiederzubekommen. Ich erzähle dir das alles, liebe

Lila, weil ich möchte, daß du mich verstehst. Ich kam mit diesem Anliegen zu dir und Bill, weil ich mußte, und du hast versprochen und geschworen, es keinem zu sagen. Ich war ein glückloser Mensch, und manchmal ein schwacher Mensch, aber ich werde nie mehr schwach werden — rühr dich nicht!«

Lila, die den Kopf ein wenig gehoben hatte, erstarrte. Gale suchte offensichtlich Zeit zu gewinnen, aber worauf wartete er? Es gab nur eine Lösung: Er erwartete jemanden: Hilfe. Dann hatte er darum gebeten, und auch das war nicht schwer zu erraten: Sobald er uns erblickt hatte, war er hierhergeeilt, um zu telefonieren. Hilfe war unterwegs, und es mußten Helfer sein, die Lila und mich ein für allemal aus dem Weg schafften. Glücksspieler, die zehn Mille hinblättern, um ein Spiel zu manipulieren, haben solche Helfer immer auf Abruf bereit. Außer Lila und mir würden sie wahrscheinlich auch Onkel Dan erledigen, aber das war seine Sache, nicht meine.

Entweder war er verrückt, oder die Sache lag wie geschildert. Sie konnten jeden Augenblick erscheinen, vielleicht kamen sie gerade eben in den Drugstore. Wenn sie klopften, zog er den Riegel zurück. Jeden Augenblick ...

Er sagte: »Ich dachte nicht, daß du reden würdest, Lila, nach allem, was ich für dich getan habe. Du hast es mir versprochen. Aber nun hast du es Goodwin verraten, da läßt sich nichts mehr machen. Wenn ich diese Flasche nur ein wenig neige, gar nicht viel ...«

»Quatsch«, sagte ich mit Nachdruck, aber ohne die Stimme zu heben. Ich blickte unverwandt in die Brillengläser. »Sie wollen Lilas Gesicht nicht sehen, gut, aber wie sie nun sitzt, mit dem Rücken zu Ihnen, ist das doch dummes Zeug. Was, wenn sie sich plötzlich duckt und nach vorn hechtet? Sie können ihr dann vielleicht etwas aufs Kleid oder die Beine schütten, aber der Stuhl wäre Ihnen im Weg. Haben Sie daran gedacht? Und erst, wenn sie plötzlich seitwärts in die Kartons da springen würde? Im selben Moment, da sie sich bewegt, täte ich's auch, und dadurch wäre sie mir nicht im Weg; und ehe Sie mit diesem Zeug bei ihr wären, wäre ich dazwischen. Sie müßte ein Risiko eingehen, aber, na wennschon — besser, als sitzenzubleiben und abzuwarten, was kommt. Noch besser wäre es, wenn sie zur Seite spränge, mit dem Kopf nach unten und ausgestreckten Armen. Sehen Sie jetzt, wie dumm Ihr Arrangement ist? Aber wenn Sie ihr gestatten, sich umzudrehen . . .«

Sie sprang zur Seite, nach links, den Kopf nach unten und die Arme ausgestreckt, auf die Kartons zu.

Ich verlor eine Zehntelsekunde, weil ich nicht gewagt hatte, die Füße absprungbereit zurückzuziehen, aber mehr auch nicht. Ich hechtete mit aller Sprungkraft los, die meine Beine hergaben. Mein Ziel war das linke vordere Stuhlbein, und ich erwischte es, noch bevor Onkel Dan reagierte. Der Stuhl prallte gegen ihn und schleuderte ihn rückwärts an die Tür, und ich flog noch weiter, packte sein Fußgelenk und riß daran. Natürlich hätte die Flasche auf mich fallen können, aber ich mußte ihn von den Beinen holen. Während ich am Knöchel riß, hielt ich das Gesicht abgewandt, und als er stürzte, merkte ich nicht, daß etwas auf mich gefallen war. Und dann war ich über ihm, die Hand an seiner Kehle, drückte ihn auf den Boden, sah mich nach der Flasche um. Sie lag auf einem Karton zwei Meter rechts von mir, und der Inhalt gluckerte heraus. Der Boden fiel zur Wand hin leicht ab, wir waren außer Gefahr.

»Okay, Lila«, sagte ich. »Ich brauche Hilfe.«

Sie rappelte sich auf. »Hat er. . . hat er . . .«, stammelte sie.

»Nein. Wenn Sie hysterisch werden, erzähle ich's Bill. Wir bekommen gleich Gesellschaft und müssen hier verschwinden. Ich brauche Heftpflaster, schnell. Suchen Sie danach.« Sie hatte den ärgsten Schock überwunden, fing Regale und Schubladen abzusuchen an.

»Hier ist welches.«

»Brav, Mädchen. Reißen Sie ein fünfzehn Zentimeter langes Stück ab, so. Nein, das müssen Sie schon besorgen. Wenn ich seinen Hals loslasse, fängt er zu schreien an. Über den Mund, jawohl, so ist's recht. Jetzt noch andersherum. Das müßte genügen, danke, Schwester. Nun suchen Sie bitte etwas steriles Verbandmaterial . . .»

Sie fand auch das und hielt seine Arme fest, während ich ihm die Füße zusammenband. Dann verknotete ich die Handgelenke hinter seinem Rücken und verankerte die Mullbinde am Griff einer verschlossenen Schublade. Ich schob den Türriegel zurück und sagte: »Los, kommen Sie.«

Ich öffnete die Tür und ließ sie vorangehen. Hinter mir schloß ich die Tür. Auf den Hockern saßen inzwischen andere Kunden, und Henry verkaufte gerade einem Mann Zigaretten. Ich blieb kurz stehen und sagte ihm, Mr. Gale werde gleich kommen. Draußen befahl ich Lila, im Wagen auf mich zu warten, ich müsse eben mal telefonieren. Dann sah ich, wie sie am ganzen Körper zitterte, deshalb führte ich sie zum Wagen und half ihr auf den Beifahrersitz.

Zwanzig Schritte weiter war eine Bar, in der ich eine Telefonzelle fand und Sergeant Purley Stebbins anrief. Er wollte wissen, ob ich in den Polo Grounds sei.

Ich verneinte. »Wo ich bin«, sagte ich, »ist streng geheim. Ich gebe Ihnen einen heißen Tip. Schreiben Sie's auf: Gale's Pharmacy, Eighth Avenue 9232. Schicken Sie einen Streifenwagen hin, und zwar schleunigst, und danach Verstärkung. Gale, der Besitzer, war nach unseren Informationen der Mittelsmann der Leute, die das Spiel manipulieren ließen. Er befindet sich im Hinterzimmer seines Ladens, gefesselt und geknebelt. Der Grund ...«

»Soll das ein Witz sein?«

»Nein. Der Grund ...«

»Wo sind Sie?«

»Wenn Sie mich noch mal unterbrechen, hänge ich ein. Der Grund für die Eile ist, daß Gale meiner Meinung nach Hilfskräfte bestellt hat, und zwar zur Abwehr gewisser Leute, die jetzt nicht mehr bei ihm sind; es wäre aber nett, wenn jemand da wäre, sie willkommen zu heißen. Polizeiwagen sollten also nicht gerade vor der Tür halten. Haben Sie die Adresse?«

»Ja, und ich möchte ...«

»Tut mir leid, ich bin verabredet. Das bringt Ihnen vielleicht die Beförderung zum Lieutenant ein. Halten Sie sich ran.«

Ich ging zum Wagen, stieg ein und setzte mich ans Steuer. Ich wartete. Eine halbe Minute verstrich.

»Wohin fahren wir?« fragte sie. Ihre Stimme war so leise und matt, daß ich sie kaum verstand.

»Polo Grounds. Zu Bill.« Vielleicht war er noch dort.

»Und weshalb warten wir?«

»Ich habe die Polizei angerufen. Wenn andere Leute vor der Polizei eintreffen, möchte ich sie mir ansehen. Übrigens, damit ich's nicht vergesse, das war ein wundervoller Hechtsprung, den Sie da vorgeführt haben, und der Zeitpunkt hat haarscharf gepaßt. Ich bin von Ihnen begeistert, nur platonisch natürlich, denn Sie sind ja glücklich verheiratet.«

»Ich will hier weg. Ich will zu Bill.«

»Gleich. Beruhigen Sie sich.«

Es können nicht mehr als vier Minuten gewesen sein, dann kamen zwei Polizisten um die Ecke getrabt und eilten in Gale's Pharmacy. Ich sah Lila an. Sie hatte die Augen geschlossen. Ich fuhr los.

7

Eine halbe Stunde vor Mitternacht parkte ich den Curtis gegenüber vom Haupteingang der Polo Grounds. Die Menge hatte sich bis auf magere Reste verlaufen, von der langen Reihe der Polizeiwagen waren nur drei übriggeblieben. Drei Mann standen am Eingang Wache.

Wir stiegen aus, ich gab Lila die Autoschlüssel, und wir wollten gerade die Fahrbahn überqueren, da stieß sie plötzlich einen Schrei aus und rannte los. Ich blieb stehen. Bill Moyse war aufgetaucht, flankiert von zwei Beamten, gefolgt von einem dritten. Lila flog ihm an den Hals. Die überraschten Polizisten riefen durcheinander, Bill und Lila desgleichen. Zwei weitere Gesetzeshüter nahmen Kurs auf die Gruppe.

Ich hätte Lila ja lieber bei Wolfe abgeliefert oder wenigstens bei Hennessy, aber die Aussicht, sie von diesem zweibeinigen

Kleiderschrank loszureißen, schien mir gering. Außerdem hatte ich keine Lust, den Subalternen zu erklären, wieso ich Mrs. Moyse chauffiert hatte; deshalb schlug ich einen Bogen um den Auflauf und eilte zum Klubhaus. Vor dessen Treppe hörte ich Schritte und Stimmen von oben, darunter auch Hennessys Organ, und ich huschte flugs nach hinten und versteckte mich. Sicher hatte Stebbins seinen Kollegen von meinem Anruf und der Lage in Gale's Pharmacy berichtet, und da war Hennessy gewiß so neugierig auf meine Auskünfte, daß er mich gleich mitgenommen hätte. Ich wartete, bis sie weg waren, dann ging ich hinauf.

Wolfe saß im Klubraum auf der Couch, noch oder wieder, und Chisholm stand vor ihm. Als ich eintrat, wandten sie mir die Köpfe zu.

Ich trat näher, und Wolfe eröffnete mir kühl: »Sie werden von der Polizei gesucht.«

Ich gab mich gelassen. »Ich weiß. Bin ihnen soeben aus dem Weg gegangen.«

»Weshalb sind Sie in diesem Drugstore gewesen?«

»Ich hatte keine Zeit, sonst hätte ich angerufen.« Ich sah Chisholm an. »Vielleicht sollte ich einen vertraulichen Bericht erstatten.«

»Allmählich wird das alles lächerlich«, schimpfte Chisholm. Sein Schlips war verrutscht, die Augen waren blutunterlaufen, und neben dem Mund klebte Senf.

»Nein«, sagte Wolfe – zu mir, nicht zu Chisholm. »Reden Sie. Aber machen Sie's kurz.«

Ich gehorchte. Bei meiner ständigen Übung kann ich die Dialoge eines ganzen Tages praktisch wörtlich wiedergeben, aber weil er es so kurz haben wollte, beschränkte ich mich auf das Wichtigste. Als ich fertig war, musterte Wolfe mich ungnädig.

»Dann wissen Sie also nicht, ob Gale nun in die Sache verwikkelt war oder nicht. Als er bei Mr. und Mrs. Moyse keinen Erfolg hatte, hat er es möglicherweise aufgegeben.«

»Das bezweifle ich.«

»Sie hätten die Zweifel ausräumen können, sie haben auf ihm gesessen. Oder Sie hätten ihn herbringen können.«

Ich hätte dazu drei oder vier schneidende Bemerkungen gemacht, wenn wir unter uns gewesen wären. Aber so blieb ich ruhig. »Vielleicht habe ich mich nicht klar genug ausgedrückt. Es stand zehn zu eins, daß er telefonisch zu Hilfe ersucht hatte, und die konnte jeden Augenblick anrücken. Nicht daß ich Angst hatte, ich war nur zu sehr in Eile, denn ich wollte Sie noch einmal wiedersehen, um zu kündigen. Ich kündige.«

»Blödsinn.« Wolfe stemmte die Arme auf die Couch und erhob sich. »Also gut. Ich muß es versuchen.« Er stampfte los.

Chisholm wandte ein: »Inspektor Hennessy sagte, wir sollten ihn sofort benachrichtigen, wenn Goodwin auftaucht.«

Wolfe fuhr auf ihn los. »Arbeite ich für Sie? Ja. Das tue ich, Gott ist mein Zeuge. Mr. Hennessy benachrichtigen? Ha!« Er drehte sich um und marschierte durch die Tür in Art Kinneys Büro.

»Lächerlich«, murmelte Chisholm und folgte ihm.

Ich schloß mich an.

Sie waren alle da. Die vier berühmten Athleten der Giants wirkten gar nicht mehr athletisch. Art Kinney, der Manager, stand am Fenster. Dr. Soffer saß an Kinneys Schreibtisch, vornübergebeugt, die Ellbogen auf die Knie gestützt und das Gesicht in den Händen vergraben. Beaky Durkin lehnte an einem Tisch, zusammengesackt und mit verquollenen Augen.

Ich schob Wolfe einen Sessel zurecht, damit er sie alle im Auge behalten konnte, ohne den Hals zu sehr verdrehen zu müssen. Als er das Möbelstück von Lehne zu Lehne prall ausfüllte, setzte ich mich auf einen Stuhl am Radio. Chisholm saß rechts von mir.

Wolfes Kopf bewegte sich nach beiden Seiten. »Ich hoffe«, sagte er brummig, »Sie erwarten nicht zuviel.«

»Ich erwarte schon gar nichts mehr«, murmelte Kinney.

Wolfe nickte. »Ich weiß, wie Ihnen zumute ist, Mr. Kinney. Ihnen allen. Sie sind müde und niedergeschlagen. Sie sind persönlich und beruflich gekränkt worden. Man hat Sie alle zu lange verhört. Es tut mir leid, wenn ich das nun verlängern muß, aber ich mußte warten, bis die Polizei weg war. Da ich außerdem keine Beweise habe, mußte ich sie ihre gründliche und routinierte Suche veranstalten lassen. Sie haben nichts gefunden. Im Grunde haben sie nichts weiter als einen Drugstorebesitzer, den Mr. Goodwin für sie aufgetan hat.«

»Und Bill Moyse«, polterte Con Prentiss, einer der vier.

»Ja, aus Verdachts-, nicht aus Beweisgründen. Ich habe ebenfalls nur einen Verdacht, keinen Beweis, aber meiner ist fundierter. Ich verdächtige einen von Ihnen acht Herren, das Beebright präpariert und Ferrone getötet zu haben. Was ich ...«

Sie vollführten solchen Lärm, daß er aufhören mußte. Er zeigte ihnen eine Handfläche.

»Bitte, meine Herren. Ich habe eine Frage. Ich verdächtige einen unter Ihnen, aber ich habe keinen Beweis und keine Möglichkeit, schnell einen zu beschaffen. Deshalb bat ich Mr. Chisholm, Sie möchten bleiben, bis die Polizei gegangen war. Ich wollte Sie fragen: Sind Sie bereit, mir zu helfen? Ich möchte Ihnen den Grund für meinen Verdacht nennen und Sie bitten, mir beim Beschaffen der Beweise zu helfen. Ich glaube, Sie können das, wenn Sie wollen. Nun?«

»Einer von uns?« fragte Joe Eston.

Es war interessant, sie zu beobachten. Natürlich hatten sie alle nur ein Verlangen – jedenfalls alle bis auf einen –, nämlich den anderen in die Gesichter zu blicken, und jeder machte das anders. Chisholm sah einen nach dem anderen voll an. Beaky Durkin warf flüchtige Blicke hierhin und dorthin. Dr. Soffer runzelte die Stirn, schürzte die Lippen und drehte den Kopf langsam von links nach rechts.

»Nun machen Sie endlich!« zeterte Kinney. »Haben Sie etwas oder nicht?«

»Ja, ich habe etwas«, versicherte Wolfe, »aber ich weiß nicht, wieviel es taugt. Ohne Ihre Unterstützung taugt es gar nichts.«

»Wir helfen, so gut wir können. Reden Sie.«

»Gut. Zunächst der Hintergrund. Waren die beiden Vorfälle – die Tabletten in der Limonade und der Mord – miteinander verquickt? Die logische Antwort lautet ja, solange kein Gegenbeweis vorliegt. Wenn sie zusammenhingen, dann wie? Hat Ferrone mit dem Beebright hantiert, hat ihn einer seiner Mitspieler überrascht, und ist er wutenbrannt mit der Keule auf ihn losgegangen? Das ist unwahrscheinlich.« Wolfe blickte Beaky Durkin an. »Mr. Durkin, das meiste von dem, was Sie mir erzählt haben, wurde durch Dritte bestätigt, aber Sie kannten Ferrone besser als jeder andere. Sie haben ihn entdeckt und nach New York gebracht. Sie haben mit ihm zusammen gewohnt und waren sein Berater. Sie haben mir erklärt, daß sein Gehalt aufgrund der Leistungen in dieser Saison im nächsten Jahr verdoppelt werde; daß sein Herz daran hing, das heutige Spiel und die Meisterschaft zu gewinnen; daß Sieg oder Niederlage für ihn persönlich einen Unterschied von über zweitausend Dollar ausmachten; daß seine Meisterschaftsprämie seine Schulden decken und noch etwas übrigbleiben werde; und daß Sie, weil Sie ihn sehr gut kannten, überzeugt seien, er könne die Tabletten nicht in die Limonade getan haben. Ist das alles richtig?«

»Jawohl.« Durkin war heiser und räusperte sich. »Nick war ein braver Junge.« Er sah sich um, als erwarte er eine Widerrede, aber niemand sagte etwas.

»Mithin«, fuhr Wolfe fort, »wäre es idiotisch, anzunehmen, er habe die Limonade gedoktert. Die Alternative, wenn man den Zusammenhang beider Vorfälle voraussetzt, ist das Gegenteil: Jemand hat die Tabletten in die Flasche getan, Ferrone wußte oder vermutete das und wollte den Täter bloßstellen; deswegen wurde er ermordet. So sehe ich die Sache. Nennen wir den Täter X. X. könnte ...«

»Zum Teufel mit X«, platzte Kinney heraus. »Nennen Sie ihn!«

»Gleich. X könnte die vorbereiteten Flaschen irgendwann am späten Vormittag in den Kühlschrank gestellt haben. Wieso Ferrone ihm auf die Schliche kam und ob sein Verdacht begründet oder nur vage war, ist unerheblich — jedenfalls war auch schon der geringste Verdacht für X eine tödliche Gefahr, denn er wußte ja, was sich auf dem Spielfeld tun würde. Als Ferrone ihn zur

Rede stellte, mußte er handeln. Die beiden hielten sich in diesem Raum auf, und zwar zu der Zeit, als die anderen den Klubraum verließen und auf den Platz gingen, oder kurz danach. X befand sich wie viele vor ihm in einer kritischen Situation, die sich aus einer anderen entwickelt hatte. Zuerst hatte er nur Geld gebraucht, und um es zu bekommen, ließ er sich auf eine Schurkerei ein; die wiederum führte dazu, daß er einem Mitmenschen nach dem Leben trachten mußte.«

»Lassen Sie die Volksreden«, schnauzte Chisholm. »Nennen Sie ihn.«

Wolfe nickte. »Das ist keine Kunst. Aber ihn zu nennen ist sinnlos und setzt mich möglicherweise einer Verleumdungsklage aus, wenn ich es nicht so erkläre, daß Sie mir Hilfe leisten können. Wie gesagt, mir fehlen Beweise. Alles, was ich weiß, ist eine Tatsache, die Ihnen allen und der Polizei bekannt ist und die mir auf den Schuldigen zu weisen scheint; wiederum können Sie besser beurteilen als ich, und ich werde es Ihnen jetzt zur Beurteilung darlegen. Wie fange ich das nun am besten an?«

Er richtete seinen Blick auf Baker und Prentiss, die nebeneinander auf einem Tisch saßen, hob langsam eine Hand und kratzte sich an der Nasenspitze. Sein Blick wanderte zu Dr. Soffer. Sein Kopf ruckte nach links, zu Chisholm hin, und dann nach rechts, zu Beaky Durkin.

»Nehmen wir Sie, Mr. Durkin«, sagte er. »Sie haben über Ihren Auftenhalt während der fraglichen Zeit ausgesagt, und Ihrer Aussage wurde weder widersprochen, noch ist sie bestätigt worden. Sie sagen, Sie hätten das Klubhaus kurz vor der Mannschaft verlassen und sich zu Ihrem Platz auf der Haupttribüne begeben.«

»Das stimmt.« Durkin war immer noch heiser. »Und ich habe Nick nicht umgebracht.«

»Das habe ich auch nicht gesagt. Ich erkläre lediglich den Sachverhalt. Sie sagen, sie seien auf Ihrem Platz geblieben, hätten dem Spiel zugeschaut bis zum dritten Durchgang, als Mr. Chisholm nach Ihnen schickte, Sie möchten ins Klubhaus kommen. Auch dazu gibt es weder Widerspruch noch Bestätigung. Gewiß waren Sie auf der Tribüne, als man Sie holte, aber es gibt keinen Beweis, daß Sie sich ständig dort aufhielten, seit das Spiel lief, und schon gewisse Zeit davor.«

»Was heißt Beweis, ich war auf meinem Platz. Wahrscheinlich kann ich den Mann ausfindig machen, der neben mir saß.«

»Sie haben Ihren Platz während der genannten Zeit nicht ein einziges Mal verlassen?«

»Nein.«

Wolfe sah sich um. »Nun, meine Herren. Das ist die Tatsache, die ich mir nicht erklären kann. Können Sie es?«

Sie glotzten ihn an. »Wieso müssen wir das?« fragte Baker.

»Jemand muß es erklären.« Wolfes Stimme wurde schärfer. »Bedenken Sie die Situation. Bedenken Sie das Verhältnis der beiden Männer. Die Entdeckung Ferrones ist Durkins größter Erfolg als Spielervermittler. Er hegt und pflegt ihn und profitiert von ihm. Vor dem Spiel, das den Höhepunkt von Ferrones triumphaler Saison bringen soll, ist Durkin im Klubraum und sieht dort Ferrone im Dreß der Giants, zusammen mit den anderen, jung, gesund, in bester Form. Er verläßt das Klubhaus und geht zu seinem Platz auf der Haupttribüne, und bald danach sieht er die Mannschaft auf den Platz laufen — ohne Ferrone. Durkin bleibt sitzen. Über Lautsprecher wird gemeldet, daß Garth an Ferrones Stelle spielt. Durkin bleibt sitzen. Die Spieler nehmen Aufstellung, das Spiel beginnt, ohne Ferrone. Durkin bleibt sitzen. Die Giants sehen im ersten Durchgang schlecht aus. Durkin bleibt sitzen. Sie spielen auch im zweiten Durchgang miserabel. Durkin bleibt . . .«

»Lieber Gott!« rief Art Kinney und setzte sich in Bewegung.

»Eben.« Wolfe hob eine Hand. »Bitte, meine Herren, behalten Sie Ihre Plätze. Es ist einfach unglaublich. Die Ankündigung, daß Garth spielen werde, konnte von Durkin noch als Irrtum verstanden werden, aber als die Mannschaft ohne Ferrone auf den Platz kam, hätten seine Unruhe und Bestürzung unerträglich werden müssen. Er hätte alles tun müssen, nur eines nicht — sitzen bleiben. Warum blieben Sie sitzen, Mr. Durkin?«

»Ich konnte mir nicht denken . . .« Er räusperte sich, und es klang, als sei er am Ersticken. »Ich konnte ja doch nichts tun. Was hätte ich denn tun sollen?«

»Das weiß ich nicht. Ich sagte, daß ich nicht erklären kann, wie Sie sich verhalten haben, aber ich kann es versuchen. Nehmen wir an, Ferrones Fehlen überraschte Sie gar nicht, weil sie wußten, wo er sich befand und was ihm zugestoßen war. Nehmen wir ferner an, Sie litten unter einer Art Schock, weil Sie ihn erschlagen hatten. Diese Erklärung ihres Verbleibens auf der Tribüne scheint mir plausibel. Gibt es eine andere? Können Sie uns eine geben?«

Durkin trat zwei Schritte vor. »Hören Sie mal«, sagte er, »Sie können sich nicht da hinsetzen und mich derart beschuldigen. Ich brauche mir das nicht anzuhören, und ich werde es mir auch nicht länger anhören.«

Er wollte zur Tür, aber Lew Baker vertrat ihm plötzlich den Weg und sagte: »Zurück, Beaky. Zurück, sage ich!«

Beaky befolgte es wörtlich. Er wich zurück, bis er mit der Tischkante zusammenprallte, an der er sich mit beiden Händen festkrallte.

Wolfe war grimmig. »Ich habe nur angenommen, Mr. Durkin, nicht angeklagt. Aber jetzt bin ich bereit, Anklage zu erheben, und ich tue es auch. Meine Herren, ich bitte Sie, sehen Sie sich ihn an. Betrachten Sie sein Gesicht, seine Augen. Schauen Sie seine Hände an, wie sie sich verzweifelt an die Tischkante klammern. Ja, ich klage ihn an. Ich behaupte, dieser Mann hat die Limonade präpariert, Ihre Niederlage verursacht, und als ihm Entdeckung drohte, Ihren Mannschaftskameraden ermordet.«

Sie riefen durcheinander, alle auf den Beinen.

»Warten Sie!« sagte Wolfe scharf, und sie drehten sich zu ihm um. »Ich muß Sie warnen. Sie handeln auf eigene Gefahr, wenn Sie handgreiflich werden, denn ich habe keine Beweise. Sie können ihn zu einem Geständnis zwingen, aber ein Geständnis ist kein Beweis, und den brauchen wir. Ich schlage vor, Sie suchen danach. Er hat es für Geld getan, und sicherlich bekam er einen Vorschuß, er ist ja kein Narr. Wo ist das Geld? Gewiß nicht in seinen Taschen, da man Sie alle durchsucht hat, aber irgendwo muß es sein, und es eignet sich prächtig als Beweis. Wo ist es?«

Lew Baker war vor den anderen bei ihm. Mit dünner, brüchiger Stimme sagte er: »Ich möchte dich nicht anfassen, Beaky, du dreckige Ratte. Wo ist es? Wo ist der Kies?«

»Lew, ich schwöre bei Gott . . .«

»Halt's Maul. Du und bei Gott schwören? Du hast uns fertiggemacht, nicht wahr? Und Nick, den hast du ganz fertiggemacht. Ich möchte mich nicht an dir dreckig machen, aber wenn ich's tun muß, dann gnade dir Gott!«

Die anderen waren jetzt auch dabei, Kinney und Dr. Soffer darunter, bedrängten Durkin, der auf den Tisch gerutscht war, immer noch beide Hände an der Kante. Ich trat ans andere Ende des Tisches und wartete. Sie waren kräftig und entschlossen und hatten einen harten Tag hinter sich. Vom Mord an Nick Ferrone einmal abgesehen, den sie gemocht hatten oder auch nicht – das hier war der Strolch, der sie auf dem Platz wie dumme Affen hatte aussehen lassen, im wichtigsten Spiel ihres Lebens, vor fünfzig Millionen Zuschauern. Wenn sie richtig loslegten, gab es hier im Zimmer womöglich die nächste Leiche.

»Macht Platz, Leute«, sagte Nat Neill. »Ich verpasse ihm eine.«

Durkin zuckte nicht zurück. Sein Kinn zitterte, und die Angst stand ihm in den Augen, aber er wich nicht.

»Das wäre falsch«, sagte Con Prentiss. »Er will, daß wir ihn schlagen. Am liebsten will er bewußtlos geschlagen werden. Er ist kein Feigling, er ist eine Schlange. Habt ihr seine Augen gesehen, als du gesagt hast, du wirst ihm eine verpassen? Genau das will er haben.«

Art Kinney drängte sich dazwischen und blickte Durkin aus zwei Handbreit Entfernung in die Augen. »Hör zu, Beaky. Du bist seit dreißig Jahren im Baseballgeschäft. Du kennst alle Leute, und alle kennen dich. Was, glaubst du wohl, wird passieren? Wo könntest du noch mal landen? Wir haben dich hier, und hier bleibst du. Ich lasse die ganze Mannschaft holen. Was hältst du davon?«

»Ich will einen Anwalt«, platzte Durkin plötzlich heraus.

»Lieber Himmel!« grollte Neill. »Einen Anwalt will er haben! Geht mir aus dem Weg, ich schlag ihn zusammen!«

»Nein, Beaky, keine Anwälte«, sagte Kinney. »Ich lasse die Jungs holen, und wir schließen alle Türen ab. Wo ist das Geld? Wir wissen, daß du's hast. Wo ist es?«

Durkin senkte den Kopf. Kinney setzte ihm die Faust unters Kinn und hob ihn wieder hoch. »Sieh mich an. Wir haben dich, aber selbst wenn es nicht so wäre, wohin könntest du gehen? Wo willst du schlafen und essen? Es ist aus mit dir, Beaky. Wo ist das Geld?«

Kinneys Faust blieb unter Durkins Kinn. »Ich glaube«, sagte er, »die ganze Mannschaft sollte dich sehen. Heute nacht schläft ja doch keiner. Con, geh telefonieren, ruf sie her. Du auch, Lew — im Klubraum steht noch ein Apparat. Ruft sie her, alle. Sie werden schon kommen. Sag ihnen, sie sollen es für sich behalten, wir wollen keine Polizei hier, bis wir ...«

»Nein!« schrie Durkin.

»Was — nein, Beaky?« Kinney nahm die Faust weg.

»Ich wollte Nick nicht umbringen.« Er sabberte förmlich. »Das schwöre ich, Art. Er hatte Verdacht ... Er fragte mich ... Er hatte gemerkt, daß ich eine hohe Wette gegen uns eingegangen war, und das hat er mir vorgehalten; ich brachte ihn hier herein, um es ihm zu erklären, aber er glaubte mir nicht und wollte es dir sagen; er wurde wütend und ging auf mich los, da habe ich nach dem Schläger gegriffen, nur um ihn aufzuhalten, und als ich sah, daß er tot war ... Mein Gott, Art, ich habe Nick nicht umbringen wollen!«

»Du hast mehr als einen Tausender für diese Schlafpillen bekommen. Wieviel hast du gekriegt?«

»Ich sage alles, Art. Du kannst es nachprüfen, ich sage euch alles. Ich habe fünf Mille bekommen, und fünf soll ich noch kriegen. Ich mußte das Geld an Land ziehen, Art, die Buchmacher hatten mich in ihren Klauen, ich war pleite. Wenn ich nicht zahlte, hätten sie mich fertiggemacht. Ich hatte das Geld bei mir, aber als die Polizei kam, wußte ich, sie würden uns filzen, da hab ich's versteckt. Du siehst, ich sage euch alles, Art. Ich habe es dort im Radio versteckt.«

»In welchem Radio?«

»Dort in der Ecke. Ich habe es durch einen Schlitz gesteckt.«

Alles lief hin. Prentiss stolperte über einen Stuhl und stürzte. Nat Neill gewann das Rennen. Er riß das Radio herum und zerrte an der Rückseite, aber die war festgeschraubt.

»Hier«, sagte ich, »ich habe einen ...«

Er holte aus und schlug mit der bloßen Faust zu. Er griff ins Loch, das sie hinterließ, und riß die halbe Rückwand ab. Er blickte hinein und wollte zugreifen, aber ich stieß ihn mit der Schulter beiseite. Drei Mann rückten mir auf den Pelz. »Wir rühren nichts an, klar?« bedeutete ich ihnen und bückte mich, um ins Gehäuse zu lugen. Das Geld steckte zwischen den Röhren.

»Nun?« rief Wolfe, als ich mich aufrichtete.

»Ein hübsches, dickes Bündel«, sagte ich ihm und aller Welt. »Der oberste Schein ist ein Hunderter. Möchten Sie ...«

Beaky Durkin, auf seinem Tisch allein gelassen, sprang unvermittelt auf. Er war auf den Beinen und unterwegs zur Tür. Joe Eston setzte ihm nach, erreichte ihn mit zwei Sprüngen und landete eine Rechte. Durkin ging zu Boden, wo er mit dem Kopf hart aufschlug, und blieb reglos liegen.

»Das genügt«, sagte Wolfe wie einer, der sich das Recht zum Kommandieren erworben hat. »Besten Dank, meine Herren. Ich brauchte Ihre Hilfe. Archie, rufen Sie Mr. Hennessy an.«

Ich ging an Kinneys Schreibtisch und griff zum Telefon. Als meine Finger den Hörer berührten, klingelte es. Ich hob ab, und da ich übermütiger Laune war, sagte ich: »Nero Wolfes Büro, Archie Goodwin am Apparat.«

»Sind Sie das, Goodwin?«

Ich bejahte.

»Hier ist Inspektor Hennessy. Ist Durkin da?«

Ich bejahte.

»Gut. Lassen Sie ihn nicht weg, verstanden? Gale hat ausgepackt. Durkin war's. Gale hat ihn bestochen. Sie haben ein Lob verdient, weil Sie Gale ausfindig gemacht haben, aber ich wäre

Ihnen dankbar, wenn Sie's einstweilen für sich behielten und es uns offiziell verlautbaren ließen. Wir holen uns Durkin in fünf Minuten. Passen Sie gut auf ihn auf.«

»Wir haben es ihm schon besorgt. Er liegt auf dem Boden und muckst sich nicht mehr. Mr. Wolfe hat ihn überführt. Außerdem haben wir ein Bündel Geld gefunden, das er im Radio versteckt hatte.«

Hennessy lachte. »Sie sind ein unverbesserlicher Lügner, Goodwin. Aber heute nacht dürfen Sie sich einiges herausnehmen, das gebe ich zu. Ich will Ihnen den Spaß nicht verderben. Wir sind in fünf Minuten da.«

Ich legte auf und wandte mich an Wolfe. »Das war Hennessy. Gale hat ausgepackt. Er verpfiff Durkin, und den wollen sie holen. Hennessy glaubt nicht, daß wir ihn schon überführt haben, aber dafür haben wir ja Zeugen. Die Frage ist nur: wer von uns nahm die entscheidende Hürde zuerst — Sie mit Ihrer winzigen Tatsache, oder ich mit meinem Drogisten? Sie können nicht leugnen, daß Hennessys Anruf kam, ehe ich zu wählen begonnen hatte. Wie können wir uns einigen?«

Wir können nicht. Das ist jetzt Monate her, und wir sind uns immer noch nicht einig.

Der geflügelte Revolver

1

Die junge Frau entnahm ihrer Handtasche ein Stück rosa Papier, erhob sich aus dem roten Ledersessel, legte das Papier auf Nero Wolfes Schreibtisch und setzte sich wieder. Da ich es als meine Pflicht ansah, mich auf dem laufenden zu halten, und auch um Wolfe die Mühe zu ersparen, sich vorzubeugen und seine Hand auszustrecken, stand ich auf und reichte ihm das Papier, nachdem ich einen Blick darauf geworfen hatte. Es war ein Scheck über fünftausend Dollar, vom selben Tag – dem 14. August – datiert, auf Wolfe ausgestellt und mit »Margaret Mion« unterschrieben.

»Ich dachte«, begann sie, » daß dies vielleicht der beste Weg sei, die Unterhaltung in Gang zu bringen.«

Ich setzte mich hinter meinem Schreibtisch in Positur und vertiefte mich in ihren Anblick. Als sie sich früh an jenem Sonntagnachmittag telefonisch anmeldete, hatte ich die vage Erinnerung an ein Zeitungsbild von ihr aus meinem Gedächtnis gekramt und mir gesagt, daß es kein Honigschlecken sein würde, ihre Bekanntschaft zu machen. Aber jetzt war ich nicht mehr so sicher. Ihre Anziehungskraft beruhte nicht auf dem, was sie hatte, sondern darauf, was sie daraus machte. Damit meine ich keine Tricks. Ihr Mund war, selbst wenn sie lächelte, nicht reizvoll, aber das Lächeln war es. Ihre Augen waren nur ein Paar braune Augen, ganz und gar nichts Aufregendes, aber es war ein Vergnügen, zu beobachten, wie sie von Wolfe zu mir und dann zu dem Mann wanderten, der sie begleitet hatte und links neben ihr saß. Ich vermutete, daß sie noch runde drei Jahre bis zu ihrem dreißigsten Geburtstag vor sich hatte.

»Glaubst du nicht«, fragte der Mann sie, »daß man uns zuerst einmal ein paar Fragen beantworten sollte?«

Seine Stimme klang gepreßt und ein wenig rauh und paßte genau zu seinem Gesicht. Er war besorgt und scherte sich nicht darum, ob man ihm das ansah. Mit seinen tiefliegenden, grauen Augen und seinem wohlgeformten Kinn mochte er in glücklicheren Tagen als ein führender Kopf gegolten haben, aber nicht, wie er jetzt so dasaß. Irgend etwas nagte an ihm. Als Mrs. Mion ihn als Mr. Frederick Weppler vorgestellt hatte, wußte ich, daß er Musikkritiker der *Gazette* war, aber ich konnte mich nicht mehr erinnern, ob er in dem Zeitungsartikel über das Ereignis, das die Veröffentlichung von Mrs. Mions Bild verursacht hatte, erwähnt worden war.

Sie schüttelte ohne jeden Eigensinn den Kopf. »Das würde nichts helfen, Fred, bestimmt nicht. Wir können ihm nur alles erzählen und sehen, was er dazu sagt.« Sie lächelte Wolfe zu – oder vielleicht war es kein wirkliches Lächeln, sondern nur ihre Art, die Lippen zu bewegen. »Mr. Weppler war nicht ganz sicher, ob wir Sie aufsuchen sollten, und ich mußte ihn dazu überreden. Männer sind vorsichtiger als Frauen, nicht wahr?«

»Ja«, pflichtete Wolfe ihr bei und fügte hinzu: »Gott sei Dank.«

»Vermutlich.« Sie nickte und machte eine Handbewegung. »Ich brachte den Scheck mit, um Ihnen zu zeigen, daß es uns ernst ist. Wir stecken in einer Klemme und möchten, daß Sie uns helfen. Wir wollen heiraten und können es nicht. Das heißt – um nur von mir selbst zu reden –, ich möchte ihn heiraten.« Sie sah Weppler an, und dieses Mal war es unzweifelhaft ein Lächeln. »Möchtest du mich heiraten, Fred?«

»Ja«, murmelte er. Dann reckte er plötzlich sein Kinn vor und starrte Wolfe herausfordernd an. »Sie verstehen, wie peinlich dies alles ist, nicht wahr? Es geht Sie nichts an, aber wir brauchen Ihre Hilfe. Ich bin vierunddreißig Jahre alt, und es ist das erste Mal, daß ich mich ...« Er hielt inne. Nach einem Augenblick meinte er steif: »Ich liebe Mrs. Mion, und es ist der größte Wunsch meines Lebens, sie zu heiraten.« Seine Augen wanderten zu seiner Liebsten, und er murmelte flehend: »Peggy!«

Wolfe grunzte. »Ich sehe also als bewiesen an, daß Sie beide heiraten wollen. Warum tun Sie es nicht?«

»Weil wir nicht können«, entgegnete Peggy. »Wir können einfach nicht. Es ist wegen – vielleicht erinnern Sie sich, von dem Tod meines Mannes im April, also vor vier Monaten, gelesen zu haben? Alberto Mion, der Opernsänger?«

»Nur vage. Sie frischen besser mein Gedächtnis auf.«

»Nun, er starb – er beging Selbstmord.« Jede Andeutung eines Lächelns war jetzt verschwunden. »Fred – Mr. Weppler und ich fanden ihn. Es war sieben Uhr, ein Dienstagabend im April, in unserer Appartementwohnung in der East End Avenue. Gerade an jenem Nachmittag hatten Fred und ich entdeckt, daß wir uns liebten und –«

»Peggy!« unterbrach Weppler sie scharf.

Ihre Augen glitten zu ihm und zurück zu Wolfe. »Ich sollte Sie etwas fragen, Mr. Wolfe. Er meint, es genüge, Ihnen nur so viel zu erzählen, daß Sie das Problem verstehen, aber ich finde, Sie können es nur verstehen, wenn wir Ihnen alles berichten. Was meinen Sie?«

»Ich kann nichts dazu sagen, ehe ich nicht alles gehört habe. Schießen Sie los. Wir werden sehen, ob ich Fragen habe.« Sie nickte. »Ich kann mir vorstellen, daß Sie Fragen genug haben werden. Sind Sie je verliebt gewesen, wären jedoch lieber gestorben, als es jemanden merken zu lassen?«

»Nie«, erwiderte Wolfe mit Nachdruck. Ich verzog keine Miene.

»Nun, mir ging es so, das gestehe ich. Aber keiner wußte davon, nicht einmal er. Oder wußtest du es, Fred?«

»Nein«, bestätigte Weppler, ebenfalls mit Nachdruck.

»Bis zu jenem Nachmittag«, fuhr Peggy, an Wolfe gewandt, fort. »Er war zum Lunch in unserer Wohnung, und es geschah gleich nach dem Essen. Die andern waren gegangen, und ganz plötzlich sahen wir einander an, und dann sprach er, oder ich, ich weiß nicht mehr, wer.« Sie sah Weppler beschwörend an. »Ich weiß, daß es dir peinlich ist, Fred, aber wenn er nicht versteht, wie es war, wird er nicht begreifen, warum du nach oben gingst, um mit Alberto zu reden.«

»Ist das denn nötig?« fragte Weppler.

»Aber natürlich.« Sie wandte sich wieder an Wolfe. »Ich fürchte, ich kann Ihnen nicht klarmachen, was mit uns geschah. Wir waren vollkommen – nun, wir waren ganz einfach verliebt, und das vermutlich schon eine ganze Weile, und das machte alles noch. . . noch überwältigender. Fred wollte auf der Stelle mit meinem Mann darüber sprechen, um zu entscheiden, was wir tun konnten, und ich stimmte ihm zu. Daraufhin ging er nach oben . . .«

»Nach oben?«

»Ja, es ist eine zweigeschossige Wohnung, und oben lag das schalldichte Studio meines Mannes, in dem er übte. Er ging also . . .«

»Bitte, Peggy«, unterbrach Weppler sie. Er wandte sich an Wolfe. »Sie sollen es aus erster Hand erfahren. Ich ging nach oben, um Mion zu erklären, wie es um uns stand, und um ihn zu bitten, sich damit in zivilisierter Form abzufinden. Eine Scheidung wird heute mehr oder weniger als zivilisierte Form anerkannt, aber er sah die Sache nicht so. Er war alles andere als zivilisiert. Nicht gewalttätig, aber verdammt gemein. Nachdem ich ihm eine Weile zugehört hatte, fürchtete ich, daß ich ihm gegenüber wie Gifford James handeln könnte, und ließ ihn allein. Ich wollte nicht zu Mrs. Mion zurückgehen, solange ich mich in jenem Gemütszustand befand, deshalb verließ ich das Studio durch die Tür zum oberen Treppenflur und nahm dort den Fahrstuhl.«

Er hielt inne.

»Und?« half Wolfe nach.

»Ich reagierte mich mit einem Spaziergang ab. Ich wanderte in den Park hinüber, und nach einer Weile hatte ich mich beruhigt und rief Mrs. Mion an, und sie traf sich mit mir im Park. Ich erklärte ihr Mions Einstellung und bat sie, ihn zu verlassen und mit mir zu kommen. Das wollte sie nicht tun.« Weppler machte eine Pause und fuhr dann fort: »Es gibt da zwei Tatsachen, die Sie wissen müssen, wenn Sie alles verstehen wollen.«

»Falls sie von Bedeutung sind, ja.«

»Sie sind von Bedeutung. Erstens besaß und besitzt Mrs. Mion eigenes Vermögen. Das war für Mion ein zusätzlicher Anreiz. Aber nicht für mich. Das sage ich Ihnen offen.«

»Danke. Und weiter?«

»Zweitens hatte Mrs. Mion einen Grund, Mion nicht sofort zu verlassen. Ich nehme an, Sie wissen, daß er fünf oder sechs Jahre Heldentenor an der Met gewesen war und daß er seine Stimme verloren hatte – vorübergehend, wie es hieß. Gifford James, der Bariton, hatte ihn mit der Faust an den Hals geschlagen und dabei seinen Kehlkopf verletzt – das war Anfang März –, und Mion konnte die Spielzeit nicht beenden. Er war operiert worden, hatte seine Stimme jedoch nicht wiederbekommen und war verständlicherweise in entsprechender Stimmung. Mrs. Mion wollte ihn unter diesen Umständen nicht verlassen. Ich versuchte, sie dazu zu überreden, doch vergeblich. Ich war an jenem Tag alles andere als normal, wegen der Gefühle, die ich zum erstenmal in meinem Leben empfand, und wegen der Worte, die Mion mir an den Kopf geworfen hatte. Deshalb war ich unbesonnen, ließ sie im Park stehen und ging in die Stadt in eine Bar und begann zu trinken. Es verging einige Zeit, und ich hatte allerhand getrunken, war aber nicht beschwipst. So um sieben Uhr beschloß ich, daß ich sie noch einmal sehen und einfach mitnehmen mußte, damit sie nicht noch eine weitere Nacht dort verbrachte. Diese Stimmung trieb mich zur East End Avenue zurück, bis in den zwölften Stock hoch, und dann stand ich eine Weile, vielleicht zehn Minuten, im Treppenflur, ehe ich meinen Finger auf den Klingelknopf preßte. Das Mädchen ließ mich ein und sagte Mrs. Mion Bescheid. Aber ich hatte den Mut oder was auch immer verloren. Ich schlug lediglich eine gemeinsame Unterredung mit Mion vor. Sie willigte ein, und wir gingen nach oben und . . .«

»Benutzten Sie den Fahrstuhl?«

»Nein. Die Treppe innerhalb der Wohnung. Wir traten in das Studio. Mion lag auf dem Boden. Wir gingen zu ihm. Er hatte ein großes Loch im Kopf. Er war tot. Ich führte Mrs. Mion hinaus, mußte sie dazu zwingen, und auf der Treppe – sie ist zu schmal, um nebeneinander zu gehen – stolperte sie und stürzte die halbe Treppe hinunter. Ich trug sie in ihr Zimmer und legte sie auf ihr Bett. Ich wollte ans Telefon im Wohnzimmer gehen, als mir einfiel, was ich vorher tun mußte. Ich fuhr mit dem Fahrstuhl ins Erdgeschoß, nahm mir den Pförtner und den Fahrstuhlführer gemeinsam vor und fragte sie, wer alles an jenem Nachmittag zu Mions Wohnung, entweder im zwölften oder im dreizehnten Stock, hinaufgefahren war. Ich bat sie, nur ja keinen auszulassen. Sie gaben mir die Namen, die ich mir notierte. Dann kehrte ich zurück in die Wohnung und rief die Polizei an. Als ich das getan hatte, fiel mir ein, daß von einem Laien nicht erwartet wird, den Tod eines Menschen zu erkennen. Ich rief also Dr. Lloyd an, der im selben Gebäude wohnt. Er kam sofort, und ich führte ihn ins Studio. Wir waren höchstens drei oder vier Minuten dort, als der erste Polizeibeamte eintraf, und natürlich –«

»Bitte«, warf Wolfe gereizt ein, »sind das nicht ein paar Einzelheiten zuviel? Sie haben noch nicht einmal die Klemme angedeutet, in der Sie sich befinden.«

»Ich komme gleich darauf zu sprechen.«

»Aber schneller, hoffe ich, mit meiner Hilfe. Mein Gedächtnis ist aufgefrischt. Der Arzt und die Polizei erklärten ihn für tot. Die Mündung des Revolvers war in seinen Mund gestoßen worden, und die Kugel hatte einen Teil des Schädels zerfetzt. Die Waffe, die man auf dem Boden neben ihm fand, gehörte ihm und wurde im Studio aufbewahrt. Es gab keine Anzeichen eines Kampfes, und auch an ihm war keine Spur einer Verletzung zu entdecken. Der Verlust seiner Stimme war ein hervorragendes Selbstmordmotiv. Deshalb wurde der Fall – nach einer Routineuntersuchung, bei der gebührendes Gewicht auf die Schwierigkeit gelegt wurde, einem Mann den Lauf eines geladenen Revolvers in den Mund zu stecken, ohne bei ihm auf Protest zu stoßen – als Selbstmord zu den Akten gelegt. Ist das richtig?«

Beide bejahten es.

»Hat die Polizei den Fall wieder aufgerollt? Oder kursieren irgendwelche Geschichten?«

Das verneinten beide.

»Dann wollen wir weitermachen. Wo liegt also der Hase im Pfeffer?«

»Es geht um uns«, sagte Peggy.

»Was stimmt denn bei Ihnen nicht?«

»Alles.« Sie machte ein verzagte Handbewegung. »Nein, so meine ich das nicht – nicht alles, nur eine Sache ist da. Nach dem Tod meines Mannes und der... der Routineuntersuchung ging ich eine Zeitlang fort. Als ich wiederkam – während der letzten beiden Monate sind Fred und ich hin und wieder zusammengetroffen, aber es war nicht richtig –, ich meine, wir fühlten, daß etwas nicht stimmte. Vorgestern, Freitag, besuchte ich Freunde in Connecticut über das Wochenende, und er war dort. Keiner von uns wußte von dem Kommen des andern. Wir haben uns ausgesprochen, gestern und in der vergangenen Nacht und heute früh, und wir haben beschlossen, zu Ihnen zu kommen und Sie um Ihre Hilfe zu bitten – jedenfalls war das mein Plan, und er wollte mich nicht allein gehen lassen.«

Peggy beugte sich vor und war todernst. »Sie *müssen* uns helfen, Mr. Wolfe! Ich liebe ihn so sehr – so sehr! Und er sagt, daß er mich liebt, und ich weiß es! Gestern nachmittag entschlossen wir uns, im Oktober zu heiraten, und dann fingen wir in der vergangenen Nacht an zu reden – aber es liegt nicht an unseren Worten, es ist das, was aus unseren Augen sieht, wenn wir uns anschauen. Wir können einfach nicht heiraten, mit diesem Blick in unseren Augen, den wir zu verbergen suchen...«

Ein kleiner Schauder durchfuhr sie. »Jahrelang – für immer? Unmöglich! Wir wissen, daß es unmöglich ist – es wäre fürchterlich! Was es ist? Es ist die Frage: Wer tötete Alberto? War er es? Oder ich? Ich kann nicht wirklich glauben, daß er es tat, und er hält mich wohl auch hoffentlich nicht für eine Mörderin – aber im Hintergrund unserer Augen schlummert dieser Verdacht, und wir können ihn nicht loswerden!« Sie streckte beide Hände aus. »Wir möchten, daß Sie es herausfinden!«

Wolfe schnaubte. »Unsinn. Sie brauchen eine Tracht Prügel oder einen Psychiater. Die Polizei mag so ihre Fehler haben, aber es sind keine Einfaltspinsel. Wenn sie damit zufrieden waren...«

»Aber das ist es ja! Sie wären nicht zufrieden gewesen, wenn wir die Wahrheit gesagt hätten!«

»Oh.« Wolfes Brauen hoben sich. »Sie haben gelogen?«

»Ja. Oder, wenn auch nicht gelogen, so haben wir doch nicht die volle Wahrheit gesagt. Wir verschwiegen, daß kein Revolver auf dem Boden lag, als wir das erstemal hinaufgingen und ihn fanden. Es war keine Waffe zu sehen.«

»Tatsächlich? Sind Sie sicher?«

»Vollkommen sicher. Nie habe ich etwas klarer in mich aufgenommen, als diesen – diesen Anblick – des Ganzen. Es lag keine Waffe dort.«

»Sind Sie auch der Ansicht?« fauchte Wolfe Weppler an.

»Ja. Sie hat recht.«

Wolfe seufzte. »Gut«, räumte er ein. »Ich sehe, daß Sie wirklich in einem Schlamassel stecken. Eine Tracht Prügel wäre kein Heilmittel.«

Ich rutschte auf meinem Stuhl hin und her. Da war es wieder, das Prickeln am unteren Ende meines Rückgrates. Nero Wolfes altes Sandsteinhaus in der 35. Straße war ein interessanter Wohn- und Arbeitsplatz – für Fritz Brenner, den Küchenchef und Majordomus, für Theodor Horstmann, der die zehntausend Orchideen in den Gewächshäusern auf dem Dach versorgte, und für mich, Archie Goodwin, dessen Hauptbetätigungsfeld das geräumige Büro im Parterre war. Natürlich hielt ich meine Arbeit für die interessanteste, da ich als Assistent eines berühmten Privatdetektivs ständig eine Fülle der verschiedensten Sorgen und Nöte zu hören bekam – von einem verschwundenen Kollier angefangen, bis zu dem enuesten Erpressungsmanöver. Nur wenige Klienten langweilen mich richtig. Aber einzig und allein bei einer Sorte von Fällen spüre ich jenes Prickeln im Rückgrat: bei Mord. Und wenn diese zwei Turteltäubchen die Wahrheit sagten, dann war es ein Prickeln in Reinkultur.

2

Als sie nach mehr als zwei Stunden unser Büro verließen, hatte ich zwei Notizblöcke gefüllt.

Hätten sie es sich, ehe sie sich bei Wolfe anmeldeten, gründlich überlegt, so hätten sie gar nicht erst den Hörer von der Gabel genommen. Was sie wollten, war – wie Wolfe es ausdrückte – der Mond. Zuerst einmal verlangten sie von ihm, daß er einen vier Monate alten Mordfall untersuchte, ohne verlauten zu lassen, daß dieser Mord überhaupt stattgefunden hatte; zweitens sollte er beweisen, daß keiner von ihnen Alberto Mion getötet hatte, was nur zu bewerkstelligen war, wenn man den richtigen Mörder fand; und drittens, falls Wolfe zu der Schlußfolgerung gelangte, daß es einer von ihnen getan hatte, sollte er den Fall zu den Akten legen und vergessen. Das sagten sie nicht wortwörtlich – schließlich behaupteten sie beide, vollkommen unschuldig zu sein –, aber darauf lief es letzten Endes hinaus.

Wolfe sagte ihnen deutlich seine Meinung. »Wenn ich diese Aufgabe übernehme und Beweise finde, um jemanden des Mordes zu überführen – ganz egal, wen –, so will ich damit restlos nach meinem Belieben verfahren. Ich bin weder eine Göttin der Gerechtigkeit noch ein Sadist, aber ich möchte freie Hand haben. Wenn Sie die Sache jetzt jedoch fallenlassen wollen – hier ist Ihr Scheck, und Mr. Goodwins Notizblöcke werden vernichtet. Wir können und wir werden vergessen, daß Sie hiergewesen sind.«

Dieses war einer der Augenblicke, wo sie um Haaresbreite aufgestanden und gegangen wären, besonders Fred Weppler. Aber sie taten es nicht. Sie sahen sich an, und ihre Blicke sagten alles. Unterdessen war ich so ziemlich überzeugt, daß ich sie beide gern mochte, und stand kurz davor, sie sogar zu bewundern, weil sie so verdammt entschlossen waren, sich aus der Falle, in der sie steckten, zu befreien. Als sie sich so ansahen, schienen ihre Augen zu flehen: »Laß uns gehen und zusammen sein, mein liebster Liebling, vergiß es – komm, komm.« Und zu locken: »Es wäre so wundervoll!« Und dann: »Ja, o ja, aber – es soll nicht nur für einen Tag, eine Woche wundervoll sein, es soll für immer so sein ...« Es bedurfte schon einiger Zähigkeit, um dabei zu bleiben, von gesundem Menschenverstand ganz zu schweigen; ich ertappte mich einigemal, wie mir sentimental zumute wurde. Doch auf Wolfes Schreibtisch lag der Fünftausender-Scheck. Die Notizblöcke waren mit dem verschiedensten Krimskrams angefüllt. Sie enthielten tausend Einzelheiten, die sich vielleicht oder vielleicht auch nicht als wesentlich herausstellen konnten. So zum Beispiel die gegenseitige Antipathie zwischen Peggy Mion und Rupert Grove, bei der Gifford James Alberto Mion vor Zeugen verprügelte, oder die Haltung verschiedener Personen Mions Schadenersatzansprüchen gegenüber. Aber nicht alles war verwendbar, und Wolfe selbst benötigte nie mehr als einen Bruchteil davon, also mußte ich aussuchen und wählen. Natürlich war die Waffe Indiz Nr. eins. Sie war neu, von Mion, nachdem Gifford James ihn zusammengeschlagen und seinen Kehlkopf verletzt hatte, am darauffolgenden Tag gekauft — nicht, wie er erklärte, um sich an James zu rächen, sondern als Schutz für die Zukunft. Er hatte sie, wann immer er ausging, in seiner Tasche getragen, und zu Hause verwahrte er sie im Studio, auf dem Sockel einer Caruso-Büste. Soweit man wußte, war aus ihr nie mehr als ein einziger Schuß abgegeben worden, derjenige, der Mion tötete.

Als Dr. Lloyd eingetroffen war und Weppler ihn in das Studio geführt hatte, lag der Revolver auf dem Boden, nicht weit von Mions Knie entfernt. Dr. Lloyd hatte seine Hand danach ausgestreckt, sie jedoch dann zurückgezogen, ohne die Waffe berührt zu haben, und so fanden sie die Hüter des Gesetzes vor. Peggy war sicher, daß sie sich nicht dort befunden hatte, als sie und Fred hereingekommen waren, und Fred bestätigte das. Die Polizei hatte nichts über Fingerabdrücke verlauten lassen, was nicht weiter überrascht, da selten solche von Bedeutung an einer Waffe gefunden werden. Während der ganzen zweieinhalb Stunden kehrte Wolfe bumerangartig auf die Waffe zurück, aber sie konnte schließlich keine Flügel haben.

Das Puzzlespiel des Tagesablaufs mitsamt seinen Hauptdarstellern war lückenlos zusammengetragen. Der Morgen schien unbedeutend; es begann also mit dem Lunch und den fünf Anwesenden: Mion, Peggy, Fred, einer Adele Bosley und Dr. Lloyd. Es war ein mehr berufliches als geselliges Zusammensein. Fred war eingeladen worden, weil Mion ihm die Idee zu einem Artikel für die *Gazette* verkaufen wollte, der verkünden sollte, daß die Gerüchte, er könnte nie wieder singen, nackter Blödsinn seien. Adele Bosley, die die Presseabteilung der Metropolitan-Oper vertrat, sollte auch auf Fred einwirken. Lloyd war eingeladen worden, um Weppler zu versichern, daß die Operation, die er an Mions Kehlkopf vorgenommen hatte, ein Erfolg war und er darauf wetten könne, daß der große Tenor zur Eröffnung der neuen Opernsaison so gut wie je sein würde. Nichts Besonderes war geschehen, außer daß Fred sich bereit erklärt hatte, den Artikel zu schreiben. Adele Bosley und Lloyd waren aufgebrochen. Mion hatte sich nach oben in sein schalldichtes Studio zurückgezogen, und Fred und Peggy hatten sich angesehen und plötzlich ihren Garten Eden entdeckt.

Ungefähr eine Stunde später hatte eine andere Zusammenkunft stattgefunden, dieses Mal oben im Studio, gegen halb vier, doch hatten weder Fred noch Peggy daran teilgenommen. Inzwischen hatte Fred seinen Beruhigungsspaziergang gemacht und Peggy angerufen, und sie hatte sich mit ihm im Park getroffen. Deshalb wußten sie von der Konferenz im Studio nur vom Hörensagen. Außer Mion und Dr. Lloyd hatten sich vier Personen eingefunden: Adele Bosley für das Pressebüro der Oper; Mr. Rupert Grove, Mions Manager; Mr. Gifford James, der Bariton, der Mion vor sechs Wochen tätlich angegriffen hatte; und Richter Henry Arnod, James' Rechtsanwalt. Dieses Treffen war noch weniger gesellig als der Lunch gewesen, da es anberaumt worden war, um eine formelle Schadenersatzklage über eine Viertelmillion Dollar, die Mion wegen der Verletzung seines Kehlkopfes gegen Gifford James anstrengen wollte, zu besprechen.

Nach allem, was Fred und Peggy gehört hatten, verlief die Konferenz zeitweilig ziemlich hitzig, nachdem gleich zu Beginn die Temperatur in die Höhe geschnellt war, als Mion den Revolver von der Caruso-Büste nahm und ihn neben seinen Ellenbogen auf dem Tisch deponierte. Den Verlauf der Unterredung konnten sie nur skizzenhaft andeuten, da sie nicht dabeigewesen waren. Aber die Waffe war jedenfalls nicht abgeschossen worden. Außerdem gab es genug Beweise dafür, daß Mion lebte und guter Dinge war – abgesehen von seinem Kehlkopf –, als sich die Gesellschaft auflöste. Er hatte nach Beendigung der Konferenz zwei Telefongespräche geführt, eines mit seinem Friseur und das andere mit einer reichen Operngönnerin; sein Manager, Rupert Grove, hatte ihn ein wenig später angerufen; und gegen halb sechs hatte er wegen einer Flasche Wermut und Eis nach dem Dienstmädchen geklingelt, die ihm beides gebracht hatte. Sie hatte das Tablett ins Studio getragen und ihn dort gesund und unverletzt vorgefunden.

Ich gab mir Mühe, alle Namen richtig in meinen Notizblock einzutragen, da unsere Aufgabe wahrscheinlich darin bestand, einen von ihnen als Mörder zu etikettieren. Und besonders sorgfältig war ich mit dem letzten Namen: Clara James, Giffords Tochter. Aus drei Gründen stand sie im Scheinwerferlicht. Erstens hatte James' Angriff gegen Mion auf seiner Kenntnis oder seinem Verdacht beruht – Fred und Peggy waren nicht sicher, worauf –, daß Mion etwas mit seiner Tochter hatte. Zweitens hatte ihr Name den Schluß jener Besucherliste des Nachmittags geziert, die Fred sich von dem Pförtner und dem Fahrstuhlführer hatte geben lassen. Sie erklärte, daß sie gegen Viertel nach sechs gekommen und in der dreizehnten Etage, wo sich das Studio befand, aus dem Fahrstuhl gestiegen war. Ein wenig später, vielleicht nach zehn Minuten, hatte sie den Fahrstuhl verlassen. Peggy setzte einen weiteren Beleuchtungseffekt auf Clara James. Nach Freds Fortgehen war sie selbst noch eine Zeitlang im Park geblieben und dann nach Hause gegangen, wo sie gegen fünf Uhr eintraf. Sie hatte das Studio nicht betreten und ihren Mann nicht gesehen. Einige Zeit nach sechs Uhr, gegen halb sieben, glaubte sie, hatte sie selbst auf das Klingeln an der Tür hin geöffnet, da das Mädchen bei der Köchin in der Küche war. Es war Clara James. Sie war bleich und verkrampft, doch das war bei ihr ein Dauerzustand. Sie hatte nach Alberto gefragt, und Peggy hatte erwidert, sie glaube, Alberto sei oben im Studio. Clara meinte, nein, er sei nicht oben, doch das mache nichts. Als Clara den Fahrstuhlknopf drückte, hatte sie, Peggy, die Tür geschlossen, da sie ohnehin kein Verlangen nach Gesellschaft hatte, und schon gar nicht nach der von Clara James.

Ungefähr eine halbe Stunde später tauchte Fred auf, und zusammen waren sie zum Studio hinaufgestiegen, wo sie Alberto zwar antrafen, doch nicht mehr gesund und unverletzt.

Dieses Mosaik ließ Platz genug für eine Nacht voller Fragen, doch konzentrierte sich Wolfe auf die in seinen Augen wesentlichen. Aber auch so kamen wir noch bis in die dritte Stunde und bis zum dritten Notizblock. Einige Lücken, die meiner Meinung nach ausgefüllt werden mußten, übersah er vollkommen. Zum Beispiel: War es Albertos Gewohnheit, sich mit den Töchtern oder Frauen anderer Männer einzulassen? Wenn ja, dann bitte Namen. Aus dem, was Fred und Peggy erzählten, schloß ich, daß Alberto sich sehr wohl für die Frauen anderer Männer interessierte, doch offenbar kümmerte Wolfe das nicht. Schließlich war er nochmals auf die Waffe zurückgekommen, und als sie ihm nichts Neues lieferte, runzelte er die Stirn und wurde bissig. Als sie noch immer nicht mit dem herausrückten, was er hören wollte, fuhr er sie schließlich an: »Wer von Ihnen lügt?«

Sie waren gekränkt. »Das bringt Sie nicht weiter«, erwiderte Fred Weppler verbittert, »und uns auch nicht.«

»Es wäre albern«, protestierte Peggy Mion, »erst hierherzukommen und Ihnen den Scheck zu geben und Sie dann anzulügen. Nicht wahr?«

»Dann sind Sie eben albern«, entgegnete Wolfe kalt. Er wies mit dem Finger auf sie. »Hören Sie. Alles dies kann entwirrt werden, nichts ist völlig unsinnig, bis auf eines: Wer legte die Waffe neben die Leiche auf den Boden? Als Sie beide ins Studio traten, war sie nicht dort; darauf leisten Sie beide einen Eid, und ich glaube Ihnen. Sie begaben sich nach unten, Sie fielen hin, und er trug Sie in Ihr Zimmer. Sie waren nicht bewußtlos, oder?«

»Nein.« Peggy hielt seinem Blick stand. »Ich hätte gehen können, aber er — er wollte mich tragen.«

»Zweifellos. Das tat er also. Sie blieben in Ihrem Zimmer. Er fuhr ins Erdgeschoß, um eine Liste derjenigen, die als Mordverdächtige in Frage kämen, zusammenzustellen – womit er sich übrigens bewundernswert weitsichtig zeigte –, kehrte nach oben zurück, rief erst die Polizei und dann den Arzt an, der ohne Verzögerung eintraf, da er im selben Gebäude wohnte. Nicht mehr als fünfzehn Minuten lagen zwischen dem Augenblick, als Sie und Mr. Weppler das Studio verließen, und dem Augenblick, als er und der Arzt hereinkamen. Die Studiotür zum Treppenflur in der dreizehnten Etage hat ein automatisches Türschloß, das beim Schließen der Tür einschnappt, und die Tür war verschlossen. Keiner hatte die Möglichkeit gehabt, in jenen fünfzehn Minuten dort einzudringen. Sie sagten, daß Sie aus Ihrem Bett aufgestanden und ins Wohnzimmer gegangen waren, so daß niemand diesen Weg hätte einschlagen können, ohne von Ihnen gesehen zu werden. Das Dienstmädchen und die Köchin waren in der Küche und hatten keine Ahnung von dem, was vorging. Niemand betrat also das Studio und legte die Waffe dort auf den Boden.«

»Jemand muß es gewesen sein«, versetzte Fred störrisch.

»Wir wissen ja nicht, wer einen Schlüssel hatte«, unterstützte Peggy ihn.

»Das sagten Sie bereits.« Wolfe war ihnen jetzt auf den Fersen. »Selbst wenn die ganze Welt einen Schlüssel besaß, ich glaube Ihnen nicht. Kein Mensch würde Ihnen glauben.« Sein Blick richtete sich auf mich. »Oder etwa Sie, Archie?«

»Ich müßte es in einem Film sehen«, schränkte ich meine Absage ein.

»Da haben Sie es«, sagte er. »Mr. Goodwin ist nicht voreingenommen gegen Sie – im Gegenteil. Er ist bereit, für Sie auf die Barrikaden zu steigen; sehen Sie nur, wie er mit seinen Notizen hinterherhinkt, bloß weil er sich nicht von Ihrem Anblick losreißen kann. Aber er ist wie ich der Meinung, daß Sie lügen. Da kein anderer die Waffe auf den Boden legen konnte, war es einer von Ihnen. Ich muß darüber Bescheid wissen. Die Umstände mögen Sie dazu gezwungen haben, oder Sie haben das zumindest angenommen.«

Er fixierte Fred. »Angenommen, Sie öffneten eine Schublade von Mrs. Mions Kommode, um Riechsalz herauszuholen, und die Waffe lag dort und roch so, als ob sie kürzlich abgefeuert worden wäre — dort von jemandem hingelegt, so hätten Sie auf der Stelle vermutet, um den Verdacht auf Peggy zu lenken. Was würden Sie naturgemäß tun? Genau das, was Sie taten: die Waffe nach oben bringen und neben die Leiche legen, ohne Peggy etwas davon zu sagen. Oder —«

»Quatsch«, unterbrach Fred ihn barsch. »Vollkommener Quatsch.«

Wolfe sah Peggy an. »Oder angenommen, Sie fanden sie dort in Ihrem Schlafzimmer, nachdem Fred nach unten gegangen war. Selbstverständlich hätten Sie —«

»Das ist einfach absurd«, fiel Peggy heftig ein. »Wie konnte sie in mein Schlafzimmer gekommen sein, wenn nicht ich selbst sie dort versteckt hätte? Um halb sechs lebte mein Mann noch, und ich kam vor dieser Zeit nach Hause und blieb im Wohnzimmer und in meinem Zimmer, bis Fred um sieben Uhr eintraf. Falls Sie also nicht annehmen, daß —«

»Ausgezeichnet«, räumte Wolfe ein. »Also nicht im Schlafzimmer. Aber irgendwo anders. Ich kann nicht weitermachen, solange mir nicht einer von Ihnen diese Auskunft gibt. Zum Teufel, die Waffe hatte doch keine Flügel! Von den andern erwarte ich einen Haufen Lügen, zumindest von einem von ihnen, aber von Ihnen beiden wünsche ich die Wahrheit zu hören.«

»Die haben Sie«, erklärte Fred.

»Nein, das stimmt nicht.«

»Dann sind wir in einer Sackgasse.« Fred erhob sich. »Nun, Peggy?«

Sie sahen sich an, und ihre Augen lieferten das gleiche Schauspiel. Als sie bei der Stelle im Drehbuch angekommen waren, wo es hieß: »Immer soll es wundervoll sein, immer!«, setzte Fred sich wieder.

Wolfe jedoch, dessen Rolle im Drehbuch nicht vorgesehen war, trompetete los. »Eine Sackgasse«, erklärte er, »setzt der Sache ein Ende, nehme ich an.«

Offensichtlich lag es nun an mir. Wenn Wolfe sich offen vor einer Entscheidung drückte, kam mein Einsatz. Ich stand auf, nahm den hübschen rosa Scheck von seinem Schreibtisch, legte ihn auf den meinen, verzierte ihn mit einem Briefbeschwerer, setzte mich und grinste ihn an.

»Zugegeben, daß Sie verdammt im Recht sind«, fing ich an, »was absolut unwiderlegbar ist, sollten wir eines Tages doch eine Liste derjenigen Klienten aufstellen, die hier saßen und uns etwas vorlogen. Da waren Mike Walsh und Calida Frost, und jener Kneipenkerl, Pratt – oh, Dutzende. Aber ihr Geld war in Ordnung, und ich bin mit meinen Notizen nicht so sehr im Rückstand, daß ich nicht aufholen könnte. Und das alles für nichts?«

»Was diese Notizen angeht«, erklärte Fred Weppler fest, »so möchte ich etwas klarstellen.«

Wolfe starrte ihn an.

Er starrte zurück. »Wir kamen hierher«, begann er, »um Ihnen vertrauensvoll von einem Problem zu berichten und Sie zu Nachforschungen zu veranlassen. Ich frage mich, ob wir weitermachen sollen, da Sie uns der Lüge bezichtigen, aber wenn Mrs. Mion es wünscht, bin ich einverstanden. Nur eines möchte ich ausdrücklich klarstellen: Falls Sie der Polizei oder sonst jemandem verraten, wir hätten Ihnen anvertraut, daß bei unserem Eintritt in das Studio keine Waffe dort gelegen habe, dann streiten wir das trotz Ihrer verdammten Notizen ab! Wir leugnen und bleiben dabei!« Er blickte auf seine große Liebe. »Das müssen wir, Peggy! Verstanden?«

»Er würde der Polizei nichts verraten«, warf Peggy mit ehrlicher Überzeugung ein.

»Vielleicht nicht. Aber wenn er es tut, so halten wir beide an unserer Version fest. Nicht wahr?«

»Natürlich«, versprach sie, als ob er sie gebeten hätte, bei der Tötung einer Klapperschlange zu helfen.

Wolfe musterte sie mit zusammengepreßten Lippen. Angesichts des Schecks auf meinem Schreibtisch hatte er offenbar beschlossen, sie auf die Liste der lügenden Klienten zu setzen und von dieser Operationsbasis auszugehen. Er riß seine Augen weit auf, um sie zu entspannen, senkte dann wieder halb die Lider und ergriff das Wort.

»Wir werden das zusammen mit anderen Dingen klären, ehe wir das Ganze abgeschlossen haben«, versicherte er. »Sie wissen natürlich, daß ich annehme, Sie sind unschuldig. Allerdings habe ich schon früher tausend falsche Schlußfolgerungen gezogen, das hat also wenig zu sagen. Hat einer von Ihnen eine Ahnung, wer Mr. Mion tötete?«

Beide verneinten.

»Aber ich«, grunzte er.

Sie starrten ihn sprachlos an.

Er nickte. »Es ist nur eine weitere Schlußfolgerung, aber sie gefällt mir. Es bedarf allerhand Arbeit, um sie zu beweisen. Zunächst muß ich mit den Leuten sprechen, die Sie erwähnt haben – mit allen sechs –, und ich würde vorziehen, das nicht auf die lange Bank zu schieben. Da Sie nicht wünschen, daß sie von meiner Untersuchung eines Mordfalles erfahren, müssen wir eine Kriegslist entwerfen. Hinterließ Ihr Gatte ein Testament, Mrs. Mion?«

Sie nickte.

»Sind Sie die Erbin?«

»Ja, ich ...« Sie machte eine Handbewegung. »Ich brauche das Geld nicht, und ich will es nicht.«

»Aber es gehört Ihnen. Das macht sich famos. Der Schadenersatz, den Mr. James wegen seines tätlichen Angriffs an Mr. Mion zahlen sollte, stellt einen Aktivposten des Vermögens dar. Die sechs Personen, die ich sprechen möchte, waren alle auf diese oder jene Weise in die Angelegenheit verwickelt. Ich werde ihnen umgehend schreiben und die Briefe noch heute abend per Eilboten abschicken. Ich werde ihnen mitteilen, daß ich Sie in der Sache vertrete, und sie bitten, mich morgen abend in meinem Büro aufzusuchen.«

»Das ist unmöglich«, schrie Peggy empört auf. »Das kann ich nicht! Mir fiele nicht im Traum ein, von Gif Schadenersatz zu fordern ...«

Wolfe schlug mit der Faust auf den Schreibtisch. »Verwünscht«, donnerte er. »Hinaus mit Ihnen! Fort! Glauben Sie, man löst Mordfälle, indem man Anziehpuppen ausschneidet? Erst belügen Sie mich, und jetzt weigern Sie sich, andere Leute zu verärgern, einschließlich des Mörders! Archie, schaffen Sie sie raus!«

»Ein Plus für Sie«, murmelte ich ihm zu. Mir reichte es langsam auch. Ich stierte die Möchtegern-Klienten an. »Versuchen Sie's bei der Heilsarmee«, riet ich ihnen. »Die haben Übung darin, Leuten in Not zu helfen. Sie können die Notizblöcke mitnehmen — zum Preis von 1 Dollar und 20 Cent. Der Inhalt wird nicht berechnet.«

Sie sahen sich an.

»Ich denke, irgendwie muß er schon mit ihnen reden«, räumte Fred ein. »Er braucht einen Vorwand, und ich muß zugeben, daß die Frage des Schadenersatzes sehr geschickt ausgewählt ist. Du schuldest ihnen nichts — keinem von ihnen.«

Peggy gab nach.

Nachdem noch einige Einzelheiten geklärt waren, deren wichtigste die Niederschrift der Adressen war, verließen sie uns. Die Art ihrer Verabschiedung und wie wir sie hinausdrängten, war so weit von jeder Herzlichkeit entfernt, daß man in ihnen eher unsere Beute als unsere Klienten vermuten konnte. Aber der Scheck lag auf meinem Schreibtisch. Nachdem ich sie hinausgelassen hatte, kehrte ich ins Büro zurück und fand Wolfe mit geschlossenen Augen und mit griesgrämig gerunzelter Stirn vor.

Ich streckte mich und gähnte. »Das wird noch ein netter Spaß«, sagte ich, um ihm Mut zu machen. »Es einfach als Griff nach dem Schadenersatz hinzustellen. Sollte der Mörder unter den Gästen sein, werden Sie schon sehen, wie lange Sie es vor ihm verbergen können. Ich wette, er begreift, worum es geht, ehe die Geschworenen ihren Spruch fällen.«

»Mund halten«, knurrte er. »Dummköpfe.«

»Ach, haben Sie ein Herz«, protestierte ich. »Von Verliebten erwartet man keinen Verstand; deshalb müssen sie sich an trainierte Denker wenden. Sie sollten stolz und glücklich sein, daß die Wahl der beiden auf Sie fiel. Was bedeuten schon ein oder zwei Riesenlügen, wenn man verliebt ist? Als ich sah –«

»Mund halten«, wiederholte er. Seine Augen öffneten sich. »Ihren Notizblock bitte. Ich muß diese Briefe sofort schreiben.«

3

Die Montagabendgesellschaft dauerte ganze drei Stunden, und das Wort Mord fiel kein einziges Mal. Auch so war es nicht gerade heiter. Die Briefe hatten keinen Zweifel darüber gelassen, daß Wolfe, als Stellvertreter für Mrs. Mion, ermitteln wollte, ob eine angemessene Summe von Gifford James einkassiert werden konnte, ohne Zuflucht zu Rechtsanwälten und Gericht nehmen zu müssen, und welche Summe als angemessen betrachtet werden konnte. Jeder von ihnen war naturgemäß schlechter Laune: Gifford James selbst; seine Tochter Clara; sein Anwalt, Richter Henry Arnold; Adele Bosley von der Presseabteilung; Dr. Nicholas Lloyd als der wissenschaftliche Experte; und Rupert Grove, Mions ehemaliger Manager. Das machte sechs Personen, die gerade bequem in unser großes Büro hineinpaßten. Fred und Peggy waren nicht eingelassen worden.

Das James-Trio traf gemeinsam ein, und sie waren so pünktlich – auf den Schlag neun Uhr –, daß Wolfe und ich noch nicht mit unserem Abendkaffee im Büro fertig waren. Ich war so neugierig auf die Leute, daß ich selbst öffnen ging, anstatt das Fritz zu überlassen, der Wolfe fast so sehr wie ich dabei behilflich ist, sein Leben zu versüßen. Zunächst einmal beeindruckte mich, wie der Bariton die Führung übernahm, über die Türschwelle trat und seine Tochter und den Rechtsanwalt hinter sich im Schlepptau ließ. Da ich gelegentlich Lily Rowan gestattete, mich an ihren zwei Plätzen in der Opfer teilhaben zu lassen, waren mir James' Länge, seine breiten Schultern und sein gockelhaftes Stolzieren nichts Neues; doch war ich überrascht, daß er so jung aussah, da er fast fünfzig sein mußte. Er reichte mir seinen Hut, so als ob das Entgegennehmen seines Hutes an jenem Montagabend, dem

15. August, der einzige und alleinige Zweck meines Daseins wäre. Unglücklicherweise ließ ich ihn fallen. Clara machte das durch ihren Blick wieder wett. Schon das bewies mir, daß sie außergewöhnlich aufmerksam war, da man den Lakaien, der einem die Tür öffnet, selten eines Blickes würdigt. Aber sie sah, wie ich den Hut ihres Vaters fallen ließ, blickte mich an und dehnte ihren Blick so lange aus, bis er fast zu sagen schien: »Wer sind Sie, in dieser Verkleidung? Bis später.« Das erweckte freundschaftliche Gefühle in mir, allerdings mit Einschränkungen. Sie war nicht nur blaß und verkrampft, wie Peggy Mion sie beschrieben hatte, sondern ihre blauen Augen funkelten, und ein Mädchen ihres Alters sollte ihre Blicke besser dosieren. Nichtsdestoweniger grinste ich ihr zu, um ihr zu zeigen, daß ich ihren langen Blick zu schätzen wußte.

Inzwischen hatte der Anwalt, Richter Henry Arnold, seinen Hut selbst abgelegt. Im Lauf des Tages hatte ich selbstverständlich über alle Auskünfte eingeholt und hatte erfahren, daß er sich nur »Richter« schimpfte, weil er früher einmal Friedensrichter gewesen war. Sei dem, wie ihm wolle — er wurde so genannt, und sein Anblick war eine einzige Enttäuschung. Er war ein kleiner, abgesägter Wicht mit einem Glatzkopf, der oben so flach war, daß man einen Aschenbecher daraufstellen konnte. Die Nase war total platt. Innerlich mußte sein Kopf besser ausgestattet sein als außen, da er eine ziemliche Anzahl Klienten unter den oberen Zehntausend am Broadway hatte.

Als ich sie ins Büro geführt und Wolfe vorgestellt hatte, übernahm ich es, ihnen einige der gelben Stühle zuzuteilen, doch der Bariton erspähte sofort den roten Ledersessel und belegte ihn mit Beschlag. Ich war dabei, Fritz bei ihren Getränkewünschen behilflich zu sein, als die Türglocke läutete. Ich ging wieder nach vorn.

Es war Dr. Nicholas Lloyd. Er hatte keinen Hut, so daß schon mal ein Problem wegfiel. Ich entschied, daß der prüfende Blick, den er mir zuwarf, rein beruflich war, lediglich um festzustellen, ob ich anämisch oder diabetisch oder sonstwas wäre. Mit seinem gefurchten, gutgeschnittenen Gesicht und seinen besorgten dunklen Augen sah er genau so aus, wie man sich eben einen Arzt oder Chirurgen vorstellt, und wurde vollkommen dem piekfeinen Ruf gerecht, den meine Ermittlungen ans Licht befördert hatten. Als ich ihn in das Büro bat, leuchteten seine Augen beim Anblick des Erfrischungsbüfetts auf, und er wurde unser bester Kunde — Bourbon mit Pfefferminz —, den ganzen Abend lang.

Die letzten beiden kamen zusammen — zumindest standen sie zusammen auf dem Vorplatz, als ich die Haustür öffnete. Wahrscheinlich hätte ich Adele Bosley den roten Ledersessel offeriert, wenn ihn nicht schon James eingenommen hätte. Sie schüttelte mir die Hand und sagte, daß sie schon seit Jahren die Bekanntschaft von Archie Goodwin zu machen wünschte, doch das war nur Gesäusel der Presseabteilung und ging mir zum anderen Ohr wieder hinaus. Die Sache ist die, daß ich von meinem Schreibtisch aus die Gesellschaft meist nur im Profil oder Dreiviertelprofil genieße, aber denjenigen im roten Ledersessel direkt von vorne, und ich habe etwas für einen Prachtanblick übrig. Nicht, daß Adele Bosley ein Pin-up-Girl war, und bei Clara James' Geburt mußte sie schon in der fünften oder sechsten Grundschulklasse gewesen sein, aber ihre zarte gebräunte Haut, ihr hübscher Mund mit nicht zuviel Lippenstift und ihre frischen braunen Augen boten einen erquicklichen Anblick.

Rupert Grove gab mir nicht die Hand, was mich nicht weiter erschütterte. Für Alberto Mions Geschäfte mochte er ein guter Manager gewesen sein, aber nicht für seine eigene Gestalt. Ein Mann kann fett und trotzdem voll Rechtschaffenheit sein, wie zum Beispiel Falstaff oder Nero Wolfe, aber dieser Vogel hatte jeden Sinn für gesundes Maß verloren. Seine Beine waren kurz, und alles steckte in seinem mittleren Drittel. Wenn man höflich sein und ihm ins Gesicht sehen wollte, mußte man sich mächtig konzentrieren. Das tat ich, da ich sie alle beurteilen mußte, und entdeckte nichts weiter von Belang, außer einem Paar gerissener und hinterhältiger schwarzer Augen.

Als diese beiden mit Sitzgelegenheiten und Getränken versorgt waren, schoß Wolfe die Startpistole ab. Er sprach sein Bedauern über die Notwendigkeit aus, sie an einem heißen Abend hierherbemüht zu haben, doch könne die strittige Frage nur gerecht und unparteiisch geklärt werden, wenn alle Betroffenen dabei ihre Stimme abgeben konnten. Das Antwortgemurmel erstreckte sich von Zustimmung bis zu äußerster Verärgerung. Richter Arnold sagte feindselig, daß es im juristischen Sinne keine Streitfrage gäbe, da Alberto Mion tot sei.

»Unsinn«, erwiderte Wolfe kurz. »Wenn das wahr wäre, hätten Sie als Anwalt sich nicht die Mühe gemacht, hier zu erscheinen. Außerdem hat diese Zusammenkunft den Zweck, es nicht zu einer juristischen Streitfrage werden zu lassen. Vier von Ihnen telefonierten heute mit Mrs. Mion, um sich zu erkundigen, ob ich sie vertrete, was sie bejahte. In ihrem Namen möchte ich den Tatbestand zusammentragen. Ich kann Ihnen ebensogut bereits sagen, ohne ihr vorgreifen zu wollen, daß sie meinen Rat annehmen wird. Sollte ich entscheiden, daß ihr eine größere Summe zusteht, so können Sie das natürlich anfechten; sollte ich aber zu der Ansicht kommen, daß sie keine Ansprüche hat, so wird sie sich dem fügen. Mit dieser Verantwortung benötige ich den gesamten Tatbestand. Deshalb –«

»Sie sind kein Gerichtshof«, fauchte Arnold.

»Nein, Sir, das bin ich nicht. Wenn Sie es lieber vor einem Gerichtshof hätten, kann Ihr Wunsch erfüllt werden.« Wolfe änderte seine Blickrichtung. »Miss Bosley, würden Ihre Auftraggeber diese Art von Publicity begrüßen? Dr. Lloyd, möchten Sie lieber als Sachverständiger im Zeugenstand aussagen oder es hier besprechen? Mr. Grove, wie würde Ihr Klient, wenn er noch lebte, darüber denken? Mr. James, was halten Sie davon? Sie würden auch keinen Geschmack an dieser Publicity finden, oder? Besonders, da der Name Ihrer Tochter hineingezerrt würde.«

»Warum sollte ihr Name hineingezerrt werden?« fragte James in seinem geübten Bariton.

Wolfe breitete die Hände aus. »Als Beweismittel. Es würde festgestellt werden, daß Sie, ehe Sie Mr. Mion niederschlugen, zu ihm sagten: ›Lassen Sie meine Tochter in Ruhe, Sie Bastard.‹ «

Ich steckte die Hand in die Tasche. Ich habe die durch die Erfahrung gerechtfertigte Angewohnheit, immer eine Waffe griffbereit zu haben, falls sich ein Mörder unter den Anwesenden befinden sollte. Da ich das hintere Fach der dritten Schublade meines Schreibtischs, wo sich unser Waffenarsenal befindet, nicht als griffnah genug betrachte, packe ich üblicherweise so ein Ding in meine Hosentasche, ehe sich Gäste versammeln. Ich versenkte also meine Hand in diese Tasche, denn ich wußte, wie schnell James aufbrauste. Aber er blieb auf seinem Stuhl sitzen und stieß nur hervor: »Das ist eine Lüge!«

Wolfe brummte. »Zehn Leute haben Sie gehört. Das wäre in der Tat eine schöne Publicity, wenn Sie es unter Eid bestritten — und alle zehn Zeugen gegen Sie. Ich glaube aufrichtig, es ist besser, den Fall mit mir zu besprechen.«

»Was wollen Sie wissen?« erkundigte sich Richter Arnold.

»Den Tatbestand. Zuerst den soeben erörterten. Wenn ich etwas Falsches sage, rühren Sie sich. Mr. Grove, Sie waren dabei, als der besagte Schlag fiel. Habe ich Mr. James richtig zitiert?«

»Ja.« Groves Stimme war ein hoher Tenor, der mir gefiel.

»Sie hörten, wie er das sagte?«

»Ja.«

»Miss Bosley. Und Sie?«

Sie blickte unbehaglich drein. »Wäre es nicht besser, wenn ...«

»Bitte, Sie stehen nicht unter Eid. Ich trage nur Tatsachen zusammen, aber es wurde behauptet, ich lüge. Hörten Sie Mr. James das sagen?«

»Ja.« Adeles Augen gingen zu James. »Tut mir leid, Gif.«

»Aber es ist nicht wahr!« schrie Clara James.

»Lügen wir etwa alle?« wetterte Wolfe.

Ich hätte sie vor ihm warnen können, als sie mich mit ihrem langen Blick im Flur bedachte. Sie war nicht nur ein gescheites junges Mädchen, das dazu noch ihre Umwelt mit vielversprechenden Blicken bedachte, nein, auch ihre schlanke Linie war von der Art, die von zuwenig Essen herstammte, und Wolfe kann Leute, die nicht genug essen, absolut nicht ausstehen. Ich wußte genau, daß er es von Anfang an auf sie abgesehen hatte.

Aber sie gab es ihm. »Das meine ich nicht«, entgegnete sie verächtlich. »Seien Sie nicht so empfindlich! Ich meinte, daß ich meinen Vater angelogen hatte. Es war nicht wahr, was er von Alberto und mir dachte. Ich habe nur vor ihm geprahlt, weil – nun, das spielt keine Rolle. Jedenfalls war es nicht die Wahrheit, was ich ihm erzählte, und das habe ich ihm auch an jenem Abend gesagt.«

»An welchem Abend?«

»Als wir nach Hause kamen – von der Bühnenparty nach *Rigoletto.* Da hatte mein Vater Alberto niedergeschlagen. Verstehen Sie, mitten auf der Bühne. Als wir zu Hause waren, erzählte ich ihm, daß es nicht stimmte, was ich ihm über Alberto und mich erzählt hatte.«

»Wann logen Sie nun, das erste- oder das zweitemal?«

»Antworten Sie nicht darauf, meine Liebe«, mischte sich Richter Arnold mit seiner Juristerei ein. Er blickte Wolfe streng an. »Das ist unerheblich. Es steht Ihnen frei, Tatsachen zu sammeln, aber nur solche von Belang. Was Miss James ihrem Vater erzählte, ist bedeutungslos.«

Wolfe schüttelte den Kopf. »O nein.« Seine Augen schwenkten von rechts nach links und zurück. »Offensichtlich habe ich mich nicht deutlich genug ausgedrückt. Mrs. Mion erwartet von mir eine Entscheidung, ob sie einen rechtmäßigen Anspruch hat – nicht so sehr juristisch wie moralisch gesehen. Wenn es den Anschein hat, daß Mr. James' Angriff auf Mr. Mion moralisch gerechtfertigt war, so würde das meine Entscheidung beeinflussen.« Er fixierte Clara. »Gleichgültig, ob meine Frage wesentlich oder unwesentlich war, Miss James, ich gebe zu, daß sie peinlich war und deshalb eine Lüge herausforderte. Ich ziehe sie zurück. Versuchen Sie es statt dessen mit dieser. Hatten Sie vor dieser Bühnenparty Ihrem Vater zu verstehen gegeben, daß Mr. Mion Sie verführt hatte?«

»Nun ...« Clara lachte. Es war ein recht anziehendes, klingendes Sopranlachen. »Was für ein reizender altmodischer Ausdruck! Ja, das hatte ich gesagt. Aber es war nicht so!«

»Sie haben es jedoch geglaubt, Mr. James?«

Gifford James beherrschte sich nur mit Mühe, und ich gestehe, daß derartige Suggestivfragen eines Fremden über die Ehre seiner Tochter bitter zu schlucken sein mußten. Aber schließlich war es für den Rest der Gesellschaft nichts Neues und immerhin sicher von Bedeutung. Er zwang sich zu einem ruhigen, würdevollen Ton. »Ja, ich glaubte, was mir meine Tochter erzählte.«

Wolfe nickte. »Genug davon«, meinte er erleichtert. »Ich bin froh, daß wir diesen Teil erledigt haben.« Sein Blick wanderte weiter. »Nun, Mr. Grove, erzählen Sie mir von der Besprechung in Mr. Mions Studio, einige Stunden vor seinem Tod.«

Rupert der Dicke hielt seinen Kopf zur Seite geneigt, und seine gerissenen schwarzen Augen begegneten Wolfes Blick. »Es ging darum«, begann er in seinem hohen Tenor, »Mions Forderungen auf Schadenersatzzahlung zu erörtern.«

»Sie waren dabei?«

»Ja, natürlich. Ich war Mions Ratgeber und Manager. Miss Bosley, Dr. Lloyd, Mr. James und Richter Arnold waren ebenfalls anwesend.«

»Wer arrangierte die Zusammenkunft? Sie?«

»In gewisser Weise, ja. Arnold machte den Vorschlag, und ich sagte es Mion und rief Dr. Lloyd und Miss Bosley an.«

»Was wurde beschlossen?«

»Nichts. Das heißt, nichts Bestimmtes. Die Frage über das Ausmaß des Schadens wurde aufgeworfen — wie bald Mion wieder singen könnte.«

»Wie standen Sie dazu?«

Grove kniff die Augen zusammen. »Sagte ich nicht, daß ich Mions Manager war?«

»Aber gewiß. Ich meine, was für einen Standpunkt nahmen Sie im Hinblick auf die Schadenersatzzahlung ein?«

»Ich hielt eine sofortige Vorauszahlung von fünfzigtausend Dollar für recht und billig. Selbst wenn Mions Stimme bald wieder in Ordnung gewesen wäre, hatte er bereits so viel und mehr verloren. Seine Tournee nach Südamerika war abgesagt worden, und er war nicht fähig gewesen, seinen Schallplattenkontrakten nachzukommen, und die Rundfunkangebote . . .«

»Nichts, was sich nach fünfzigtausend Dollar anhört«, versicherte Richter Arnold kriegerisch. Seinem Kehlkopf, klein wie er war, fehlte nichts. »Ich habe Berechnungen vorgelegt —«

»Zum Teufel mit Ihren Berechnungen. Jeder Mensch kann —«

»Bitte!« Wolfe klopfte mit dem Fingerknöchel auf den Schreibtisch. »Wie stellte sich Mr. Mion dazu?«

»Natürlich war er meiner Ansicht.« Grove bedachte Arnold mit einem finsteren Blick, während er zu Wolfe sprach. »Wir hatten es gemeinsam besprochen.«

»Natürlich.« Wolfes Augen schweiften nach links. »Was hielten Sie davon, Mr. James?«

»Ich möchte lieber für meinen Klienten antworten«, fiel Arnold ein. »Sind Sie einverstanden, Gif?«

»Nur zu«, murmelte der Bariton.

Arnold legte los und nahm damit fast eine der drei Stunden in Anspruch. Ich war überrascht, daß Wolfe ihm nicht Einhalt gebot, und folgerte schließlich, daß er ihn nur so weitschweifig werden ließ, um zusätzliche Unterlagen für sein althergebrachtes Urteil über Rechtsanwälte zu sammeln. Wenn ja, so erhielt er sie jedenfalls. Arnold berichtete über alles und jedes. Er hatte eine Menge über Körperverletzungen zu sagen, ging dabei Jahrhunderte zurück und legte besondere Betonung auf den Geisteszustand eines solchen Übeltäters. Die unmittelbare Ursache war sein weiteres Steckenpferd, über das er sich langwierig ausließ. Er kam bei dem Thema »unmittelbare Ursache« wirklich in Fahrt, aber das Ganze war so verzwickt, daß ich den Faden verlor und aufgab.

Aber gelegentlich gab er doch etwas Vernünftiges von sich. An einer Stelle bemerkte er: »Die Idee einer Vorauszahlung, wie Mr. Grove es nannte, war einwandfrei unzulässig. Es kann von einem Mann nicht verlangt werden, daß er, selbst auf eine anerkannte Verbindlichkeit, eine Vorauszahlung leistet, bevor nicht entweder über die Höhe der Verbindlichkeit oder über eine exakte Methode, diese zu berechnen, übereinstimmend beschlossen wurde.«

An anderer Stelle erklärte er: »Die Forderung einer derartig hohen Summe kann in der Tat als Erpressung bezeichnet werden. Mr. Grove wußte, daß die Geschworenen – käme der Fall vor Gericht, und wir bewiesen, daß die Tat meines Klienten seinem Wissen über das seiner Tochter zugefügte Unrecht entsprang – wohl kaum einen Schadenersatzanspruch zuerkennen würden. Aber er wußte ebenfalls, daß wir einer solchen Verteidigung abgeneigt sein würden.«

»Nicht seinem Wissen«, wandte Wolfe ein, »nur seinem Glauben. Seine Tochter behauptet, ihn falsch unterrichtet zu haben.«

»Wir hätten ›Wissen‹ beweisen können«, beharrte Arnold.

Ich betrachtete Clara mit hochgezogenen Brauen. Man widersprach ihr rundheraus auf ihre Folge von Lüge und Wahrheit. Aber entweder begriffen sie und ihr Vater die daraus zu schließenden Folgerungen nicht, oder sie wollten nicht noch einmal davon anfangen.

Etwas später führte Arnold aus: »Selbst wenn die Tat meines Klienten körperverletzend war und ein Schadenersatzanspruch bestand, so konnte über dessen Höhe nicht entschieden werden, ehe das Ausmaß der Verletzung bekannt war. Wir boten ohne Vorbehalt zwanzigtausend Dollar als generelle Abfindung. Mr. Grove lehnte ab. Er wollte eine sofortige Abschlagszahlung. Das lehnten wir ab, aus Prinzip. Zum Schluß hatte man sich über eines geeinigt: daß ein Versuch gemacht werden mußte, den Gesamtschaden festzulegen. Das war natürlich der Grund für Dr. Lloyds Anwesenheit. Er wurde um seine Prognose gebeten, und er versicherte, daß – aber Sie brauchen das nicht aus zweiter Hand. Er ist hier, und Sie können es von ihm persönlich hören.«

Wolfe nickte. »Wenn ich bitten darf, Dr. Lloyd?«

Ich dachte, o Gott, jetzt geht es mit dem nächsten Experten von vorne los. Aber Lloyd hatte Erbarmen mit uns. Er hielt sich auf Laienniveau und brauchte nicht einmal eine Stunde. Ehe er losschoß, nahm er noch einen Schluck aus seinem dritten Glas Bourbon mit Pfefferminz, das bereits einige Falten in seinem gutgeschnittenen Gesicht geglättet und seinen Blick weniger sorgenvoll gemacht hatte.

»Ich will versuchen, mich genau zu erinnern, was ich den anderen erklärte«, begann er bedächtig. »Die Schilddrüsen und die Gießbeckenknorpel an der linken Seite waren ernstlich verletzt worden und in geringerem Maße auch die Ringknorpel des Kehlkopfes.« Er lächelte — ein überlegenes, aber kein anmaßendes Lächeln. »Ich wartete zwei Wochen, behandelte ihn vorschriftsmäßig und dachte, eine Operation sei nicht erforderlich, doch sie war es. Als ich einschnitt, war ich erleichtert, das gebe ich zu. Es war nicht so schlimm, wie ich befürchtet hatte. Es war eine unkomplizierte Operation, und er genas bewundernswert. Ich würde an jenem Tag nicht viel riskiert haben, hätte ich die Versicherung abgegeben, daß seine Stimme in zwei, höchstens drei Monaten so gut wie eh und je sein würde. Doch der Kehlkopf ist ein äußerst empfindliches Organ und ein Tenor wie Mions ein bemerkenswertes Phänomen; deshalb sagte ich vorsichtshalber nur, daß ich überrascht und enttäuscht sein würde, falls er nicht zur Eröffnung der nächsten Opernsaison in sieben Monaten restlos wiederhergestellt sein würde. Ich fügte hinzu, daß meine Hoffnungen und Erwartungen in Wirklichkeit noch optimistischer seien.«

Lloyd schürzte die Lippen. »Das war's, denke ich. Nichtsdestoweniger begrüßte ich den Vorschlag, daß meine Prognose durch Rentner bestätigt werden sollte. Offensichtlich würde es ein Hauptfaktor in der Entscheidung über die Schadenersatzregelung sein, und ich wollte nicht die alleinige Verantwortung tragen.«

»Rentner? Wer war das?« fragte Wolfe.

»Dr. Abraham Rentner vom Sinai-Hospital«, belehrte ihn Lloyd in dem Ton, den ich anschlagen würde, fragte mich jemand nach Jackie Robinson. »Ich rief ihn an und traf eine Verabredung für den folgenden Tag mit ihm.«

»Ich bestand darauf«, trompetete Rupert der Dicke gewichtig. »Mion hatte ein Recht auf Entschädigung, nicht irgendwann in näherer oder fernerer Zukunft, sondern sofort. Sie wollten nicht zahlen, ehe man sich nicht auf eine Gesamtsumme geeinigt hatte, und wenn wir einen Gesamtbetrag nennen mußten, so wollte ich verdammt sichergehen, daß er hoch genug war. Vergessen Sie nicht, daß Mion an jenem Tag nicht einen Ton herausbrachte.«

»In den nächsten zwei Monaten hätte er noch nicht einmal ein Pianissimo hauchen können«, unterstützte Lloyd ihn. »Das nannte ich als Minimum.«

»Es scheint«, mischte sich Richter Arnold ein, »daß Mißverständnis zu bestehen, daß wir uns dem Vorschlag, die Meinung eines zweiten Sachverständigen einzuholen, widersetzten. Ich muß protestieren —«

»Aber das taten Sie!« quiekte Grove.

»Ganz und gar nicht!« bellte Gifford James. »Wir wollten nur —«

Alle drei stürzten sich schnappend und knurrend aufeinander. Mir schien, daß sie besser ihre Energien für die Hauptnummer aufgespart hätten — nämlich, ob Mrs. Mion etwas erhalten würde und wenn ja, wieviel. Aber diese Kampfhähne waren anderer Meinung. Ihr Hauptanliegen bestand darin, das geringste Risiko, bei auch nur der winzigsten Kleinigkeit einer Meinung zu sein, unbedingt zu vermeiden. Wolfe ließ sie geduldig auf ihr Ziel — das Nichts — zustürmen und verhalf dann einer neuen Stimme zum Wort.

»Miss Bosley, von Ihnen haben wir noch nichts gehört. Auf wessen Seite standen Sie?«

4

Adele Bosley hatte alles in sich aufgenommen, gelegentlich an ihrem Rum-Collins genippt — ihrem zweiten jetzt — und meiner Ansicht nach verdammt gescheit dreingeschaut. Obgleich wir Mitte August hatten, war sie als einzige der sechs wirklich braungebrannt. Ihre Werbeverbindungen zur Sonne waren ausgezeichnet.

Sie schüttelte den Kopf. »Ich stand auf keiner Seite, Mr. Wolfe. Ich vertrat lediglich die Interessen meines Arbeitgebers, der Metropolitan-Operngesellschaft. Selbstverständlich wollten wir eine Einigung auf privater Ebene, ohne jeden Skandal. Ich vertat überhaupt keine Meinung über das Streitobjekt.«

»Und Sie äußerten auch keine?«

»Nein. Ich drängte sie nur, wenn möglich, zu einer Übereinkunft zu kommen.«

»Wie hochanständig!« stieß Clara James verächtlich schnaubend hervor. »Sie hätten meinen Vater ruhig ein wenig unterstützen können, da er Ihnen Ihre Stelle beschaffte. Oder hatten Sie –«

»Sei still, Clara«, unterbrach James sie mit Bestimmtheit. Doch sie ignorierte ihn und sprach aus, was sie wissen wollte: »Oder hatten Sie dafür bereits voll bezahlt?«

Ich war schockiert. Richter Arnold sah peinlich betroffen drein. Rupert der Dicke kicherte. Dr. Lloyd nahm einen gründlichen Schluck Bourbon.

In Anbetracht der zaghaft-freundschaftlichen Gefühle, die ich Adele gegenüber entwickelte, hoffte ich in gewisser Weise, daß sie der schlanken, funkelnden Miss James den Mund stopfen würde, aber sie bat lediglich den Vater: »Können Sie nicht mit der Göre fertig werden, Gif?«

Dann, ohne eine Antwort abzuwarten, wandte sie sich an Wolfe. »Miss James macht gern von ihrer Phantasie Gebrauch. Was sie andeutete, stand nie zur Diskussion.«

Wolfe nickte. »Hierbei ist es sowieso bedeutungslos.« Er verzog sein Gesicht. »Um aufs Wesentliche zurückzukommen: Um welche Zeit löste sich jene Versammlung auf?«

»Nun – Mr. James und Richter Arnold gingen zuerst, gegen halb fünf. Bald darauf auch Dr. Lloyd. Ich blieb ein paar Minuten bei Mion und Mr. Grove und verabschiedete mich dann.«

»Wohin gingen Sie?«

»In mein Büro am Broadway.«

»Wie lange blieben Sie in Ihrem Büro?«

Sie war überrascht. »Ich weiß nicht – doch – ach ja, natürlich. Bis etwa nach sieben Uhr. Ich hatte allerhand zu erledigen, außerdem tippte ich einen vertraulichen Bericht über die Konferenz bei Mion.«

»Haben Sie Mion noch einmal vor seinem Tod gesehen oder mit ihm telefoniert?«

»Ihn gesehen?« Sie war noch überraschter. »Wie konnte ich? Wissen Sie nicht, daß man seinen Tod um sieben Uhr feststellte? Das war, ehe ich das Büro verließ.«

»Haben Sie mit ihm telefoniert? Zwischen halb fünf und sieben Uhr?«

»Nein.« Adele war jetzt verwirrt und leicht gereizt. Ich fand, daß Wolfe sich skrupellos auf dünnes Eis zu bewegte, verdammt nahe an das verbotene Thema Mord heran. Adele fügte hinzu: »Ich weiß nicht, worauf Sie hinauswollen.«

»Ich ebensowenig«, warf Richter Arnold mit Nachdruck ein. Er lächelte sarkastisch. »Oder ist es bei Ihnen die Macht der Gewohnheit, Leute nach ihrem Verbleiben zu der Zeit eines gewaltsamen Todes auszufragen? Warum forschen Sie nicht bei jedem von uns nach?«

»Das beabsichtige ich auch«, versicherte Wolfe unerschütterlich. »Ich möchte gerne wissen, warum Mion beschloß, sich selbst zu töten, denn das hat einen Einfluß auf das Gutachten, das ich seiner Witwe ausstellen werde. Ich weiß, zwei oder drei von Ihnen behaupten, daß er bei Beendigung der Konferenz wohl aufgeregt, aber nicht ernsthaft besorgt oder deprimiert gewesen war. Ich weiß, er beging Selbstmord; man kann der Polizei in einem solchen Fall nichts vormachen; aber warum?«

»Ich bezweifle«, brachte Adele Bosley vor, »daß Sie wissen, wie sich ein Sänger — besonders ein großer Künstler wie Mion —, wie er sich fühlt, wenn er keinen Ton herausbekommt, wenn er nicht einmal sprechen kann, höchstens ganz leise oder im Flüsterton. Es ist schauderhaft.«

»Immerhin, man wurde nie ganz schlau aus ihm.« Rupert Grove hatte offensichtlich beschlossen, noch einen Diskussionsbeitrag zu liefern. »Ich habe ihn bei Proben Arien wie ein Engel singen hören und dann in Tränen davonstürzen sehen, weil er glaubte, einen Ton unrein gebracht zu haben. In der einen Minute himmelhoch jauchzend, in der nächsten zu Tode betrübt.«

Wolfe grunzte. »Dennoch ist jedes Wort, das irgend jemand während dieser zwei Stunden vor seinem Selbstmord mit ihm gewechselt hat, für diese Untersuchung wichtig, um Mrs. Mions moralischen Standpunkt festzulegen. Ich möchte erfahren, wo Sie sich an jenem Tag aufhielten, nach der Besprechung bis gegen sieben Uhr, und was Sie taten.«

»Mein Gott!« Richter Arnold warf die Arme in die Luft. Dann senkte er sie wieder. »Also gut, es wird spät. Wie Miss Bosley Ihnen erzählte, verließen mein Klient und ich gemeinsam Mions Studio. Wir gingen in die Churchill-Bar, tranken und unterhielten uns. Ein wenig später gesellte sich Miss James zu uns, blieb auf einen Drink — ich nehme an, eine halbe Stunde — und ging. Mr. James und ich blieben zusammen bis nach sieben Uhr. Während dieser Zeit setzte sich keiner von uns mit Mion in Verbindung oder vermittelte einem Dritten ein Treffen mit ihm. Ich glaube, damit ist es genug.«

»Vielen Dank«, sagte Wolfe höflich. »Sie bestätigen das selbstverständlich, Mr. James?«

»Selbstverständlich«, erwiderte der Bariton mürrisch. »Das Ganze ist ein verdammter Blödsinn.«

»Ja, es beginnt sich danach anzuhören«, pflichtete Wolfe ihm bei. »Dr. Lloyd? Wenn Sie nichts dagegen haben?«

Das hatte er nicht, denn er war durch vier reichliche Portionen unseres besten Bourbons durchaus wohlwollend gestimmt, und er machte auch keine Mätzchen. »Keineswegs«, sagte er bereitwillig. »Ich habe bei fünf Patienten Besuche gemacht, zwei an der oberen Fifth Avenue, einen an der 60. Straße und zwei im Krankenhaus. Etwas nach sechs kam ich nach Hause und war gerade mit meiner Toilette, nachdem ich ein Bad genommen hatte, fertig, als Fred Weppler mich wegen Mion anrief. Natürlich kam ich sofort.«

»Sie hatten Mion weder gesehen noch mit ihm telefoniert?«

»Nicht nach der Konferenz. Vielleicht hätte ich es tun sollen, aber der Gedanke kam mir überhaupt nicht — ich bin kein Psychiater, ich war nur sein Arzt.«

»Er war recht aufgekratzt, nicht wahr?«

»Ja, das stimmt.« Lloyd schürzte die Lippen. »Das ist natürlich kein medizinischer Fachausdruck.«

»Weit davon entfernt«, stimmte Wolfe zu. Dann suchte sein Blick ein neues Opfer. »Mr. Grove, Sie brauche ich nicht zu fragen, ob Sie Mion angerufen haben, da bereits feststeht, daß Sie es taten. So gegen fünf Uhr?«

Rupert der Dicke neigte wiederum seinen Kopf zur Seite. Offenbar war das seine Lieblingspose bei einem Gespräch. »Es war nach fünf«, verbesserte er Wolfe. »Mehr gegen Viertel nach fünf.«

»Von wo aus telefonierten Sie?«

»Vom Harvard Club.«

Verdammt noch mal, dachte ich, das Publikum des Harvard Clubs mußte ziemlich gemischt sein.

»Was wurde gesprochen?«

»Nicht viel.« Groves Lippen verzogen sich. »Es geht Sie einen feuchten Kehricht an, wissen Sie, aber die andern haben eingewilligt, und ich mache mit. Ich hatte vergessen, ihn zu fragen, ob er ein gewisses Produkt für tausend Dollar bestätigen würde, und die Agentur verlangte einen Bescheid. Wir sprachen kaum drei Minuten miteinander. Zuerst lehnte er ab, dann stimmte er zu. Das war alles.«

»Sprach er wie ein Mann, der im Begriff ist, sich selbst zu töten?«

»Nicht im geringsten. Er war mürrisch, aber das war verständlich, da er noch immer nicht singen konnte und auch nicht vor Ablauf von zwei Monaten damit zu rechnen war.«

»Was taten Sie nach dem Gespräch mit Mion?«

»Ich blieb im Club. Ich aß dort zu Abend und war damit noch nicht ganz fertig, als die Nachricht von Mions Selbstmord eintraf. So kam ich um meine Eiscreme und Kaffee.«

»Zu dumm. Als Sie mit Mion telefonierten, versuchten Sie nochmals, ihn dazu zu überreden, seine Forderungen gegenüber James nicht auf die Spitze zu treiben?«

Groves Kopf fuhr in die Höhe. »Was tat ich?« fragte er.

»Sie haben mich genau verstanden«, entgegnete Wolfe brüsk. »Was ist daran so verwunderlich? Selbstverständlich hat Mrs. Mion mich informiert, da ich sie vertrete. Sie war von Anfang an gegen Mions Geldforderungen und versuchte sie ihm auszureden. Sie führten an, daß die Publicity so nachteilig sein würde, daß es sich einfach nicht lohnte. Er verlangte, daß Sie seine Forderungen unterstützten, und drohte, Ihren Vertrag zu lösen, falls Sie sich weigerten. Ist das richtig?«

»Nein, keinesfalls.« Groves schwarze Augen sprühten. »Es war ganz und gar nicht so! Ich sagte ihm lediglich meine Meinung. Als beschlossen wurde, die Forderung zu erstellen, willigte ich ein.« Seine Stimme schwang sich noch eine Stufe höher, was ich nie für möglich gehalten hätte. »Ganz gewiß tat ich das!«

»Ich verstehe.« Wolfe wollte keinen Streit. »Wie stellen Sie sich nun zu Mrs. Mions Forderung?«

»Ich glaube nicht, daß sie einen Anspruch hat. Ich denke nicht, daß sie etwas einkassieren kann. Wenn ich an James' Stelle wäre, würde ich ihr ganz gewiß keinen Cent geben.«

Wolfe nickte. »Sie mögen sie nicht, stimmt das?«

»Offen gestanden, nein. Ich habe sie noch nie gemocht. Muß ich sie leiden können?«

»Nein, gewiß nicht. Besonders, da sie Sie auch nicht mag.« Wolfe rückte sich auf seinem Sessel zurecht und lehnte sich zurück. Aus der schnurgeraden Linie, die seine Lippen bildeten, schloß ich, daß der nächste Punkt auf der Liste ihm unsympathisch war, und ich verstand auch, warum, als ich sah, wie sich sein Blick auf Clara James heftete. Ich möchte wetten, daß er den Auftrag nicht übernommen hätte, wenn er vorher gewußt hätte, mit jener Person verhandeln zu müssen. Er polterte sie an: »Miss James, Sie sind unserem Gespräch gefolgt?«

»Ich habe mich schon gefragt«, klagte sie, als ob sie eine Beschwerde mühsam unterdrückte, »ob Sie mich weiterhin übersehen würden. Ich war nämlich auch dabei, wissen Sie.«

»Ich weiß. Ich habe Sie nicht vergessen.« Sein Ton gab zu verstehen, wie gerne er es getan hätte. »Als Sie mit Ihrem Vater und Richter Arnold in der Churchill-Bar einen Drink nahmen, schickten die beiden Sie in Mions Studio hinauf – weshalb?«

Arnold und James protestierten auf der Stelle und zu gleicher Zeit. Wolfe, der sie nicht beachtete, wartete auf Claras Antwort, die von den anderen Stimmen übertönt wurde.

». . . und hatten nichts damit zu tun«, endete sie. »Ich ging aus eigenem Entschluß.«

»Es war Ihr eigener Einfall?«

»Ganz und gar. Ab und zu habe ich selbst auch einmal einen.«

»Weshalb gingen Sie?«

»Sie brauchen nicht zu antworten, meine Liebe«, bedeutete ihr Arnold. Sie beachtete ihn nicht. »Sie erzählten mir, was bei der Unterredung vorgefallen war, und ich war wütend. Ich fand, daß es ein Überfall war — aber das wollte ich Alberto nicht sagen. Ich dachte, ich könnte es ihm ausreden.«

»Sie wollten an ihn appellieren, um der alten Zeiten willen?«

Sie schien belustigt. »Sie haben eine ganz wonnige Art, die Dinge zu benennen: Stellen Sie sich ein Mädchen meines Alters mit ›alten Zeiten‹ vor!«

»Es freut mich, daß Ihnen mein Stil gefällt, Miss James.« Wolfe kochte vor Wut. »Jedenfalls gingen Sie zu ihm. Und kamen gegen Viertel nach sechs an?«

»So ungefähr, ja.«

»Haben Sie Mion gesehen?«

»Nein.«

»Warum nicht?«

»Er war nicht dort. Wenigstens ...« Sie hielt inne. Ihre Augen funkelten nicht mehr ganz so. »Das dachte ich wenigstens damals«, setzte sie fort. »Ich fuhr bis zum dreizehnten Stock und läutete an der Tür zum Studio. Es ist eine laute Klingel — er wollte sie so laut, damit sie seinen Gesang und das Klavier übertönen konnte, wenn er übte —, aber ich konnte sie vom Flur aus nicht hören, denn die Tür ist ebenfalls schalldicht. Nachdem ich den Klingelknopf einigemal gedrückt hatte, war ich nicht sicher, ob die Klingel funktionierte, deshalb klopfte ich an die Tür. Ich führe gerne alles, was ich einmal begonnen habe, zu Ende, und ich dachte, daß er da sein müßte; deshalb klingelte ich noch mehrmals und zog sogar meinen Schuh aus und klopfte mit dem Absatz an die Tür. Dann ging ich die Flurtreppe in den zwölften Stock hinunter und klingelte an der Wohnungstür. Das war wirklich dämlich, denn ich weiß, wie sehr Mrs. Mion mich haßt, aber jedenfalls tat ich es. Sie kam an die Tür und sagte, sie glaubte, Alberto sei oben im Studio. Ich erwiderte, daß er nicht dort sei, und sie schlug mir die Tür vor der Nase zu. Ich ging nach Hause und mixte mir einen Drink – übrigens, dies ist wirklich ein guter Scotch, das muß ich zugeben, obgleich ich noch nie von dieser Marke gehört habe.«

Sie hob ihr Glas und schüttelte es, um das Eis herumzuwirbeln. »Noch mehr Fragen?«

»Nein«, brummte Wolfe. Er sah auf die Wanduhr und dann über die Reihe der Gesichter hin. »Ich werde bestimmt Mrs. Mion darüber Bericht erstatten, daß Sie mit Tatsachen nicht hinter dem Berg gehalten haben.«

»Und was sonst?« erkundigte sich Arnold.

»Ich weiß nicht. Wir werden sehen.«

Das mißfiel ihnen. Ich hätte es nicht für möglich gehalten, daß es ein Thema gab, bei dem zwischen diesen sechs Personen friedliche Einmütigkeit herrschte, aber Wolfe schaffte dieses Kunststück mit sechs Worten. Sie wollten einen Urteilsspruch; oder in Ermangelung dessen zumindest eine Meinungsäußerung; wenn nicht das, so doch wenigstens einen Wink. Adele Bosley war hartnäckig, Rupert der Dicke war so empört, daß er quiekte, und Richter Arnold war nahe dran, bösartig zu werden. Wolfe blieb bis zu einem gewissen Punkt geduldig, stand jedoch schließlich auf und wünschte ihnen gute Nacht, ganz als ob ihm dieser Wunsch aus dem Herzen käme. Die Versammlung schloß mit einem derartigen Mißklang, daß beim Aufbruch nicht einer von ihnen mit einem Dankeswort für alle Erfrischungen herausrückte, nicht einmal Adele, die Expertin für Werbung, oder Dr. Lloyd, der praktisch die ganze Bourbonflasche verkonsumiert hatte.

Als die Haustür geschlossen und zur Nacht verriegelt war, kehrte ich ins Büro zurück. Zu meiner Verwunderung war Wolfe noch auf den Beinen. Er stand drüben bei der Bücherwand und stierte auf die Buchrücken.

»Unruhig?« fragte ich freundlich.

Er drehte sich um und sagte herausfordernd: »Ich möchte noch eine Flasche Bier.«

»Quatsch. Sie haben schon fünf seit dem Essen gehabt.« Ich machte mir nicht die Mühe, meine Antwort mit viel Gefühl zu würzen, da dieses der vertraute Lauf der Dinge war. Er selbst hatte sich ein Soll von fünf Flaschen zwischen Abendessen und Schlafenszeit gesetzt und hielt sich für gewöhnlich daran. Wenn jedoch irgend etwas seine Laune auf den Nullpunkt trieb, schob er gerne die Verantwortung von sich ab, um auch auf mich sauer sein zu können.

Das gehörte eben zu meinem Aufgabenbereich. »Nichts zu machen«, erklärte ich bestimmt. »Ich habe sie gezählt, fünf. Wo liegt denn der Hase im Pfeffer? Einen ganzen Abend vertan, und noch immer keinen Mörder?«

»Pah.« Er kniff die Lippen zusammen. »Das ist es nicht. Wenn das alles wäre, könnten wir den Fall abschließen, ehe wir zu Bett gehen. Es ist jene verwünschte geflügelte Waffe.« Er stierte mich unter zusammengezogenen Brauen an, als ob er den Verdacht hegte, auch ich könnte Flügel haben. »Ich könnte sie natürlich einfach übergehen — nein. Nein, in Anbetracht des Zustandes, in dem sich unsere Klienten befinden, wäre das tollkühn. Wir müssen es aufklären. Es gibt keine andere Wahl.«

»Ekelhaftes Ärgernis. Kann ich behilflich sein?«

»Ja. Rufen Sie als erstes morgen früh Mr. Cramer an. Bitten Sie ihn, um elf Uhr hier zu erscheinen.«

Ich hob die Brauen. »Aber er interessiert sich nur für Mordfälle. Soll ich ihm sagen, daß wir einen solchen auf Lager haben?«

»Nein. Sagen Sie ihm lediglich, ich garantiere ihm, daß es die Mühe lohnt.« Wolfe trat einen Schritt auf mich zu. »Archie.«

»Ja, Sir?«

»Ich hatte einen schlechten Abend, und ich brauche noch eine Flasche.«

»Kommt nicht in Frage. Keine Chance.« Fritz war hereingekommen, und wir machten uns ans Aufräumen. »Es ist nach Mitternacht, und Sie sind im Weg. Gehen Sie zu Bett.«

»Eine wird ihm nicht schaden«, murmelte Fritz.

»Sie sind vielleicht eine Rückendeckung«, sagte ich erbittert. »Ich warne Sie beide, ich habe einen Revolver in der Tasche. Meine Güte, was für ein Haushalt!«

5

Neun Monate im Jahr stand Inspektor Cramer von der Mordabteilung, der groß, breit und im Begriff zu ergrauen war, sein Beruf gut zu Gesicht; doch im Sommer färbte die Hitze sein Gesicht derartig rot, daß er ein wenig aufgedonnert wirkte. Er wußte das und mochte es nicht, und folglich war es etwas schwieriger, im August mit ihm fertig zu werden als im Januar. Falls sich für mich eine Gelegenheit ergibt, in Manhattan einen Mord zu begehen, hoffe ich, daß es im Winter ist.

Am Dienstag nachmittag saß er im roten Ledersessel und beäugte Wolfe ohne Herzlichkeit. Durch eine andere Verabredung aufgehalten, hatte er es nicht um elf Uhr schaffen können, die Stunde, zu der Wolfe die Vormittagsschicht bei seinen Orchideen oben in den Gewächshäusern zu vertagen pflegt.

Wolfe war auch nicht in strahlendster Laune, und ich machte mich auf allerhand Theater gefaßt. Ich war auch neugierig, wie Wolfe es anstellen würde, Informationen über einen Mord von Cramer zu ergattern, ohne auszuplaudern, daß dieser Mord stattgefunden hatte. Denn Cramer war keineswegs ein Tölpel.

»Ich bin auf meinem Weg in die Vororte«, brummte Cramer, »und habe nicht viel Zeit.«

Das war wahrscheinlich eine nackte Lüge. Er wollte nur nicht zugeben, daß ein Inspektor der New-Yorker Polizei einen Privatdetektiv auf dessen Wunsch aufsuchte, selbst wenn es Nero Wolfe war und ich ihm erzählt hatte, daß wir ein heißes Eisen hatten.

»Um was handelt es sich?« fragte er murrend. »Die Dickinson-Sache? Wer hat Sie da schon wieder hineingezerrt?«

Wolfe schüttelte den Kopf. »Keiner, Gott sei Dank. Es handelt sich um den Mord an Alberto Mion.«

Ich gaffte ihn an. Das ging über mein Begriffsvermögen. Er hatte einfach sofort die Katze aus dem Sack gelassen, während ich dachte, daß der springende Punkt darin bestand, daß es überhaupt keine Katze gab.

»Mion?« fragte Cramer uninteressiert. »Keiner meiner Fälle.«

»Wird es aber bald sein. Alberto Mion, der berühmte Opernsänger. Vor vier Monaten, am 19. April. In seinem Studio in der East End Avenue. Erschossen ...«

»Ach so.« Cramer nickte. »Ja, ich entsinne mich. Aber Sie übertreiben ein wenig. Es war Selbstmord.«

»Nein, es war vorsätzlicher Mord.«

Cramer betrachtete ihn drei Atemzüge lang. Dann nahm er ohne Eile eine Zigarre aus seiner Tasche, untersuchte sie und steckte sie sich zwischen die Lippen. Nach einem Moment nahm er sie wieder heraus.

»Ich habe immer gewußt«, stellte er fest, »daß man bei Ihnen unweigerlich mit Kopfschmerzen rechnen kann. Wer sagt, daß es Mord war?«

»Ich bin zu diesem Schluß gekommen.«

»Dann ist der Fall ja klar.« Cramers Sarkasmus war für gewöhnlich etwas zähflüssig. »Haben Sie sich ein wenig um Beweismaterial gekümmert?«

»Ich habe keins.«

»Gut. Beweise verwirren einen Mordfall nur.« Cramer steckte sich die Zigarre wieder in den Mund und explodierte. »Seit wann halten Sie Ihre Sätze so verdammt kurz? Fangen Sie endlich an, auszupacken!«

»Ja ...« Wolfe dachte nach. »Es ist etwas schwierig. Sie sind wahrscheinlich nicht mit den Einzelheiten vertraut, da es so lange her ist und als Selbstmord registriert wurde.«

»Ich erinnere mich gut daran. Wie Sie sagten, er war berühmt. Schießen Sie los.«

Wolfe lehnte sich zurück und schloß die Augen. »Unterbrechen Sie mich, wenn es nötig ist. Ich hatte gestern abend sechs Gäste hier zu einer Besprechung.« Er nannte ihre Namen und beschrieb sie näher. »Fünf von ihnen nahmen an einer Konferenz in Mions Studio teil, die zwei Stunden, ehe man ihn tot auffand, endete. Die sechste, Miss James, klopfte um Viertel nach sechs an die Studiotür und erhielt keine Antwort, wahrscheinlich weil er da schon tot war. Meine Schlußfolgerung, daß Mion ermordet wurde, gründet sich auf Dinge, die ich gehört habe. Ich werde sie Ihnen nicht wiederholen – weil das zu lange dauern würde, weil es eine Frage der Betonung und der Deutung ist und weil Sie sie bereits gehört haben.«

»Ich war gestern abend nicht dabei«, sagte Cramer trocken.

»Das stimmt. Statt ›Sie‹ hätte ich lieber ›die Polizei‹ sagen sollen. Es muß sich alles in den Akten befinden. Man hatte sie damals verhört, und sie haben ihre Geschichten erzählt, wie sie mir erzählt haben. Dort können Sie alles erfahren. Haben Sie schon jemals erlebt, daß ich meine Worte zurücknehmen mußte?«

»Ich weiß, daß es Zeiten gab, wo ich sie Ihnen liebend gerne in den Hals zurückgestopft hätte.«

»Aber Sie haben es nie getan. Und hier sind noch einmal drei, die ich nicht zurückzunehmen brauche: Mion wurde ermordet. Ich will Ihnen jetzt nicht erklären, wie ich zu diesem Schluß kam; studieren Sie Ihre Akten.«

Cramer beherrschte sich mühsam. »Ich brauche sie nicht zu studieren«, sagte er, »bis auf eine Einzelheit – wie er ermordet wurde. Wollen Sie sagen, daß er zwar die Waffe selber abfeuerte, aber dazu gezwungen wurde?«

»Nein. Der Mörder feuerte die Waffe ab.«

»Das muß ein beachtlicher Mörder gewesen sein. Es ist ein ganz bemerkenswertes Kunststück, den Mund eines Kerls aufzuhalten und einen Revolver hineinzustecken, ohne daß das Opfer sich wehrt. Macht es Ihnen etwas aus, ihn mir zu nennen?«

Wolfe schüttelte den Kopf. »So weit bin ich noch nicht gekommen. Aber der Einwand, den Sie erheben, macht mir keine Sorgen; der kann überwunden werden. Es ist etwas anderes.« Er beugte sich vor, ganz ernst. »Hören Sie, Mr. Cramer. Es wäre für mich nicht unmöglich gewesen, mit dieser Sache allein fertig zu werden, Ihnen den Mörder mitsamt den Beweisen abzuliefern, mich in die Brust zu werfen und ein Rad zu schlagen. Doch erstens einmal habe ich keinen Ehrgeiz, Sie als Hanswurst hinzustellen, denn Sie sind keiner; und zweitens brauche ich Ihre Hilfe. Ich bin jetzt nicht in der Lage, Ihnen zu beweisen, daß Mion ermordet wurde. Ich kann Ihnen nur versichern, daß es so war, und wiederholen, daß ich das nicht zurückzunehmen brauche, und Sie ebenfalls nicht. Ist das nicht genug, zumindest, um Ihr Interesse zu wecken?«

Cramer hörte auf, die Zigarre zu zerkauen. Anzünden tat er sich nie eine. »Sicher«, sagte er grimmig. »Himmel, bin ich interessiert. Wieder einmal ein erstklassiges Kopfzerbrechen. Ich fühle mich geschmeichelt, daß Sie meine Hilfe wünschen. Inwiefern?«

»Ich möchte, daß Sie zwei Leute als Hauptzeugen festnehmen lassen, sie ausfragen und sie dann gegen Bürgschaft freilassen.«

»Welche zwei? Warum nicht alle sechs?« Ich habe ja vor seinem deftigen Sarkasmus gewarnt.

»Doch« — Wolfe ignorierte ihn —, »unter klar bestimmten Bedingungen. Sie dürfen nicht erfahren, daß ich dafür verantwortlich bin; sie dürfen nicht einmal wissen, daß ich mit Ihnen gesprochen habe. Die Verhaftungen sollten heute am Spätnachmittag oder frühen Abend vorgenommen werden, so daß sie die ganze Nacht und morgen früh, bis sie für eine Kaution gesorgt haben, in Haft bleiben. Die Kaution braucht nicht hoch zu sein; das ist nicht von Belang. Das Verhör sollte ziemlich lange und streng sein, nicht nur ein Scheingefecht, und wenn sie wenig oder keinen Schlaf bekommen, um so besser. Natürlich ist so etwas für Sie nur eine Routinemaßnahme.«

»Ja, so etwas machen wir am laufenden Band.« Cramers Ton blieb unverändert. »Aber wenn wir mit einem Haftbefehl kommen, so haben wir gerne einen triftigen Grund dafür. Wir wollen nicht anführen, daß wir nur Nero Wolfe einen Gefallen erweisen wollten. Ich möchte mich an die Gepflogenheiten halten.«

»Für diese beiden gibt es Gründe in Hülle und Fülle. Sie *sind* Hauptzeugen. Das sind sie tatsächlich.«

»Sie haben ihre Namen nicht genannt. Wer ist es?«

»Der Mann und die Frau, die die Leiche fanden. Mr. Frederick Weppler, der Musikkritiker, und Mrs. Mion, die Witwe.«

Diesmal fielen mir nicht die Augen aus dem Kopf, aber ich mußte mich doch schnell zusammenreißen. Das war ein unglaublicher Streich. Hin und wieder habe ich erlebt, wie Wolfe alles tat, bei einigen Gelegenheiten sogar zuviel tat, um einen Klienten vor der Verhaftung zu bewahren. Er sieht das als eine unerträgliche persönliche Beleidigung an. Und hier bekniete er praktisch das Gesetz, Fred und Peggy abzuführen, wo ich ihren Scheck über fünftausend Dollar gerade erst gestern eingelöst hatte!

»Oh«, meinte Cramer. »Die beiden?«

»Ja, Sir«, versicherte ihm Wolfe beflissen. »Wie Sie wissen oder aus den Akten erfahren können, gibt es genug, wonach man sie fragen kann. Mr. Weppler war an jenem Tag mit andern Gästen zum Lunch dort, und als die andern gingen, blieb er bei Mrs. Mion. Was wurde besprochen? Was taten sie an jenem Nachmittag? Wo waren sie gewesen? Warum kehrte Mr. Weppler um sieben Uhr zu Mions Wohnung zurück? Warum gingen er und Mrs. Mion zusammen zum Studio hinauf? Nachdem sie die Leiche gefunden hatten – warum begab Weppler sich nach unten, noch ehe er die Polizei benachrichtigte, um eine Namensliste von dem Pförtner und dem Fahrstuhlführer zu erhalten? Eine ungewöhnliche Handlungsweise. Hielt Mion für gewöhnlich ein Nachmittagsschläfchen? Schlief er mit offenem Mund?«

»Sehr zu Dank verpflichtet«, knurrte Cramer nicht eben dankbar. »Sie sind ein Zauberkünstler im Fragenausdenken. Aber selbst wenn Mion einen Nachmittagsschlaf mit offenem Mund hielt, bezweifle ich, daß er das im Stehen tat. Und nachdem die Kugel seinen Kopf verließ, ging sie, wie ich mich entsinne, in die Decke. Also.« Cramer preßte seine Handfläche gegen die Armlehnen, und die Zigarre in seinem Mund neigte sich ungefähr zu dem Winkel, in dem die Waffe wahrscheinlich in Mions Mund gesteckt hatte. »Wer ist Ihr Klient?«

»Nein«, lehnte Wolfe bedauernd ab. »Zu dieser Enthüllung bin ich noch nicht bereit.«

»Das dachte ich mir. Eigentlich gibt es nicht eine einzige verdammte Tatsache, die Sie enthüllt haben. Brüten Sie sie ruhig aus. Sie haben eine Schlußfolgerung nach Ihrem Geschmack angestellt, zum Nutzen eines Klienten, den Sie nicht nennen wollen, und Sie verlangen von mir, daß ich diese Schlußfolgerung teste, indem ich zwei unbescholtene Bürger verhafte und ihnen die

Daumenschrauben anlege. Ich habe schon genügend Kostproben Ihrer Unverschämtheit erlebt, aber dieses ist absolut der Gipfel, Himmeldonnerwetter!«

»Ich habe Ihnen gesagt, daß ich es nicht zurückzunehmen brauche, und Sie auch nicht. Falls —«

»Sie würden sogar eine Ihrer eigenen Orchideen verschlucken, wenn ein Honorar auf dem Spiel steht!«

Das setzte das Feuerwerk in Bewegung. Ich habe so manches Mal diese beiden ein Wortgefecht auskämpfen sehen und jede Minute davon genossen, doch dieser Kampf wurde so heiß, daß ich nicht ganz sicher war, ob ich ihn noch genoß. Um 12 Uhr 48 lehnte sich Wolfe mit geschlossenen Augen zurück und tat so, als ob er taub wäre. Um 12 Uhr 52 hämmerte er auf seinem Schreibtisch herum und schnaubte.

Um 13 Uhr 10 war alles vorbei. Cramer hatte eingewilligt und war wieder verschwunden. Er hatte eine Bedingung gestellt, nämlich, daß man zuerst die Akte prüfen und eine Personalkonferenz abhalten würde, aber das spielte keine Rolle, da die Verhaftungen aufgeschoben werden sollten, bis die Richter nach Hause gegangen waren. Er akzeptierte die Klausel, daß die Opfer nicht erfahren sollten, daß Wolfe seine Hand im Spiel hatte. So konnte wohl behauptet werden, daß er nachgegeben hatte, doch eigentlich gebrauchte er nur seinen gesunden Menschenverstand. Ungeachtet dessen, wie wichtig er Wolfes drei Worte nahm — und er wußte aus Erfahrung, wie riskant es war, Wolfe nicht ernst zu nehmen —, so machten sie es doch ziemlich deutlich, daß es keinem weh tun würde, wenn man Mions Tod noch einmal unter die Lupe nahm. In diesem Fall wäre ein Verhör mit dem Paar, das die Leiche gefunden hatte, ein Anfang so gut wie jeder andere. Tatsächlich war das einzige, was Cramer fast zum Ersticken brachte, Wolfes Weigerung, seinen Klienten anzugeben.

Als ich Wolfe zum Lunch ins Eßzimmer folgte, sprach ich zu seinem ausladenden Rücken: »Es gibt bereits achthundertundneun Leute im Stadtgebiet, die Sie vergiften möchten. Jetzt sind es achthundertundelf. Glauben Sie nicht, daß die beiden das früher oder später herausfinden?«

»Natürlich tun sie das«, räumte er ein und zog seinen Stuhl zurück. »Aber zu spät.«

Den restlichen Tag und den Abend über geschah überhaupt nichts, jedenfalls soweit wir wußten.

6

Am nächsten Morgen saß ich um 10 Uhr 40 hinter meinem Schreibtisch im Büro, als das Telefon klingelte. Ich nahm den Hörer ab und meldete mich: »Büro Nero Wolfe, Archie Goodwin am Apparat.«

»Ich möchte Mr. Wolfe sprechen.«

»Er ist vor elf Uhr nicht zu erreichen. Kann ich aushelfen?«

»Es ist dringend. Hier spricht Weppler, Frederick Weppler. Ich spreche von einer Zelle in einem Drugstore an der 9. Avenue in der Nähe der 20. Straße. Mrs. Mion ist bei mir. Wir sind verhaftet worden.«

»Guter Gott!« Ich tat entsetzt. »Weswegen?«

»Um uns über Mions Tod zu verhören. Sie hatten einen Haftbefehl für uns als Hauptzeugen. Sie hielten uns die ganze Nacht in Haft, und wir sind gerade gegen Kaution herausgekommen. Ich beauftragte einen Anwalt, die Kaution zu stellen, aber ich möchte nicht, daß er erfährt, daß wir Wolfe konsultiert haben. Er ist jetzt nicht hier. Wir möchten Wolfe sprechen.«

»Aber selbstverständlich«, stimmte ich nachdrücklich zu. »Das ist eine verdammte Ausschreitung. Kommen Sie her. Bis Sie hier sind, wird er aus seinen Gewächshäusern nach unten gekommen sein. Schnappen Sie sich ein Taxi.«

»Unmöglich. Deshalb rufe ich an. Zwei Geheimpolizisten beschatten uns, und wir wollen nicht, daß sie unseren Besuch bei Wolfe mitbekommen. Wie können wir sie abschütteln?«

Es hätte viel Zeit und Kraft gespart, ihnen einfach zu raten, herzukommen, da ein Paar offizieller Beschatter sie nicht zu beunruhigen brauchte. Aber ich hielt es für besser, das Spiel mitzuspielen.

»Um Himmels willen«, stöhnte ich angewidert. »Polypen verursachen mir Genickschmerzen. Hören Sie zu. Passen Sie genau auf!«

»Ja.«

»Begeben Sie sich zu der Feder Paper Company, in der 17. Straße Nr. 535. Fragen Sie im Büro nach Mr. Sol Feder. Stellen Sie sich als Mr. Montgomery vor. Er wird Sie durch eine schmale Passage in der 18. Straße führen. Genau dort, entweder am Bordstein oder daneben, wird ein Taxi mit einem Taschentuch um den Türgriff parken. Ich sitze drin. Verlieren Sie keine Zeit beim Einsteigen. Haben Sie verstanden?«

»Ich glaube schon. Wiederholen Sie nur noch einmal die Adresse.«

Das tat ich und bat ihn, mit seinem Start zehn Minuten zu warten, um mir Zeit zu lassen, dorthin zu gelangen. Als ich aufgelegt hatte, rief ich Sol Feder an, um ihn einzuweihen, benachrichtigte Wolfe durchs Haustelefon und machte mich auf den Weg.

Ich hätte ihn besser gebeten, mir fünfzehn oder zwanzig Minuten Vorsprung zu geben, denn ich erreichte meinen Posten in der 18. Straße ganz kanpp. Mein Taxi hatte gerade angehalten, und ich streckte meine Hand aus dem Fenster, um das Taschentuch am Türgriff zu befestigen, als sie schon aus der Passage stürzten, als ob der Teufel hinter ihnen her wäre. Ich riß die Tür weit auf, und Fred stieß Peggy praktisch hinein und tauchte hinterher.

»In Ordnung, Chauffeur«, sagte ich gemessen. »Sie wissen, wohin.« Und ab rollten wir.

Als wir in die 10. Avenue einbogen, fragte ich, ob sie schon gefrühstückt hätten, was sie ohne viel Begeisterung bejahten. Sie schienen in der Tat weit von jeglicher Begeisterung entfernt zu sein. Peggys ferderleichte grüne Jacke, die sie über einem gelbbraunen Baumwollkleid trug, war zerdrückt und nicht sehr sauber, und ihr Gesicht machte einen vernachlässigten Eindruck. Freds Haar sah aus wie einen Monat nicht gekämmt, und sein brauner leichter Sommerkammgarnanzug war alles andere als schmuck. Sie hielten Händchen, und ungefähr einmal pro Minute reckte sich Fred den Hals aus, um aus dem Rückfenster zu spähen.

»Wir sind tatsächlich freigekommen«, versicherte ich ihnen. »Ich habe mir Sol Feder gerade für einen solchen Notfall vorbehalten.«

Die Fahrt dauerte nur fünf Minuten. Als ich sie in das Büro geleitete, saß Wolfe bereits in seinem großen, nach Maß angefertigten Sessel hinter seinem Schreibtisch. Er erhob sich zu ihrer Begrüßung, bot ihnen Platz an, fragte, ob sie ordentlich gefrühstückt hätten, und erklärte, daß die Nachricht ihrer Festnahme ein unangenehmer Schock gewesen war.

»Zur Sache«, platzte Fred noch im Stehen heraus. »Wir kamen zu Ihnen, um einen vertraulichen Rat einzuholen, und achtundvierzig Stunden später verhaftet man uns. War das reiner Zufall?«

Wolfe hatte es endlich geschafft, sich wieder bequem in seinem Sessel einzurichten. »Das wird uns kaum helfen, Mr. Weppler«, sagte er ohne Groll. »Wenn Ihre Geistesverfassung so ist, gehen Sie besser erst einmal woandershin, um sich abzukühlen. Sie und Mrs. Mion sind meine Klienten. Die Unterstellung, ich wäre fähig, gegen die Interessen eines Klienten zu handeln, ist zu kindisch, um darüber zu streiten. Worüber hat die Polizei Sie ausgefragt?«

Aber Fred war nicht zufriedengestellt. »Sie spielen kein doppeltes Spiel«, räumte er ein, »das weiß ich. Aber wie ist es hier mit Goodwin? Er mag ebenfalls kein Betrüger sein, aber er kann in der Unterhaltung mit irgend jemandem unvorsichtig gewesen sein.«

Wolfe sah mich an. »Archie? Stimmt das?«

»Nein, Sir. Aber er kann sich seine Entschuldigung für später aufsparen. Beide hatten eine schlechte Nacht.« Ich blickte auf Fred. »Setzen Sie sich und entspannen Sie sich. Wenn ich eine unvorsichtige Zunge hätte, könnte ich mich keine Woche auf diesem Posten halten.«

»Es ist verdammt seltsam«, beharrte Fred. Er setzte sich. »Mrs. Mion ist meiner Meinung. Nicht wahr, Peggy?«

Peggy, im roten Ledersessel untergebracht, warf ihm einen Blick zu und schaute dann wieder Wolfe an. »Das war ich, glaube ich«, gestand sie. »Ja, das stimmt. Aber jetzt, wo ich hier sitze, Sie ansehe ...« Sie winkte ab. »Ach, lassen wir das. Es gibt keinen andern, zu dem wir gehen könnten. Wir kennen natürlich Rechtsanwälte, aber wir wollen mit keinem Anwalt darüber sprechen, was wir über die – die Waffe wissen. Wir haben es Ihnen bereits erzählt. Aber jetzt argwöhnt die Polizei etwas, und wir sind nur gegen Kaution freigelassen, und Sie müssen irgend etwas unternehmen!«

»Was haben Sie am Montagabend erfahren?« fragte Fred. »Sie wollten gestern nichts darüber sagen, als ich Sie anrief. Was haben die anderen erzählt?«

»Sie zählten Tatsachen auf«, erwiderte Wolfe. »Wie ich Ihnen am Telefon sagte, habe ich Fortschritte gemacht. Ich habe dem nichts hinzuzufügen – im Augenblick. Aber ich möchte wissen, ich *muß* wissen, in welcher Richtung die Polizei Sie ausholen wollten. Wußten sie von dem, was Sie mir über die Waffe berichtet hatten?«

Beide verneinten das.

Wolfe grunzte. »Dann kann ich mit Recht fordern, daß Sie Ihre Unterstellung, ich oder Mr. Goodwin hätten Sie hintergangen, zurückziehen. Worüber wurden Sie verhört?«

Die Beantwortung dieser Frage nahm eine gute halbe Stunde in Anspruch. Die Polizeibeamten hatten sich jedes Mosaikteilchen des Bildes, so wie sie es kannten, vorgenommen; und mit Cramers Anweisung, es gründlich zu machen, hatten sie auch kein Fitzelchen ausgelassen. Weit davon entfernt, sich nur auf Mions Todestag zu beschränken, hatten sie besondere Neugierde für Peggys und Freds Gefühle und Handlungen während der vorangegangenen und darauffolgenden Monate gezeigt. Mehrmals mußte ich mich auf die Zunge beißen, um die Frage zu unterdrücken, warum sie ihre Ausfrager nicht zum Teufel geschickt hatten. Aber eigentlich wußte ich es: Sie hatten Angst gehabt. Ein verängstigter Mann ist nur ein halber Mann. Als sie schließlich mit dem Bericht über ihre Schicksalsprüfung fertig waren, fühlte ich Mitleid mit ihnen und ein wenig Schuldbewußtsein anstelle von Wolfe, als mich dieser plötzlich aus meiner Stimmung riß.

Er hatte eine Weile mit einer Fingerspitze auf seiner Sessellehne getrommelt, heftete jetzt seinen Blick auf mich und schoß los: »Archie, stellen Sie Mrs. Mion einen Scheck über fünftausend Dollar aus.«

Sie starrten ihn an. Ich stand auf und ging zum Safe. Sie wollten wissen, was das Ganze sollte. Ich stand an der Safetür und spitzte die Ohren.

»Ich geb' es auf«, versetzte Wolfe knapp. »Ich kann Sie nicht ertragen. Am Sonntag sagte ich, daß einer von Ihnen oder Sie beide lügen, und Sie stritten das hartnäckig ab. Ich übernahm es, um Ihre Lüge herumzuarbeiten, und ich tat mein Bestes. Doch jetzt, da die Polizei mit Mions Tod Lunte gerochen hat, und besonders bei Ihnen, weigere ich mich, dieses Risiko länger einzugehen. Ich bin bereit, als Don Quichotte dazustehen, aber nicht als Dummkopf. Wenn ich jetzt mit Ihnen Schluß nache, müssen Sie wissen, daß ich Inspektor Cramer sofort über alles, was Sie mir erzählten, informieren werde. Ich muß Sie ebenfalls warnen, daß er mich gut kennt und mir glauben wird. Falls Sie, wenn die Polizei die nächste Runde mit Ihnen spielt, dumm genug sind, mir zu widersprechen, weiß der Himmel, was geschehen wird. Ihre einzige Chance liegt darin, die Wahrheit zuzugeben und die Polizei die Nachforschungen anstellen zu lassen, für die Sie mich engagiert hatten; aber ich sollte Sie auch warnen, daß sie keine Einfaltspinsel sind und auch erkennen werden, daß Sie lügen – zumindest einer von Ihnen. Archie, was stehen Sie da und halten Maulaffen feil? Holen Sie das Scheckheft.« Ich öffnete die Tür zum Safe.

Keiner von ihnen hatte einen Mucks von sich gegeben. Ich nehme an, daß sie zu müde waren, um normal zu reagieren. Als ich zu meinem Schreibtisch zurückkehrte, saßen sie nur da und starrten sich an. Als ich anfing, den Kontrollabschnitt auszufüllen, ließ sich Freds Stimme vernehmen.

»Das können Sie nicht machen. Das ist unmenschlich.«

»Pfui«, schnaubte Wolfe. »Sie beauftragen mich, Sie aus der Patsche zu ziehen, und belügen mich, und dann reden Sie von Menschlichkeit! Nur nebenbei, ich habe am Montag abend Erfolg gehabt. Ich habe alles, bis auf zwei Einzelheiten, aufgeklärt, aber das Verflixte ist, daß die eine von Ihnen abhängt. Ich muß einfach wissen, wer die Waffe neben die Leiche auf den Boden gelegt hat. Ich bin überzeugt, daß es einer von Ihnen beiden war, aber Sie wollen es nicht zugeben. So bin ich hilflos, und das ist schade, denn ich bin ebenfalls überzeugt, daß keiner von Ihnen in den Mord an Mion verwickelt ist. Wenn es —«

»Was heißt das?« fragte Fred. Jetzt funktionierte sein Reaktionsvermögen wieder. »Sie sind überzeugt, daß es keiner von uns beiden war?«

»Das bin ich.«

Fred war aufgesprungen. Er trat an Wolfes Schreibtisch, stützte seine Handflächen darauf, beugte sich vor und sagte heiser: »Ist das Ihr Ernst? Sehen Sie mich an. Öffnen Sie Ihre Augen und sehen Sie mich an! Ist das wahr?«

»Ja«, versicherte Wolfe ihm. »Das ist mein voller Ernst.«

Fred starrte ihn noch einen Moment lang an und richtete sich dann auf. »Nun gut«, sagte er, und seine Heiserkeit war wie weggeblasen. »Ich habe die Waffe auf den Boden gelegt.«

Peggy stieß einen Klagelaut aus. Sie segelte aus ihrem Stuhl zu ihm und packte seinen Arm mit beiden Händen. »Fred! Nein! Fred!« flehte sie ihn an. Ich hatte nicht gedacht, daß sie einer solchen Heulerei fähig sei, aber natürlich war sie völlig übermüdet. Er legte seine Hand über die ihre, entschied dann, daß das unzureichend war, und nahm sie in seine Arme. Eine Minute lang befaßte er sich ausschließlich mit ihr. Endlich wandte er sich wieder an Wolfe. »Vielleicht wird es mir leid tun, aber dann auch Ihnen. Bei Gott, auch Ihnen.« Er war fest davon überzeugt. »Also schön, ich habe gelogen. Ich legte die Waffe auf den Boden. Jetzt sind Sie dran.« Er hielt unsere Klientin fest umschlungen. »Ich habe es getan, Peggy. Sag nicht, daß ich es dir hätte beichten sollen — vielleicht wäre es richtiger gewesen —, aber ich konnte es nicht. Es kommt schon in Ordnung, Liebste, ganz bestimmt . . .«

»Setzen Sie sich«, brummte Wolfe böse. Nach einer Minute befahl er: »Verwünscht, setzen Sie sich!«

Peggy machte sich los. Fred ließ sie gehen, und sie kehrte zu ihrem Sessel zurück und ließ sich hineinfallen. Fred hockte sich auf die Lehne, legte den Arm um Peggy, und sie bedeckte seine Hand mit der ihren. Ihre Augen, mißtrauisch, ängstlich, trotzig und hoffnungsvoll, alles in einem, hefteten sich auf Wolfe.

Der blieb verärgert. »Ich nehme an«, begann er, »daß Sie sehen, wie die Dinge liegen. Sie haben absolut keinen Eindruck auf mich gemacht. Ich wußte bereits, daß einer von Ihnen die Waffe dorthin gelegt hatte. Wie könnte irgend jemand anders das Studio während dieser wenigen Minuten betreten haben? Die Wahrheit, die Sie mir gesagt haben, wird schlimmer als nutzlos, sie wird äußerst gefährlich sein, wenn Sie ihr nicht weitere Eröffnungen folgen lassen. Versuchen Sie es mit einer andern Lüge, und ich kann Ihnen für nichts mehr garantieren. Ich werde Sie nicht mehr retten können. Wo haben Sie sie gefunden?«

»Machen Sie sich keine Sorgen«, erwiderte Fred ruhig. »Sie haben es aus mir herausgewrungen, und Sie sollen die ganze Wahrheit hören. Als wir eintraten und die Leiche fanden, sah ich die Waffe dort, wo Mion sie ständig aufbewahrte: auf dem Sockel der Caruso-Büste. Mrs. Mion bemerkte sie nicht; sie blickte nicht in die Richtung. Ich ergriff die Waffe am Abzugsbügel und roch daran; sie war abgefeuert worden. Ich legte sie neben die Leiche auf den Boden, kehrte in die Wohnung zurück, ging hinaus und nahm den Fahrstuhl ins Erdgeschoß. Der Rest deckt sich mit dem, was ich Ihnen Sonntag erzählte.«

Wolfe grunzte. »Sie mögen in sie verliebt sein, aber von ihrer Intelligenz haben Sie nicht viel gehalten. Sie vermuteten, daß sie, nachdem sie ihn getötet hatte, nicht den Verstand besessen hatte, die Waffe dort liegen zu lassen, wo sie ihm aus der Hand hätte fallen können.«

»Das ist nicht wahr, verdammt noch mal!«

»Blödsinn. Natürlich dachten Sie das. Wen sonst hätten Sie schützen wollen? Und nachher brachte Sie das in arge Verlegenheit: als Sie ihr recht geben mußten, daß die Waffe bei Ihrem gemeinsamen Eintreten nicht dort lag, waren Sie hübsch in die Enge getrieben. Sie wagten nicht, ihr zu gestehen, was Sie getan hatten, weil sie selbstverständlich darauf folgern mußte, daß Sie sie im Verdacht hatten, besonders da sie selbst Sie anscheinend auch verdächtigte. Sie konnten nicht sicher sein, ob sie Sie tatsächlich im Verdacht hatte oder ob sie lediglich —«

»Ich hatte ihn nie im Verdacht«, erklärte Peggy bestimmt. Es war harte Arbeit, Bestimmtheit in ihre Stimme zu legen, aber sie schaffte es. »Und er hat mich auch nie verdächtigt, nicht wirklich. Wir waren nur nicht sicher — ganz und gar sicher —, und wenn man verliebt ist und es so bleiben soll, muß man restlos sicher sein.«

»Das stimmt«, pflichtete Fred ihr bei. Sie sahen sich an. »Das stimmt ganz genau.«

»In Ordnung, ich glaube Ihnen«, sagte Wolfe kurz. »Ich denke, Sie haben die Wahrheit gesagt, Mr. Weppler.«

»Ich weiß verdammt genau, daß es so war.«

Wolfe nickte. »Es hört sich so an. Ich habe ein gutes Ohr für die Wahrheit. Bringen Sie jetzt Mrs. Mion nach Hause. Ich muß arbeiten, aber zuerst muß ich darüber nachdenken. Wie ich sagte, handelte es sich um zwei Probleme, und Sie haben nur eines davon aus der Welt geschafft. Bei dem andern können Sie nicht behilflich sein. Gehen Sie nach Hause, und essen Sie etwas.«

»Wer will hier essen?« fragte Fred grimmig. »Wir wollen wissen, was Sie jetzt zu tun gedenken!«

»Ich muß mir die Zähne putzen«, warf Peggy ein. Ich bedachte sie mit einem bewundernden Blick. Die Fähigkeit weiblicher Wesen, derartige Dinge zu den unmöglichsten Zeiten auszusprechen, ist einer der Gründe, warum ich ihre Gesellschaft so liebe. Kein Mann auf der Welt hätte unter diesen Umständen das Gefühl gehabt, sich die Zähne putzen zu müssen, und das auch noch gesagt.

Außerdem vereinfachte es ihre Verabschiedung, ohne unhöflich werden zu müssen. Fred versuchte, auf seinem Recht zu bestehen, zu erfahren, was auf dem Programm stand, und bei der Betrachtung der Aussichten zu helfen. Schließlich mußte er sich jedoch Wolfes Ansicht anschließen, daß ein Mann bei der Beauftragung eines Experten nur noch die Autorität behält, diesen wieder zu verabschieden. Das, verbunden mit Peggys Verlangen nach einer Zahnbürste und Wolfes Versicherung, sie auf dem laufenden zu halten, brachte sie ohne großen Spektakel auf den Weg.

Als ich, nachdem ich sie hinausgelassen hatte, ins Büro zurückkam, trommelte Wolfe mit dem Papiermesser auf der Löschblattunterlage und betrachtete es stirnrunzelnd, obgleich ich ihm wohl hundertmal gesagt habe, daß dieses Verfahren das Löschblatt ruiniert. Ich holte das Scheckheft und legte es in den Safe zurück. Ich hatte auf dem Kontrollabschnitt nur das Datum eingetragen, ein Schaden war also nicht angerichtet.

»Noch zwanzig Minuten bis zum Lunch«, verkündete ich, schwang meinen Drehstuhl herum und ließ mich nieder. »Wird das reichen, um das zweite Problem unter Dach und Fach zu bringen?«

Keine Antwort.

Ich wollte nicht empfindlich sein. »Wenn Sie nichts dagegen haben – worin besteht eigentlich das zweite Problem?« erkundigte ich mich freundlich.

Wieder keine Antwort, aber nach einem Augenblick ließ Wolfe das Papiermesser fallen, lehnte sich zurück und stieß einen langen Seufzer aus.

»Dieser verwünschte Revolver«, grollte er. »Wie ist er vom Boden auf die Büste gelangt? Wer hat ihn angefaßt?«

Ich stierte ihn an. »Mein Gott«, klagte ich, »Ihnen kann man es nie recht machen. Gerade ließen Sie zwei Klienten inhaftieren und haben wie ein Hund geschuftet, um die Waffe von der Büste auf den Boden zu bekommen. Jetzt wollen Sie sie wieder vom Boden auf die Büste schaffen? Warum, zum Teufel?«

»Nicht wieder. Vorher.«

»Vorher? Vor was?«

»Vor der Entdeckung der Leiche.« Er warf mir einen schiefen Blick zu. »Was halten Sie davon? Ein Mann – oder eine Frau, das spielt keine Rolle – betrat das Studio und tötete Mion, und zwar so, daß es stark nach Selbstmord aussehen würde. Er hat es mit Überlegung so geplant; es ist nicht so schwierig, wie die überlieferte Theorie der Polizei annimmt. Dann legte er die Waffe auf den Sockel der Büste, fünf Meter von der Leiche entfernt – und machte sich davon. Was sagen Sie dazu?«

»Das ist doch ganz klar, so geschah es nicht, es sei denn, daß der Mörder nach dem Abdrücken plötzlich überschnappte, was ziemlich weit hergeholt klingt.«

»Haarscharf. Da er geplant hatte, es wie Selbstmord aussehen zu lassen, hatte er die Waffe neben die Leiche auf den Boden gelegt. Darüber besteht kein Zweifel. Aber Mr. Weppler fand den Revolver auf der Büste. Wer nahm ihn vom Boden und legte ihn auf die Büste, und wann, und warum?«

»Mhm.« Ich kratzte mir die Nase. »Das ist ärgerlich. Ich gebe zu, die Frage ist wichtig und bedeutungsvoll, aber warum, zum Teufel, haben Sie sie angeschnitten? Warum lassen Sie sie nicht einfach ruhen? Lassen Sie ihn oder sie verhaften, anklagen und vor Gericht bringen. Die Polizei wird bestätigen, daß die Waffe dort auf dem Boden lag, und das wird den Geschworenen gut in den Kram passen, da es nach zurechtfrisiertem Selbstmord riecht. Das Urteil, vorausgesetzt, daß Sie Einzelheiten, wie Motiv und Gelegenheit, zusammengeflickt haben: schuldig.« Ich winkte ab. »Ein Kinderspiel. Warum es überhaupt zur Sprache bringen, daß die Waffe so herumzappelte?«

Wolfe schnaubte. »Die Klienten. Ich muß mein Honorar verdienen. Ich soll ihnen die Last von der Seele nehmen, und sie wissen, daß die Waffe nicht auf dem Boden lag, als sie die Leiche entdeckten. Für die Geschworenen kann ich es nicht dabei bewenden lassen, daß die Waffe auf der Büste lag, und für die Klienten kann ich sie nicht auf dem Boden liegen lassen, wo sie der Mörder hingelegt hatte. Nachdem ich durch Mr. Weppler den Revolver von der Büste auf den Boden manövriert habe, muß ich nun weiter zurückgehen und ihn vom Boden zur Büste befördern. Das sehen Sie doch ein?«

»Nur zu deutlich.« Ich pfiff hilfesuchend. »Ich will verdammt sein. Was für Fortschritte machen Sie?«

»Ich habe gerade erst angefangen.« Er richtete sich auf und straffte sich. »Aber ich muß meinen Geist für den Lunch klären. Reichen Sie mir bitte Mr. Shanks Orchideenkatalog.« Das war für den Moment alles, und während der Mahlzeiten verbannte Wolfe geschäftliche Themen nicht nur aus der Unterhaltung, sondern auch aus der Luft. Nach dem Lunch ging er wieder ins Büro und machte es sich in seinem Sessel gemütlich. Eine Zeitlang saß er unbeweglich da, und dann begann er seine Lippen vorzuwölben und wieder einzukneifen, und ich wußte, daß er Schwerarbeit leistete. Da ich keine Ahnung hatte, was für einen Vorschlag er machen würde, die Waffe vom Boden auf die Büste zu schaffen, fragte ich mich, wie lange es wohl dauern würde und ob er wohl Cramer veranlassen müßte, noch jemanden einzusperren, und wenn ja, wen. Ich habe schon erlebt, wie er stundenlang so vor sich hin arbeitete, doch diesmal schaffte er es in zwanzig Minuten. Es war noch nicht ganz drei Uhr, als er mürrisch meinen Namen rief und die Augen öffnete.

»Archie.«

»Ja, Sir.«

»Ich kann es nicht tun. Sie müssen es.«

»Sie meinen, es prophezeien? Tut mir leid, ich bin beschäftigt.«

»Ich meine, es ausführen.« Er zog eine Grimasse. »Ich will es nicht übernehmen, mit dieser jungen Frau fertig zu werden. Es wäre ein Martyrium, und ich könnte alles verpfuschen. Es ist genau das richtige für Sie. Ihren Notizblock. Ich will ein Schreiben diktieren, und dann besprechen wir es.«

»Ja, Sir. Aber ich würde Miss Bosley eigentlich nicht gerade als jung bezeichnen.«

»Nicht Miss Bosley. Miss James.«

»Hui.« Ich angelte nach meinem Notizblock.

7

Um Viertel nach vier, als Wolfe sich oben in den Gewächshäusern der Nachmittagsschicht seinen Orchideen widmete, saß ich hinter meinem Schreibtisch, starrte finster das Telefon an und fühlte mich hundeelend. Ich hatte Clara James angerufen und sie zu einer Spritzfahrt in meinem Kabriolett eingeladen, und sie hatte mir einen Korb gegeben. Wenn sich das so anhört, als ob ich mich selber über alle Vernunft sympathisch finde, ist das ein Irrtum. Mir ist völlig klar, daß ich nur aus dem Grunde zu ungefähr tausend Verabredungen mit jungen Damen komme, weil ich keine Einladung austeile, wenn die Umstände nicht deutlich auf eine Annahme weisen. Doch so habe ich mich daran gewöhnt, ein »Ja« zu hören, und deshalb war ihr unberechtigtes »Nein« ein harter Schlag. Außerdem hatte ich mir die Mühe gemacht, mich in ein Pillater Hemd und einen leichten Sommeranzug zu zwängen, und da saß ich nun fein herausgeputzt wie ein Pfingstochse!

Ich braute mir drei Schlachtpläne zurecht und verwarf sie wieder, entwarf einen vierten und billigte ihn. Dann griff ich nach dem Hörer und wählte noch einmal dieselbe Nummer. Clara war, wie zuvor, am andern Ende der Leitung. Sobald sie festgestellt hatte, wer es war, wurde sie ungeduldig.

»Ich sagte Ihnen doch schon, daß ich eine Verabredung zum Cocktail habe! Bitte machen Sie —«

»Schweigen Sie!« fuhr ich sie grob an. »Ich habe einen Fehler gemacht. Ich war zu freundlich. Ich wollte Sie erst an die hübsche frische Luft spazierenführen, ehe ich Ihnen die Hiobsbotschaft übermittelte. Ich —«

»Was für eine Hiobsbotschaft?«

»Eine Dame hatte gerade Mr. Wolfe und mir erzählt, daß es außer ihr fünf Leute gibt, und vielleicht mehr, die wissen, daß Sie einen Schlüssel zu Alberto Mions Studio besaßen.« Stille. Manchmal ärgert mich Stille, aber gegen diese hatte ich nichts einzuwenden. Schließlich ertönte ihre Stimme, völlig unverändert: »Das ist eine dumme Lüge. Wer hat das gesagt?«

»Das habe ich vergessen. Und ich spreche nicht am Telefon darüber. Nur zwei Punkte. Erstens, wenn das bekannt wird, wie steht es dann mit Ihrem zehn Minuten langen Türklopfen bei dem Versuch, hineinzukommen, während er drinnen tot lag? Wo Sie einen Schlüssel besaßen? Das würde selbst einen Polizisten skeptisch machen. Zweitens, treffen Sie sich mit mir in der Churchill-Bar um Punkt fünf Uhr, und wir reden darüber. Ja oder nein?«

»Aber es ist so — Sie sind so —«

»Mund halten. Hat keinen Zweck. Ja oder nein?«

Noch einmal Stille, kürzer diesmal, und dann: »Ja«, und sie legte auf.

Ich lasse niemals eine Dame warten und sah keinen Grund, warum ich diesmal eine Ausnahme machen sollte, so fand ich mich acht Minuten vor der Zeit in der Churchill-Bar ein. Sie war geräumig, mit Klimaanlage versehen und in jeder Hinsicht gut ausgestattet. Selbst Mitte August war sie sowohl von weiblichen als auch von männlichen Gästen gut besucht. Ich bummelte einmal durch, blickte mich um, obgleich ich sie noch nicht erwartete, und war überrascht, als ich meinen Namen hörte und sie in einer Nische sitzen sah. Natürlich hatte sie keinen weiten Weg gehabt, aber davon abgesehen, hatte sie sich auffallend beeilt. Sie hatte bereits ein fast leeres Glas vor sich stehen. Ich gesellte mich zu ihr, und sofort tauchte ein Kellner auf.

»Was trinken Sie?« fragte ich sie.

»Scotch mit Eis.«

Ich bestellte zwei Scotch, und der Kellner trollte sich.

Sie beugte sich zu mir herüber und stieß in einem Atemzug hervor: »Hören Sie, das ist absolut albern. Erzählen Sie mir nur, wer Ihnen das gesagt hat. Pah, es ist völlig verrückt —«

»Einen Moment.« Ich unterbrach sie mehr mit meinem Blick als mit meiner Stimme. Ihre Augen funkelten mich an. »Das ist nicht der richtige Anfang, denn so kommen wir nicht weiter.« Ich holte ein Papier aus meiner Tasche und entfaltete es. Es war eine säuberlich getippte Kopie des von Wolfe diktierten Schriftstücks. »Der schnellste und bequemste Weg ist, dieses hier durchzulesen, dann wissen Sie, worum es geht.« Ich reichte ihr das Papier. Es war von jenem Tag datiert.

»Ich, Clara James, erkläre hiermit, daß ich am Dienstag, dem 19. April, den Wohnblock East End Avenue Nr. 620, New York City, gegen 18 Uhr 15 betrat und den Fahrstuhl zum 13. Stock nahm. Ich läutete an der Studiotür von Albert Mion. Keiner öffnete, und von drinnen war kein Laut zu vernehmen. Die Tür war nur angelehnt. Sie war nicht so weit geöffnet, daß sie einen Spalt zeigte, war aber weder eingeklinkt noch verschlossen. Nachdem ich nochmals geklingelt und keine Antwort erhalten hatte, öffnete ich die Tür und trat ein.

Alberto Mion lag auf dem Boden dicht neben dem Klavier. Er war tot. In seinem Kopf war ein Loch. Es bestand kein Zweifel, daß er tot war. Mir wurde schwindlig, und ich mußte mich auf den Boden setzen und meinen Kopf aufstützen, um nicht ohnmächtig zu werden. Die Leiche berührte ich nicht. Auf dem Boden lag ein Revolver, nicht weit von der Leiche, und ich hob ihn auf. Ich glaube, ich saß ungefähr fünf Minuten lang auf dem Boden, aber es kann auch etwas mehr oder weniger gewesen sein. Als ich wieder auf den Füßen stand und zur Tür gehen wollte, wurde mir bewußt, daß ich den Revolver noch in der Hand hielt. Ich legte ihn auf den Sockel der Caruso-Büste. Später erkannte ich, daß ich das nicht hätte tun sollen, aber in jenem Moment war ich zu betroffen und betäubt, um zu wissen, was ich tat.

Ich verließ das Studio, zog die Tür hinter mir ins Schloß, ging die Flurtreppe in den 12. Stock hinunter und läutete an der Tür von Mions Wohnung. Ich wollte Mrs. Mion benachrichtigen, doch als sie in der Tür erschien, konnte ich kein Wort hervorbringen. Ich konnte ihr einfach nicht sagen, daß ihr Mann tot oben im Studio lag. Später bedauerte ich das, aber jetzt sehe ich keinen Grund zu einem Bedauern oder für eine Entschuldigung, und ich konnte einfach kein Wort herausbekommen. Ich sagte, daß ich ihren Mann sprechen wollte und schon an der Studiotür geläutet hätte und daß niemand darauf geantwortet hätte. Dann klingelte ich nach dem Fahrstuhl, fuhr bis ins Erdgeschoß und ging nach Hause.

Da ich nicht fähig gewesen war, Mrs. Mion davon zu erzählen, sagte ich niemandem etwas. Ich hätte es meinem Vater gesagt, aber er war nicht zu Hause. Ich beschloß zu warten, bis er heimkam, um ihm davon zu berichten. Aber ehe er kam, rief mich eine Freundin an und teilte mir die Neuigkeit von Mions Selbstmord mit, und ich entschied, niemandem etwas zu sagen, nicht einmal meinem Vater, daß ich im Studio gewesen war, sondern nur zu bestätigen, daß ich auf den Klingelknopf gedrückt, geklopft und keine Antwort erhalten hätte. Ich dachte, es spielt keine Rolle, aber jetzt hat man mir erklärt, daß es wichtig sei, und deshalb gebe ich alles so an, wie es gewesen war.«

Als sie zum Schluß kam, erschien der Kellner mit den Getränken, und sie drückte das Schreiben gegen ihre Brust, als ob es ein Kartenblatt wäre. Während sie es dort mit ihrer Linken festhielt, griff sie mit der rechten Hand nach ihrem Glas und nahm einen großen Schluck Scotch. Ich nippte, um ihr Gesellschaft zu leisten, ebenfalls an meinem Glas.

»Ein Sack voller Lügen«, stieß sie dann entrüstet hervor.

»Ganz gewiß«, stimmte ich zu. »Ich habe gute Ohren, bitte sprechen Sie leise. Mr. Wolfe ist ganz und gar bereit, Ihnen eine Chance zu geben, und außerdem wäre es sowieso ein schönes Stück Arbeit, Sie zur Unterschrift zu bewegen, falls es die Wahrheit enthielte. Es ist uns völlig klar, daß die Studiotür verschlossen war und Sie sie mit Ihrem Schlüssel öffneten. Ebenfalls – nein, hören Sie mir eine Minute zu –, daß Sie die Waffe absichtlich aufhoben und sie auf den Büstensockel legten. Sie nahmen an, Mrs. Mion habe ihn umgebracht und die Waffe so liegengelassen, daß es nach Selbstmord aussah, und Sie wollten ihr Spiel durchkreuzen. Sie konnten nicht –«

»Wo waren Sie?« fragte sie verächtlich. »Hinter der Couch versteckt?«

»Unsinn. Wenn Sie keinen Schlüssel hatten, warum haben Sie

dann eine Verabredung abgesagt, um mit mir über das, was ich Ihnen am Telefon sagte, zu verhandeln? Was die Waffe betrifft, so konnten Sie nichts Dümmeres anstellen, selbst wenn Sie ein Jahr lang überlegt hätten. Wer würde glauben, daß ihn jemand so erschossen hatte, daß es nach Selbstmord aussah, und dann dumm genug war, die Waffe auf die Büste zu legen? Zu dämlich, um wahr zu sein, ehrlich. Aber Sie taten es.«

Ihr Verstand arbeitete so emsig, daß sie es nicht übelnahm, dumm genannt worden zu sein. Ihr Stirnrunzeln fältelte ihre glatte, bleiche Stirn und nahm das Funkeln aus ihren Augen. »Immerhin«, meuterte sie, »was hier steht, ist nicht nur nicht wahr, sondern unmöglich! Man fand die Waffe auf dem Boden, neben seiner Leiche, also kann es einfach nicht stimmen!«

»So.« Ich grinste sie an. »Es muß ein Schock für Sie gewesen sein, als Sie das in der Zeitung lasen. Da Sie ganz persönlich die Waffe auf der Büste deponiert hatten, wie konnte sie dann auf dem Boden gefunden werden? Offensichtlich hat jemand sie dorthin zurückgelegt. Ich nehme an, Sie glaubten, Mrs. Mion habe das ebenfalls getan, und es muß für Sie bitter gewesen sein, zu schweigen. Aber Ihnen blieb keine andere Wahl. Jetzt liegt der Fall anders. Mr. Wolfe weiß, wer die Waffe zurück auf den Boden gelegt hat, und er kann es beweisen. Was mehr ist, er weiß, daß Mion ermordet wurde, und auch das kann er beweisen. Nur noch eines steht ihm im Wege, nämlich die Klärung des Problems, wie die Waffe vom Boden auf die Büste gelangte.« Ich zog meinen Füllhalter heraus. »Setzen Sie Ihren Namen darunter, ich beglaubige es, und alles ist im Lot.«

»Sie meinen, ich soll diesen Wisch unterschreiben?« fragte sie verachtungsvoll. »*So* dämlich bin ich nun doch nicht.«

Ich fing den Blick des Kellners auf und deutete noch einmal auf unsere Gläser. Dann, um ihr Gesellschaft zu leisten, leerte ich mein Glas.

Ich begegnete ihrem Blick und paßte mich ihrem Stirnrunzeln an. »Schauen Sie, Blauäuglein«, versuchte ich ihr mit Vernunft beizukommen. »Ich treibe Ihnen nicht Pflöcke unter die Fingernägel. Ich behaupte nicht, daß wir beweisen können, daß Sie das

Studio betraten — ob mit Ihrem Schlüssel, oder weil die Tür nicht verschlossen war, spielt keine Rolle — und die Waffe aufhoben. Wir wissen, daß Sie es taten, da es sonst niemand getan haben kann, und Sie waren genau zur entsprechenden Zeit dort. Aber ich gestehe, daß wir keine Beweise dafür haben. Jedenfalls biete ich Ihnen einen wunderbaren Handel an.«

Ich deutete mit der Feder auf sie. »Passen Sie auf. Wir wollen diese Erklärung lediglich in Reserve halten, für den Fall, daß die Person, die die Waffe zurück auf den Boden legte, dumm genug ist, nicht den Mund zu halten, was recht unwahrscheinlich ist. Er würde sich nur —«

»Sie sagten ›er‹?« fragte sie.

»Machen Sie ›er‹ oder ›sie‹ draus. Wie Mr. Wolfe schon immer sagte — die Sprache braucht ein weiteres Pronomen. Er würde sich nur selber Ärger bereiten. Wenn er es nicht ausquatscht, und das wird er nicht, wird Ihre Erklärung überhaupt nicht gebraucht, aber wir müssen sie im Safe haben, für den Fall, daß er plaudert. Und noch etwas. Wenn wir diese Erklärung haben, würden wir uns nicht verpflichtet fühlen, der Polizei von Ihrem Schlüssel zur Studiotür zu erzählen; Schlüssel gingen uns dann nichts an. Und weiterhin würden Sie Ihrem Vater eine große Geldsumme sparen. Wenn Sie diese Erklärung unterschreiben, können wir den Fall von Mions Tod aufklären, und dann kann ich Ihnen garantieren, daß Mrs. Mion in keiner Verfassung sein wird, irgendwelche Ansprüche gegen Ihren Vater durchzusetzen. Sie wird zu sehr mit einer gewissen Angelegenheit beschäftigt sein.«

Ich bot ihr den Füllhalter an. »Machen Sie vorwärts und unterschreiben Sie.«

Sie schüttelte den Kopf, aber nicht sehr energisch, denn ihr Verstand arbeitete schon wieder. Ich erkannte, daß ihr Denkvermögen wenig trainiert war, und wappnete mich mit Geduld. Dann kam unsere Nachbestellung, und es entstand eine Pause; schließlich konnte man von ihr ja nicht erwarten, gleichzeitig zu denken und zu trinken. Doch schließlich focht sie sich ihren Weg zu dem Punkt, auf den ich gezielt hatte.

»Also wissen Sie es«, sagte sie voller Befriedigung.

»Wir wissen genug«, erwiderte ich dunkel.

»Sie wissen, daß sie ihn umgebracht hat und daß sie die Waffe auf den Boden zurücklegte. Ich wußte auch, daß sie es war, es gewesen sein mußte. Und jetzt können Sie es beweisen? Wenn ich unterschreibe, haben Sie den Beweis dafür?«

Natürlich hätte ich es bei Anspielungen bewenden lassen können, aber ich dachte: Zum Teufel, was soll's. »Gewiß können wir das«, versicherte ich ihr. »Mit dieser Erklärung sind wir startbereit. Sie ist das fehlende Glied. Hier ist der Füllhalter.«

Sie hob ihr Glas, leerte es in einem Zug, stellte es hin und, verdammt noch mal, sie schüttelte schon wieder den Kopf, diesmal mit Nachdruck. »Nein«, sagte sie rundheraus. »Ich will nicht.« Sie reichte mir das Papier. »Ich gebe zu, daß alles stimmt, und wenn sie vor Gericht vernommen wird und behauptet, die Waffe zurück auf den Boden gelegt zu haben, komme ich und beschwöre, daß ich sie auf die Büste gelegt habe. Aber unterschreiben werde ich nichts. Ich habe einmal etwas wegen eines Unfalls unterschrieben, und mein Vater nahm mir das Versprechen ab, nie wieder etwas zu unterschreiben, ohne es ihm vorher gezeigt zu haben. Ich kann es mitnehmen, ihm zeigen und es dann unterschreiben; und Sie können es heute abend oder morgen abholen.« Sie runzelte die Stirn. »Nur wußte er, daß ich einen Schlüssel hatte. Aber das könnte ich erklären.«

Aber sie hatte das Schriftstück nicht mehr. Ich hatte es an mich genommen. Wer mir jetzt vorwirft, ich hätte meine Taktik wechseln und mich weiter mit ihr herumraufen sollen, dem kann ich nur gratulieren, daß nicht er, sondern ich es war, der sie auf dem Hals hatte. Ich gab es auf. Ich zog meinen Taschenblock heraus, riß eine Seite ab und begann darauf zu schreiben.

»Ich könnte noch einen Drink vertragen«, bemerkte sie.

»In einer Minute«, murmelte ich und fuhr fort zu schreiben:

An Nero Wolfe
Ich erkläre hiermit, daß Archie Goodwin sein Bestes getan hat, mich zur Unterschrift der von Ihnen verfaßten Erklärung zu

überreden. Er hat mir ihren Zweck auseinandergesetzt, und ich habe ihm erzählt, warum ich es ablehnen mußte, sie zu unterschreiben.

»Hier«, sagte ich und reichte ihr den Zettel. »Hier geht es um keine amtliche Unterschrift, dieses ist nur eine Erklärung, daß Sie sich weigern, etwas zu unterschreiben. Ich brauche es, weil Mr. Wolfe weiß, wie sehr ich auf hübsche Mädchen fliege, besonders auf so gescheite Mädchen wie Sie; und wenn ich ihm seine Erklärung nicht unterschrieben zurückbringe, wird er denken, ich hätte noch nicht einmal einen Versuch unternommen. Er könnte mich sogar vor die Tür setzen. Schreiben Sie nur dort unten Ihren Namen hin.« Sie las es durch und nahm den Füllhalter. Sie lächelte mir mit funkelnden Augen zu. »Sie können mir nichts vormachen«, sagte sie nicht unfreundlich. »Ich weiß, wann ein Mann auf mich fliegt. Sie halten mich für kalt und berechnend.«

»So?« stieß ich ein wenig bitter hervor, aber nicht zu bitter. »Aber davon abgesehen, es steht nicht zur Debatte, ob ich auf Sie fliege oder nicht, sondern was Mr. Wolfe denken wird. Dieses wird mir nützlich sein. Recht vielen Dank.« Ich nahm ihr das Papier ab und blies über ihre Unterschrift, um sie zu trocknen. »Ich weiß, wann ein Mann auf mich fliegt«, stellte sie noch einmal fest.

Es gab weiter nichts für mich zu tun, aber ich hatte ihr praktisch noch einen Drink versprochen und hielt mein Versprechen.

Als ich in die 35. Straße zurückkam, war es nach sechs Uhr, und Wolfe hatte seine Sitzung in den Gewächshäusern beendet und war unten im Büro. Ich marschierte hinein und legte das nicht unterschriebene Schriftstück direkt vor ihn auf den Schreibtisch.

Er grunzte. »Na und?«

Ich ließ mich nieder und erzählte haarklein, wie alles vor sich gegangen war, bis zu ihrem Vorschlag, das Schreiben nach Hause zu nehmen, um es ihrem Vater zu zeigen.

»Tut mir leid«, sagte ich, »aber einige ihrer hervorstechendsten Eigenschaften gingen in jener Gesellschaft unter. Das ist keine Entschuldigung, nur eine Tatsache. Ihre geistigen Manöver können leicht in einer ausgehöhlten Erbse vonstatten gehen. Da ich weiß, was Sie von unbestätigten Berichten halten, und da ich Sie von der Wahrheit des meinigen überzeugen möchte, verschaffte ich mir zur Unterstützung Beweise. Hier ist ein Papier, das sie unterschrieben *hat.*«

Ich reichte ihm die Seite, die ich aus meinem Notizblock gerissen hatte. Er warf einen Blick darauf und blinzelte mir zu.

»Das hat sie unterschrieben?«

»Ja, Sir. In meiner Gegenwart.«

»In der Tat. Gut. Zufriedenstellend.«

Ich bestätigte diesen Tribut mit einem lässigen Nicken. Es kränkte mich ganz und gar nicht, wenn er »zufriedenstellend« in diesem Ton sagte.

»Eine kühne, flüssige Handschrift«, urteilte er. »Benutzte sie Ihren Füllhalter?«

»Ja, Sir.«

»Kann ich ihn einmal haben?«

Ich gab ihn ihm zusammen mit einigen Blatt Schreibmaschinenpapier und beobachtete stehend mit beifälligem Interesse, wie er »Clara James« wieder und wieder schrieb und jeden Versuch mit der Schriftprobe, die ich ihm verschafft hatte, verglich. Währenddessen nuschelte er vor sich hin:

»Höchst unwahrscheinlich, daß es überhaupt jemand zu sehen bekommt — außer unseren Klienten . . . Das ist besser . . . Es ist genug Zeit, sie alle vor dem Abendessen anzurufen — zuerst Mrs. Mion und Mr. Weppler — dann die andern . . . Sagen Sie ihnen, daß ich mir mein Urteil über Mrs. Mions Ansprüche gegen Mr. James gebildet habe . . . Wenn sie um neun Uhr heute abend kommen können . . . Ist das unmöglich, geht es auch morgen vormittag, um elf . . . Dann rufen Sie Mr. Cramer an . . . Sagen Sie ihm, er könnte am besten gleich einen seiner Männer mitbringen . . .«

Er strich die maschinengeschriebene Erklärung auf seinem Schreibtischlöschblatt glatt, fälschte Clara James' Unterschrift darunter und verglich sie mit der echten Unterschrift, die ich besorgt hatte.

»Mangelhaft, in den Augen eines Experten«, murmelte er, »aber sie wird niemals einem Experten unter die Augen kommen. Für unsere Klienten, selbst wenn sie ihre Handschrift kennen, wird sie ihren Zweck prächtig erfüllen.«

8

Es kostete mich eine volle Stunde am Telefon, um alle für den Abend unter einen Hut zu bringen, aber schließlich hatte ich es erreicht. Gifford James entwischte mir, wie immer, aber seine Tochter war bereit, ihn aufzutreiben und mitzubringen, und machte damit vieles gut. Die andern brachte ich selbst zur Strecke.

Die einzigen, die Schwierigkeiten machten, waren unsere Klienten, besonders Peggy Mion. Sie sträubte sich hartnäckig, an einer Besprechung teilzunehmen, die den scheinbaren Zweck hatte, Geld von Gifford James zu kassieren, und ich mußte mich an Wolfe um Hilfe wenden. Fred und Peggy wurden früher als die andern zu einer privaten Einsatzbesprechung eingeladen, um sich dann zu entscheiden, ob sie bleiben wollten oder nicht. Da willigten sie ein.

Sie kamen gerade rechtzeitig, um unseren Abendkaffee zu teilen. Peggy hatte sich wahrscheinlich die Zähne geputzt, ein Bad genommen, ein Schläfchen gehalten und offensichtlich die Kleider gewechselt, aber selbst so glänzte sie nicht. Sie war mißtrauisch, müde, abwesend und skeptisch. Zwar sagte sie nicht, daß sie wünschte, Nero Wolfe nie im Leben begegnet zu sein, aber ihr Ausdruck sprach Bände. Mir schwante, daß Fred Weppler genauso dachte, sich aber tapfer und mannhaft hielt. Peggy hatte darauf bestanden, Wolfe zu konsultieren, und Fred wollte sie nicht fühlen lassen, daß sie damit alles verschlimmert hatte, seiner Meinung nach. Sie wurden noch nicht einmal munter, als Wolfe ihnen die Erklärung mit Clara James' Unterschrift zeigte. Sie lasen sie zusammen durch, sie im roten Ledersessel und er auf der Sesselkante hockend. Zusammen blickten sie zu Wolfe auf.

»Na und?« fragte Fred.

»Mein werter Herr!« Wolfe stieß seine Kaffeetasse zurück. »Meine liebe gnädige Frau. Warum kamen Sie zu mir? Weil die Tatsache, daß die Waffe bei Ihrem Eintritt ins Studio nicht auf dem Boden lag, Sie überzeugte, daß Mion nicht Selbstmord begangen hatte, sondern ermordet worden war. Hätten die Umstände Ihnen erlaubt, an einen Selbstmord zu glauben, so wären Sie jetzt bereits verheiratet und hätten mich nie gebraucht. Sehr schön. So liegen die Dinge also. Was wollen Sie noch mehr? Sie wollten Klarheit haben. Ich habe sie Ihnen gegeben.«

Fred verzog kritisch den Mund.

»Ich glaube es nicht«, murrte Peggy düster.

»Sie glauben nicht an diese Erklärung?« Wolfe griff nach dem Schriftstück und legte es in seine Schreibtischschublade, was mir als weise Vorsichtsmaßnahme erschien, da es kurz vor neun Uhr war. »Glauben Sie, daß Miss James eine solche Erklärung unterschreiben würde, wenn sie nicht stimmte? Warum sollte –«

»Das meine ich nicht«, sagte Peggy. »Ich meine, ich glaube nicht, daß mein Mann sich selbst tötete, ganz egal, wo die Waffe lag. Dazu kannte ich ihn zu gut. Er hätte nie Selbstmord begangen – *nie.«* Sie drehte den Kopf, um zu ihrem Mitklienten aufzublicken. »Nicht wahr, Fred?«

»Schwer, daran zu glauben«, stimmte Fred griesgrämig zu.

»Ich verstehe«, sagte Wolfe sarkastisch. »Dann war die Aufgabe, für die Sie mich engagierten, nicht so, wie Sie sie mir beschrieben. Zumindest müssen Sie zugeben, daß ich Sie im Hinblick auf die Waffe zufriedengestellt habe; da können Sie sich nicht herauswinden. Der Fall ist also erledigt, aber jetzt wollen Sie mehr. Sie wollen einen Mordfall gelöst haben, was zwangsläufig die Festnahme eines Mörders einschließt. Sie wollen –«

»Ich meine nur«, beharrte Peggy kläglich, »daß ich nicht glaube, daß er sich selbst tötete, und nichts kann mich davon abbringen. Ich weiß jetzt, was ich wirklich –«

Die Türglocke ging, und ich stand auf, um zu öffnen.

9

Unsere Klienten nahmen also an der Versammlung teil.

Es waren zehn Gäste gekommen: die sechs, die auch am Montag abend hier gewesen waren, die beiden Klienten, Inspektor Cramer und mein alter Freund und Feind, Sergeant Purley Stebbins. Das Ungewöhnliche dabei war, daß die Tölpelhafteste der Gesellschaft, Clara James, die einzige war, die wohl ahnte, worum es ging, wenn sie nicht auch ihren Vater eingeweiht hatte, was ich bezweifelte. Sie hatte den Vorteil, das Stichwort zu kennen, das ich ihr in der Churchill-Bar gegeben hatte. Adele Bosley, Dr. Lloyd, Rupert Grove, Richter Arnold und Gifford James hatten keinen Grund zu der Annahme, daß irgend etwas anderes auf der Tagesordnung stand als der Schadenersatzanspruch gegen James, bis sie erschienen und mit Inspektor Cramer und Sergeant Stebbins bekannt gemacht wurden. Gott allein wußte, was sie dann dachten; ein Blick auf ihre Gesichter genügte, um zu wissen, daß *sie* nichts ahnten. Was Cramer und Stebbins anbetraf, so kannten sie Wolfe gut genug, um zu wissen, daß die Fetzen fliegen würden, aber wessen Fetzen und wie und wann? Fred und Peggy dachten wahrscheinlich auch nach Ankunft der Gesetzeshüter, daß Wolfe Mion auf Selbstmord festnageln wollte, indem er Claras Erklärung vorlegen und enthüllen würde, was Fred uns über die Waffe, die er von der Büste auf den Boden legte, erzählt hatte. Das erklärte auch den verzweifelten, in die Enge getriebenen Ausdruck auf ihren Gesichtern. Aber jetzt saßen sie fest. Wolfe fixierte Inspektor Cramer, der weiter hinten neben dem großen Globus saß, flankiert von Purley. »Wenn es Ihnen nichts ausmacht, Mr. Cramer, so möchte ich zuerst eine kleine Sache bereinigen, die außerhalb Ihres Interessenbereichs liegt.«

Cramer nickte und schob die Zigarre in den andern Mundwinkel. Er setzte seine wachsamen Augen in Bewegung. Wolfe wechselte die Blickrichtung. »Ich bin sicher, daß Sie alle sehr erfreut darüber sein werden. Nicht, daß ich mein Urteil, um Ihnen gefällig zu sein, abfaßte; ich betrachtete nur die wesentlichen Punkte des Falles. Ohne ihrer rechtlichen Lage gegenüber voreingenommen zu sein, scheint mir, daß Mrs. Mion, moralisch gesehen, keinen Anspruch gegen Mr. James hat. Wie ich bereits sagte, nimmt sie mein Urteil an. Sie erhebt keinen Anspruch und wird keine Schadenersatzzahlung fordern. Sie bestätigen das vor diesen Zeugen, Mrs. Mion?«

»Gewiß.« Peggy wollte noch etwas hinzufügen, hielt es aber zurück.

»Das ist wunderbar!« Adele Bosley schnellte von ihrem Stuhl hoch. »Darf ich das Telefon benutzen?«

»Später«, fauchte Wolfe sie an. »Setzen Sie sich, bitte.«

»Mir scheint«, bemerkte Richter Arnold, »daß man uns das auch telefonisch hätte mitteilen können. Ich mußte eine wichtige Besprechung absagen.« Rechtsanwälte sind doch nie zufriedenzustellen.

»Ganz richtig«, pflichtete Wolfe sanft bei. »Wenn das alles wäre. Aber es geht da noch um Mions Tod. Wenn ich –«

»Was hat denn das damit zu tun?«

»Das will ich Ihnen gerade erklären. Gewiß hängt es damit zusammen, da sein Tod, wenn auch indirekt, ein Resultat des Angriffs von Mr. James war. Aber mein Interesse geht darüber hinaus. Mrs. Mion beauftragte mich nicht nur, über den Schadenersatzanspruch gegen Mr. James zu entscheiden – was nun abgeschlossen ist –, sondern auch, den Tod ihres Mannes zu untersuchen. Sie war überzeugt, daß er nicht Selbstmord beging. Sie glaubt nicht, daß er so veranlagt war. Ich habe Ermittlungen angestellt, und ich bin bereit, ihr Bericht zu erstatten.«

»Dafür brauchen Sie uns doch nicht hier«, warf Rupert der Dicke in hohem Quiekton ein.

»Einen von Ihnen brauche ich. Den Mörder.«

»Aber Sie brauchen immer noch nicht *uns*«, schnappte Arnold barsch.

»Verdammt«, polterte Wolfe, »dann gehen Sie! Alle, bis auf einen. Gehen Sie!«

Niemand rührte sich.

Wolfe gab ihnen fünf Sekunden. »Dann will ich fortfahren«, meinte er trocken. »Wie ich sagte, ich bin bereit, Bericht zu erstatten, aber die Ermittlung ist noch nicht abgeschlossen. Eine wichtige Einzelheit erfordert eine amtliche Genehmigung, und deshalb ist Inspektor Cramer hier. Ich brauche weiterhin auch Mrs. Mions Einwilligung und halte es für nötig, auch Dr. Lloyd um Rat zu fragen, da er den Totenschein unterschrieben hat.« Er sah Peggy an. »Zuerst Sie, gnädige Frau. Geben Sie Ihre Einwilligung zu der Exhumierung der Leiche Ihres Mannes?«

Sie starrte ihn an. »Wozu?«

»Um den Beweis zu erbringen, daß er ermordet wurde und durch wen. Damit kann mit Gewißheit gerechnet werden.« Sie hörte auf, ihn anzustieren. »Ja. Es ist mir gleich.« Sie dachte wohl, er schwafelte nur daher, um sich selber reden zu hören.

Wolfes Augen schwenkten nach links. »Sie haben keine Einwände, Dr. Lloyd?«

Lloyd war verdutzt. »Ich habe keine Ahnung«, sagte er langsam und deutlich, »worauf Sie hinauswollen. Aber in jedem Fall kann ich mich nicht dazu äußern. Ich stellte lediglich den Totenschein aus.«

»Dann haben Sie also nichts dagegen. Mr. Cramer, den Grund für das Gesuch einer amtlichen Genehmigung erfahren Sie gleich, aber Sie sollten wissen, daß eine Untersuchung und ein Befund von Dr. Abraham Rentner vom Sinai-Hospital gefordert wird.«

»Sie bekommen nicht einfach eine Exhumierung bewilligt, nur weil Sie neugierig sind«, knurrte Cramer.

»Das weiß ich. Ich bin mehr als neugierig.« Wolfes Augen gingen hin und her. »Sie alle wissen, nehme ich an, daß die Polizei hauptsächlich wegen der Art seines Todes bei Mion auf Selbstmord schloß. Natürlich mußten auch die andern Einzelheiten stimmen – wie zum Beispiel das Vorhandensein der Waffe neben der Leiche –, und sie stimmten. Aber der entscheidende Faktor war die Annahme, daß ein Mann nicht ermordet werden kann, indem man ihm den Lauf eines Revolvers in den Mund stößt und abdrückt, es sei denn, er wurde zuerst bewußtlos gemacht. Aber nichts deutete darauf hin, daß Mion entweder durch einen Schlag oder durch Drogen betäubt wurde, und außerdem ging die Kugel durch seinen Kopf in die Decke. Immerhin, wenn diese Annahme in der Regel vernünftig ist, so war dieser Fall sicherlich eine Ausnahme. Es fiel mir sofort auf, als Mrs. Mion mich zum ersten Mal aufsuchte. Denn es gab dort — aber ich will es Ihnen an einer einfachen Darstellung zeigen. Archie, besorgen Sie eine Waffe.«

Ich öffnete meine dritte Schreibtischschublade und zog eine Waffe hervor.

»Ist sie geladen?«

Ich schnippte sie zur Probe auf. »Nein, Sir.«

Wolfe wandte sich wieder an seine Zuhörerschaft. »Ich denke, Sie, Mr. James. Als Opernsänger sollten Sie in der Lage sein, Bühnenanweisungen zu folgen. Stehen Sie bitte auf. Dieses ist eine ernste Sache, machen Sie es also richtig. Sie sind ein Patient mit einem entzündeten Hals, und Mr. Goodwin ist Ihr Arzt. Er wird Sie bitten, den Mund zu öffnen, so daß er in Ihren Hals sehen kann. Sie sollen genau das tun, was Sie gewöhnlich unter diesen Umständen tun würden. Wollen Sie das tun?«

»Aber das ist doch bekannt.« James war aufgestanden und starrte ihn grimmig an. »Dazu brauchen Sie mich nicht.«

»Dennoch, tun Sie mir den Gefallen. Es gibt dabei eine gewisse Kleinigkeit. Wollen Sie es so natürlich wie möglich machen?«

»Ja.«

»Gut. Beobachten Sie bitte alle Mr. James' Gesicht. Ganz genau. Fangen Sie an, Archie.«

Die Waffe in meiner Tasche, stellte ich mich vor James hin und bat ihn, den Mund weit zu öffnen. Er tat es. Einen Augenblick lang begegneten seine Augen den meinen, als ich in seinen Hals linste, dann verdrehten sie sich nach oben. Ohne Eile zog ich die Waffe aus meiner Tasche und steckte sie in seinen Mund, bis sie den oberen Gaumen kitzelte. Er zuckte zurück und ließ sich in seinen Stuhl fallen.

»Sahen Sie die Waffe?« fragte Wolfe.

»Nein. Meine Augen waren nach oben gerichtet.«

»Genau.« Wolfe sah die andern an. »Sie beobachteten, wie

seine Augen sich nach oben verdrehten? Das ist immer so. Versuchen Sie es selbst einmal. Ich probierte es Sonntag abend in meinem Schlafzimmer. Es ist also keineswegs unmöglich, einen Menschen auf diese Weise zu töten; es ist noch nicht einmal schwierig, wenn Sie sein Arzt sind und sein Hals nicht in Ordnung ist. Geben Sie mir recht, Dr. Lloyd?«

Lloyd hatte sich dem allgemeinen Tumult, James' Gesicht während meines kleinen Manövers zu beobachten, nicht angeschlossen. Er hatte keinen Muskel gerührt. Jetzt zuckte sein Kiefer ein wenig, aber das war alles.

Er tat sein Bestes, um ein Lächeln zustande zu bringen. »Darzustellen, daß so etwas geschehen kann«, begann er mit recht fester Stimme, »ist nicht dasselbe, wie zu beweisen, daß es so geschehen ist.«

»Das stimmt«, räumte Wolfe ein. »Obgleich wir wirklich mit ein paar Punkten aufwarten können. Sie haben kein gültiges Alibi. Mion hätte Sie fraglos jederzeit in sein Studio gelassen. Es wäre für Sie ein leichtes gewesen, die Waffe vom Sockel der Caruso-Büste zu nehmen und sie unbemerkt in Ihre Tasche gleiten zu lassen. Für Sie, und für keinen andern, hätte er auf Ihre Bitte hin mit weit offenem Mund dagestanden und so sein Verderben heraufbeschworen. Er wurde getötet, kurz nachdem Sie gezwungen wurden, für ihn eine Verabredung mit Dr. Rentner für eine Untersuchung zu treffen. Diese Tatsachen haben wir, stimmt's?«

»Sie beweisen gar nichts«, beharrte Lloyd. Diesmal war seine Stimme weniger fest. Er erhob sich. Es sah nicht so aus, als ob diese Bewegung einen bestimmten Zweck verfolgte; offensichtlich konnte er einfach nicht ruhig auf seinem Stuhl sitzen bleiben, und seine Muskeln hatten sich selbständig gemacht. Aber das war sein Verhängnis, denn jetzt, aufrecht stehend, begann er zu zittern.

»Sie sind sehr nützlich«, erklärte Wolfe ihm, »wenn wir noch eine weitere Tatsache hinzubekommen, und ich vermute, wir bekommen sie — oder weshalb zittern Sie so? Was war es, Doktor? Irgendein unglückseliger Schnitzer? Hatten Sie die Operation verpfuscht und seine Stimme für immer ruiniert? Ich nehme an, das war es, da die Bedrohung für Ihren Ruf und Ihre Karriere ernst genug war, um Sie Zuflucht zu einem Mord nehmen zu lassen. Doch das werden wir bald erfahren, wenn Dr. Rentner sein Gutachten abgeben wird. Ich erwarte nicht von Ihnen, daß Sie uns —«

»Es war kein Schnitzer!« quietschte Lloyd protestierend. »Es hätte jedem passieren können . . .«

Und damit war er in die Falle gegangen. Ich glaube, was ihn seinen Kopf verlieren ließ, war der Klang seiner eigenen Stimme, ein hysterisches Quietschen, das er nicht ändern konnte. Er machte einen Satz zur Tür. Ich schlug Richter Arnold nieder bei meinem Hechtsprung durch das Zimmer, der unnötig war, denn als ich ankam, hatte Purley Stebbins Lloyd bereits am Kragen, und Cramer leistete Hilfestellung. Hinter mir spürte ich eine Bewegung, und ich drehte mich um. Clara James hatte sich auf Peggy Mion gestürzt und schrie etwas, was mir entging. Aber ihr Vater und Adele Bosley hatten sich ihr in den Weg gestellt und hielten sie fest. Richter Arnold und Rupert der Dicke bestätigten Wolfe voller Begeisterung, wie fabelhaft er sei. Peggy schluchzte anscheinend, was ich aus der Art, wie ihre Schultern zuckten, entnahm. Ihr Gesicht konnte ich nicht sehen, denn sie barg es an Freds Schulter, und er hielt sie fest in seinen Armen.

Mich wollte und brauchte niemand, deshalb ging ich in die Küche, um mir ein Glas Milch zu genehmigen.

Inhalt